广西审判实务与探索

2023年　第1辑　总第27辑

卢上需／主编

GUANGXI JUDICIARY
PRACTICE AND STUDIES

法律出版社
LAW PRESS·CHINA
北京

图书在版编目(CIP)数据

广西审判实务与探索. 2023年. 第1辑 : 总第27辑 / 卢上需主编. -- 北京 : 法律出版社, 2023
ISBN 978-7-5197-8507-9

Ⅰ. ①广… Ⅱ. ①卢… Ⅲ. ①法院-审判-工作-研究-广西 Ⅳ. ①D926.22

中国国家版本馆CIP数据核字(2023)第212797号

广西审判实务与探索(2023年第1辑)(总第27辑)
GUANGXI SHENPAN SHIWU YU TANSUO
(2023 NIAN DI 1 JI)(ZONG DI-27 JI)

卢上需 主编

责任编辑 章 雯 慕雪丹
装帧设计 汪奇峰

出版发行 法律出版社
编辑统筹 法商出版分社
责任校对 赵明霞
责任印制 胡晓雅
经　　销 新华书店

开本 710毫米×1000毫米 1/16
印张 21.25　**字数** 369千
版本 2023年11月第1版
印次 2023年11月第1次印刷
印刷 固安华明印业有限公司

地址:北京市丰台区莲花池西里7号(100073)
网址:www.lawpress.com.cn
投稿邮箱:info@lawpress.com.cn
举报盗版邮箱:jbwq@lawpress.com.cn

销售电话:010-83938349
客服电话:010-83938350
咨询电话:010-63939796

书号:ISBN 978-7-5197-8507-9　**定价**:48.00元
凡购买本社图书,如有印装错误,我社负责退换。电话:010-83938349

《广西审判实务与探索》编辑委员会

目　录

Contents

广西壮族自治区高级人民法院工作报告

——2023 年 1 月 14 日在广西壮族自治区第十四届人民代表大会第一次会议上

黄海龙[*]

过去五年工作回顾

过去五年,是极不寻常、极不平凡的五年。面对百年变局与世纪疫情带来的巨大风险挑战,自治区党委牢记领袖嘱托,紧跟伟大复兴领航人踔厉笃行,团结带领全区各族人民奋进新征程,推动八桂大地实现跨越发展,发生历史性巨变。五年来,在党中央和自治区党委坚强领导、最高人民法院悉心指导,自治区人大及其常委会有力监督,自治区人民政府、政协及社会各界大力支持下,全区法院坚持以习近平新时代中国特色社会主义思想为指导,全面贯彻落实党的十九大、十九届历次全会和二十大精神,深入学习贯彻习近平法治思想,认真学习贯彻习近平总书记对广西"五个更大"重要要求、视察广西"4・27"重要讲话和对广西工作系列重要指示精神,认真落实自治区党委工作部署要求和自治区十三届人大历次会议精神,忠实履行宪法法律赋予的职责,各项工作不断取得新成效新进展,为建设更高水平的平安广西、法治广西和全区经济社会高质量发展作出了积极贡献。

在这非凡的五年,全区法院砥砺初心、担当使命,推动我区人民司法事业实现长足发展,迈上了新的台阶。五年来,我们始终牢牢把握人民

---

* 广西壮族自治区高级人民法院院长。

法院的政治属性,深刻领悟“两个确立”的决定性意义,坚决做到“两个维护”,坚持不懈用习近平法治思想凝心铸魂、指导实践、推动工作,毫不动摇坚持党对司法工作的绝对领导,坚定不移走中国特色社会主义法治道路,确保人民法院工作正确政治方向。我们始终围绕中心服务大局,自觉把法院工作放到党和国家工作大局、自治区中心工作中谋划和推进,强化司法供给,以维护社会安全稳定、营造公平公正营商环境的成效,扎实有力服务经济社会高质量发展。我们始终坚持司法为民、公正司法,锚定“努力让人民群众在每一个司法案件中感受到公平正义”目标,推动审判执行质效和司法公信力显著提升。2018年至2022年,全区法院受理案件4,076,642件,审结执结3,980,283件,比上一个五年上升101.32%和103.84%,均翻了一倍;其中自治区高级人民法院受理案件82,279件,审结执结79,823件,同比分别上升156.53%和166.04%。在办案数量翻番情况下,办案质量效率稳步提升,2022年结案率达到90.98%,一审服判息诉率89.36%,分别比2018年上升1.65和2.6个百分点;2022年法官人均结案226件,比2018年增加98.2件。48个案件入选最高人民法院指导性案例和典型案例。我们始终坚持守正创新、强基导向,持续推进司法体制改革、智慧法院建设和基层基础建设,不断夯实司法事业发展之基,向审判能力现代化迈出坚实步伐。我们始终坚持全面从严治党、从严建院,经过开展“不忘初心、牢记使命”主题教育、党史学习教育、政法队伍教育整顿,法院队伍受到了革命性锻造,成效明显,呈现昂扬向上新貌,涌现出一批先进典型,294个集体、392名个人受到全国或者省部级表彰,自治区高级人民法院刑一庭荣获全国“平安中国建设先进集体”称号,中央政法委号召全国政法干警学习隆林各族自治县法院“全国模范法官”黄登林的先进事迹。

一、贯彻总体国家安全观,在推进平安广西建设中担当作为

稳定是发展的前提,平安是人民群众安全感幸福感的保障。全区法院切实履行维护国家安全、社会安定、人民安宁的重大责任,助推更高水平的平安广西建设。依法惩罚犯罪、保护人民,五年审结刑事案件192,014件,判处罪犯280,790人。我区社会大局保持稳定,群众安全感持续增强。

坚决维护国家安全、边疆安宁。积极参与反分裂、反渗透、反颠覆、反间谍斗争,依法严惩煽动颠覆国家政权、间谍窃密、暴力恐怖、民族分裂、宗教极端等犯罪,维护国家政治安全特别是政权安全、制度安全,促进民族团结、铸牢中华民族共同体意识。依法打击妨害国(边)境管理秩序、走私、跨境贩毒、赌博等犯罪,维护祖国南疆和谐安定。

全力维护社会大局稳定。坚持依法严惩方针，开展扫黑除恶专项斗争，严惩一批黑恶势力，推进扫黑除恶常态化，审结涉黑涉恶犯罪案件 1022 件 6810 人，依法判处李某勇、迟某君等死刑；坚持"打伞破网"，严惩一批涉黑恶腐败分子和"保护伞"；坚持"打财断血"，对黑恶犯罪坚决追缴、没收违法所得或判处财产刑，执行到位 27.26 亿元。坚持把群众深恶痛绝的犯罪作为打击重点，重拳出击，严惩故意杀人、抢劫、放火、爆炸等严重暴力犯罪，审结相关案件 9870 件 13,028 人；严惩侵害妇女、儿童、老年人的犯罪，审结相关案件 9395 件 12,647 人，对在幼儿园砍杀儿童、教师的罪犯李某文、覃某安依法判处死刑并已执行；严惩危害食品药品安全犯罪，审结相关案件 291 件 531 人，守护人民群众健康安全。开展严打整治制毒贩毒、电信网络诈骗、养老诈骗等专项行动，审结毒品犯罪案件 24,954 件 33,831 人、电信网络诈骗犯罪案件 5355 件 7471 人、养老诈骗犯罪案件 71 件 132 人，为受骗者追赃挽损 3.46 亿元。加强公民个人信息司法保护，审结非法获取、出售公民个人信息犯罪案件 631 件 1080 人。在抗疫中依法履职，审结侵犯医务人员人身安全、扰乱医疗秩序、哄抬物价等涉疫刑事案件 162 件 191 人。

依法惩治腐败犯罪。坚决贯彻党中央反腐败工作部署，支持国家监察体制改革，完善监察与刑事司法衔接机制，积极配合"打虎""拍蝇""猎狐"，服务反腐败斗争，审结贪污贿赂、渎职等职务犯罪案件 2829 件 3411 人，其中原省部级干部 4 人、厅局级干部 75 人、县处级干部 358 人。依法审理全国第一起外逃"红通人员"违法所得没收案，判处没收其在国内违法所得财产，挽回损失 1.89 亿元。落实受贿行贿一起查，加大对行贿犯罪打击力度，审结行贿犯罪案件 516 件、判处 556 人，依法追缴行贿非法获利，斩断权钱交易的利益链条。

加强人权司法保障。贯彻宽严相济刑事政策，坚持当严则严，对故意杀人、重大毒品犯罪等罪行极其严重的犯罪分子依法判处死刑。坚持当宽则宽，落实罪刑法定、疑罪从无、证据裁判原则，对 49 名公诉案件被告人和 99 名自诉案件被告人依法宣告无罪；依法适用认罪认罚从宽制度，审结认罪认罚案件 115,959 件，对 40,096 名轻罪被告人适用缓刑、管制、单处附加刑等非监禁刑，对 1384 人免予刑事处罚。坚持有错必纠，通过二审或再审改判刑事案件 3084 件。落实减刑、假释案件实质化审理，坚决防止"纸面服刑""提钱出狱"。充分保障被告人及其辩护人的诉讼权利，为被告人指定辩护律师 14,166 人次。

积极开展基层社会治理。坚持和发展新时代"枫桥经验"，深化诉源治理，发出司法建议 1495 件，推动行业治理、综合治理，推行"一村一法官"，把矛盾纠纷化解在萌芽、在基层。柳州市推行“321”工作法，2022 年全市法院新收案件明显下降。推广北海、来宾等地经验，深化“法院 + 工会 + 人社 + N”劳动人事纠纷多元化解机制，受到全国人大常委会领导批示肯定。落实普法责任制，强化以案释法，通过“小案件”诠释法治“大道理”，促进全民增强法治观念。崇左市法院创新普法形式，在民族传统节假日开展“大榕树法治讲堂”。落实信访工作条例，对涉诉信访做到“有人管、及时办、有回应”，开展治理重复信访、化解信访积案专项工作，依法妥善解决合理合法诉求。

二、贯彻新发展理念，围绕中心精准有效服务高质量发展

完整准确全面贯彻新发展理念，聚焦自治区建设新时代壮美广西的目标任务，发挥法治引领、规范、保障作用，服务构建新发展格局、推动高质量发展。审结一审民商事案件 1,981,358 件，比上一个五年上升 89.65%。

服务优化营商环境。开展了“解放思想、服务大局”大学习大讨论，强化“法治是最好的营商环境”理念和服务大局意识。认真贯彻最高人民法院出台的系列司法政策，并结合我区实际，制定服务优化营商环境、服务“六稳”“六保”等 90 余条措施。与自治区工商联、国资委建立联动工作机制。依法审结涉企民商事纠纷案件 742,127 件、扰乱市场秩序刑事案件 4685 件，对 7 名涉案企业经营者依法宣告或改判无罪。用新时代正确司法理念指导办案，平等保护企业和企业家合法权益，发挥司法断案定分止争、惩恶扬善功能，弘扬契约精神，保护诚信守约，惩治违法失信，让企业家心无旁骛地专心创业、放心投资、安心经营。针对疫情给企业和群众带来的困难，落实最高人民法院关于助力中小微企业发展 20 条等司法政策，妥善化解因疫情引发的合同履约、商铺租赁、物流运输、劳动用工等纠纷，助力企业纾困，帮助群众解难，提振市场信心。柳州、防城港、玉林等地法院通过柔性司法，协调受疫情影响企业以延期、分期还款方式履行债务，千方百计保住市场主体，助推企业复工复产。加大高新技术、原创作品、驰名商标等保护力度，审结知识产权纠纷案件 23,458 件；依法惩治侵犯商业秘密等行为，维护公平竞争市场秩序，审结涉垄断和不正当竞争案件 250 件。发挥破产审判救治功能，审结破产案件 3392 件，化解不良资产 2481.71 亿元，通过破产重整助推“印象 · 刘三姐”、柳化股份、正菱集团、梧州奥奇丽公司、阳鹿高速公路等一批知名产品、大型企业、重大项目走出困境，获得新生。南宁市法院破产审判经验获国家发改委专刊向全国推广。贯彻善意文明执行理念，采用活封财产、执行和解、信用修复等措施，最大限度减少对企业正常生产经营的影响。贺州市法院“谋快巧惠”助企纾困解难的执行模式，获最高人民法院向全国法院推广。

服务脱贫攻坚和乡村振兴。出台司法措施，服务巩固拓展脱贫攻坚成果同乡村振兴有效衔接，促进宜居宜业和美乡村建设。助推平安法治乡村建设，严惩“村霸”“行霸”“路霸”等农村黑恶势力，加强对农村留守儿童、妇女等弱势群体的司法保护力度，促进乡村和谐稳定。积极参与专项清查整治工作，依法打击违法占用耕地行为，助力守牢耕地保护红线。依法审理乡村旅游、休闲农业、餐饮民宿等方面纠纷，服务农村产业融合发展，助力农民增收致富。南宁市武鸣区双桥法庭服务沃柑支柱产业，入选全国助力乡村振兴创新案例。贵港市法院干警定期返乡助力乡村振兴，助推乡风文明、乡村治理。全区法院派出 1495 名干警扎根基层一线，担任村第一书记或驻村工作队员，定点帮扶 493 个贫困村实现脱贫。

服务金融健康发展。依法平等保护金融消费者、投资者和金融机构合法权益，审结金融、股权、保险、证券、期货等纠纷案件 311,001 件。依法惩治金融诈骗、传销、非法集资等涉众型经济犯罪，守护人民群众“钱袋子”安全。开展金融不良资产清收追缴、涉农合机构金融债权执行等专项行动，帮助金融机构执行回款 577.11 亿元，助力防范化解金融风险。在部分基层法院集中审理金融纠纷案件，推动金融审判更加专业化、集约化、高效化。桂林市法院建立金融纠纷案件快速审理机制，在线批量快审智审。与金融监管机构建立诉调对接机制，成功调解金融纠纷案件 25,689 件，涉及标的额 444.40 亿元，高效化解金融纠纷。

服务生态文明建设。深入践行“绿水青山就是金山银山”理念，用最严密法治保护生态环境。出台服务保障厚植生态环境优势推动绿色发展 13 条措施，审结环境资源案件 49,473 件、环境公益诉讼案件 85 件，判决生态修复金 1.22 亿元。推动府院协作、部门联动、跨域司法协作，建立漓江流域、北部湾海域生态环境司法保护联动机制，加强与广东、云南、贵州法院合作，汇聚生态环境保护合力。在 16 个自然保护区或旅游景区设立巡回法庭，加强对桂林山水、北部湾红树林、左江花山岩画等自然名胜生态的司法保护。南宁市法院依法审结某房地产公司噪声污染损害赔偿纠纷案，入选全国法院服务保障新时代生态文明建设十大典型案例。北海海事法院依法支持行政机关处罚非法捕捞珍稀贝类资源行为，维护海洋生物多样性和生态平衡，入选全国法院生物多样性司法保护典型案例。

服务高水平对外开放。出台司法服务中国（广西）自由贸易试验区建设 19 条意见，坚持依法平等保护，公正高效审结涉外、涉港澳台民商事及海事海商案件 7896 件，办结涉外司法协助、涉港澳台司法互助事务 2445 件。成功承办第 3 届中国—东盟大法官论坛，依托最高人民法院法官国际交流中心广西基地，举办亚洲国家法官、检察官研修班 5 期。设立中国—东盟自由贸易区南宁国际商事法庭，集中管辖广西壮族自治区区内部分涉外民商事案件，与广西贸促会等部门研究制定文件，构建涉外民商事纠纷联动解决机制，提升广西壮族自治区涉外法治环境水平。

服务法治政府建设。支持和促进依法行政，保障行政相对人合法权益，审结行政案件 45,472 件。妥善审理涉政府招商引资、与社会资本合作、特许经营等行政纠纷，保护行政相对人的信赖利益，促进优化投资兴业软环境。深化司法与行政良性互动，推动行政机关负责人出庭应诉，2022 年出庭应诉率 98.79%，“告官能见官、出庭又出声”成为常态。推行一次性实质解决行政争议，推动地方政府建立行政争议调解中心，促进行政争议源头治理、多元解纷、实质化解。百色市实现行政争议调解中心市县两级全覆盖，2022 年一审行政案件同比下降 4.66%。北海市法院提出工作建议，助推解决水库移民及家属住房安置等问题。

三、践行司法为民、公正司法，维护和促进社会公平正义

牢牢坚持以人民为中心，坚守公平正义的法治价值取向，立足公正司法解决人民群众急难愁盼问题，以优质“公正供给”增强人民群众获得感。

民生司法保障有温度有力度。把社会主义核心价值观融入司法办案，以有力量、有是非、有温度的新时代司法回应人民群众关切。持续强化“尽可能一次性解决纠纷”理念，通过依法“一揽子”解决案件相关联的问题，避免程序空转、减少群众诉累，群众对司法公正与效率获得感更充实。严格实施《民法典》，妥善审理住房、就业、教育、医疗、社保等涉民生案件 482,023 件，依法保障人民安居乐业。审结涉房产纠纷案件 149,077 件，助力保交楼、稳民生。贺州市法院审结某房地产公司破产重整案，帮助 4600 余户购房者实现安居梦。依法治理欠薪问题，为务工人员追回 16.33 亿元。落实城乡居民人身损害赔偿统一标准，实现城乡居民权益平等保护。加强对外卖骑手、快递小哥、网约车司机等从业者司法保护，维护灵活就业劳动者合法权益。依法维护港澳台侨同胞合法权益，玉林市容县法院、防城港市防城区法院涉侨纠纷多元化解工作，在全国会议上作经验交流发言。出台维护国防利益和军人军属合法权益实施意见，建立军地司法协作机制，依法严惩涉军犯罪。发挥司法救助扶危济困功能，为涉案困境群众发放司法救助金 2.07 亿元，为困难当事人减免缓诉讼费 1.89 亿元。认真落实英烈保护法，依法审理侵害雷锋烈士肖像权案件，以法律正义捍卫英雄形象。建立婚姻家庭纠纷、反家暴联动工作机制，落实人身安全保护令制度，依法保护家庭成员合法权益。准确适用民法典关于夫妻共债共签、离婚家务补偿、遗产管理

人、居住权等新规定，妥善处理相关纠纷案件，引领形成新的家事行为规范，弘扬家庭美德，促进家庭和谐。妥善审理老旧小区加装电梯纠纷案件，依法支持高层业主合理诉求，保障惠民工程顺利进行。

切实兑现胜诉权益。巩固深化“基本解决执行难”攻坚战成果，深化执行工作联动机制，完善网络查控、查人找物、失信联合惩戒、执行网格化管理、税费征缴、联合打击拒执罪等协作机制，形成解决执行难工作合力。保持执行工作高水平运行，常态化开展涉民生、涉民营企业、涉中小微企业、涉金融债权等重点案件专项执行行动，执行质效稳步提升。五年来全区法院受理执行案件 1,237,047 件，执结 1,219,177 件，到位金额 1556.64 亿元。发布失信被执行人信息 441,597 人次，限乘飞机、限坐高铁 1,790,538人次，拘留被执行人 8273 人次，判决拒执罪 570 人，让背德失信者处处受限。梧州、贵港、河池、来宾等地法院创建“无失信被执行人社区(村屯)”“三员”协助执行机制，创新解决执行难模式。

以法呵护未成年人健康成长。全面实施未成年人保护法律法规，出台加强新时代未成年人审判工作的实施意见，推行圆桌审判、社会调查、犯罪记录封存、回访帮教等制度机制，确保未成年人依法得到特殊保护。坚持教育、感化、挽救方针，尽最大努力促使罪错未成年人悔过自新、重返社会。荔浦市法院审理一起未成年人诈骗案，允许被告人取保候审参加高考并被录取，帮助迷途少年回归正途。贯彻落实家庭教育促进法，与团委、妇联等构建家庭教育联动机制，依法发出家庭教育令，督促“甩手家长”依法带娃。全面保护未成年人利益，对强制猥亵未成年人罪犯，既依法从严判处被告人刑罚，又判令禁止其今后从事密切接触未成年人的工作。全区法院设立 125 个少年法庭、131 个青少年法治教育基地，729 名审判人员担任 777 所学校法治副校长，常态化开展“法治进校园”活动，让祖国花朵在法治阳光下茁壮成长。桂林市法院倾力打造青少年法治教育实践基地，被评为全国法治宣传教育基地。

诉讼服务实现深刻变革。大力加强“一站式”诉讼服务建设，紧扣一站、集约、集成、在线、融合五个关键，强化多元解纷和诉讼服务集成效应、联动效应，实现一站通办、一网通办、一号通办、一次通办，群众诉讼更加高效便捷。建成在线服务平台，实现立案、查询、交退费、调解、庭审、保全、委托鉴定等诉讼事务全流程在线办理，群众不需进法院门即可办理诉讼事务。汇聚人民调解、行政调解、商会调解，以及人大代表、政协委员、律师学者、基层干部等各界力量，进驻人民法院开展调解工作，为群众提供一站式、集约式、菜单式解纷服务。全区法院现有特邀调解组织 864 家，特邀调解员 6746 名，2022 年调解纠纷 367,647 件。广西法院一站式诉讼服务质效近三年均排名全国前十。贺州、崇左市中级法院和柳州市柳北区、钦州市钦北区法院荣获全国“为群众办实事示范法院”。

新时代人民法庭展现新面貌新作为。制定加强新时代广西人民法庭工作、人民法庭参与诉源治理实施意见,出台人民法庭服务富民兴边10项措施,推动人民法庭建设呈现崭新面貌。全区321个人民法庭形成以乡镇中心法庭为主、城区专业法庭和巡回审判点为辅的布局。人民法庭在服务乡村振兴、服务基层社会治理、服务人民群众高品质生活等方面,展现更大作为。评选了第一批广西示范人民法庭22家、“金牌调解员”20名、“金牌调解能手”22名,发挥示范引领作用。河池市都安县地苏法庭等4个法庭经验做法,入选最高人民法院新时代人民法庭建设典型案例。梧州市苍梧县法院依托六堡法庭,助推茶园建设、茶旅融合和品牌培育等产业发展。

四、坚持守正创新,司法体制改革和智慧法院建设取得长足进展

聚焦落实司法责任制,深化司法体制综合配套改革,持续推进法院信息化建设,推动司法改革与科技应用深度融合,人民法院工作理念、机制、模式、能力等实现根本变革。

司法责任制全面落实。实行法官员额制,完善人员分类管理,优化审判权力责任配置,强化独任法官和合议庭的办案主体地位,实行“让审理者裁判,由裁判者负责”,全区法院85%以上人员在办案一线,裁判文书由独任法官、合议庭直接签发,权责明晰、权责统一、监督有序、配套齐全的新型审判权力运行体系全面建成。实施以随机分案为主、指定分案为辅的案件分配机制。院庭领导办案常态化,2022年全区法院院庭长承办案件占全部结案数的61.59%。推进执法司法制约监督体系、司法责任体系、司法权力运行机制改革和建设,完善审判权力和责任清单,加强“四类案件”监管,实现放权与监督相统一。建立法官惩戒制度,确保依法办案不受追究、违法审判必受问责。完善法律适用分歧解决机制,建立示范性裁判制度,出台审理指南、裁判指引108份,规范法官自由裁量权,统一裁判尺度。

诉讼制度和组织体系改革持续深化。立案制度改革向纵深发展,建立起现场立案、自助立案、网上立案、邮寄立案、跨域立案等多元立案新模式,极大方便当事人立案;开通不立案投诉渠道,建立立案偏离度预警系统,“立案难”彻底成为历史。深化以审判为中心的刑事诉讼制度改革,落实庭前会议、非法证据排除、法庭调查三项规程,推进庭审实质化,庭审在查明事实、认定证据、保护诉权、公正裁判中的决定性作用有效发挥。深化民事诉讼制度改革,发挥简易程序“简、快、灵”优势,促进简案快办

再提速。完善人民陪审员制度改革,更好发挥其参与办案和监督审判作用。完成基层法院内设机构改革,全区113个基层法院内设机构由改革前的1452个减至945个,司法管理更加顺畅高效。推进四级法院审级职能定位改革,实现三级法院审判与监督职能合理配置。推进法院人财物统一管理改革,实现三级法院编制、院长由省级统管,基层法院财物由设区市直接管理。柳州市法院成立全国首个“家事少年案件审理中心”,推进家事少年案件集中审理,创造家事少年审判改革“广西经验”,获在全国法院推广。

智慧法院建设提级升档。依靠科技支撑,建成全业务网上办理、全流程依法公开、全方位智能服务的广西智慧法院,推动大数据、人工智能、区块链等现代科技与审判执行工作深入融合。建成广西电子法院、在线服务等平台,重塑传统的线下审理模式和诉讼流程,构建线上线下相结合的智慧诉服格局,诉讼业务可网上办、掌上办。疫情期间,智慧法院建设成果大显身手,三年来共网上立案604,472件、开庭40,593次、调解287,079次,实现“审判执行不停摆、公平正义不止步”。建成覆盖全区法院千兆高速网络,推行全流程无纸化办案,形成办案新模式。广西“云上法院”、智慧法院运维管家连续荣获2021年、2022年全国政法智能化建设创新案例。

五、始终坚持严的基调,过硬法院队伍建设取得明显成效

坚持全面从严治党、从严治院、从严管理,按照习近平总书记“五个过硬”要求,推进法院队伍革命化、正规化、专业化、职业化建设,队伍整体素质明显提高。

以政治建设为统领,筑牢政治忠诚之魂。认真贯彻新时代党的建设总要求,全面推进党建与审判工作深度融合。强化理论武装,持续深入学习领会习近平新时代中国特色社会主义思想,常学深悟笃行习近平法治思想,坚持用党的创新理论凝心铸魂,筑牢政治忠诚。采取举办专题研讨班等形式,兴起学习宣传贯彻党的二十大精神热潮。扎实开展“不忘初心、牢记使命”主题教育、党史学习教育、政法队伍教育整顿、“两个坚持”专题教育、“两个确立”主题教育,开展“法官看法院、法官看法官”大学习大讨论。广大法院干警接受了深刻思想教育、精神洗礼,维护核心、绝对忠诚、听党指挥、勇于担当的政治要求铭刻于心、落实于行。创建“党旗引领·法耀八桂”党建品牌,开展基层党组织组织力提升工程,涌现出一批党建创新实践成果。自治区高级人民法院党建工作在全国法院会议上作经验交流发言。钦州市钦北区法院机关党委获评“全国先进基层党组织”。

加强司法能力建设,锤炼过硬履职本领。突出实战实用实效导向,加强岗位实

训、业务培训，提升干警政治素养，提高服务大局、运用法律政策、定分止争、防范化解风险、群众工作等能力。举办政治轮训、业务培训班 172 期，61，383 人次参训。加强高素质专业化审判人才建设，评选全区审判业务专家 81 名、壮汉双语法官 266 名。常态化开展裁判文书、庭审、案例“十佳百优”评选活动，营造比学赶超氛围。

加强法院文化建设，滋养干警精气神。弘扬“忠诚为民、崇法尚德、公正廉洁、刚正不阿、改革创新”的新时代人民法院文化，以德铸魂、以法润心、以文育人，引导广大干警坚定理想信念、坚守法治信仰、坚定文化自信。全区 130 家法院均建立法院文化展馆、新时代文明实践所等文化场所，创作了一批具有法院特色的优秀文化成果，不断厚植法官文化涵养。崇左市法院打造边疆民族地区多元解纷文化，入选全国法院文化建设特色项目。钦州市浦北县法院创作的《叶子的秘密》、百色市法院《希望》等获评全国法院十佳微电影。

持续加强廉政建设，确保廉洁司法。锲而不舍落实中央八项规定及其实施细则精神，深入开展司法领域顽瘴痼疾专项整治，扎实推进清廉法院机关建设。严格落实防止干预司法“三个规定”，推动不干预、不过问成为干警习惯和社会自觉。发扬团结奋斗时代要求和求真务实工作作风，锻造“马上办、抓落实”雷厉风行作风。持之以恒以严的基调正风肃纪，以零容忍态度严惩司法腐败，查处利用审判执行权违纪违法干警 170 人，其中追究刑事责任 46 人。以典型违纪违法案件为镜鉴，深入开展警示教育，以案示警、以案促改，强化溯源补漏，一体推进不敢腐、不能腐、不想腐。

各位代表，我们坚持把接受监督作为促进廉洁公正司法、推动人民法院工作高质量发展的强大动力。依法接受人大及其常委会监督。认真落实自治区人大历次会议决议，办理自治区人大代表意见建议 36 件，逐项转化为司法为民、公正司法的务实举措；向自治区人大常委会专题报告民事审判、解决执行难、服务优化营商环境、环境资源审判、诉源治理等工作，认真落实审议意见；建立代表结对联络服务机制，邀请代表视察工作、观摩庭审、见证执行等。自觉接受民主监督。加强与政协、各民主党派、工商联和无党派人士沟通联系，办理自治区政协委员提案 54 件，采纳各方意见建议加强和改进法院工作。依法接受监察和检察机关监督。深入贯彻监察法及其实施条例，积极配合监察机关对法院工作人员进行监督。认真落实《中共中央关于加强新时代检察机关法律监督工作的意见》及自治区党委实施意见，与自治区检察院建立工作协商机制；依法办理检察机关抗诉案件；邀请各级检察长列席审判委员会会议出席 1809 人次。建立与律师良性互动关系。充分尊重律师、重视律师作用，认真听取律师意见特别是辩护、代理意见，依法保障律师执业权利，构建法官与律师新型职业关系，共同维护公正司法。广泛接受社会监督。建立执法监督员制度，自治区高级人民法院聘任执法监督员30名。坚持以公开促公正树公信，推进网上公开庭审流程、裁判文书、庭审直播、执行信息等，累计上网裁判文书244.95万份，庭审直播46.85万件，发布工作信息53.98万条，召开新闻发布会503场次，开展公众开放日活动2009场，接受舆论监督、社会监督，及时回应社会关切。同时，让热点案件审判成为全民共享的法治公开课。

各位代表，五年来全区法院工作取得发展进步，根本在于习近平总书记作为党中央的核心、全党的核心掌舵领航，根本在于习近平新时代中国特色社会主义思想科学指引，是习近平法治思想在广西法院系统的生动实践。人民法院工作成绩的取得，是最高人民法院悉心指导、全区各级党委坚强领导、人大及其常委会有力监督以及各级人民政府、政协和社会各界鼎力支持的结果，同时，得益于各级监委、检察院的监督与配合，得益于各民主党派、工商联和人民团体以及人大代表、政协委员的热忱关心支持帮助，也离不开广大法院干警团结奋斗、顽强拼搏、无私奉献。我谨代表自治区高级人民法院，致以崇高的敬意和衷心的感谢！

回顾五年来的工作，我们深刻体会到，做好新时代人民法院工作，必须始终坚持以习近平新时代中国特色社会主义思想凝心铸魂，深刻领悟“两个确立”的决定性意义、自觉做到“两个维护”；必须始终坚持党对司法工作的绝对领导，把党的领导贯穿法院工作全过程各方面，坚定不移走中国特色社会主义法治道路；必须始终坚持围绕中心服务大局，自觉把法院工作放到党和国家工作大局、自治区工作全局中来谋划和推进，在大局下思考和行动；必须始终坚持司法为民、公正司法工作主线，努力让人民群众在每一个司法案件中感受到公平正义；必须始终坚持守正创新、强基导向，坚持司法体制改革和智慧法院建设双轮驱动，加快推进审判体系和审判能力现代化；必须始终坚持全面从严管党治警，建设忠诚干净担当的过硬法院队伍；必须始终牢记人民法院的人民性，坚持自觉接受人大监督和各方面监督，让司法权在监督和阳光下运行，始终为党和人民服务。

我们清醒认识到，法院工作还存在一些问题和薄弱环节：一是司法能力水平与新时代要求及党和人民期待还有差距，司法服务高质量发展的能力和成效需进一步提升。二是一些案件办理效果还不能令人满意，离“让人民群众在每一个司法案件中感受到公平正义”的目标要求还有差距；案件数量仍居高不下，需进一步推动各方面多元共治深化诉源治理工作。三是司法权力制约监督机制还有薄弱环节，少数干警违纪违法问题仍有发生，全面从严管党治警一刻也不能放松。四是高层次专业化审判人才短缺问题较突出，一些基层法院基础建设存在短板。我们将正视问题，下大气力加以解决。

2023 年工作建议

党的二十大擘画了全面建设社会主义现代化国家、以中国式现代化全面推进中华民族伟大复兴的宏伟蓝图，对坚持全面依法治国、推进法治中国建设作出了专门部署。2023 年是全面贯彻落实党的二十大精神的开局之年。全区法院将坚持以习近平新时代中国特色社会主义思想为指导，全面贯彻落实党的二十大精神，深入学习贯彻习近平总书记对政法工作、广西工作的系列重要指示精神，按照自治区党委工作部署和本次大会决议，紧紧围绕落实“五个更大”重要要求履职尽责，提供更加有力司法服务，为奋力开创新时代壮美广西建设新局面贡献力量。

一是持续加强党的政治建设，以更高站位坚决捍卫“两个确立”、做到“两个维护”。把旗帜鲜明讲政治贯彻到人民法院工作各方面全过程，持续深入贯彻习近平法治思想，牢牢坚持党对司法工作的绝对领导，深化“两个确立”主题教育，增强“四个意识”，坚定“四个自信”，始终把“两个维护”作为最高政治原则和根本政治规矩，融入灵魂、见诸行动，坚决维护党中央权威和集中统一领导，坚决做到维护核心、绝对忠诚、听党指挥、勇于担当。

二是坚决维护国家安全和社会稳定，以更大力度服务建设更高水平的平安广西。全面贯彻总体国家安全观，全力履行维护国家政治安全、确保社会大局稳定、促进社会公平正义、保障人民安居乐业的职责使命。严厉打击渗透、破坏、颠覆、分裂活动，坚定维护国家政权安全、制度安全、意识形态安全。依法惩处严重暴力犯罪以及群众反映强烈的各种犯罪，持续推进扫黑除恶常态化。依法惩治腐败犯罪，从严惩处行贿犯罪。积极促进社会治理，推动矛盾纠纷多元共治，更加有效处理群众涉诉信访，深化诉源治理工作。全力以赴做好防风险、保安全、护稳定各项工作，维护民族团结、社会稳定、边疆安宁，积极服务保障铸牢中华民族共同体意识示范区建设，为经济社会发展创造更加安全稳定的政治社会环境。

三是自觉融入中心大局，以更强担当服务边疆民族地区高质量发展。紧紧围绕奋力开创新时代壮美广西建设新局面部署，发挥司法职能作用，提供更加有力司法服务保障。持续优化法治化营商环境，维护公平公正的市场秩序。坚持“两个毫不动摇”，弘扬契约精神，依法平等保护各类企业产权和企业家权益。紧扣实施扩大内需战略和稳增长稳就业稳物价等部署，落实最高人民法院关于促进消费 30 条、稳定就业14条等司法政策，积极服务加快建设全国统一大市场和高标准市场体系建设，促进提振市场信心。围绕区域协调发展战略等部署，提供更加精准的司法举措，服务我区融入新发展格局。依法审理金融案件，严惩金融领域犯罪，助力防范金融风险。适应疫情防控政策调整，及时实质性化解涉疫纠纷，服务更好统筹疫情防控和经济社会发展。践行“两山”理念，坚持用最严格制度最严密法治保护生态环境，在推动绿色发展上展现更大司法作为，更好服务美丽广西建设。

四是扭住公正与效率提升审判质效，以更优更实司法供给满足人民群众公平正义新需求。准确把握新时代人民群众对公平正义的新期待，以法治方式切实解决人民群众堵点、难点、痛点问题，坚守住维护公平正义的最后一道防线。聚焦审判执行主业抓好办案，用心用情办好每一起案件，更加注重公正与效率相统一，更加注重胜诉权益兑现，以公正高效的审判和更好执行成效，让人民群众切实感受到公平正义就在身边。树牢新时代社会主义司法理念，兼顾国法天理人情，尊重人民群众朴素的公平正义观，确保案件办理的法律效果与政治效果、社会效果相统一。加大执行工作力度，不让判决书变成一纸空文。创新司法利民便民举措，提升一站式多元解纷和诉讼服务体系的综合效能。深入开展广西示范人民法庭暨“枫桥式人民法庭”创建工作，推动为群众办实事常态化长效化，深入推进人民法院调解平台进乡村、进社区、进网格，方便群众在家门口及时、公正、高效化解矛盾纠纷。

五是坚持开拓创新，以更高水平推进审判体系和审判能力现代化。坚定不移深化司法体制改革，全面准确落实司法责任制，统筹抓好综合配套改革、执法司法权力运行机制改革、四级法院审级职能定位改革等重点改革任务，继续深化以审判为中心的诉讼制度改革，完善公益诉讼审理机制，强化司法活动的制约监督，从更高水平上推动解决影响司法公正、制约司法能力的深层次问题。持续深化智慧法院建设，推动司法工作质量变革、效率变革、动力变革。

六是坚持严的基调不动摇，以更高标准锻造忠诚干净担当的法院铁军。深刻领会把握习近平总书记关于“三个务必”“两个长期存在”“两个永远在路上”重要论述，紧抓从严管党、从严治警不放松，紧抓从严正风肃纪不松懈，最大限度预防减少违纪违法问题发生。严格执行中央八项规定及其实施细则精神，严格抓好防止干预司法“三个规定”落实。强化法院干警斗争精神养成，加强司法能力建设。坚持严管与厚爱相结合，大力弘扬新时代人民法院文化，激励广大法院干警以昂扬的精神状态奋进新征程、建功新时代。

非指导性案例类案回应规则探究

——以庭审与裁判说理分流为视角

熊文镇*

引　言

2020年7月31日起实施的《最高人民法院关于统一法律适用加强类案检索的指导意见(试行)》(以下简称《指导意见》)第10条规定,人民法院对案件当事人等提交的指导性案例应当在裁判文书说理中回应,对于其他类案则未规定必须回应。但在司法实践中,当事人提交非指导性类案的情况普遍存在,法院对这些类案很少予以回应,因此形成民众眼中"同案不同判"之司法乱象。实质上,《指导意见》规定的类案范围以及回应制度仅是从法官审判的角度进行制度设计,忽略了移动互联网技术高度普及之下当事人获取各种类案的高度便捷以及提交类案以期左右案件结果的深深期许。所以,当诉讼中当事人超出指导性案例范围提交各种类案时,法官是否应当回应、如何回应就非常值得探究。

一、非指导性案例类案回应的实证解析

审判中,类案可能基于不同主体、目的而出现。其中,除了法官为加强学习、进行案件讨论而主动查询类案之外,当事人也会经常为了证明自己的主张或观点,在证据之外大量向法院提交相应类案,其中绝大部分类案为非指导性案例。因此,笔者就对非指导性类案出现的多场景进

* 广西壮族自治区柳州市柳南区人民法院,立案庭员额法官。

行分析，以窥视非指导性案例类案回应的现实状况。

(一)非指导性案例类案回应的需求侧分析

1. 当事人提交类案的现状

(1)非指导性案例占绝对多数

笔者以中国裁判文书网2020年7月31日至2022年7月13日的民事案件文书为研究对象，以"类案"为关键词进行检索，检索结果显示民事案件有22,117件，其中含有"类案"关键词的案件数为5183件。笔者随机抽取L、N、M三个基层人民法院的共计200个案例为研究样本，其中当事人提交的案例情况如下(见图1)。

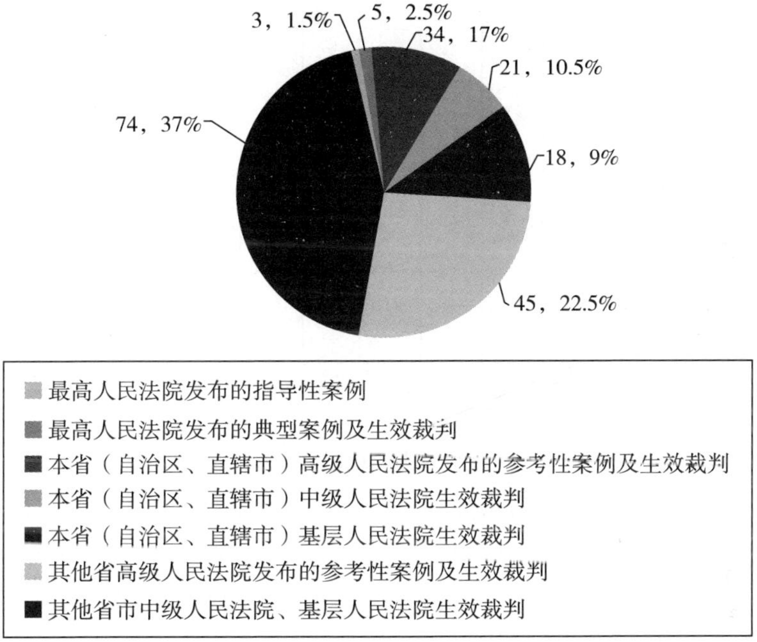

图1　当事人提交类案范围分布

从图1中可以看出，指导性案例只有3件[1]，非指导性案例高达197件，显然，非指导性案例成为当事人提交类案的绝对多数，显著高于指导性案例。其中，其他省高级人民法院发布的参考性案例以及生效裁判与中级人民法院、基层人民法院比例超过50%，省级地区提交类案明显少于其他省市地区提交的类案，说明虽然本地的生

[1] 分别为：(2022)豫民申191号案，(2021)沪03民终90号案(涉及第23号指导性案例)，(2021)辽民申5273号案(涉及第24号指导性案例)。

效裁判是优选,但在互联网高度普及之下,面对复杂的案情,全国各地各种类似判例资源很容易被当事人获知,当事人也会向法院提交类案,希望影响法官内心之确信。

(2)寻求更强说服力:具有较强的地域、审级偏好

在样本案例中,以地域、审级为视角进行观察可知,当事人提交的类案具有较强的地域、审级偏好。图 1 中其他省高级人民法院发布的参考性案例及生效裁判以及其他省市中级人民法院、基层人民法院生效裁判数量为 119 件,分布于全国各地(见图 2)。

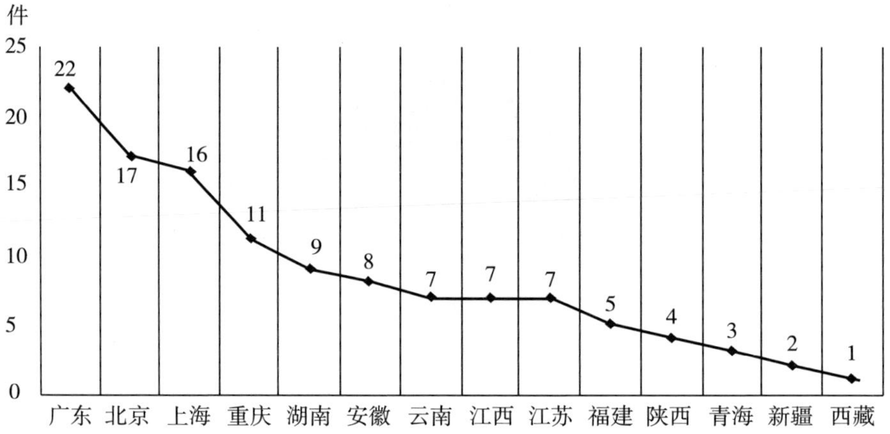

图 2　类案地域分布

从图 2 中可知,东部沿海省份的类案提交率明显高于西部地域。这是因为:东部人才较为集中,经济较为发达,在向发达省份学习的心理作用下,当事人往往认为东部发达地区的裁判观点可采性较高。另外,从图 1 中可以发现,除最高人民法院的典型案例及生效裁判外,当事人提交高级人民法院的类案多于中级人民法院,中级人民法院又多于基层人民法院,表明当事人对类案的审级存在较大的偏好,这一方面是基于判决的效力,另一方面当事人也认为审级越高,说服力越强。

(3)事与愿违:提交类案的准确率较低

虽然当事人提交的案例较多,但由于法律素养的差异以及不同的立场等因素,当事人提交类案的准确率往往较低。在样本案例中,笔者随机抽取了 100 个案例进行对比分析,其中多达 61 个案例在案件事实或者法律关系上与待决案件案情明显不一致,36 个案例在案件事实或者法律关系上与争议的案件案情存在一定差别且足以导致不同的裁判结果,仅有 3 个案例符合类案标准(见表 1)。

表1　当事人类案主张准确率以及举例

与待决案件比较情形	占比	举例
类案明显不一致	61%	(2020)吉民申2570号： 当事人主张：本案与(2020)吉24民终1080号民事裁定书中的所有事项和保证合同基本一致，保证合同中保证人向出借人交付了房屋证照，法院却判决驳回起诉，明显不当。 法院认为：(2020)吉24民终1080号案件系由保证人陈某某担保黄某某向吉林省旅游产业投资基金管理有限公司发起设立的吉林文投城市资金管理有限公司签订《私募基金合同》及补充合同而引发的纠纷。该案在担保合同的表述与本案明显不一致
类案存在一定差别	36%	(2021)青01民终2492号： 当事人主张：(2021)青0104民初2695号民事判决书，对退款利息标准按照协议约定的已付房款的1%计算。 法院认为：本案与其他类案不同之处在于当事人明确提出增加违约金的诉求，一审法院据此予以审查，根据查明的事实，考量张某某基于订立合同所预期的利益，结合合同履行情况、当事人的过错程度等因素，酌定庄和西宁分公司在本案中应承担的违约金按照一年期贷款市场报价利率计算并无不当
类案一致	3%	(2021)川07民终2216号： 当事人主张：被告刘某某二审(2020)川0704民初3186号证明本案一审判决认定事实清楚、证据确凿、适用法律正确，应当予以维持。 法院认为：(2020)川0704民初3186号民事判决书已载明，案涉事实上的物业服务合同关系，自2019年9月3日绵阳市游仙区李杜祠社区富乐银座业主委员会明确向天浩物业公司发函时解除，该事实上的合同关系的权利义务终止。故一审法院对于天浩物业公司主张的2019年9月3日之后的物业服务费不予支持，并无不当

2. 强烈的回应需求：提交非指导性案例的动因分析

笔者随机选取了30名代理律师以及30名没有代理律师的案件，尝试探求类案大量提交背后当事人与代理律师的动因区别，设计了相关问题并将统计结果列明如下（见图3）。

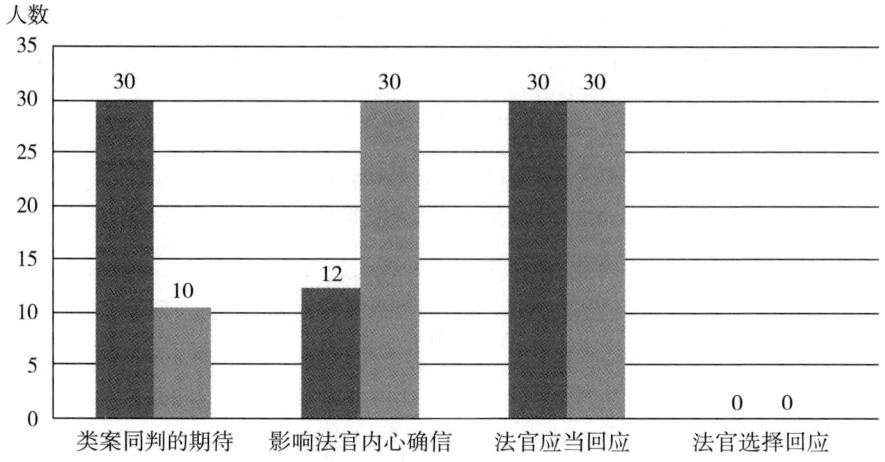

图 3 当事人及代理律师类案提交的动机

从图 3 中可以看出,当事人与代理律师的观点存在一定差异,当事人由于对法律了解往往有限,经常出于"粗略"的类案认知而提交案例希望类案同判,统计结果中 30 名当事人全部认为提交案例就是希望类案同判。而代理律师基于对法律的了解,对是否属于类案的标准更为明确,所以提交案例的动机经常在于以类似裁判意见影响法官的内心确信,30 名代理律师提交案例都希望法院对此有所借鉴。另外,无论是出于类案类判还是有所借鉴,当事人及律师提交案例都包含了对运用结果的期待,在希冀有效影响裁判的同时,必然包含了期待法院阐释回应的内心愿景。正如统计结果中,100% 的当事人、律师都选择了对提交案例"法官应当回应"的选择题,而"法官选择回应"的选项则"无人问津"。

总而言之,无论是同案同判还是影响法官的内心确信之动机,实质都是希望其提交的类案裁判在所涉案件中发挥实质作用,而对于类案能否适用,提交人自然就会存在强烈的回应需求。

(二)非指导性案例类案回应的供给侧分析

1. 制度层面

(1)国家法律制度层面

由表 2 可知,《指导意见》第 4 条仅规定了类案范围,其中包括最高人民法院发布的指导性案例、最高人民法院发布的典型案例及裁判生效的案件、本省(自治区、直辖市)高级人民法院发布的参考性案例及裁判生效的案件以及上一级人民法院及本院裁判生效的案件(以下简称"四类案件")。法院对于以上类案的回应,《指导意见》则区分规定了“应当回应”与“可以回应”的类型，其中，法院对指导性类案外的其他类案“可以通过释明等方式予以回应”，这给予了法官很大的裁量空间，造成了当事人与法官适法的无所适从：一方面，《指导意见》赋予法官通过释明的方式予以回应的权利，但未规定如何回应、采取何种方式回应等；另一方面，当事人看似取得了非指导性类案回应的权利，但法官经常忽视、回避类案回应而不用承担任何“法律后果”。而且，《指导意见》规定的类案范围过于狭窄，对于除此之外的其他地区类案则完全未作规定，但这些类案恰好在诉讼中大量出现，且当事人对此存在高度的回应需求。目前，国家层面的类案法律法规（见表2）。

表2　国家层面的类案法律法规

法规名称	施行时间	类案适用相关条款	类案回应的内容
《最高人民法院关于案例指导工作的规定》	2010年11月26日	第7条	无
《最高人民法院关于案例指导工作的规定实施细则》	2015年5月13日	第9条、第10条、第11条、第12条	对公诉机关、案件当事人及其辩护人、诉讼代理人引述指导性案例时首次规定了应当在裁判理由中回应是否参照了该指导性案例并说明理由
《最高人民法院关于建立法律适用分歧解决机制的实施办法》	2019年10月28日	第2条、第3条	无
《最高人民法院关于统一法律适用加强类案检索的指导意见（试行）》	2020年7月31日	全文	将指导性案例与其他案例的回应进行区别，特别是第10条，再次明确对于指导性案例，人民法院应当在裁判文书说理中回应是否参照并说明理由；对于其他类案，人民法院可以通过释明等方式予以回应
《最高人民法院关于完善统一法律适用标准工作机制的意见》	2020年9月14日	第2条、第4条、第9条	无
《最高人民法院统一法律适用工作实施办法》	2021年12月1日	第6条、第7条、第8条、第9条、第10条	无

（2）地方经验探索层面

由表3可见，在《指导意见》实施之前，地方法院对类案回应未有统一、明确的规定。而在《指导意见》实施之后，仅有极少法院进行了尝试构建，将类案划分为指导性案例与非指导性案例，并规定了非指导性类案依照法律规定决定是否参考以及可以通过释明等方式进行回应，但多是照搬《指导意见》的规定，依然未作具体、细化的回应规定。

表3　地方层面的类案制度探索

地方规定	施行时间	类案适用相关条款	类案回应的内容
《广西壮族自治区高级人民法院关于类案与关联案件检索若干规定（试行）》	2019年7月4日	第3条、第4条、第5条	无
《江苏省高级人民法院关于建立类案强制检索报告制度的规定（试行）》	2020年7月14日	第4条、第5条	无
《南京市中级人民法院关于引导律师进行类案检索的操作指引（试行）》	2020年9月22日	第2条、第4条、第5条、第6条	无
《湖南省高级人民法院关于类案检索的实施意见（试行）》	2020年12月18日	全文	21.类案为非指导性案例的，可以依照法律、司法解释的规定，决定是否参考 23.当事人及其诉讼代理人（辩护人）、检察机关提交指导性案例作为诉辩意见的，承办人、合议庭应当在裁判文书说理部分回应是否参照并说明理由；提交其他类案作为诉辩意见的，人民法院可以通过释明等方式予以回应

2. 实践层面

(1)法官对类案质证程序定位不同

审判中,为了使己方的观点获得法庭的支持,诉讼中的当事人往往具有较高的查询、提交类案的积极性。但在实践中,法官对类案的诉讼定位不同,处理模式也不相同。为此,笔者通过对样本案例进行分析发现,有的案件对类案意见进行了交换,并按照证据的标准进行了举证、质证并在裁判中进行了说理回应[1],有的案件类案未作为证据进行列举,只是在裁判说理部分对当事人提交的类案进行了回应[2]。为分析类案在诉讼程序中的具体形态,笔者单独调取了L市中基层人民法院80件涉及非指导性案例的类案进行统计分析(见图4)。

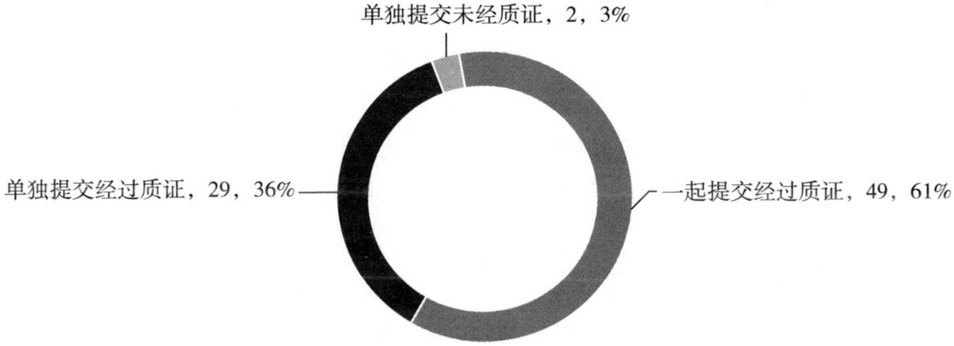

图4 诉讼中类案处理模式

在调查样本案例中,有49个案件的类案是与其他证据一并由当事人提交法院,该部分类案与其他证据一并进行了意见交换、质证,但有31个案件系单独提交,其中仅有2个类案作为证据进行了意见交换、质证,其余29个类案未作为证据处理。显然,类案并不具备证据的属性,所以,司法实践中,法官除了因为与其他证据一并提交的原因对类案进行质证之外,基本都不会在程序上对类案进行处理。

(2)法官对类案回应的不同认知及理由

为实证法官对类案回应的态度,本文对L市中基层法院49名员额法官进行问卷调查,问卷中设置了类案是否应当回应、不回应的理由、回应的方式等问题,相关结果统计如下(见图5)。

---

〔1〕 如(2022)赣1002民初1281号案等。

〔2〕 如(2021)云2501民初12号案等。

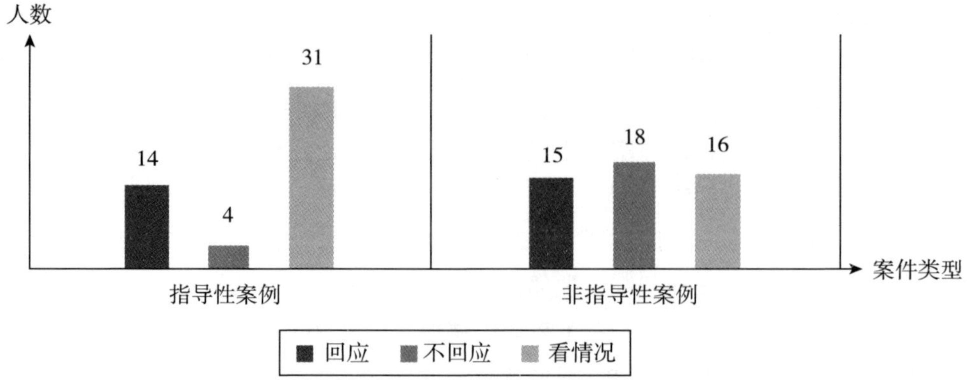

图 5 中基层员额法官对类案回应的态度

从图 5 中可见,中基层法官对类案的相关规定并不十分清楚或者持一味忽视的态度,即使指导性案例有“应当参照”的规定,但仍有 71% 的中基层法官对是否回应持“看情况”的态度。他们对于非指导性案例的态度则更加“复杂”,并没有统一的做法,回应与否以及“看情况”的比较均匀,更加说明中基层法官在此问题的态度上存在较大的分歧。此外,笔者通过对上述 35 名法官不回应以及“看情况”的理由进一步统计发现(见图 6),不回应的原因表现出较强的主观色彩,对于不符合类案标准的,法官认为无必要回复;对于达到类案标准的,法官认为在法律适用分析中融入相应观点即可。由于“不必回应”“隐形参照”“参考性不大”等法官感受不一,加之法律未明确规定指导性案例之外的类案回应规则,实践中法律适用并不统一,中基层不同法官操作不一,容易陷入回应与否的迷茫状态。

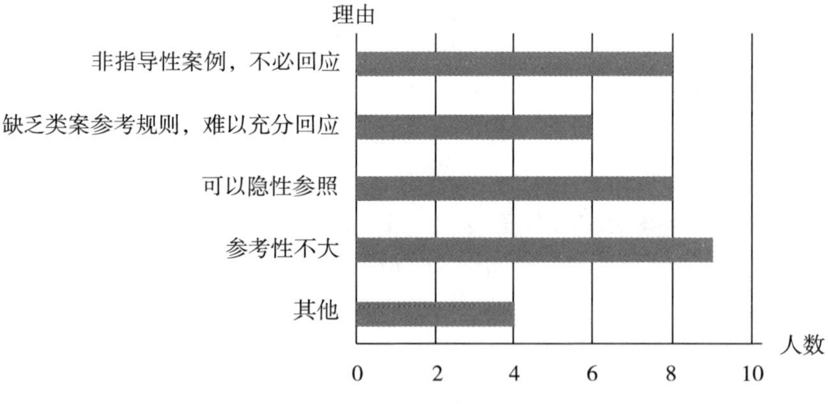

图 6 员额法官不回应的理由

(3)法官对类案回应方式隐晦

在200个样本案例中,有139个案件未在说理部分予以回应,约占全部样本案件数的70%,说明该部分当事人提交的类案被司法者忽略或者回避,法官直接不予回应。剩余案件除3个指导性案例外,法院对58个非指导性案例在裁判文书说理部分进行了回应,但大部分案件仅表明不予适用或者在予以适用时说理极为简单。为此,笔者将不予适用的41个案件归类如下(见表4):

表4　裁判回应中不予适用的具体事由

不适用类案的类型	不适用类案的具体表述	案件数
为“不真正”类案	与待决案件案情、争议焦点不类似	18
	与待决案件法律关系不一致	7
类案效力不足	非指导性案例不具参考性	6
	下级法院类案不具参照性	2
	非有效类案:未生效、被改判	1
提交的类案无法律依据	不在指导意见范围内的类案不参照	2
其他	无法核实真实性(来源不明)等	5

另外,法官在“本院认为”部分对当事人提交的非指导性案例类案的回应比例约占当事人提交类案总数的26%[1],反映出司法实践中,裁判者经常将当事人提交的类案忽略,而裁判者对于采纳的8个类案,适用说理不充分,援引依据亦不足,同时更缺乏类案论证过程的对比、争议焦点的提取以及其他回应性说理(见表5)。

表5　法官适用类案具体情形

案号	具体描述	援引依据	共同特征
(2018)粤0113民初8802号[2]	本案与广州市中级人民法院(2019)粤01民终14424号生效判决在基本事实、争议焦点、法律适用方面具有相似性,属于类案	《指导意见》第2条、第9条	仅对认定类案的结果进行明确的释明,但未与待决案件进行相似性判断与具体观点的提取

[1] 计算方法:(被回应总数61个-法官主动适用回应数13个)/当事人提交类案总数187个。

[2] (2018)粤0113民初8802号裁判日期为2020年10月22日,故是在《指导意见》施行之后作出裁判。

续表

案号	具体描述	援引依据	共同特征
(2021)川 07 民终 2216 号	(2020)川 0704 民初 3186 号民事判决书已载明,案涉事实上的物业服务合同关系,自 2019 年 9 月 3 日绵阳市游仙区李杜祠社区富乐银座业主委员会明确向天浩物业公司发函时解除,该事实上的合同关系的权利义务终止。故一审法院对于天浩物业公司主张的 2019 年 9 月 3 日之后的物业服务费不予支持,并无不当	未援引	
(2021)粤 16 民终 880 号	本案与原审法院已判决生效的广东省龙川县人民法院(2020)粤 1622 民初 2001 号案件的案由相同、原告相同、其中的一个被告相同,且案件的基本事实相同。但判决结果不同,属于类案不同判	未援引	
(2021)鲁 0112 民初 3582 号	本院认为,本案与(2021)鲁 0112 民初 132 号案件属于类案,山东贵恒信土地房地产资产评估测绘有限公司出具房地产估价报告适用于本案	未援引	
(2021)京 02 民终 6881 号	已生效的(2020)京 0106 民初 13098 号民事判决与本案当事人相同、基础事实类似,属于类案	未援引	
(2021)冀 0903 民初 224 号	结合与本案属于类案的沧州市中级人民法院已发生法律效力的(2020)冀 09 民终 875 号等民事判决书对案件事实的认定,原告虽然没有提供书面合同等证据,但被告瑞耐尔公司拖欠原告加工费具有高度可能性,应认定被告瑞耐尔公司拖欠原告加工费的事实存在	未援引	
(2020)黔 05 民终 5366 号	本案与本院(2019)黔 05 民终 5731 号民事案件属于“高度类似”的类案、应当“同案同判”	未援引	

续表

案号	具体描述	援引依据	共同特征
(2020)皖0521民初1303号	本院通过案件检索查明,以上证据材料中的法律文书与本案在案由、基本事实、争议焦点、法律适用问题等方面具有相似性,且均已发生法律效力,与本案属于类案	《指导意见》第1条、第4条第1款第4项、第9条第2款	

(三)供需失衡之下的效果分析

显然,民众的回应需求远大于法官的回应供给,那么供需失衡下的类案回应会产生何种法律效果是探究回应现状的重要方面。

当事人提交类案的数量逐年增加,大量当事人所认为的类案被提交至法院待决。各种类案往往承载了当事人朴素的观点表达,或许会因为法律认知、知识构成、生活经验等因素影响,存在表达不当、内容欠缺、形式不完善等问题,但假如法官不能对类案能否类判进行说明解释,必然会破坏民众的行为预期。民众并不必然会从类案的精细识别标准进行理解,他们更多会在毫无回应之时对裁判公正性进行各种猜测解读,理解为法院无法回应或者"暗箱操作",当事人对裁判公正的误读现象也就难以避免。事实上,类案的回应实质上是法官公开其心证之一部分,法官未对类案公开其心证的内容,也必然损害了当事人"了解其提交的类案在裁判过程中所发挥作用"的知情权。[1]

二、非指导性案例类案回应供需失衡的原因分析

(一)共识基础下的不足

当事人对类案与待决案件是否相似具有极高的期望值,而法官直接忽视或者回避问题,毫无回应地径直裁判明显不合理。显然,《指导意见》仅强调裁判者视野下的类案规则,却未能从民众的司法感受理解、设计类案回应制度。[2]

---

〔1〕 参见毕玉谦:《论庭审过程中的法官的心证公开》,载《法律适用》2017年第7期。

〔2〕 参见赵霏、李安国:《民事裁判回应类案检索报告的现状检视与程序构建》,载《山东法官培训学院学报》2022年第2期。

1. 未形成统一的类案诉讼规则

类案诉讼规则的缺失导致适用中的混乱，法院与当事人之间在制度上缺乏了统一的认识。类案本质上并不属于证据，但作为影响甚至可能左右裁判观点的类案，其作用显然已经不再局限于一方当事人的意见表达，其效果经常超出证据的证明力。因此，在诉讼规则上，类案的提交与意见的交换就显得尤为重要。但制度上并未明确类案的提交标准，提交情况也呈无序状态，如提交截至时间、逾期提交的法律后果如何、提交形式有哪些、提交的类案报告是否应当具有一定的格式要求等，这些都影响着后续审查工作程序的开展。另外，对提交之后类案意见的交换也未有相应规则，如一方当事人提交类案后，有无必要、何时送达给对方当事人，是否提示对方享有提交类案以及发表辩论意见的权利，是否在庭审过程中按照举证质证的顺序进行举证质证等。类案提交与交换意见的缺失导致大量非指导性案例不知何去何从，既降低了庭审效率，也降低了法官对类案可信程度的内心确认，造成了法官在类案回应时想用却不敢用、不会用或者担心出错承担责任的心态，从而选择一种不为民众所察觉的隐性适用方式进行回应。[1] 故“可以适用……”的规定变相地削弱了非指导性案例适用的进路，不利于相关主体参照选择以及司法机关选择回应。

2. 未形成统一的类案回应标准

简洁和形式主义的风格意在隐藏一种恐惧，即害怕过于详尽可能碍于审慎周到和严守秘密。[2] 法官的类案回应方式也是这个道理。法官与当事人在类案回应方式与内容上不能达成一致的意见，制度层面上也没有统一规定。因而实践中，类案回应往往会出现莫衷一是的现象。具体来讲，法官作为回应的主体，不知道应在哪个阶段进行回应，是在庭前、庭审中还是裁判后；回应方式是以专门的笔录进行回应告知，还是以裁判文书形式进行回应，而笔录告知以及裁判文书的适用条件有什么；回应的标准如何，是从类案交换意见中识别出的差异事实进行阐述还是看裁判观点是否应采用，等等。而这些未达成共识的节点正是争议之处，一旦不能产生较强的说服力，易引起诉讼参与主体的臆想与偏见。

（二）实质沟通的缺乏

类案从提交开始，就很少再次出现在诉讼过程中，甚至会变成当事人“自言自说”的一项内容，法官与当事人的沟通十分缺乏，有效沟通更是“量小力微”。而由上文可

〔1〕 参见孙海波：《指导性案例的隐性适用及其矫正》，载《环球法律评论》2018年第2期。

〔2〕 ［美］H. W. 埃尔曼：《比较法律文化》，清华大学出版社2002年版，第198页。

知，当事人对类案回应的需求越来越强烈，诉求的沉沦进一步加深了当事人甚至其他听众主体对司法的偏见，观点被重视也是当事人对法官的强烈期盼；而对于法官而言，他们却有不同看法，当事人（不包括代理律师）提交的类案往往不具有类案的特征，完全没有回应之必要，真正具有相似性的类案，法官也会予以回应或者融入判决，对于当事人而言，其权利并没有受到侵害。其实，这是法官与当事人在信息沟通上出现了信息不对称现象，实质上是诉讼中对此并无有效的交互沟通机制。类案应否参照适用背后的互动式回应才是当事人的实质关注目的，若未公开法官对当事人提交类案的解读，则法官与当事人之间因类案发生的认知差异必然会扩大并导致负面的司法效应，而建立良好的类案沟通机制，就是消除误解的最好方式。

（三）视域差异下的盲区

社会舆论场中存在一种视域差异的现象，这种现象是说不同解释者具有不同的视域，对同一个被理解对象也会产生不同的解读结果，正如伽达默尔所说，解释者和被理解对象都有各自的视域，解释者通过在自己视域里的解读来实现对被理解对象的理解。[1] 我国民众深受朴素的法律观念、传统文化、宗教、道德等影响，不同人对案件事实、关系等定性会产生不同的法律认识，比如“大学生掏鸟窝[2]判十年，公司老板猥亵幼女[3]判五年”“同样是凶宅买卖，有的法院判有效，有的法院判无效”等言论未考虑个案事实，仅进行简单比较而产生了同案不同判的偏颇认识，认为相关案件并没有统一裁判尺度，具有很大的随意性，而实际上，案件在情节、细节、证据等方面不同，案件结果也就不同，这并非法律上的同案不同判现象，而是符合法律规定的判决，这就造成了“不真正”类案假象的产生。故在类案提交的场景中，经常出现当事人提交的类案与司法者认为的类案其实并非同一种元素构成的问题，双方存在较大的视域差异。但是，在大量的非指导性案例类案中，民众提交的非指导性案例类案中“不真正”类案占据了大多数，法官往往认为这种“低级”问题没有必要回应，但基于“不真正”类案中的视域差异，民众却存在强烈的回应需求，两者之间的供需反差，就导致出现了视域差异下的盲区，而对此从立法到司法都未予顾及。

---

〔1〕 参见[德]伽达默尔：《真理与方法》，洪汉鼎译，上海译文出版社1999年版，第15页。

〔2〕 “大学生掏鸟案”：2014年7月，大学生闫某等在河南新乡辉县市高庄乡土楼村先后掏了两窝小鸟共16只，分别卖给郑州、洛阳、辉县市的买鸟人。经鉴定，16只小鸟均为国家二级保护动物燕隼。闫某因此获刑10年6个月。载央视网百家号，2019年7月9日。

〔3〕 “王某华猥亵女童案”：2020年6月17日，原新华控股董事长王某华猥亵女童案一审宣判，上海市普陀区人民法院以猥亵儿童罪判处被告人王某华有期徒刑5年。载人民日报百家号，2020年6月17日。

三、非指导性案例类案说理回应下听众理论的借鉴

类案回应最大的障碍在于当事人乃至民众对类案适用结果说理的可接受性，从上述类案回应的实证分析来看，类案回应存在种种回应不足之困境，未能很好发挥类案回应的应然效果。而佩雷尔曼的听众理论从不同主体之间的影响关系以及不同主体说理可接受性方面进行了探索，可借鉴这一理论构建类案回应说理的内部证成，实现司法裁判的说理论证由劝服到信服的转化，促进类案回应的良性发展。

（一）听众的分类

佩雷尔曼认为听众是“言说者意欲通过其论证影响的那些人的聚合”〔1〕，他根据听众的能力与智慧将听众分为特殊听众与普泛听众，阿尔尼奥进一步将听众划分为四类，即普通的具体听众、特殊的具体听众、普遍的理想听众以及特殊的理想听众。特殊的理想听众是具有共同价值与认识的理性人，是听众理论的说服对象。〔2〕结合我国司法实践，司法领域中的参与主体除法官外，主要为当事人、诉讼参与人，但基于我国裁判文书公开的要求，民众亦可以参与到司法活动中来。其中，当事人作为利益分配的直接主体，更加关注裁判结果，他们属于拥有共同的司法诉求背景的听众；法律职业共同体大都经过受过法律知识的训练，对裁判说理过程胜于对裁判结果的关注，他们属于拥有共同能力、智慧的听众；而民众作为间接主体，经常会通过互联网渠道获取一些案件信息并将其标签化，仅从直觉上理解这些案件，他们不具有共同的能力、智慧与背景，但可将这类复杂听众纳入说服的对象。故可将审判中的听众分为当事人、法律职业共同体以及民众，他们恰好也是类案回应需要说服的主要对象。

（二）听众与法官之间的关系

长期以来，司法者将听众视为裁判的被动接受者，忽视了听众的作用，缺乏了与听众的沟通对话〔3〕。实际上，法官与听众的关系应当是主体间影响的关系，而不是主客体间的对抗关系〔4〕。这种关系的存在可以从以下两个方面进行理解：一方面，类案回应要求是听众主体的一项正当诉求，司法机关理应基于“同理心”予以解答，这

〔1〕 See Chaim Perelman, *The Realm of Rhetoric*, University of Notre Dame Press, 1982, p. 13.

〔2〕 See Aulis Aarnio, *The Rationalas Reasonable: a Treatise of Legal Justification*, D Reidel Publishing Company, p. 47 – 48.

〔3〕 参见李滇、樊华中：《刚弱两需分野下我国判决说理模式新探——以 S 市 F 区法院判决书为样本的研究》，载《法制与社会发展》2015 年第 3 期。

〔4〕 参见滕玉成、臧文杰：《“差序—协同”：基层治理主体间关系的意涵与逻辑》，载《求索》2022 年第 1 期。

不仅是司法公正、公开的要求，更是听众主体感受司法公平正义的重要途径；另一方面，在类案回应过程中，司法机关可以实时了解听众主体的需求，引导听众主体提交类案的方式，提高类案的准确率。因此，听众与法官之间应当是促进关系，而"如果司法裁判论证没有考虑你的听众，那么你的论证只不过是在锻炼你构造论据单位的能力罢了"。[1]

（三）听众可能被说服的前提

1. 共识与权威

佩雷尔曼认为论证者要获得认可，就必须从共同的起点开始。可见，存在某种共识是进行说理的前提。纯粹分析法学家凯尔森认为，在人类历史上从来没有适用于一切时代、永恒、绝对的价值准则，所以在共识价值上，价值多元化是唯一的价值共识[2]。而在类案回应说理中，回应规则是回应说理的前提。

另外，当法律适用过程中出现了分歧，会出现法官解释与听众解释相冲突的情形，此时，应以主体间的关系看待。大多数情况下，民众会以自己的经验去验证法官的回应结论，如果不符合自己的判断，则认为法官违法，而如果以民众舆论压制裁判，则会出现法官在说理中挣扎的困境[3]。基于以上的困境，应当明确最终法庭解释优于听众解释，[4]因为相较于分散且多元的听众，法官更专业也更加权威，当然，这种解释权必须以合理性为限制，只有通过裁判的充分说理，才能形成并不断强化这种共识。因此，如果良法（好的案例）能够较好地满足司法市场的总体需求，那么它就容易起到塑造共识的作用，使判例真正产生良好的实际效果。[5]

2. 程序理性与内容理性

法官与听众达成了一定的共识前提，但听众被说服仍需要有力的论证。阿尔尼奥认为，裁判的可接受性由辩论性的讨论程序理论与实质可接受性的实质理论构成。正当程序的重要性不言而喻，囿于篇幅，这里不再展开，以下只就实质辩论内容进行探讨。

---

〔1〕 参见彭中礼：《司法判决说服性的修辞学审视——围绕听众的初步分析》，载《法制与社会发展》2011年第1期。

〔2〕 参见张文显：《二十世纪西方法哲学思潮研究》，法律出版社2006年版，第343页。

〔3〕 参见郭晓燕：《论司法判决的可接受性——基于听众理论的分析》，载《南大法学》2021年第2期。

〔4〕 参见梁慧星：《民法总论》，法律出版社1996年版，第210页。

〔5〕 参见孙跃：《案例指导制度的改革目标及路径——基于权威与共识的分析》，载《法制与社会法制》2020年第6期。

合理性标准语境结合类案的特点应具有以下几个限制:第一,时间。国家制定法具有一定的时效性,要在一定的时间段运行。第二,空间。国家制定法在一定的领域内生效,不得随意扩大。第三,事实。国家制定法是为了约束特定的法律事实,要具象化。而类案如何回应正需要因地因时制宜地去考量,因为以上的语境最后还是需要法官权衡所有相关情景,结合法官长期形成的司法技艺进行说理。

为进一步限制法官的自由裁量权,司法裁判的理性标准需要接受两个维度的审查:司法后果主义与融贯性。后果主义是向前的标准,具有结果的评价性,当法律规则发生冲突或者存在法律空白的情形时,法官需要以此为标准考虑听众对裁判结果的可接受性与示范效应程度,期待社会效果与法律效果在法律的框架内实现统一〔1〕。如"郑州电梯劝阻吸烟猝死案",二审法院就改变了一审法院判决所带来的民众不敢再主动制止不法行为的不良后果。融贯性是向后的标准,限制后果主义的继续发酵,当发生解释冲突或者适用新规则时,将对法律的理解放置于法律原则与法律价值层面探讨合理性适用结果,实现多个价值体系的融贯〔2〕。如"无锡冷冻胚胎案",二审法官避开了立法空白,从情感、伦理等多维角度进行分析,最终支持了父母相关权利的诉求,取得了良好的社会效果。

四、非指导性案例类案回应规则的构建

根据听众理论,类案回应规则说理标准应充分考量当事人的可接受性与法官的可操作性,而类案回应的庭审与裁判文书"双分流"可以实现上述目标。于当事人而言,大量存在、回应需求又高的"不真正"类案法律属性不强,故可将其作为第一次分流标准,在庭审阶段即可对不"真正"类案进行回应,而对在基本事实上具有共同事实的"真正"类案则进入第二次分流。于法官而言,第二次分流中的"真正"类案仍有大量无须以裁判的方式回应之情形,故可以案件的类型以及所面对的听众对象为分流标准,对简易案件或者涉及当事人一方听众主体等案件进行第二次分流,最大化限缩裁判文书说理的类案回应范围。

---

〔1〕 转引自蔡琳:《融贯论的可能性与限度——作为追求法官论证合理性的适当态度与方法》,载《法律科学》2008 年第 4 期。

〔2〕 参见侯学勇:《法律论证的融贯性研究》,山东大学出版社 2009 年版,第 23 - 33 页。

（一）类案回应规则共识基础的构建

1. 制作《类案提交要素表》，搭建共识载体

浩如烟海的类案中杂糅了各种信息与诉求，这是听众主体的集中表达，同时，法官也希望能够精准提炼出类案对比所需要的元素、提高审理的效率，两者在类案信息识别上存在共识的基础，而《类案提交要素表》（见表6）可以成为两者之间共识的连接点：一方面，听众主体可以完整地在《类案提交要素表》中完成对类案检索平台、检索时间、类案关联案件情况以及类案相似性主张等关键信息的填写；另一方面，《类案提交要素表》中也有法官总结争议焦点、认定案件事实、准确把握审理要点的主要元素。因此，《类案提交要素表》有必要作为法官与听众之间的共识载体，这不仅有利于引导当事人进行类案意见交换，而且有利于法官庭审查明事实，提高回应的针对性，实现诉讼保障的“双赢”参与。

表6　当事人类案提交要素表

<table>
<tr><td colspan="2">×××法院
类案提交要素表</td></tr>
<tr><td colspan="2">说明：根据《最高人民法院关于统一法律适用加强类案检索的指导意见（试行）》以及审判实际情况制定本表，旨在通过本表厘清当事人类案提交情况以及相似点主张，以便法院在审理时予以审查，请谨慎填写。</td></tr>
<tr><td colspan="2">案号：</td></tr>
<tr><td>提交人</td><td></td></tr>
<tr><td>类案案号及案由</td><td></td></tr>
<tr><td>类案检索时间及平台</td><td></td></tr>
<tr><td>案例类型</td><td>◎指导性案例　　◎非指导性案例</td></tr>
<tr><td>类案裁判时间及关联案件</td><td></td></tr>
<tr><td>类案法院</td><td>包含类案的层级、地域（××中级人民法院）</td></tr>
<tr><td>与类案的相似点主张</td><td>1. 基本事实
2. 法律适用
3. 争议焦点
4. 其他主张</td></tr>
</table>

2. 明确类案质证清单，构建共识程序

类案性质的定位模糊以及质证程序的缺失，引起了听众主体的不满以及法官适用

的迷茫，因此，亟待建立起双方共识基础上的类案质证程序并以权威性规范予以明确。

首先，类案不属于证据，但基于程序所需，应将类案作为另一种单独的意见类型，着重审查相似性；其次，法官应当在质证程序中从类案的效力、事实、法律、裁判等相似性方面进行审查与对比。[1] 具体如下：第一，引导双方当事人根据《类案提交要素表》中的关联案件信息、裁判时间等判断类案的效力，如果类案尚未生效、被改判或者正在再审审理程序中，则不具有类案的效力；第二，引导双方当事人就要素表中"与类案的相似点主张"的基本案件事实或者法律适用等方面的相似性进行辩论，分别针对性阐述与类案相似与否的理由；第三，引导双方就类案裁判结果的相似性发表最后意见，结束类案质证程序。

（二）类案回应"双分流"规则的构建

1.类案区分识别的第一次分流

在进行类案判断时，第一，应归纳与梳理类案与待决案件的基本事实、争议焦点、法律适用等关键性问题；第二，衡量类案与待决案件在基本事实上的异同点，[2] 作出"区分"的技术判断，如果两案共同事实多于不同事实相关点，则构成"真正"类案，反之则不构成（见图7）。

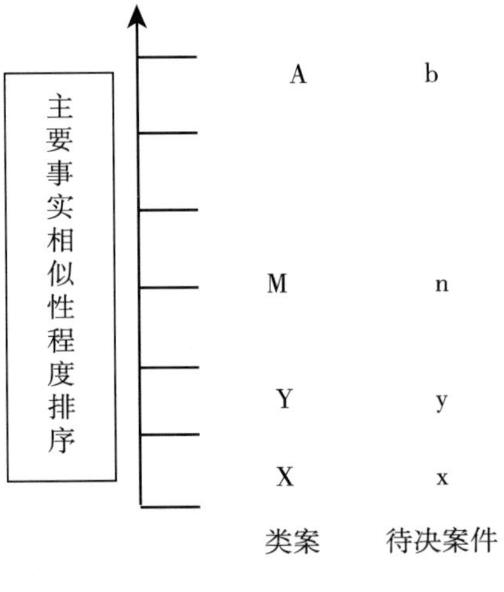

图7　两案基本事实相似度判断

注：越往下，主要事实越重要，如两者主要事实相同且明显大于其他不同事实，则相似性越高。

---

〔1〕 参见朱福勇、刘睿思、罗佳雅：《智能司法视域下"类案同判"机制完善研究》，载《应用法学评论》2021年第1期。

〔2〕 参见孙海波：《重新发现"同案"：构建案件相似性的判断标准》，载《中国法学》2020年第6期。

其中,不构成“真正”类案的案例具有多种存在形式,但主要表现为以下两种:一是不符合类案形式特征的案例;二是符合类案形式特征但不构成“真正”类案的案例。故可以此为标准划分“真正”与“不真正”类案。具体为:第一类,简单的“不真正”类案,即合议庭或者独任法官从类案来源、真实性、是否生效等方面对提交的类案进行“复盘”核验,筛查不符合类案形式特征的案例,将其甄别为“不真正”类案,作为第一次分流内容。第二类,复杂的“不真正”类案,即经“复盘”检验符合类案特征,但经过“区分”技术的判断,不同事实大于共同事实相关点,不具有类案相关性。因此,对于第一类“不真正”类案,本质上不必要深入剖析其法律、事实要件,但对于普通当事人来讲还是有回应的必要性,只是不应耗费过多的司法资源与精力进行成文模式的回应,在庭审阶段以笔录的形式回应即可。而对于第二类“不真正”类案则需要结合案件类型的第二次分流确定回应方式。

2. 类案繁简思维的第二次分流

繁简分流是审判的起点,对类案的分类管理应内嵌至该机制中,为精细化管理打好基础。[1] 因此,有必要将类案回应参照现有案件繁简机制进行精细化分流,以确定“真正”类案的简案简单回应、繁案详细回应的繁简分流模式。

第一类,繁简分流中的简案类案回应。简案一般为小额诉讼案件与简易案件,案情基本清楚,争议内容基本不大,特别是小额诉讼案件,听众主体以当事人为主,他们对裁判结果比对类案提交的回应更加关注,因而无论该类案件是否为“真正”类案,都应当在庭审中直接回应适用结果,省略裁判文书的冗长说理。而对于简易案件,应当综合评估案件情况进行分流,比如代理律师主张的类案,其实质上并非出于对同案同判的强烈主张,而是对某个待证事实具有回应说理的需求,此时,也就没有裁判回应之必要,可以在庭审中进行回应;而对于法官认为应当进行详细回应的类案,可以采取裁判文书说理的方式进行。

第二类,繁简分流中的一般繁案的类案裁判回应。一般繁案为除“四类案件”以及简案外的普通程序案件。这类案件面对的是当事人、法律共同体以及民众三类主体,繁案本身涉及的案情、法律关系比较复杂,对说理的论证要求也比较高,否则听众各主体将难以理解和信服,当事人对差异化裁判结果也会上诉,尤其对第一次分流中复杂的“不真正”类案,庭审笔录回应往往不具有说服力且影响当事人上诉权,如果排

[1] 参见上海市第一中级人民法院课题组:《司法责任制背景下统一法律适用标准研究——以类案同判为目标》,载《中国应用法学》2020 年第 5 期。

除适用，更应当通过裁判文书说理的方式，从参照类案可能导致双方权利严重失衡、有违社会主义核心价值观等方面充分论证、详细说理。[1]

第三类，“四类案件”的类案裁判回应。“四类案件”是法院重点关注的对象，特别是于 2021 年 10 月 1 日起实施的《最高人民法院关于调整中级人民法院管辖第一审民事案件标准的通知》以及《关于完善四级法院审级职能定位改革试点的实施办法》要求逐步实现审判重心下沉，基层法院在新形势下将面对更多、更难的重大疑难复杂案件的挑战。“四类案件”本身包含了重大疑难复杂案件，这类案件往往具有较大的示范效应，在一定空间与时间内具有较大的社会影响力，如果对当事人提交类案的诉求不予以详细回应，可能会引起舆论风波，不利于这类案件的审理。且从“四类案件”的重要性来讲，对当事人的类案诉求回应不应限于指导性案例的强制回应范围，可将“四类案件”的类案纳入法官强制回应的范围，完善对“四类案件”风险节点的监督（见图 8）。

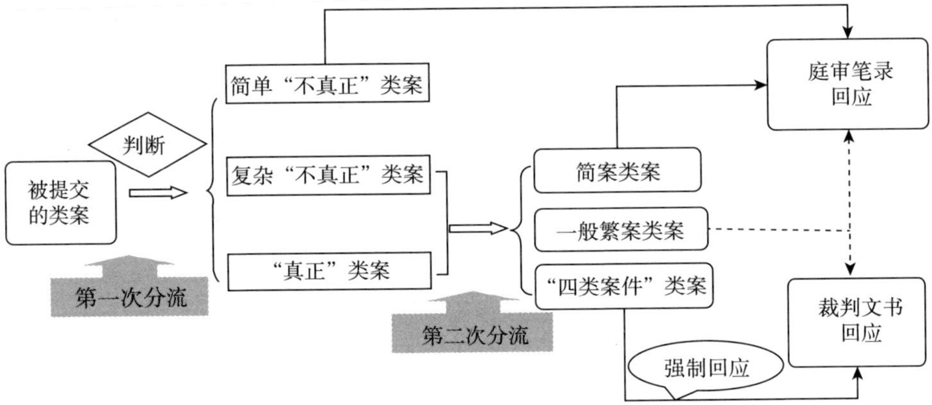

图 8　类案回应“双分流”流程

（三）庭审笔录与裁判文书说理回应的构建

1. 庭审笔录回应的语言范式

在庭审回应方式上，法官应注重语言的架构，因为法官的庭审语言是听众感受公平正义的直接途径。具体可以从听众的角度进行充分说理论证，考虑以下列方式作为回应的语言范式：明确适用与否的观点 + 理由。理由阐述范式为：关于争议焦点

〔1〕 参见王雨田、何伦波：《司法裁判回应类案参照诉求的审视与完善》，载《山东法官培训学院学报》2022 年第 2 期。

（Y1，Y2，…，Yn），类案案件事实（A1，A2，…，An）+法律规则（S1，S2，…，Sn），故得出结论H；而待决案件，案件事实（a1，a2，…，an），经相似度判断，A1≥a1（A1事实至少包含待决案件事实或者与待决案件事实类似），则适用类案的法律规则与结论。反之，A1≠a1，则不适用类案规则。举例来说，当事人向F法院提交了一份不予支持“公共照明费”的类案，经庭审质证发现，该类案适用的前提与本案存在较大差异，庭审时法官的回应表述应为：关于被告提交的类案主张，本院不予适用（Y）。理由为类案裁判文书中的事实是案涉小区《物业服务合同》中已明确约定了物业费为包干制，已经包含了“公共照明费”（A），依据《中华人民共和国合同法》等规定（S），本院对于原告主张“公共照明费”的诉求不予支持；而本案中，双方当事人未在《物业服务合同》中约定物业费的包干制，且明确列明了公共照明费收取的计算公式（a），故不适用当事人提交的类案（A≠a）。

2. 裁判文书说理二步回应法

第一步，列明类案诉求。按照《民事诉讼文书样式》，裁判文书对于类案诉求应当在当事人主张的事实与理由部分进行显示，类案名称在证据部分列举，法院则在“本院认为”部分进行显性回应。参照上海市第三中级人民法院（2020）沪03民终133号等民事判决书的模式。

第二步，类案适用与否的说理。这是回应说理的最主要环节，具体可分为：首先，提炼真正类案的裁判规则与要点，因为非指导性案例类案的裁判观点并不像指导性案例般自带“裁判要旨”，而对“裁判要旨”的正确、妥当运用是同案同判的关键。[1]因此，法官需要对裁判观点进行谨慎、简明的规范表述，但不能割裂地进行“复制”，忽视具体案件具体分析的方式。其次，将类案形成的裁判观点以及规则作为大前提，待决案件基本事实作为小前提，用类案裁判规则推导出裁判结果，完成法律论证说理的形式。最后，对适用与否作出最后判断，采用一种可阅读性强的方式。如果适用类案观点，可表述为：总结争议焦点—有不同观点：第一种（理由列举）；第二种（理由列举）——本院同意第二种——关于第一种，本院认为（阐述不同意第一种的理由）——关于第二点（阐述支持第二种的理由）——故支持第二种。如果排除类案的适用，除按以上步骤对类案与待决案件进行对比，阐述不匹配的原因外，还可以从参照适用可能导致利益失衡、有违社会主义核心价值观等层面强化排除适用的理由。

〔1〕 参见张骐：《论案例裁判规则的表达与运用》，载《现代法学》2020年第5期。

(四)类案不回应的救济

有权利就有救济。《指导意见》对法官不参照、不回应未作出责任承担的明确规定,但类案提交作为当事人的一项诉权,在当事人认为权利受到侵害后应当给出一定的救济渠道,当事人可以以此提起上诉或者申请再审。具体可以为:对于小额诉讼案件,即没有笔录回应也没有其他留痕的类案回应,可以申请该案法官重新回应并要求限期回应;对于上诉案件,上级法院可要求下级法院限期予以笔录回应或者单独送达《告知书》,并由上级法院在裁判文书中直接载明对重新回应支持与否(见图9)。

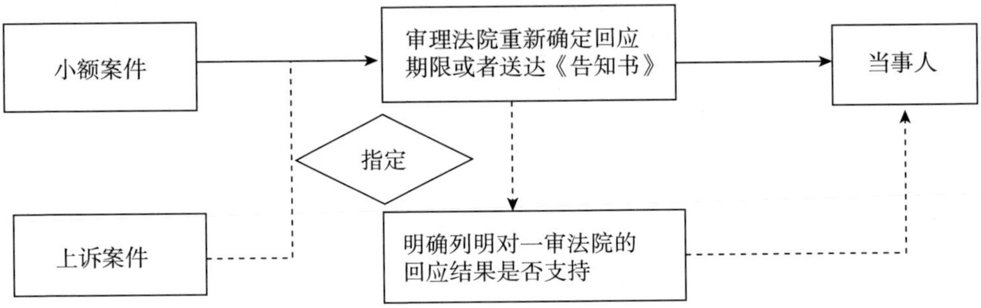

图9 类案不回应救济流程

结 语

案例指导制度经过了十几年的制度化发展与完善,越来越符合司法实践的运行规律。其中,以指导性案例为内容的相关规定在公诉机关、案件当事人及其辩护人、诉讼代理人中达成了制度的一定共识,形成了良好的规则效应;而非指导性案例的相关回应规定也正在走向共识的路上,回应程序、方式、内容等经过反复检验后也必将达成共识。本文借鉴听众理论等相关内容,构建了非指导性案例回应的相关规则,抛砖引玉,笔者期待有更加完美的规则以发挥制度的最大价值,满足民众的司法愿景,为在我国立法体制下理解和把握判例运用的方式及效用,提供更加深度的指引。

司法转译:社会主义核心价值观融入民事裁判之实然效果检视与规范进路

——以417份民事判决书及典型案例为研究对象

杨凌燕*

引 言

在价值取向多元化的经济社会转型期,为了构建大众化的社会共同价值,团结人民群众,凝聚社会力量,社会主义核心价值观作为我国主流价值体系的内核与凝练化表达,由此应运而生〔1〕。回顾社会主义核心价值观培育践行的发展历程(见表1),其已从政策倡导的“政治话语”向入法入规的“法律话语”转变。如何在民事裁判中更好地融入适用社会主义核心价值观,是培育和践行社会主义核心价值观良好法治环境、增强人民法院裁判公信力和权威性的一项重大课题。但观致整体,作为意识形态的核心价值观与民事司法适用之间存在天然“畛域”之隔,故需要构建“司法转译机制”,实现话语体系的恰当转换,以避免民事裁判适用社会主义核心价值观落入“政治宣传”的窠臼〔2〕。

鉴于此,本文以援引社会主义核心价值观释法说理的民事判决书及弘扬核心价值观的典型案例作为主要研究对象,通过量化分析与统计梳

---

* 广西壮族自治区高级人民法院民二庭四级法官助理。

〔1〕 参见张景荣:《社会主义核心价值观研究综述》,社会科学文献出版社2017年版,第11-14页。

〔2〕 参见张启江、祝子斌:《核心价值观融入法治政府建设的三大机制构建——以行政争议裁判中存在的困境为视角》,载《时代法学》2018年第3期。

理，勾勒出社会主义核心价值观融入民事裁判的概貌，对核心价值观融入民事裁判的实然效果予以检视，探讨民事案件裁判在对社会主义核心价值观进行司法转译时的考量因素，考虑到现行社会主义核心价值体系以及法官集体经验裁判逻辑，进一步探析优化社会主义核心价值观融入民事裁判的规范进路。

表 1　社会主义核心价值观培育践行的发展历程概览

提出/施行时间	法律/文件	实践意义
2006 年十六届六中全会	《中共中央关于构建社会主义和谐社会若干重大问题的决定》	第一次提出“建设社会主义核心价值体系”
2012 年十八大	《坚定不移沿着中国特色社会主义道路前进　为全面建成小康社会而奋斗》	首次从国家、社会、个人层面全面概括社会主义核心价值观，提出“加强社会主义核心价值体系建设”
2016 年	《关于进一步把社会主义核心价值观融入法治建设的指导意见》	明确提出推动社会主义核心价值观入法入规，将其要求体现到宪法法律、法律规章和公共政策之中
2017 年	《中华人民共和国民法总则》	首次直接将“弘扬社会主义核心价值观”写入法律条文
2017 年十九大	《决胜全面建成小康社会　夺取新时代中国特色社会主义伟大胜利》	旗帜鲜明地强调“坚持社会主义核心价值体系”
2018 年	《中华人民共和国宪法》（第五次修正）	在第 24 条中增加“国家倡导社会主义核心价值观”，使其上升为国家意志
2018 年	《社会主义核心价值观融入法治建设立法修法规划》	着力把社会主义核心价值观融入法律法规的立改废释全过程
2021 年 1 月 1 日起施行	《中华人民共和国民法典》	将弘扬社会主义核心价值观列入第一条立法目的和宗旨规定中，构成了民法的基础规范
2021 年 3 月 1 日起施行	《关于深入推进社会主义核心价值观融入裁判文书释法说理的指导意见》	第一次明确各级法院应强化运用社会主义核心价值观释法说理，并详细提出具体原则、解释方法等适用要求

一、厘定:社会主义核心价值观融入民事裁判预期效果考量

社会主义核心价值观作为民族国家的精神支柱、中国特色社会主义理论体系的重要组成部分,对国家运行、社会发展、个人生活的影响无处不在、无时不有,其发挥着得天独厚的价值引领作用并占据重要战略地位,亦决定着其融入民事裁判的现实必要性与路径可行性。本文从审判、社会和政治三个维度,对社会主义核心价值观融入民事裁判的预期效果予以具体厘定考量。

(一)审判维度:满足“德法相济”的本土化司法需求

一方面,良法离不开道德补充,制定法亦不是万能的。民事法律规范在提供裁判依据的同时,具有调整民事关系的局限性,故需探寻非正式法源融入民事裁判用以补充说理论证。社会主义核心价值观作为我国共识性价值的凝练与概括〔1〕,具备非正式法源属性,应将其融入民事案件的裁判考量因素,以发挥补充法源的功能作用。另一方面,社会主义核心价值观亦承担着填补法律漏洞的功能。面对纷繁复杂的国情民意,法律秩序必会存在漏洞,当民事案件中尚缺法律规范作为直接裁判依据时,可以根据立法精神、立法目的和法律原则等作出裁判,并运用社会主义核心价值观进行补充说理论证。综上所述,社会主义核心价值观充分汲取中华民族传统美德与文化之精粹,具备鲜明本土特色,将其融入民事裁判可以显现其补充法源、填补漏洞之功能,营造法治本土资源的制度性空间,以更好地满足人民群众日益增长的“本土”司法需求〔2〕,显现“德法相济”的审判效果。

(二)社会维度:发挥“法润人心”的头雁式引领作用

法律的终极价值是追求社会公平与正义〔3〕,在社会主义核心价值观融入民事裁判的过程中,应力求展现其社会功能,发挥价值“头雁领航”裁判方向的作用。一方面,民事裁判会面临多元主体利益和道德立场价值的多重博弈,此时需要社会主义核心价值观在法律和道德之间反复考量,平衡与协调多方利益,实现情理法相统一的最佳审判效果。另一方面,社会主义核心价值观在民事案件中发挥其价值引领作用的重要体现是教育功能。司法裁判是有温度的,社会主义核心价值观作为我国主流价

〔1〕 参见于洋:《论社会主义核心价值观的司法适用》,载《法学》2019 年第 5 期。

〔2〕 参见孙帅:《社会主义核心价值观对民事裁判的价值引领——以我国民事裁判进程中具有重要影响的民事案件为研究对象》,载《法治论坛》2021 年第 4 期。

〔3〕 参见刘峥:《论社会主义核心价值观融入裁判文书释法说理的理论基础和完善路径》,载《中国应用法学》2022 年第 2 期。

值体系的内核与精神支柱，将其融入裁判文书予以释法说理，不仅可以增强司法裁判的可接受性和公信力，更是有利于在全社会培育和弘扬积极向上、富有正能量的良好新风尚，真正展现“法润人心”的社会效果。

（三）政治维度：构筑“良法善治”的现代化治理体系

社会主义核心价值观融入民事裁判的必然效果是发挥政治功能，助力完善治理体系与治理能力现代化。社会主义核心价值观承载着国家意识形态建设的价值承诺与政治定位，司法权作为国家政治权力的重要组成部分，系依靠国家强制力保证实施〔1〕，将社会主义核心价值观融入民事裁判亦具有强大现实政治动力。面对多元价值观在民事司法场域的冲突碰撞，法官需要运用个案裁判智慧，支持和鼓励“德性”的司法实践，通过民事裁判援引和阐释社会主义核心价值观，跨越法律和道德的“二元对立鸿沟”并完成两者的话语整合〔2〕，加快推进审判体系和审判能力现代化，助力完善依法治国与以德治国相结合、公正高效权威的中国特色社会主义司法制度，呈现“良法善治”的政治效果。

二、考察：社会主义核心价值观融入民事裁判实然概貌

本文以中共中央办公厅、国务院办公厅印发《关于进一步把社会主义核心价值观融入法治建设的指导意见》的2016年12月25日为时间起点，以2022年5月1日为检索截止日期，以“社会主义核心价值观”为关键词，在“中国裁判文书网”进行全文检索，案由限定为“民事案由”，文书类型限定为“判决书”，案件类型限定为“民事案件”，共获得民事判决书26,424份。

（一）宏观图景——总体样态概览

一方面，在时空分布上，社会主义核心价值观融入民事裁判表现为“线性递增，区域级差”之样态。如图1所示，相关案件数量在东部、中部、西部三个地区〔3〕均呈现线性增长、近年激增的趋势，且援引社会主义核心价值观案件数量由东至西依次递

〔1〕 参见林文学、张伟：《以司法方式加强社会主义核心价值观建设的方法论》，载《法律适用》2018年第19期。

〔2〕 参见方乐：《司法如何面对道德？》，载《中外法学》2010年第2期。

〔3〕 本文采用学术研究常用地区划分方法，参考国家统计局“东西中部和东北地区经济地带划分方法”、2012年《国务院关于大力实施促进中部地区崛起战略的若干意见》。

减,符合“政策冲击→司法反映”特点[1],即社会主义核心价值观适用于民事裁判领域越加广泛频繁,体现出司法实践对国家政策的反馈与回应。

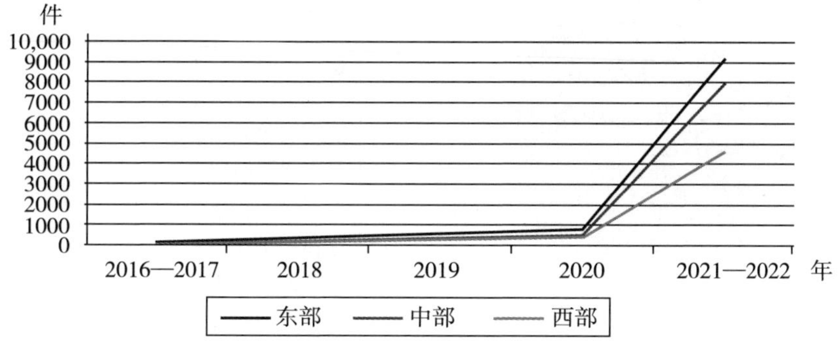

图 1　案件时空分布

另一方面,在审理分布上,社会主义核心价值观融入民事裁判呈现“层级下沉、类型集中”之特征。如图 2 所示,基层人民法院作为诉讼的第一道关口,其在民事案件中援引社会主义核心价值观的频次最高,占比 75.4%。同时,从案由分布的饼状图(见图 3)可知,援引社会主义核心价值观案件的案由分布广泛,《民事案件案由规定》中的 11 类案由均有涉及,但亦呈现类型化、集中化的特征。其中,合同纠纷案件最多,约占 37%;物权纠纷案件约占 18%;人格权纠纷与婚姻家庭、继承纠纷案件占比相同,约占 12%;侵权责任纠纷案件约占 10%。

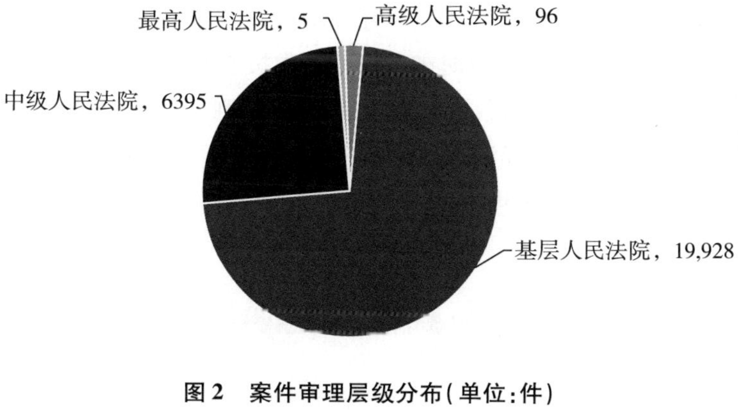

图 2　案件审理层级分布(单位:件)

〔1〕 参见杨彩霞、张立波:《社会主义核心价值观融入刑事裁判文书的适用研究——基于 2014—2019 年刑事裁判文书的实证分析》,载《法律适用》2020 年第 16 期。

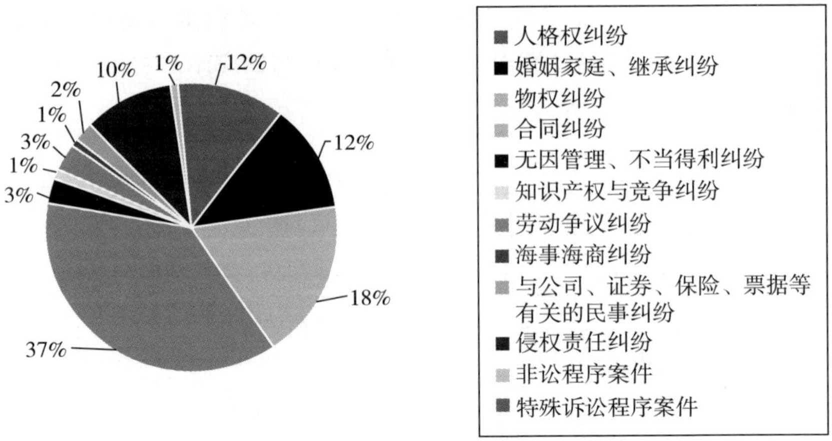

图 3　援引社会主义核心价值观案件案由分布

(二)微观形貌——具体适用近察

为进一步对社会主义核心价值观融入民事裁判的具体适用形貌予以近察,本文采取随机抽样的方法,结合大数定律,即在保证置信度和样本代表性的基础上,根据 31 个省、市、自治区的人口数量比例〔1〕,计算出各省级行政区划应抽取的实际样本数共计 1151 件。经过精读筛选后,获得符合实证分析要求的样本判决书为 417 份,剔除了无效样本 734 份〔2〕。

1. 适用类型:道德宣示为主,补强证成为辅。从民事裁判中社会主义核心价值观发挥的作用来看,可以将其划分为道德教育宣示型、补强证成结果型、直接证成结果型三种类型〔3〕。道德教育宣示型即在说理论证中援引社会主义核心价值观仅发挥教育宣示的功能,用以展示司法裁判的态度,而法院裁判结果系依据法律法规直接证成所得;补强证成结果型是指释法说理适用法律法规、法律原则或法理等与援引社会主义核心价值观共同补强裁判理由的说服力,发挥对裁判结果"背书"、赋予裁判结果

〔1〕参见国家统计局第七次全国人口普查数据,抽样方法详见杨凌燕的《劳动合同违约金实证研究》一文,湖南大学 2020 年硕士学位论文。

〔2〕无效样本主要包括:(1)"社会主义核心价值观"不属于裁判主文说理范畴;(2)判决书系引用《最高人民法院关于适用〈中华人民共和国民法典〉时间效力的若干规定》第 2 条的规定,或仅在作品名称包含"社会主义核心价值观"字样等,裁判说理并未适用;(3)多人争议案件产生的多个独立判决书。

〔3〕本文借鉴江秋伟在《价值的司法适用及方法——以法院适用社会主义核心价值观的案例为对象》一文中对于核心价值司法适用的分类方式,载《西安交通大学学报(社会科学版)》2019 年第 3 期。

更强公信力与权威性的功能;直接证成结果型系适用社会主义核心价值观支持或否定特定主张,实现优先适用价值观以直接证成裁判结果合法合理性的功能。

如表2所示,社会主义核心价值观民事裁判适用道德教育宣示型的案件数最多,为245件,占比58.8%;补强证成结果型156件,占比37.4%;直接证成结果型案件数最少,仅占比3.1%。此外,尚有少部分案件援引社会主义核心价值观说理论证适用道德教育宣示型与补强证成结果型两种类型相结合。

表2 社会主义核心价值观民事裁判适用类型统计

适用类型	案件频次	占比
道德教育宣示型	245	58.8%
补强证成结果型	156	37.4%
直接证成结果型	13	3.1%
道德教育宣示型+补强证成结果型	3	0.7%

2. 适用方式:粗略阐释为主,具体援引为辅。由表3可知,具体适用社会主义核心价值观24字基本内涵予以说理论证的民事案件共计157件,占比37.6%,其中:单独适用某一价值内涵进行裁判的案件数为73件,复合适用两个及以上价值内涵进行裁判的案件数为84件,其中24字基本内涵全部援引的案件有2件,均为补强证成结果型。民事裁判说理未具体适用社会主义核心价值观基本内涵的案件数居多,占比62.4%。

表3 社会主义核心价值观民事裁判适用方式统计

适用方式	案件频次	占比
单独适用	73	17.5%
复合适用	84	20.1%
未具体适用	260	62.4%

3. 指向层面分布:个体"诚信"价值为主,国家"和谐"价值为辅。如表4所示,从指向层面分布[1]进一步分析可得,援引适用国家层面四大价值内涵的案件数为60件,占样本案件总数的14.4%,其中和谐价值引用频次最高,说理论证方式大多是道

〔1〕 援引社会主义核心价值观案件指向具体子内容包含单独适用、复合适用两种情况,该表对于单独或复合适用不加以区分。

德宣示教育型。援引指向社会层面四大价值内涵的案件数最少，共计 39 件，占样本案件总数的 9.4%，公正价值引用频次最高，说理论证方式更多倾向于补强证成结果型。援引社会主义核心价值观指向个体层面的案件数最多，共有 206 件，占样本案件总数的 49.4%，诚信价值引用频次为 110 件，系社会主义核心价值观 12 大价值内涵中援引频次最高的一项，友善价值次之，引用频次为 76 件，个体层面四大价值适用案件类型广泛，援引遍布各类案由，裁判说理方式亦涵盖不同类型。

表 4 援引社会主义核心价值观指向层面分布

指向层面	案件频次（占比）	指向具体子内容（引用频次）
国家层面	60（14.4%）	富强（2）；民主（2）；文明（9）；和谐（47）
社会层面	39（9.4%）	自由（5）；平等（10）；公正（14）；法治（10）
个体层面	206（49.4%）	爱国（8）；敬业（12）；诚信（110）；友善（76）
未具体引用	260（62.4%）	/

4. 说理次序样态：规则优先为主，价值观证成为辅。鉴于对样本案例裁判说理次序的归纳统计，本文将民事案件援引社会主义核心价值观的说理次序分为三类（见表 5）。第一类为优先适用一般性法律规定进行释法说理，再援引法律原则、社会主义核心价值观予以补强说理论证，该说理次序属于规范性的常态化逻辑表达，适用案件频次最多，共计 262 件，占样本案件总数的 62.8%；第二类为援引社会主义核心价值观作为第一顺位予以优先说理宣示，此时价值观常呈现道德教育功能，用于裁判文书开头处表明审判态度，再主要结合法律原则与法律规则进行涵摄论证，适用该类说理次序的案件占比约 29%；第三类为优先适用法律原则、常情常理、国家政策等非正式法源作为裁判说理依据，裁判文书全文并未援引法律规则，而以“符合/有悖于社会主义核心价值观”的论述得出审判结果，该类不规范的泛化说理案件亦有 34 件，占样本案件总数的 8.2%。

表 5 援引社会主义核心价值观说理次序样态统计

说理次序	案件频次	占比
规则→（原则）→价值观	262	62.8%
价值观→（原则）→规则	121	29%
原则/常理/政策→价值观	34	8.2%

（三）弘扬趋向——典型案例剖析

本文进一步针对最高人民法院近年发布的五批[1]共计 35 起“弘扬社会主义核心价值观民事典型案例”进行深入剖析，以探究社会主义核心价值观融入司法裁判的弘扬趋向。如表 6 所示，首先，弘扬社会主义核心价值观典型案例的案由主要分布于人格权纠纷（11 个）、物权纠纷（6 个）、侵权责任纠纷（5 个）、合同纠纷（4 个）、婚姻家庭与继承纠纷（3 个）。其次，典型案例中弘扬核心价值最多的为“诚信”价值，共计 10 件。但其弘扬核心价值在裁判说理部分较少体现，多是后期在典型意义中总结添加，且适用表达不一致，约 60% 案件未具体援引核心价值观 24 字基本内涵。再次，从适用类型来看，典型案例中适用道德教育宣示型与补强证成结果型的案件数约各占一半，无直接证成结果型案件。最后，典型案例中的说理次序均为规则优先导向，辅以其他原则、美德、公共利益、公序良俗补强证成裁判结果，抑或是发挥道德教育宣示作用。

表 6　弘扬社会主义核心价值观典型案例统计

序号	典型案例	案由	弘扬核心价值	适用类型	说理次序
1	刘某诉刘某某、周某某共有房屋分割案	共有物分割纠纷	家庭美德	补强证成结果型	规则→善良风俗/传统美德
2	张某等诉杨某继承纠纷案	继承纠纷	友善互助	补强证成结果型	邻里关系/善良风俗→规则
3	杨某诉某财产保险股份有限公司意外伤害保险合同纠纷案	意外伤害保险合同纠纷	诚实守信	道德教育宣示型	诚实信用原则→规则
4	张某诉某商贸有限责任公司买卖合同纠纷案	买卖合同纠纷	诚信经营	道德教育宣示型	诚实信用原则→规则
5	某船厂诉某船务有限公司船舶修理合同纠纷案	船舶修理合同纠纷	诚信诉讼	道德教育宣示型	诚实信用传统美德→规则
6	某环保联合会诉某农化有限公司等环境污染责任纠纷案	环境污染责任纠纷	环境公益	道德教育宣示型	环境公共利益→规则

[1] 从 2016 年 3 月 8 日、2016 年 8 月 22 日、2020 年 5 月 13 日、2022 年 2 月 23 日发布的弘扬社会主义核心价值观典型案例，以及 2020 年 10 月 9 日发布的第 25 批弘扬社会主义核心价值观指导性案例中筛选出民事典型案例。

续表

序号	典型案例	案由	弘扬核心价值	适用类型	说理次序
7	某村民委员会诉郑某某等12人返还原物纠纷案	返还原物纠纷	诚实守法	道德教育宣示型	物权法规则
8	伊春某旅游酒店有限公司诉张某某劳动争议纠纷案	劳动争议纠纷	诚实守规	道德教育宣示型	劳动法规则
9	旅游卫视诉爱美德公司等侵犯台标著作权案	侵犯台标著作权纠纷	诚信诉讼	道德教育宣示型	规则→诚信诉讼教育
10	某小区业主委员会诉邓某某物业服务合同纠纷案	物业服务合同纠纷	诚实守信	道德教育宣示型	合同法规则
11	唐某某诉唐某甲等 5 子女赡养纠纷案	赡养纠纷	家庭美德	补强证成结果型	赡养家庭美德/义务→规则
12	邓某某诉某速递公司、某劳务公司一般人格权纠纷案	一般人格权纠纷	社会公德	补强证成结果型	规则→平等就业公德
13	董存瑞、黄继光英雄烈士名誉权纠纷公益诉讼案	名誉权纠纷	革命英烈保护	补强证成结果型	爱国价值观→规则
14	淮安谢勇烈士名誉权纠纷公益诉讼案	名誉权纠纷	当代英烈保护	补强证成结果型	爱国价值观→规则
15	李某某等人诉某村委会违反安全保障义务责任纠纷案	违反安全保障义务责任纠纷	公序良俗、文明出行	补强证成结果型	规则→公序良俗
16	刘某某等诉孙某、某物业公司生命权纠纷案	生命权纠纷	助人为乐、友善共处	道德教育宣示型	常理→规则
17	某公司、黄某诉邵某名誉权纠纷案	名誉权纠纷	社会公德、文明交往	道德教育宣示型	侵权责任规则
18	常某某诉许某网络服务合同纠纷案	网络服务合同纠纷	诚实守信、网络秩序	补强证成结果型	诚实信用原则→规则
19	某房地产公司诉李某某确认合同无效案	确认合同无效纠纷	诚实守信、契约严守	补强证成结果型	诚实信用原则→规则
20	马某诉佘某某、李某侵权责任纠纷案	侵权责任纠纷	诚实守信	补强证成结果型	常理/诚实信用原则→规则
21	高某翔诉高甲、高乙、高丙继承纠纷案	继承纠纷	中华孝道	道德教育宣示型	规则→孝道伦理/道德风尚

续表

序号	典型案例	案由	弘扬核心价值	适用类型	说理次序
22	柳州市儿童福利院申请确定监护人纠纷案	申请确定监护人纠纷	未成年人保护	补强证成结果型	保护未成年人合法权益→规则
23	何某玮诉杜某妹物权保护纠纷案	物权保护纠纷	家庭和谐、孝敬老人	补强证成结果型	价值观/善良风俗→规则
24	杨某顺诉杨某洪、吴某春居住权纠纷案	居住权纠纷	独立自强、家风文明	道德教育宣示型	独立自强→规则
25	某村民委员会诉王某平等六人追索赡养费纠纷案	追索赡养费纠纷	扶弱济困、乡风文明	道德教育宣示型	赡养传统美德→规则
26	闫某某诉某公司平等就业权纠纷案	平等就业权纠纷	就业平等、文明用工	补强证成结果型	平等就业/人格尊严→规则
27	方某某、黄某某诉周某、陈某某等物权保护纠纷案	物权保护纠纷	睦邻友善、社会文明	补强证成结果型	规则→邻里和谐/容忍义务
28	新疆某大学诉谢某人事争议案	人事争议	诚实守信、爱岗敬业	补强证成结果型	规则→诚实信用原则
29	李某某诉某市第一人民医院、徐某某健康权纠纷案	健康权纠纷	助人为乐、社风文明	补强证成结果型	规则→好意施惠
30	某卤菜厂诉某省广播电视总台名誉权纠纷案	名誉权纠纷	求实敬业、诚信经营	道德教育宣示型	社会公共利益→规则
31	沈某某诉徐某、蒋某某、某保险公司机动车交通事故责任纠纷案	机动车交通事故责任纠纷	好意同乘、善意施惠	补强证成结果型	规则→好意同乘
32	指导案例 140 号：李某月等诉广州市花都区梯面镇红山村村民委员会违反安全保障义务责任纠纷案	违反安全保障义务责任纠纷	公序良俗、文明出行	补强证成结果型	规则→公序良俗
33	指导案例 141 号：支某 1 等诉北京市永定河管理处生命权、健康权、身体权纠纷案	生命权、健康权、身体权纠纷	安全出行	道德教育宣示型	规则→安全行为规范
34	指导案例 142 号：刘某莲、郭某丽、郭某双诉孙某、河南兰庭物业管理有限公司信阳分公司生命权纠纷案	生命权纠纷	友善互助、未成年人保护	道德教育宣示型	未成年人保护→规则

续表

序号	典型案例	案由	弘扬核心价值	适用类型	说理次序
35	指导案例 143 号:北京兰世达光电科技有限公司、黄某兰诉赵某名誉权纠纷案	名誉权纠纷	社会公德、文明交往	道德教育宣示型	侵权责任规则

三、检视:社会主义核心价值观融入民事裁判实然困境

鉴于前述对社会主义核心价值观融入民事裁判的宏观图景、微观形貌、弘扬趋向的现状考察,本文将预期构想效果与其呈现的实然效果进行了比较,发现两者之间大相径庭,面临着“适用乱象”“规则逃逸”“论证模糊”三大困境(见图 4)。

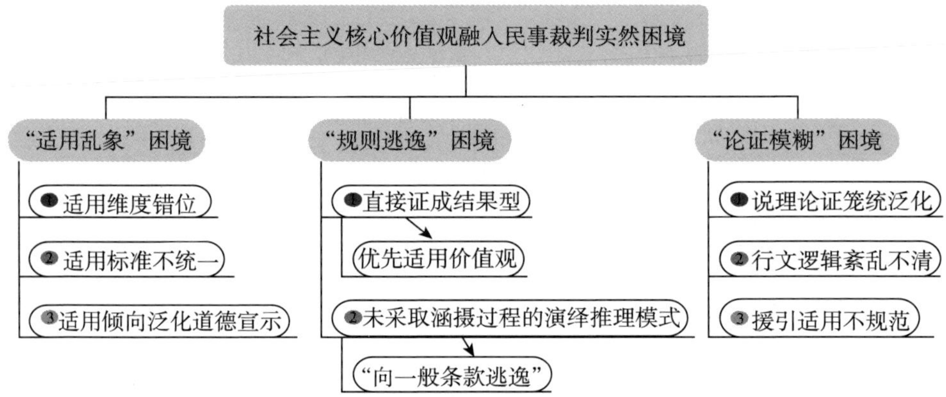

图 4 社会主义核心价值观融入民事裁判实然困境

(一)“适用乱象”困境

1. 适用维度错位。有民事裁判在适用社会主义核心价值观时未区分其所处的不同维度,呈现适用维度错位乱象,具体表现为跨维度的整体适用或者适用错位的情形。一方面,从适用维度层次来看,抽取样本案件中共计 5 起案件横跨三个维度,其中有 2 个案件〔1〕全部适用社会主义核心价值观 24 字基本内涵。在周某莲诉张某山等机动车交通事故责任纠纷案〔2〕中,法院适用和谐、自由、平等、公正、诚信三个维度

〔1〕 参见黑龙江省鸡西市中级人民法院(2020)黑 03 民终 972 号民事判决书、黑龙江省高级人民法院(2021)黑民再 19 号民事判决书。

〔2〕 参见浙江省台州市黄岩区人民法院(2022)浙 1003 民初 762 号民事判决书。

的价值观具体内容,直接证成案涉保险合同、赔偿方案是否符合社会主义核心价值观具体要求。可见,实务裁判中法院适用社会主义核心价值观的维度层次较为混乱,跨维度整体适用且论证方式不统一易造成价值观的层次界定不清,对其内涵亦产生扩张等不准确的理解与适用。另一方面,从适用具体对象内容分析,民事裁判亦出现适用对象错位失衡的问题,即忽视三种不同维度的差别而交叉适用社会主义核心价值观,常见情形是法官裁判说理过程中混淆适用国家、社会维度价值观去评价或论证个人行为是否合理合法,样本案件中共有 62 个案件属于该情形。比如,在李某诉深圳新桥卫生院医疗损害责任纠纷案〔1〕中,法院"从和谐、公正等社会主义核心价值观出发,并根据实际情况合理分配损失"。笔者认为,"和谐"是国家维度的价值观,"公正"系属社会维度的范畴,上述法院将"和谐""公正"的国家和社会价值目标作简单化字面理解适用,以评价公司的意思自治行为,而非在核心价值观宏观意义上进行适用。另从价值观适用指向层面分布情况亦可知,适用国家层面的案件频次有 60 件,适用社会层面的案件频次有 39 件,且集中援引和谐、公正、诚信、友善用以裁判说理,呈现适用维度错位失衡的乱象。

2. 适用标准不统一。通过对类型化案件进行观察探析可知,民事实务裁判中针对同一类案由纠纷案件适用社会主义核心价值观释法说理的标准不统一。以人格权案由中最为重要的生命权、健康权、身体权纠纷为例,不同法院就该类案件援引社会主义核心价值观的具体内容以及说理论证类型均不一致,有的法院认为其违背"诚信、友善"个人维度的价值观,充分发挥核心价值观的道德教育宣示作用,劝导当事人平和协商解决〔2〕;有的法院则适用"平等、公正"社会维度的价值观,结合《建筑法》《民法典》的相关法律规定,采取补强证成结果型的裁判说理方式〔3〕;有的法院跨越国家和个人维度,复合适用"文明""和谐""诚信、友善"的价值观,与侵权责任法的过错责任补强说理论证〔4〕。在典型案例中,约 60% 案件不予适用社会主义核心价值观具体内容。综上,各地法院对于社会主义核心价值观的内涵理解与性质界定存在分歧,故司法裁判中呈现适用标准不统一的实态特征,且未寻得裁判说理的规律性,易造成"同案不同判"的不稳定性,甚至影响司法公信力。

3. 适用倾向泛化道德宣示。从社会主义核心价值观民事裁判适用类型的统计结

---

〔1〕 参见广东省深圳市宝安区人民法院(2021)粤 0306 民初 19626 号民事判决书。

〔2〕 参见浙江省衢州市中级人民法院(2017)浙 08 民终 449 号民事判决书。

〔3〕 参见湖北省宜昌市中级人民法院(2021)鄂 05 民终 2676 号民事判决书。

〔4〕 参见河南省济源市中级人民法院(2019)豫 96 民终 996 号民事判决书。

果可知,约六成案件的适用倾向道德教育宣示;典型案例中亦有五成案件属于道德教育宣示类型。有些裁判文书缺乏“法言法语”,用宏大的道德与政治话语充塞篇幅,甚至引经据典进行空洞道德说教,呈现“为说而说”的泛化适用困境〔1〕。比如在潘某等诉王某3法定继承纠纷案〔2〕中,判决书写道“乌鸦犹且知反哺,羊羔吸乳跪母前。饮水思源是美德,更是常理……其行为值得肯定,也是对中华传统美德的传承,更是对社会主义核心价值观的弘扬,本院对此深表赞赏”;在徐某攀诉姚某英生命权、健康权、身体权纠纷案〔3〕中,民事裁判说理部分亦是长篇论述“疑罪从无观念如何能在我国的文化背景下实践”,并结合中国国情体制及传统文化观念予以阐释,事实上其仅需援引《民事诉讼法》关于证据规则的相关规定即可清晰说理论证。此外,一些法院在适用简易程序、小额诉讼程序的简单案件纠纷中,援引社会主义核心价值观进行道德教育宣示甚至呈现如法炮制的模板化特征。比如,在河南昌建地产公司诉苏某乐房屋买卖合同纠纷案,李某有诉李某方等合伙纠纷案,王某玲诉王某伸等机动车交通事故责任纠纷案,翟某娜诉翟某军生命权、健康权、身体权纠纷案4个不同案由纠纷案件中〔4〕,判决书均套用“努力让人民群众在每一个司法案件中感受到公平正义,是每位司法者的工作目标,从弘扬社会主义核心价值观、社会主义文明新风尚及传播社会主义法治精神的基本要求与理念出发……”这种格式化、样板化的裁判理由。可见,实务裁判若过于追求“能动司法”或是“机械司法”,社会主义核心价值观的民事司法适用会极易陷入道德说教泛化的“和稀泥”困境。

(二)“规则逃逸”困境

通过对417份民事判决书予以分析,笔者发现共有254份判决书在裁判说理部分适用法律规范未写明晰,亦有13个案件系适用社会主义核心价值观直接证成裁判结果,民事实务裁判现已陷入“规则逃逸”困境。所谓“规则逃逸”,是指在现有明确法律规则的前提下,裁判说理并未优先适用规则而是优先适用社会主义核心价值观作为裁判依据。其具体表现为,有的法院说理论证并未采取涵摄过程的演绎推理三段论模式,未将具体案件事实(小前提)置于法律规范(大前提)的要件之下以获得判

---

〔1〕 廖永安:《路径与目标:社会主义核心价值观如何融入司法——基于352份裁判文书的实证分析》,载《新疆师范大学学报(哲学社会科学版)》2019年第1期。

〔2〕 参见江苏省连云港市赣榆区人民法院(2021)苏0707民初3543号民事判决书。

〔3〕 参见浙江省衢州市中级人民法院(2017)浙08民终449号民事判决书。

〔4〕 四个案件分别参见河南省漯河市召陵区人民法院(2021)豫1104民初4498号、(2021)豫1104民初4433号、(2020)豫1104民初3232号、(2020)豫1104民初3579号民事判决书。

决结果,而是通过援引社会主义核心价值观以强化道德宣示与情感表达,代替法律论证,导致出现"向一般条款逃逸"的现象〔1〕。比如,在王某萍等诉西昌时代广场商业管理公司房屋租赁合同纠纷案〔2〕中,法院针对违约责任认定这一争议焦点,认为"因新冠疫情影响全国各地均遭受不同程度的经济影响,此期间国家也倡导团结全国人民团结互助共渡难关,被上诉人不同意减免租金的行为与国家的倡导不符,违背社会主义核心价值观,因此本院酌定对 2020 年 2 月至 4 月的租金应当予以免除"。该院以疫情期间不同意减免租金不符合国家政策倡导、违背社会主义核心价值观为由,直接证成应予免除租金的裁判结果,并未援引法律关于合同解除、违约责任的相关规定或者其他法律依据。另外,在涉及赡养等婚姻家庭纠纷、继承纠纷、相邻关系纠纷、排除妨害纠纷等人伦性较为显著的案件〔3〕中,法院援引社会主义核心价值观裁判说理部分更易偏向通过大篇幅道德教育感化辞藻来论证裁判结果的正当性。

(三)"论证模糊"困境

法院援引社会主义核心价值观进行释法说理,符合国家大政方针导向,亦是追求政治效果与法律效果相统一的需要。但民事实务裁判中的具体适用却面临着"论证模糊"之困境,其问题主要表现在说理论证笼统泛化、行文逻辑紊乱不清、援引适用不规范三个方面。

首先,裁判援引社会主义核心价值观说理论证呈现笼统泛化的特征。结合价值观民事裁判适用方式的统计结果可知,裁判说理中未具体适用价值观维度层次及 24 字基本内涵的案件数为 260 件,占样本案件总数的 62.4%,其中又有 156 个案件仅为泛化的道德教育宣示。在 35 件典型案例中,未具体援引价值观内容的案件有 21 件,适用道德教育宣示的案件有 18 件,且其弘扬核心价值在裁判说理部分较少体现,多是后期在发布典型意义时总结添加。上述未具体援引以及全部援引两种类型的裁判说理,均是笼统地阐释社会主义核心价值观的应有之义或是评价当事人行为有违社会主义核心价值观,该类"为说而说"、浮于表面的泛化引用,造成说理论证实际与社会主义核心价值观脱节,当事人及一般公众难以从案件纠纷处理中发现司法裁判的

〔1〕 李祖军、王娱瑷:《社会主义核心价值观在裁判文书说理中的运用与规制》,载《江西师范大学学报(哲学社会科学版)》2020 年第 4 期。

〔2〕 参见四川省凉山彝族自治州中级人民法院(2021)川 34 民终 1849 号民事判决书。

〔3〕 参见河北省邢台经济开发区人民法院(2021)冀 0591 民初 1690 号、安徽省金寨县人民法院(2018)皖 1524 民初 2152 号、河北省邯郸市中级人民法院(2017)冀 04 民终 3783 号、山西省襄汾县人民法院(2020)晋 1023 民初 1607 号民事判决书。

法律适用和援引社会主义核心价值观的内在机理与作用联系,故难以引发价值共鸣,更难以实现司法培育和弘扬社会主义核心价值观的预期效能。

其次,裁判文书在适用社会主义核心价值观说理论证的行文布局中显露出紊乱不清的问题。裁判说理部分理想状态的适用次序是先用法律规范论证分析具体案件事实,再依次结合法律原则、社会主义核心价值观予以补强论证。然而在实务裁判中,往往会出现适用次序颠倒、逻辑混乱、行文布局不合理的情形。比如,在胡某珠诉胡某义确认协议无效纠纷案〔1〕中,其裁判理由先用较大篇幅笼统援引社会主义核心价值观,从道德层面论述处理好家庭关系的重要意义,而后用简短的两句话评述一审法院裁判的正当性,结尾处亦堆砌模板化的教育宣示〔2〕,这种适用社会主义核心价值观进行说理论证的方式,会产生司法裁判可接受性与信服度降低、公众对核心价值观的理解认知模糊等不良后果。

最后,部分法院适用社会主义核心价值观甚至出现价值观具体内容援引不规范的情形。比如在杨某1等诉张某琪排除妨害纠纷案〔3〕中,法院裁判理由为"与公平、友善的社会主义核心价值观相悖",将社会维度的"公正"价值观错引成"公平";在曾某1等6人诉吕某1、英吉沙县住建局、一审被告霍某1等15人、河南豫南园林绿化公司生命权纠纷案〔4〕中,案件虽系涉及个人、公司、政府等复杂案件,但其判决书中"更符合社会主义核心价值观中维护'正义'的价值取向"的说理部分,亦将"公正"价值观错引成"正义"。这也反映出法院援引适用社会主义核心价值观的随意性与不规范性,不利于树立司法裁判的权威及公信力。

四、转译:社会主义核心价值观融入民事裁判规范进路优化

社会主义核心价值观的司法转译,是指通过司法活动将核心价值观的政治性语言予以法律化、司法化、规范化表达的方法,借助于法律规则与司法语言间接性地赋予其一定的规范约束力〔5〕。社会主义核心价值观的入宪、入法、入规,在一定程度上实现了其由政治话语向法律话语的转变,但这仅为立法表达,概览其现状,尚存在诸

---

〔1〕 参见江苏省盐城市中级人民法院(2020)苏09民终4785号民事判决书。

〔2〕 与另案潘某娟诉嵇某娟、潘某成民间借贷纠纷一案教育说理内容一致,参见江苏省盐城市中级人民法院(2020)苏09民终4492号民事判决书。

〔3〕 参见上海市第一中级人民法院(2021)沪01民终8706号民事判决书。

〔4〕 参见新疆维吾尔自治区喀什地区中级人民法院(2021)新31民终1850号民事判决书。

〔5〕 参见李海峰:《核心价值观的司法维护研究》,南京师范大学2020年博士学位论文,第118页。

多困境，如何在民事裁判中构建恰当的“转译机制”，将法律规范与价值观话语相整合，进一步优化社会主义核心价值观融入民事裁判的规范进路，实现核心价值观的司法转译，仍是一个挑战。本文将从判前、判中、判后三个阶段予以探析。

（一）判前：由内向外，主动融入

受到案多人少矛盾的现实因素影响，法官运用社会主义核心价值观释法说理的内心认同不足、能力水平有限，主动自觉将核心价值观融入民事裁判的意识仍待加强。鉴于此，在判前阶段，应当建立健全社会主义核心价值观融入民事裁判的教育培训机制，提升法官释法说理的能力水平。一方面，各级法院可以组建宣讲团队，针对社会主义核心价值观的内涵意义、功能定位进行专项理论培训，让法官明晰社会主义核心价值观融入民事裁判的预期效果与正当性基础，同时可以采取定期开展“民事裁判如何援引适用社会主义核心价值观”的专题业务讲座、主题沙龙等活动形式，针对运用社会主义核心价值观释法说理的重点领域，加大教育培训力度，做到员额法官、法官助理全覆盖。另一方面，裁判者亦应储备丰富的阅历经验，树立正确的世界观、人生观、价值观，鼓励法官“从社会实践中来，到司法裁判中去”，使其准确理解把握社会公众的主流价值理念、普遍情感倾向，以提升核心价值观民事裁判适用的内心认同感与自觉性，通过理论教学与案例研讨相结合的方式，推动法官运用社会主义核心价值观释法说理“入脑入心”，由内而外进一步增强“主动融入”意识，做到“愿说、敢说、会说”。

（二）判中：自上而下，准确融入

1. 统一适用标准，明确适用维度。一方面，在社会主义核心价值观民事裁判适用的法律规定缺失或者模糊的情形下，面对实务裁判对同类案件适用标准不统一的乱象，首先，可以探索引入案件识别机制，即依托智慧法院的建设成果，细化援引社会主义核心价值观的重点领域和典型案件的识别特征和标准，从源头上加强甄别与研析。以本文抽取样本和典型案例为例，民事裁判援引核心价值观的案件案由主要分布于合同、物权、人格权、侵权责任、婚姻家庭与继承纠纷领域，故可以将上述案由重点标记予以识别，运用大数据初步研判下一步是否需适用核心价值观释法说理。其次，可以将核心价值观的适用融入指导性案例，充分发挥案例的引领功能。具体而言，各级法院需要加强对典型案例的评选工作，并进一步构建“爱国、敬业、诚信、友善”等类型化指导性案例群，形成完善的“社会主义核心价值观融入民事裁判指导案例库”。同时，各高级人民法院可以依据最高人民法院发布的关于社会主义核心价值观融入司法裁判的指导意见要求，制定各地援引适用社会主义核心价值观释法说理实施细则，并面向各级法院定期开展法官适用社会主义核心价值观的业务培训，不断提升法官释法说理能力水平,以实现统一裁判尺度、维护司法公信力的司法效果。

另一方面,针对实务裁判中援引社会主义核心价值观出现的跨维度扩张适用以及错位失衡的问题,首先,应当明确国家、社会、个人三个维度的界限范围以及 24 字基本内涵的功能作用。其次,需要确立符合司法逻辑特点、可以融入民事裁判的“司法价值观”范畴。如“富强、民主”等代表国家和民族美好夙愿以及最高目标追求的价值观,则不宜在民事裁判中直接援引适用。最后,在注重分层适用社会主义核心价值观的同时,亦要把握各维度价值的融贯性,防止“一刀切”地机械适用。我们不能将三个维度的价值观完全割裂开来,可以通过与具体法律规范结合起来,发挥价值共同体的融合作用〔1〕。以相邻关系纠纷案件中经常援引的“和谐”“友善”为例,可以结合《民法典》第 288 条关于处理相邻关系原则的规定,以邻里共处和睦是中华民族的传统美德,是构建和谐社会的坚实基础,“与邻为善、以邻为伴”才有利于形成良好的道德风尚、才符合社会主义和谐、友善核心价值观的要求为切入点进行说理。由此,可以实现社会主义核心价值观在国家、社会与个人不同指向层面合理跨维度地融合适用。

2. 把握适用次序,坚持规则优先。社会主义核心价值观融入民事裁判的实质是价值观念与规范体系不断博弈、碰撞与说服的过程,因此需要正确把握社会主义核心价值观的适用次序,坚持法律规则优先不动摇,避免出现“规则逃逸”的情形,以寻求“最佳”的判决结果。价值观虽已纳入原则性法律规范体系,但其并非裁判说理的首选和直接依据,我们应当按照裁判文书释法说理的援引次序一般规定〔2〕,处理民事纠纷首先应适用法律规定作为裁判直接依据;穷尽“找法”路径,确无明确法律规范的,法官可以依据习惯、法律原则、立法目的等作出裁判,并合理运用法律方法对裁判依据进行充分论证和说理。

笔者较为倾向补强证成结果型的社会主义核心价值观适用类型,即首先援引具体法律规范进行案件定性,再结合法律原则、其他非正式法源、社会主义核心价值观以进一步补充强化裁判说理论证的效果。以东港市新兴区桥东东方药店诉东北制药丹东医药公司、第三人曹某某合同纠纷案〔3〕为例,法院裁判说理先从射幸合同成立生效要件的角度予以定性,并结合奖项数额违反了《反不正当竞争法》规定的最高限

---

〔1〕 刘雷:《论社会主义核心价值观融入司法裁判的路径研究——基于实证分析的整全性考量》,载《法律方法》2021 年第 2 期。

〔2〕 参见《最高人民法院关于加强和规范裁判文书释法说理的指导意见》(法发〔2018〕10 号)第 7 条、《民法典》第 10 条规定。

〔3〕 参见辽宁省丹东市振兴区人民法院(2019)辽 0603 民初 938 号民事判决书。

额而产生部分无效的法律效果。其次,再根据权利义务相一致的法律原则,论证被告应当在获得利益的同时兑现其承诺的义务;而后援引法律原则与社会主义核心价值观的耦合部分予以补充论证,认为被告的行为既违反民法中诚实信用的基本原则,又与社会主义核心价值观中的"诚信"内涵相违背,不利于良好的商业环境以及社会风气的培育和践行。该案的说理论证过程值得借鉴参考,其不仅逻辑清晰、条理分明,更是准确把握了社会主义核心价值观的适用次序,在保证法律规则优先性的前提下,较好地实现了社会主义核心价值观融入民事裁判的"整全性"目标路径。

3. 规范适用准度,增强说理效果。针对实务裁判中援引社会主义核心价值观说理笼统泛化、逻辑不清、适用不规范等"论证模糊"之困境,我们需进一步提升社会主义核心价值观司法适用的逻辑性与准确度。

第一,应当建构并严格遵照民法规范涵摄过程的"三段论"演绎推理论证模式(见图5)。具体而言,涵摄的第一步是"找法",即发现具体案件可资适用的民法规范,需要"来回穿梭于法律规范与案件事实之间",详细查阅相关法律法规、民商事审判参考、指导性案例、类案等,探寻法律规范,确定演绎推理三段论的大前提;第二步是"拆解",即不仅要对民法规范大前提中的具体要件进行分解,而且要拆解所有具体案件事实,避免遗漏任何一个可能影响案件性质认定的细节案情;第三步是"判断",即判断案件事实(小前提)是否符合民法规范(大前提)的全部要件特征,以发生该民法规范所特定的法律效果。如遇疑难复杂案件,还需经过多轮涵摄论证。在涵摄过程的"三段论"论证模式下,应当注重社会主义核心价值观的援引适用次序,其可与法律基本原则等作为法律规范大前提的补充,实现说理论证的层进式推进。

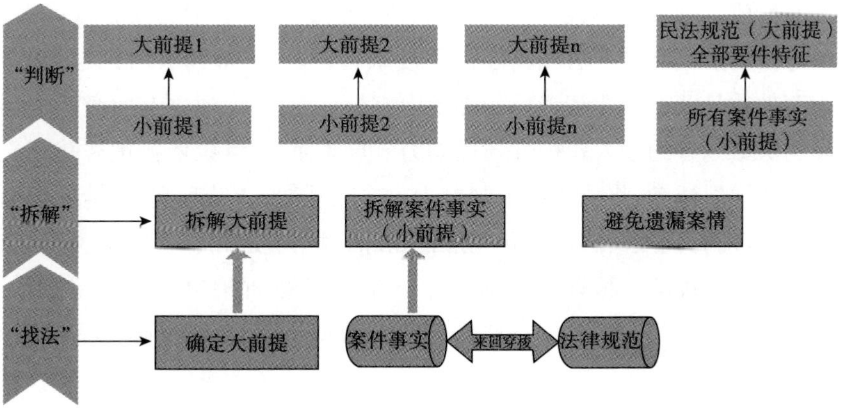

图5 民法规范涵摄过程之"三段论"演绎推理论证模式

第二,亟须提升社会主义核心价值观民事裁判适用的准确度与规范性。在裁判说理部分,应树立严谨不苟的司法作风,做好裁判文书校对工作,充分了解社会主义核心价值观的概念界定与内涵,避免出现将价值观 24 字具体内容援引错误以及用类似概念替代价值观内容的不规范情形,影响司法裁判的权威性。

第三,裁判说理可以借助法律解释、采用合理修辞、丰富援引路径等方式,以提升社会主义核心价值观司法适用的说服力与接受度。首先,可以综合运用文义解释、体系解释、目的解释、历史解释的方法,准确解读将社会主义核心价值观引入法律规范的内涵意义,将核心价值观的内在要求与立法目的、法律精神、个案适用相结合,提升民事裁判释法说理的充分性,以实现司法裁判政治效果、法律效果和社会效果的统一。其次,援引社会主义核心价值观时可以结合使用合理的修辞方法,以增强裁判文书说理效果,使裁判文书在保持基本共性的基础上,避免千篇一律缺乏新意,实现对法官写作个性与思考自由的尊重〔1〕。需要注意的是,法院适用修辞论证释法说理时,应注意运用修辞的目的并非仅为辞藻的华丽,而需讲求繁简得当、简洁明快,以更好地提升语言表达与释法说理的接受度和认可度。最后,可以拓宽社会主义核心价值观的援引路径。既可以援引适用于裁判文书的"本院认为"部分,用核心价值观补强论证裁判结果;亦可适用于裁判文书的"尾部"部分,即在尾部增加"法官寄语"或"判后释明"等说理延伸项目,充分发挥司法裁判"释法说理 + 道德教育"的德法兼顾效能。

(三)判后:从高到低,驱策融入

在判后阶段,各级法院需要从高到低地构建一系列释法说理配套机制,以推进社会主义核心价值观融入民事裁判。一方面,应建立健全社会主义核心价值观民事裁判适用的考评激励机制。从法经济学的角度来看,将民事裁判适用核心价值观释法说理作为案件质量评查和业绩考核的必备内容与重要指标,建立有效激励机制,能够大力激发司法裁判者的融入积极性与原动力。具体而言,可以依托优秀裁判文书、优秀典型案例的评选活动,将核心价值观融入民事裁判纳入"精品文书、精品案例"工程推进实施,结合新时代人民法院深化司法体制综合配套改革,探索制定民事裁判适用核心价值观释法说理的考核评价标准。另一方面,应推进构建社会主义核心价值观融入民事裁判的反馈与监督机制。联合司法大数据研究院,探索建立重点案件识别

〔1〕 参见胡仕浩、刘树德:《新时代裁判文书释法说理的制度构建与规范诠释(下)——〈关于加强和规范裁判文书释法说理的指导意见〉的理解与适用》,载《法律适用(司法案例)》2018 年第 18 期。

系统和标记机制,对核心价值观融入民事裁判的质效情况进行实时研判督导,科学评估运用核心价值观进行释法说理的力度、广度以及深度,为下一步驱动完善社会主义核心价值观融入民事裁判精准施策(见图6)。

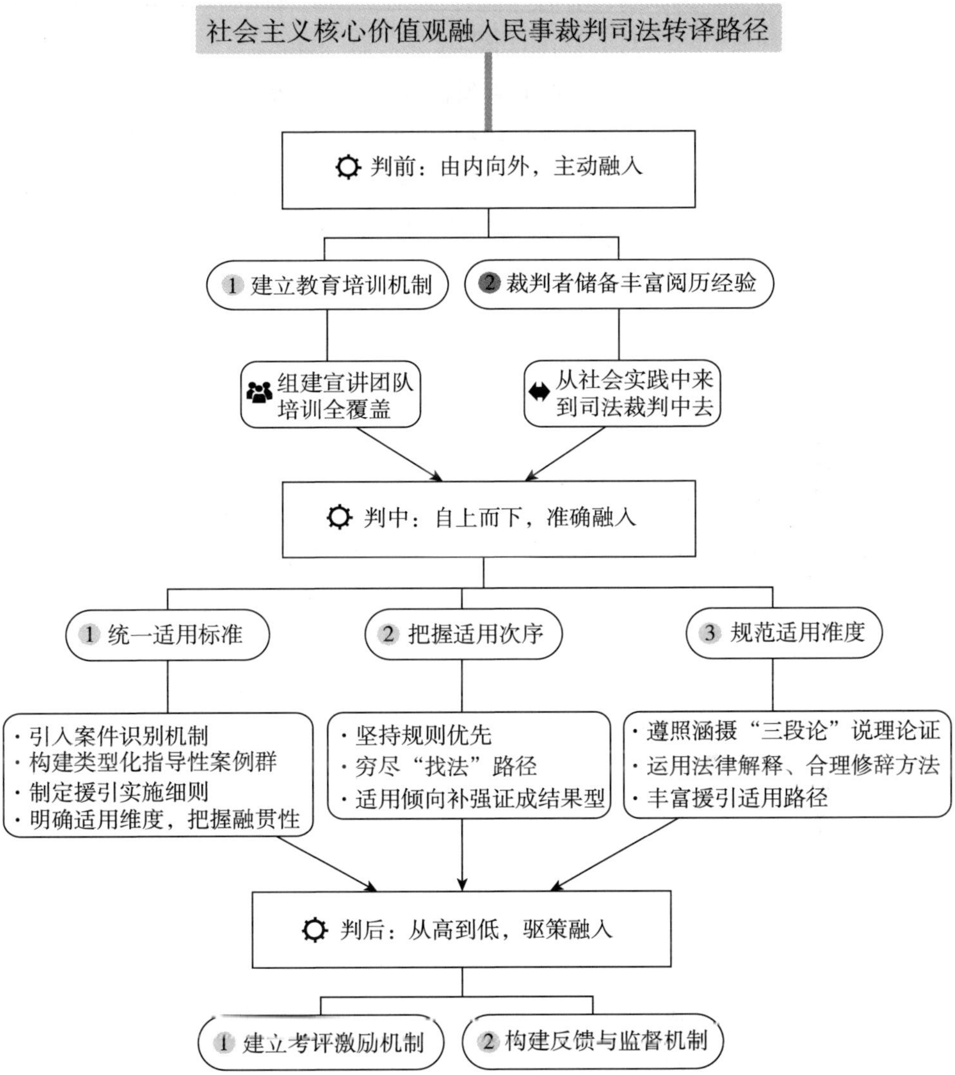

图6 社会主义核心价值观融入民事裁判司法转译路径

结　语

正如德沃金所言,诉讼不可避免地包含着道德性维度[1],然民事案件系与人民群众生产生活关联密切的纠纷,司法裁判不只是对法律法规的简单适用,其背后考量因素亦包含公共政策、道德伦理、公序良俗、常理习惯、价值观念等。“风雨多经人不老,关山初度路犹长”,社会主义核心价值观在以“破竹之势”融入民事裁判的同时,亦面临着“适用乱象”“规则逃逸”“论证模糊”等困境,如何充分发挥司法裁判在国家治理、社会治理中的规则引领和价值导向作用,健全核心价值观的司法转译机制,将“看不见”的抽象价值体系转化为“看得见”的实质公平正义,值得日后进一步探究思考。

---

〔1〕［美］罗纳德·德沃金:《法律帝国》,许杨勇译,上海三联书店 2016 年版,第 1 页。

民事再审中高级人民法院"依法纠错"与"统一裁判"职能的冲突与整合

刘延龄* 杨娴婷**

随着社会经济发展，现代法院除了纠纷解决的基本功能，又逐渐演化出社会控制、权力制约以及公共政策创制等延伸功能。但是不同层级法院所享有的司法资源、人才储备以及在人们心目中的司法权威是不一样的，它们所能发挥的司法功能及程度也应当有所不同。四级法院审级职能定位改革就是根据不同层级法院在社会治理中所表现出来的优劣势，为其选定不同的职能定位，旨在突破审理同质化的柱形结构，从而建立从微观个案裁判到宏观司法调控逐级过渡的审判金字塔结构。〔1〕总体而言，高层级法院与低层级法院的重要分化在于从纠纷解决的立场中脱离出来，探寻个案中蕴含的普遍法律适用规则，〔2〕赋予静态法律时代意义，不断契合高速运转的复杂社会。

高级人民法院在本次改革中的职能定位是"再审依法纠错，统一裁判尺度"。与中级人民法院的职能相比，突出了统一法律适用的要求；与最高人民法院相比，又强调对再审程序的运用。理论上，二审才是"依法纠错"和"统一裁判"职能结合的最佳程序。因为二审相较于一审，再次

---

* 广西壮族自治区南宁市中级人民法院立案庭三级法官。

** 北京市通州区人民法院立案庭三级法官。

〔1〕 参见傅郁林：《审级制度的建构原理——从民事程序视角的比较分析》，载《中国社会科学》2002 年第 4 期。

〔2〕 参见梁平：《我国四级法院审级职能定位改革的规范与技术进路》，载《政法论丛》2021 年第 6 期。

给了当事人一次权利救济的机会，体现了司法的慎重性；相较于再审，二审纠正的是未生效裁判的错误，统一裁判所付出的司法代价要小。例如，为了统一技术类案件的裁判标准，最高人民法院创立了“飞跃上诉”机制，越过高级人民法院，直接审理技术类上诉纠纷。〔1〕但是面对指数增长的民事案件，高级人民法院大幅二审显然不现实，只能通过提审少量关键案件为下级法院做示范。并且不同于“罪刑法定”和“依法行政”在刑法、行政法中的严格规定，民法更讲求“法不禁止即自由”，法院对民事案件具有更大的司法空间，统一裁判难度更大。

根据《关于完善四级法院审级职能定位改革试点的实施办法》（以下简称《审级改革实施办法》），高层级法院主要审理具有普遍法律适用意义以及需要“打破诉讼主客场”的案件。这也与高层级法院所特有的抽象性司法权力，即最高人民法院享有制定司法解释和发布指导性案例的权力，高级法院享有制定审判业务文件和编发参考性案例的权力相契合。根据改革精神，高层级法院通过提审主动“打捞”上述案件，再审配合“捕捉”上述案件的“漏网之鱼”。但是，提审目前在司法实践中并未完全释放制度优势，再审却是高层级法院经过多年实践积累，成熟运用的制度。因此，高级法院在两大职能的驱动下，如何在审查程序中识别出应由其再审的民事错案，并在审理程序中依法纠正，以供上级法院掌握、下级法院参考，将是其实现与上下级法院良性互动，以及落实审级职能定位改革的关键。

一、高级法院两大职能的共生与冲突关系

随着两大职能的确立，高级法院对民事案件依法纠错和协调裁判的取向不断显现。两大职能在再审过程中相互依存，通过依法纠错实现三级法院裁判尺度的统一，不断增强司法公信力。

（一）两种职能的共生关系

高级法院的再审关注督促中级法院主动统一裁判，使司法裁判的统一至少定格在了省级层面。这改变了过去中级法院以两审终审创建的统一裁判实践格局。中级法院在确定自身的裁判尺度时，会与本省的其他地市保持协调。

在再审审查阶段，统一的裁判尺度提高了依法纠错的效率。当三级法院统一裁判的格局初步形成，高级法院在再审审查阶段就可以通过审查同案的差异化判决理由，或者当事人主张的异案理由，快速决定是否需要启动再审。

---

〔1〕 参见《最高人民法院关于知识产权法庭若干问题的规定》（法释〔2018〕22号）第2条。

在再审审理阶段，高级法院通过依法纠错救济个案正义和微调裁判尺度。裁判尺度一经确立，就如同文本中的法律具有滞后性。当待决案件遇到裁判规则无法穷尽的适用情形时，普遍正义与个案正义就会发生冲突。高级法院通过对该类案件的再审审理，使用价值判断、利益平衡和目的解释等方法，对适用裁判标准但偏离实质正义的个案进行纠正，以达到对裁判标准实质正义的微调，从而确立新的裁判标杆，以供下级法院参照。

然而，“依法纠错”和“统一裁判”两大职能并非天然亲和，“依法纠错”强调的是实质正义的追求而非效率，“统一裁判”更多体现了整体的协调性，有时候反而会忽视个案的实质差别。高级法院在具体的司法场景中必须在两种职能之间保持微妙的平衡，否则会出现形式法治与实质法治的抗衡、公正与效率的失调。

（二）两种职能的多重冲突

1. 依法纠错的被动性与统一裁判的主动性的冲突

基于民事诉讼的处分原则，当事人的申请是启动再审的主要方式，法院主动再审只是例外情况，一般只在维护社会公共利益时才会启动。这体现了司法的被动性，可以防止独断专横，保障公正裁判。然而，统一裁判却是法院主动追求同类案件类似处理、不同案件协调处理〔1〕的司法效果，给予当事人平等保护及可预期的行为规则，体现了司法的能动理念。

上述两种姿态在司法权力合法运行当中并不排斥，但是在强调案件发改率的绩效考核要求，以及与全省裁判标准协调的难题干扰下，中级人民法院可能会重走个案请示汇报的老路子，在遇到疑难案件时，主动向高级法院汇报请示，避免再审改判的后果。个案的内部沟通会减弱近年来四级法院去行政管理化、归位审判监督关系的司法成果；同时，也相当于变相剥夺了当事人的上诉权，将双方当事人的平等对抗，转变成败诉方与法院的对抗，破坏司法克制的中立形象。

2. 遵照法律规定的纠错与动态的尺度调整之间的冲突

法院通过维护法律秩序来实现社会治理，在启动司法程序和适用法律方面都必须遵守法律的规定，这相较于传统“人治”而言，具有排除非理性因素的效率优势。但是法律作为形式法治的重要载体，其突出的确定性有时难以与变幻莫测的现实世界相匹配。

---

〔1〕 参见黄祥清：《五个“如何”解读法律适用的统一性》，载搜狐网2019年7月15日，https://www.sohu.com/a/326999889_120206895。

为有效实现司法的社会治理,法院则通过创新规则和行使司法裁量权,着重保障行为主体的自由,补足因形式法治带来的实质法治缺陷。但是,动态的尺度革新会打破稳定的裁判格局,甚至在一定程度上突破现行的法律规范。例如,《反不正当竞争法》对于销售者的合法来源抗辩并无规定。在无明显主观故意的销售者证明了侵权产品系合法取得之后,有的法院会参照《商标法》的合法来源制度,在停止侵权的情况下,将善意销售者从赔偿责任中解放出来。〔1〕对于这种裁判尺度的灵活调整,如果没有高级法院的“一锤定音”,就不可能成为一个裁判标准。严守法律规定与合理调整裁判尺度的压力最终传导至高级法院。此外,为优化司法治理效果,有的法院会主动联系地方党委政府、社会组织等案外人共同发挥治理优势,在司法系统内外形成统一的处理模式。此时,不囿于法律预设轨道的审判权力运行,是否就意味着正当性不足,也有待高级法院的再审审查。

3. 封闭的审级结构与开放的民意表达之间的冲突

法院审理案件,特别是疑难复杂或新类型的案件,往往会通过解释法律填补漏洞或创设新规则。〔2〕这是司法的准立法功能,通过一份司法裁决,将一个个新的裁判规则从低层级法院向高层级法院传导,推动新的司法解释的形成,甚至法律的更新;通过已决案件向待决案件传导,约束类似案件的类似处理。然而,新规则约束的不仅是两造双方,还有社会上面临同类问题的不特定群体。但是新规则通过审级制度最先在法院内部流转,评判新规则的司法官员也是专业人士,由此形成一个封闭的结构。这个封闭机构是否能够充分吸收并体现民意,由此引出裁判规则的正当性问题。

为了增强普通民众的司法话语权,避免南京彭宇案产生的负面舆情,近年来,法院在对一些案件的审理上出现了与民意“合作审判”的迹象,例如,对老人景区摘杨梅不慎坠亡的再审改判案。但是,这种开放是否有益,以及合理的限度在哪儿,是横亘在每一个司法人员心中的谜团。对形式理性的坚守容易使职业的司法人员掉入脱离大众的精英主义泥潭,但是完全以大众的诉求与情感为依据,又会落入民粹主义的陷阱。〔3〕

二、以反思理性框架整合两大职能的可行性

高级法院要想在民事再审中充分协调“依法纠错”和“统一裁判”这两种职能关

〔1〕参见浙江省高级人民法院(2019)浙民终1430号民事判决。

〔2〕参见崔永东:《司法“立法”的理论和实践》,载《人民法院报》2020年12月4日,第A2版。

〔3〕参见范柏乃、林哲杨:《政府治理的“法治—效能”张力及其化解》,载《中国社会科学》2022年第2期。

系，一方面要保证二者的共生依存关系，另一方面要巧妙化解二者在运行过程中的紧张关系。

（一）两种职能有效整合的关键条件

被动依法纠错与主动统一裁判之间的整合，意味着高级法院在积极发挥司法职能的同时，仍要保持消极介入诉讼的形象。其条件是原则上依当事人申请介入纠纷，不主动听取中级法院的个案请示，在再审审查中，以当事人主张的再审事由作为关键信息，挑选具有规则意义的个案进行审理；对裁判需要调整的个案应当参照在先规则，如果没有在先规则可以适用，应当经由合法的审理程序解决规则创设的正当性问题。这种遵循法定程序介入民事纠纷，遵照在先规则或经由法定程序合法创设新规则，以达到统一管理裁判尺度的行为，使高级法院在能动司法的同时，也保持了司法克制。

严格依法纠错与灵活调整尺度之间的整合，意味着高级法院必须在法律的框架内对裁判尺度进行管理。其条件是形式法治与实质法治的有效结合，法律规定与个案适用的相互映照。为了实现法律规定与裁判尺度的良性互动，高级法院应严格遵守程序规定，在审理中尽可能吸纳当事人的意见，并通过合法的决策程序，生产出新的裁判规则，由此实现对个案裁判的适度调整，逐步推动整体裁判尺度的自然演化。

封闭的审级系统与开放的民意表达之间的整合，意味着高级法院在对具有普遍规则意义的个案审理时既要独立行使司法裁决权，同时又必须认真听取民意。为了丰富裁判视野，法官、当事人甚至案外组织或人员都可以适当的方式参与到案件的具体处理与讨论当中。这种程序性安排旨在践行“回应型法”的冲突处理原则，即适当削弱法律的权威，强化自由裁量权的实质行使，把外部的社会压力转变为法律认识的差异和自我矫正的机会。[1]

通过对高级法院在民事再审过程中“依法纠错”和“统一裁判”职能良性互动的上述分析，我们可知裁判规则、审判程序和关键信息是整合两种职能关系的关键因素。在审查程序中，高级法院以识别错误裁判为导向，通过确认再审事由的关键信息，将需要再造裁判新规则的个案输入本院的审理程序中。高级法院将新规则的创制活动置于审理程序中，通过当事人与法院甚至案外人在程序中的良好沟通，共同确认用以创制规则的共识，强化法院创制新的裁判规则的正当性，从而引领全省法院裁判标准的更新。

---

〔1〕 参见 P. 诺内特、P. 塞尔兹尼克：《转变中的法律与社会：迈向回应型法》，张志铭译，中国政法大学出版社 2004 年版，第 85 页。

（二）反思理性框架下的职能整合

如果将裁判规则、审判程序和关键信息作为高级法院两大职能的连接点，由其形成一个完整的闭合框架嵌入再审程序中，那么必须保证法院与当事人之间、审判权力与个体权利之间的有效理性交涉和信息转译，其核心是使法院系统与以当事人为代表的社会公众实现自我秩序和外部秩序之间的反思理性。

根据卢曼的社会系统理论，由于社会的高度复杂性，人们之间的行动联系会构成一个个系统，如经济系统、教育系统等。系统会因为各种事件的发生与外界环境产生互动，并按照自身的运作规律产生新的自我秩序，以回应外界环境的干扰，[1]即系统的自我指涉性。根据图依布纳的自创生理论，法律作为社会的子系统之一，外部社会纠纷并不是法律发展的主要原因，而是一个契机。外部的社会冲突不能当然为法律所理解，必须经由法律系统内部翻译，转变为法律所能理解的信息。[2] 由此，外部冲突转变为法律内部的冲突。法律根据自身运行的逻辑和规律，在保持内部整体协调的基础上，对问题予以解决。但是，由于各系统的内部运作不同，法律系统在转译过程中也会出现一定的信息偏差，由此导致法律对外部冲突的回应存在不精准的可能性。此时，有必要引入哈贝马斯的民主商谈理论，在主体间搭建沟通平台，促使法律系统在信息沟通上最终与外部系统达成一致。当诸系统通过有效沟通达成共识时，由于共识具有公共性，诸系统得以自我纠正并协调运转。但基于“有限理性”的局限，不能指望一次沟通，就能让法律理解所有的外部纠纷，只能发挥法律作为纠纷解决的依据的作用，开放其认知区域，为互相冲突的系统提供理性交换的程序结构，培养各系统的反思理性，使各系统能够主动减少自身行为的负外部性，最终达到各自协调发展的目的。同时，法律也在系统间的沟通之中实现了自我反思，并得以更新。

根据反思理性框架，法律的程序意义要大于规则意义，法律应当成为一个“协调半自主的社会子系统内部及其相互之间行为的”系统，[3]通过为诸系统提供协调对话机制，引导诸系统进行自我反思，最终达到诸系统形成共识的目的。这种反思理性被广泛用于社会治理，但是任何一种治理都存在失灵的可能性。因为有效的治理不仅取决于程序，还要求冲突的系统具有一定的学习能力、协调能力以及相同的世界观。为了应对治理的失灵，有必要引入杰索普的元治理思想作为参考，对失灵的治理进行挽救。

---

〔1〕 参见丁东红：《卢曼和他的“社会系统理论”》，载《哲学世界》2005年第5期。

〔2〕 参见丁延龄：《社会治理创新的反思理性模式——以反思环境法为例》，载《政法论丛》2015年第4期。

〔3〕 参见［德］图依布纳：《现代法中的实质要素和反思要素》，矫波译，载《北大法律评论》1999年第2辑。

元治理思想就是在政府失灵、市场失灵，治理也失灵之后，激活政府作为社会诸系统“同辈长者”的身份，由其主导管理多种协调措施，并战略性地选择某一种治理结果。为了达成这个对“治理的治理”目标，三种协调角度被引入元治理视野当中，那就是必要的反思性、必要的多样性以及必要的反讽性，[1]它们从理论、实践和哲学三个维度共同推动元治理的进行。必要的反思性是指始终保持对问题解决的反思，在采取下一步行动之前进行必要的评估；必要的多样性是指在协调治理过程中，始终做好多手准备应对治理失灵的发生，在治理过程中不断丰富治理手段；必要的反讽性则是始终保持对治理的乐观心态，即使明知会发生治理失效的结果，也不因此而放弃采取行动的信心。

三、民事再审“二阶结构”的功能区分与有效衔接

在反思理性和元治理思想的启示下，再审的“二阶结构”对“依法纠错”和“统一裁判”职能的吸收，应当有所区别（见图1）。在审查程序中，应侧重反思型治理，以元治理思想为指导，多措并举，识别具有不同再审事由的错案并合理分流，精准挑选适合高级法院审理的再审案件，为下一步的示范裁判做准备。在审理程序中，应强化程序的商谈效果和理性论证，最大限度地凝聚社会共识改正错误，提高新裁判规则的正当性，实现辖区法院裁判尺度的合理变动。

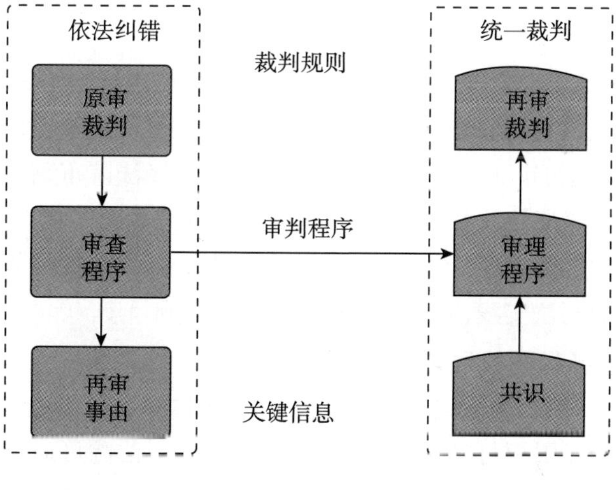

图1

---

〔1〕 参见[英]鲍勃·杰索普：《治理与元治理：必要的反思性、必要的多样性和必要的反讽性》，程浩译，载《国外理论动态》2014年第5期。

（一）再审审查程序的过滤分流作用

再审审查程序不涉及实体问题的审理。高级法院通过对再审事由的审查，监督下级法院对全省裁判标准的执行情况，尽可能识别出需要纠正的案件启动再审，由此实现全省裁判格局的动态协调和稳定，树立司法权威。但是《民事诉讼法》规定的再审事由共计 13 项，如按改革前的做法，再审案件原则上均由高级法院提审，那么高级法院还是权利救济型法院，并没有向监督指导型法院转型，“依法纠错”职能得以体现，但是“统一裁判”功能发挥不足。为此，合理决定各类错案的再审方式，将高级法院从繁杂的办案负担中解放出来，精准审理各类具有指导价值的案件，成为本程序构建的关键。

根据《审级改革实施办法》的一般规定，涉国家利益、公共利益以及具有普遍法律适用意义的案件，应由高层级法院审理；以及参照提级管辖规定的上级法院更能公正审理的案件，即需要打破诉讼主客场，防止外部干预的案件。由上可知，高级法院在再审中要贯彻如上改革精神，需要在审查程序中识别出以下两类本院审理的案件：一是在辖区内具有法律适用指导意义的案件，以便统一裁判尺度；二是符合本院审理能力的案件，保证辖区内司法机关的公正审理。按照这两类案件的挑选思路，尝试将具有全国法律适用指导意义，或高级法院也不能保证排除本地干扰的案件移交最高法院审理；将不具法律适用指导意义，且下级法院具备审理能力的案件交由原审法院或其他法院再审。

此外，为了尽可能避免再审审理程序的空转，高级法院对本院提审的案件应当采取“谁提谁审”的处理模式，即再审审查程序与再审审理程序的合议庭原则上应为同一个〔1〕，同时，承担再审职责的部门也要承担指导下级法院审判业务的工作。如高级法院民三庭在审级职能改革后，就要承接知识产权民事案件的再审审查工作，并对其裁定提审的案件继续审理。如此一来，既减轻当事人诉累，又能不断积累辖区对知识产权民事案件的司法实践，有的放矢地灵活调整裁判尺度。

（二）再审审理程序的商谈强化作用

经高级法院审查，合理确定应由本院再审的案件之后，高级法院在审理程序中要提升商谈效果。对于需要打破诉讼主客场的案件，高级法院可通过提升审判组织抵抗外部干扰的能力，将两造的诉讼能力拉到同一起跑线，从而敦促二者的深度反思与理性交流。但是，具有法律适用指导价值的案件，绝大多数很难仅靠当事人的反思与

〔1〕 参见舒金曦：《对民事再审审查程序的反思与完善》，载《法律适用》2021 年第 3 期。

交流得到解决。在审理陷入僵局的时候，法院必须要发挥“元治理”的角色，在当事人的商谈过程中，不断评估矛盾解决的进度，并有预见地采取多种措施，如适当引入一些能够体现公共理性的证据，督促当事人进行实质沟通。即使最后当事人不能达成共识，法院也要依照法定程序作出决策。

为了让司法决策与当事人的反思理性保持融贯性，高级法院要重视裁判结果的有效论证，特别是法律适用方面的论证，通过收集诉讼主体的多次商谈信息，甚至是案外人的合理意见，提高裁判结果的公众接受度，更好地保证全省裁判尺度的统一性与稳定性。

四、两大职能双向整合的程序重塑建议

高级法院的两大职能虽已确定，但是从法律规定到司法文件均没有明确的落实路径。为此，本文尝试在现行法律规定之下，充分考虑两大职能的共生与冲突关系，在再审审查程序中，探索建立再审分流机制，合理确定具有各类再审事由案件的审理法院；在再审审理程序中，强化反思理性建设，引入域外的“法庭之友”制度，并加以本土化改造，充分获取案件的公共理性，同时加强裁判论证，保证因裁判规则而确立的行为标准的正当性。

（一）建立再审分流机制，明确高级法院提审案件范围

两大职能的确立将高级法院的审理范围定格在了具有裁判指导价值和符合其审理能力的案件。因此，无论是提级管辖还是再审，高级法院都要围绕上述两类案件发力。《审级改革实施办法》明确规定了各级法院提级管辖的案件类型和最高法院的再审范围，但对高级法院的再审情况未作规定。为此，高级法院可参照提级管辖和最高法院再审的改革精神，结合再审事由，精准划定审理范围。但也要注意再审与一、二审的功能定位不同，其作为审级制度中的“消防通道”，仅在十分必要时才开启。

1. 具有适用法律指导价值的案件

首先，对于法律适用有问题的案件，从审理效率而言，应当考虑启动再审是否会改变裁判结果。对于不会因为再审而改变裁判结果的案件，即使应当再审，也无须由高级法院审理，可以指令原审法院或其他法院再审，合理配置审判资源。

其次，正面列举具有法律适用指导价值的相关因素（见图2）。一是涉及公共利益的案件，用以区别个人利益和国家利益。仅涉及个人利益的案件应由下级法院审理，注重具体纠纷化解；涉及国家利益的案件，应提请最高法院审理，确保全国法制的统一性。本处的公共利益应当限制为辖区内不特定群体的共同利益。例如，庾某娴

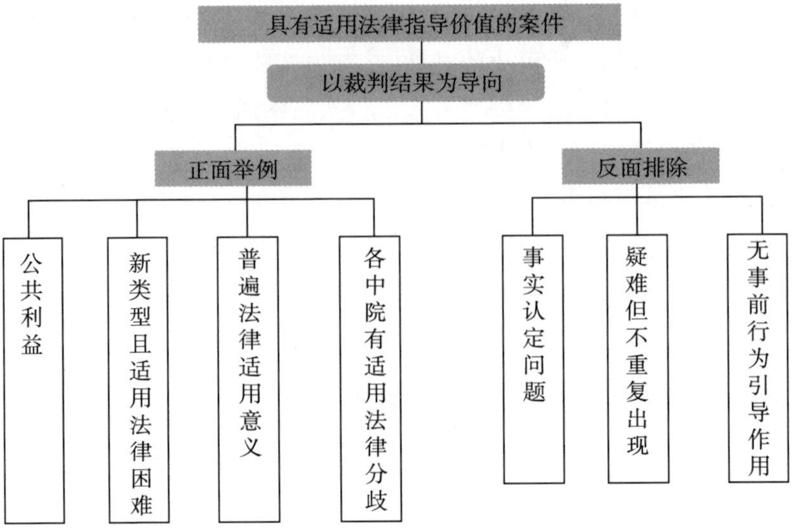

图2

诉黄某辉高空抛物损害责任纠纷案,[1]涉及人们头顶上的安全,关涉公共利益。如需再审,应由高级法院审理。二是新类型且法律适用困难的案件。由于人类理性有限以及社会生活复杂多变,新类型案件容易遭遇如下法律适用难题:(1)无法律规定或存在法律漏洞,需要进行司法续造;(2)法律规则之间有冲突,需要选择适用。[2]例如,在无锡冷冻胚胎继承纠纷案[3]中,冷冻胚胎的法律属性及流转规则在民法上并无规定,法院需要从家庭伦理、朴素情感和特殊权益等多个方面对冷冻胚胎的继承作出司法判断,从而确立新的裁判规则。此外,洛阳种子案也让法院看到了民事案件中法律冲突的可能。但是,高级法院在对上述案件进行司法续造或者选择适用时,也要注意合理的限度。在我国政治权力运行框架下,将涉及省级法规、行政法规以及法律等适用争议的案件移交最高法院审理更为合适。三是具有普遍法律适用指导意义的案件,主要指法律仅有原则性规定,需要法律解释的案件。例如,在知识产权法的法定赔偿领域,相关法律仅规定侵害著作权的赔偿额在500元至500万元,商标权在500万元以下,专利权在3万元至500万元。相关司法解释也仅给出"侵权行为性质、时间、后果以及侵权人主观过错"等几个十分模糊的参考因素,并无明确的适用比例

---

[1] 参见广东省广州市越秀区人民法院(2020)粤0104民初19342号民事判决书。

[2] 参见郑永流:《法律方法阶梯》(第3版),北京大学出版社2015年版,第221-224页。

[3] 参见江苏省无锡市中级人民法院(2014)锡民终字第01235号民事判决书。

指导。高级法院对这类案件直接审理,更能发挥适用法律的指导功能,统一裁判尺度。四是各中级法院近期法律适用有分歧的案件。这类案件是高级法院发挥统一裁判职能的关键,但要注意介入审理的时机。现代社会价值多元,在对某些问题未能达成社会经验的高度一致时,应当保持司法谦抑,[1]给社会自治发展留出更多的空间。但过长时间的等待既无益于纠纷解决,也会造成诉讼资源的浪费。此时,可参照提级管辖的三年规定,作为高级法院最晚介入该类案件的时间。

最后,反面排除具有法律适用指导意义的几个相关因素。一是因新证据的引入导致案件认定事实改变,从而改变法律适用的案件。这一类案件审理的关键在于事实认定,属于低层级法院的职能范围,应交由下级法院审理。如浙江省高级人民法院提审的雷硕公司与雷虎公司债权转让合同纠纷案,[2]因新证据仲裁决定的出现,导致双方债权是否存在这一关键事实被逆转而改判。该案法律适用难度不大,关键在于查明事实。既然新证据已出现,二审法院查明事实的障碍已不存在,可由其自行纠错。二是某类案件在法律适用时存在疑难之处,但是不具有反复出现的可能性,对其他案件的指导作用有限,也不应由高级法院审理。三是某类案件的法律适用不能在事前给予人们明确的行为引导,只能在事后作为化解纠纷的依据。例如,在机动车交通事故责任纠纷中,对于事故发生后损害赔偿数额的确定,人们在道路上行驶时不会考虑该问题。因此,该类法律适用问题不具有行为引导作用,可指令下级法院审理。但是某些减损义务的适用,如电动车驾驶人未佩戴头盔需要就扩大损失部分自行承担责任也会给人以警示。这类法律适用问题会让人们在今后驾驶电动车时佩戴头盔,具有行为引导作用,该类案件应交由高级法院审理。

2. 符合高级法院审理能力的案件

除了法律适用问题,也要考虑辖区各级法院的审理能力,为不同案件配备不同审理能力的法院,提升司法水平,增加人民群众的司法获得感。

高级法院审理的案件应与其审理能力相匹配:一是由高级法院作出生效裁判的案件,如不能获得最高法院的提审,则应由其继续审理,这也是本次审级改革的应有之义;二是对于下级法院审委会讨论决定的案件,说明原审法院已穷尽了审理能力,无论案件是否涉及法律适用问题,均应由高级法院再审,体现辖区最高司法机关的责任担当;三是需要打破诉讼主客场的案件,如涉及地方政府决策、招商引资等案件,高

---

〔1〕 参见陈杭平:《论“事实问题”和“法律问题”的区分》,载《中外法学》2011年第2期。

〔2〕 参见浙江省高级人民法院(2022)浙民再44号民事判决书。

级法院应当直接作为审理者,排除地方干扰,提升司法公信力。如案件公正审理的难度还是超出了高级法院所能承受的范围,那么也可以将该案提请最高法院审理。例如,江苏省政府诉海德化工公司环境污染侵权赔偿纠纷案[1]涉及当地的环境污染问题,具有公共利益,应由高级法院审理。但是省政府作为高级法院所在地的行政管理者,与被告具有一定的利益冲突,将该类案件移送最高法院更能体现司法公正的制度价值。

3. 结合再审事由合理确定审理法院

上述两类案件是根据审级职能定位改革精神抽象出来的,要具有操作性,还必须结合《民事诉讼法》对 13 项再审事由的规定。本文尝试对这 13 项再审事由进行分类,即将其分为侵害当事人诉讼权利、认定事实错误和适用法律错误三种类型,并结合案件的实质特点,合理决定各类再审事由的审理法院。

首先,对于侵害当事人诉讼权利的案件,原则上不以改变裁判结果为导向进行再审。因为这类事由会导致审判程序缺乏正当性,裁判结论作为"毒树之果"也具有不法性,应当再审。但是,为保证司法既判力和权利救济的平衡,需要引入补充性原则对侵害情形作强弱区分,即再审作为补充性救济手段,是仅在当事人不能在一、二审中通过行使上诉、申请复议等常规手段救济己方的诉讼权利时,才能获得的额外救济。[2]如果当事人能够自行救济,那么本案即为弱侵权,可通过原审法院的合理解释补正程序瑕疵不予再审,不能合理解释的则再审;如果不能,则为强侵权,应当再审(见图 3)。

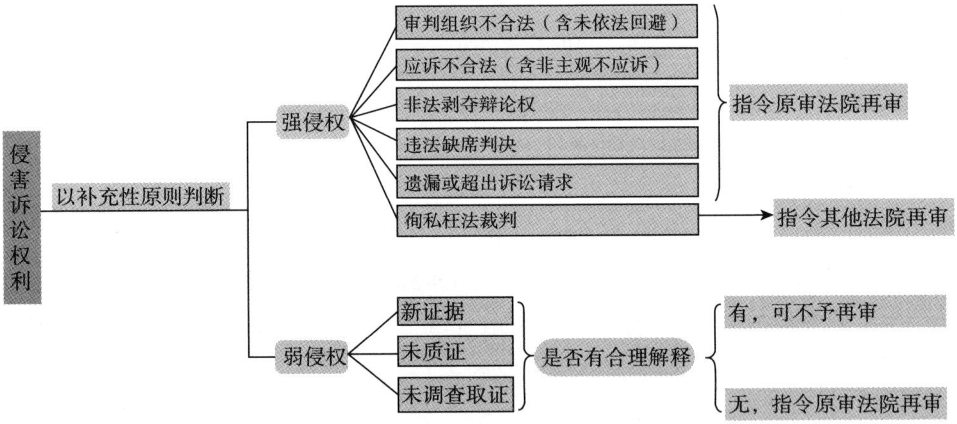

图 3

〔1〕 参见江苏省高级人民法院(2018)苏民终 1316 号民事判决书。

〔2〕 参见李浩:《再审的补充性原则与民事再审事由》,载《法学家》2007 年第 6 期。

根据上文分析，非当事人主观原因导致的侵害诉讼权利即为强侵权，如再审事由第 7 项审判组织不合法或未依法回避、第 8 项应诉不合法或非主观原因未应诉、第 9 项非法剥夺辩论权、第 10 项非法缺席判决、第 11 项遗漏或超出诉讼请求以及第 13 项徇私枉法裁判；弱侵权则为第 1 项有新证据推翻原审裁判、第 4 项认定事实的证据未经质证和第 5 项未依申请调查取证。根据司法解释，本处的“新证据”和“未经质证”均强调客观不能，不包括当事人主观导致的不举证和不质证，避免“诉讼投机”行为。因此，当事人怠于行使权利，可以作为不举证和不质证两类弱侵权的合理解释，对该类案件不予再审。参照上述法律精神，虽然司法解释未规定不调查取证不予再审的例外情形，但是在当事人一审提出申请被拒绝之后，未提起复议或未就该问题提出上诉，相当于当事人自行处分了己方的诉讼权利，那么也可认为该弱侵权具有合理解释，对该类案件可不予再审。

对于侵害当事人诉讼权利的案件，结合高级法院审理范围的两大要素考虑，原则上以指令原审法院再审为主，指令其他法院再审或高级法院提审为辅。因为案件如不存在法律适用指导价值或原审法院审理能力上的瑕疵，程序问题一经指出，即为原审法院指明了改正错误的方向，指令原审法院再审未尝不可。但是，根据审判监督的相关司法解释规定，原审法院无管辖权、经审委会讨论决定以及徇私枉法裁判的案件，不得指令原审法院再审。对于无管辖权的案件，可以指令具有管辖权的其他法院再审。对于徇私枉法裁判的案件，为打消当事人的司法不公疑虑，可指令其他法院再审。如涉及地方干预，则由高级法院提审。对经原审法院审委会讨论的案件，原审法院已穷尽审理能力，应由高级法院再审。

其次，认定事实错误的案件包括再审事由第 2 项缺乏证据证明事实和第 3 项伪造证据证明事实。此外，第 12 项事由即据以作出原裁判的法律文书被撤销，也有可能归入认定事实错误类别，具体取决于该文书涉及的是事实认定还是法律适用问题。如该文书系鉴定意见，在原审中作为查明事实的根据，则该事由可归入认定事实错误。如该文书系指导性案例，当该裁判被撤销时，原审仍参照其适用法律规范，则该事由应归入法律适用错误类别。

认定事实错误一般导致适用法律错误，但如果再审不改变裁判结果也可不予再审。原则上，认定事实错误仍以指令原审法院再审为主，一是因为事实认定问题通常是一次性的，很少反复出现，仅对个案纠纷的解决具有意义，对辖区案件的整体指导效果有限；二是因为高级法院经审查指出事实错误，相当于对原审法院进行了业务指导，有利于裁判思路的统一；三是有利于控制实体审理的案件数量，使高级法院能够集中精力处理具有裁判指引意义的案件。

最后,适用法律错误的案件包括再审事由第 6 项原审裁判适用法律错误以及第 12 项参照法律适用处理的法律文书被撤销。对于这类案件的处理,高级法院应当提审具有法律适用指导价值的案件,可参照上文提及的方法,从审理效率、正面列举和反面排除几个方法,合理确定该类案件的范围。但是,要注意提审的限度,将涉及国家利益、省级以上法规适用问题的案件,提请最高法院审理;将不具有法律适用指导价值,且原审法院有能力纠正的案件,指令原审法院再审。充分发挥高级法院在审级体系中承上启下的作用。

(二)强化审理程序的商谈效果,以公共理性论证司法裁判

高级法院提审是为了让司法决策者尽可能接触创设规则的案件信息,特别是通过证据所反映的信息,并经由当事人的平等参与、证据开示及充分辩论等措施确保法院是在有效证据的基础上作出裁判。但是,高级法院对案件再审,不仅是为了解决纠纷,更重要的是解决案件所反映的法律适用争议,通过再审的示范判决,使辖区内各级法院统一裁判。

1. 现有制度公共理性的不足

统一的法律适用,无论是否创设新的裁判规则,都相当于为当地的人们划定了行为准线,但是,这类裁判的基础仅是诉讼当事人的证据,更多潜在的适用对象对此根本不知情。如何最大限度地吸收相关公众参与到案件处理的讨论当中,同时又不损害当事人的诉讼权利,是高级法院在再审审理过程中应当探索的事情。

罗尔斯笔下的公共理性为我们指明了努力的方向,即普通公民能够以合作共赢的态度,基于“公共善”和正义等理由,对于某些公共事项达成“重叠共识”。[1] 为了在司法裁判中尽可能地体现公共理性,法院的惯常做法是吸收非法律专业人员审理案件,允许普通大众旁听庭审活动以及将裁判文书上网。陪审制的优点是让人民陪审员深度参与审理,通过陪审员的视角窥见普通大众对案件的审理意见。但是,实践中因为人数限制和法律素养缺乏,人民陪审员对案件的处理意见显得感性有余而理性不足,法院从中获取的公共理性有限。大众的旁听活动的参与人员数量确实远大于陪审人员,但是实践的重点在于发挥司法的宣教意义,不涉及案件处理意见的表达。旁听人员不能表达观点,法院根本无法获知公共理性。至于裁判文书上网,普通大众虽然可以接触到判决所反映的公共理由,但是为时已晚,根本没有表达意见或看

---

〔1〕 参见吴英姿:《司法的公共理性:超越政治理性与技艺理性》,载《中国法学》2013 年第 3 期。

法的机会。特别偏离民意的司法裁判,甚至会因为引起民意的激烈反弹而需要再审。因此,如何在再审审理过程中尽可能吸纳民意,让再审裁判体现公共理性,是高级法院打造坚实裁判标准的关键。

2. 引入公共理性证据

实践中,法院为增强司法裁判的公共理性,会在审理过程中走访相关单位,听取意见。但是上述意见仅作为司法参考,未经当事人的质证,更不能在裁判文书中予以论证。为了强化裁判新规则的公共理性,有必要在审理过程中,引入体现公共理性的证据。但是,这一部分证据的举证责任不应分配给单方当事人,而是应由双方当事人及法院共同配合,借助恰当的技术手段和高效的对话方式取得。比如,关于何人应当以何种方式参加案件处理讨论的问题,可以参照普通法系"法庭之友"的制度设计,由公司、行政机关、团体和有类似法律问题的民众就案件的法律适用问题向法院提交意见陈述,以此将民主精神带入法院的审判活动,避免法官的官僚化,忽视民意的表达。[1]

为了让民意表达更贴合中国法治环境,我们可以将"法庭之友"制度进行本土化改良。首先,明确"法庭之友"制度的适用范围,一般为不涉及国家秘密、商业秘密以及个人隐私等不宜公开审理,且具有直接适用法律困难而需要司法续造的案件。当事人如反对在本案中适用"法庭之友"制度,应当作出说明并由法院进行审查。其次,法院在发布开庭公告时,一并发布对案件审理感兴趣的征集令,邀请各方民众在线上线下共同旁听案件的审理,并在开庭后一个月内提交处理意见。线下旁听人员的发言会打乱庭审秩序,但线上人员的即时意见发表不仅不会影响庭审进度,反而会因为意见的直接交流而促进庭审的参与感。因此,法院可以在后台开放讨论区以供民众即时讨论,但是讨论区要设置必要的过滤功能,将涉及反党反社会、人身攻击以及泄露个人隐私等不良信息予以拦截。最后,法院收集到公众对案件处理的意见之后,统一整理、汇总,形成报告,向全社会公布,并由案件当事人及法庭共同选定意见代表,与审判人员和当事人共同参加质询和公开辩论(见图4)。

---

〔1〕 参见朱立恒:《国外法院裁判与民意冲突解决的基本经验》,载《比较法研究》2012年第2期。

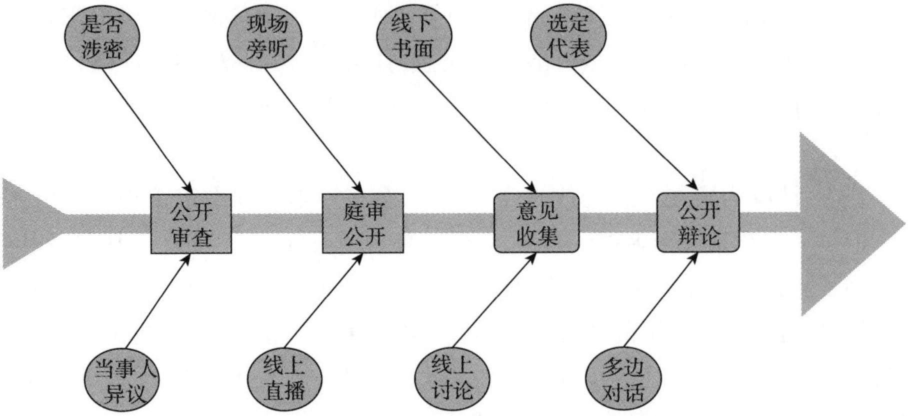

图 4

以无锡冷冻胚胎继承纠纷案为例，法院为了获取冷冻胚胎继承规则的公共理性，应当引入公众对该案法律的适用进行讨论。在意见选定上，应以主体身份为界别，着重听取失独家庭、医疗机构以及卫生、民政和教育等行政机关的意见，并经当事人的同意，引进意见代表与双方当事人开展多边对话，将各方的意见分歧以争议焦点的方式固定下来，并允许各方相互询问和回答，排除极具私利的个人观点，逐渐形成共识。在这一过程中，法院不仅是消极的问题倾听者，也是积极的程序把控者，需要确保辩论各方的平和参与、意见的双向对抗以及总结共识的客观中立等，从而筛选出具有公共价值的理由。

3. 增强司法裁判的理性论证

具有公共价值的理由要进入再审裁判还必须经过严格的司法论证。根据图尔敏的论证分析理论框架，司法论证具有两个层次：一是关于法律规范、案件事实和裁判结论的内部证成结构；二是外部证成结构，即有什么理由证明应当适用该法律规范和本案证据是如何证明案件事实的。[1] 法庭收集当事人质证的公共理由，将其以书面证据的形式呈现在法庭审理当中，它虽然不是争议事实的基础，不能论证案件事实，但是作为适用法律规范的理由却有自己独特的价值。

支持法律规范适用的理由一般有两类：一类是权威理由，即该法律规范系经立法机关制定的，具有普遍约束力，全体公民都应当遵守。另一类是实质理由，即适用该

〔1〕 参见［英］斯蒂芬·图尔敏：《论证的使用》（修订版），谢小庆、王丽译，北京语言大学出版社 2016 年版，第 90－92 页。

法律规范具有正当性，符合公平正义。〔1〕 公共理由不具有形式约束力，但指向司法裁判外部证成的实质理由，将社会大众共同的价值理念和行为逻辑，贯穿文字层面的法律规范，融入其背后的法治精神，〔2〕作为定分止争的依据，其既限制了司法者对法律解释的主观性，又提高了社会大众的裁判认可度。由此，高级法院经过公共理由论证的再审裁判一经作出，不仅能够让下级法院遵照执行，更对整个社会产生了实质约束力，有利于凝聚社会共识。

结 语

司法活动是人们和平解决争议的制度供给，通过审判程序的推进，消除彼此的信息偏差，最终实现握手言和。再审作为审判程序的顶端，以纠正生效裁判的错误为己任，但是人类的认知是有限的，对错误的认识和解决方式也会随着时间而不断发展。再审审理法院的权威性和司法人员的专业性并不能保证裁判的绝对正确性，只能通过深入打造其程序的商谈性，强化裁决的公共理性，进一步推动矛盾的实际解决。高级法院作为再审程序的主要运用者，不仅要让其依法纠错职能经得起法律逻辑的推敲，也受得住广大人民群众的检验，还要让其统一裁判尺度的司法管理职能，既约束得了下级法院的后案判决，也能引导整个社会公共意识的形成。

〔1〕 参见雷磊：《从“看得见的正义”到“说得出的正义”——基于最高人民法院〈关于加强和规范裁判文书释法说理的指导意见〉的解读与反思》，载《法学》2019 年第 1 期。

〔2〕 参见赵剑文：《司法裁判如何援引“常理”：问题审视与规则建构——以行政裁判为中心的考察》，载《法律方法》2021 年第 3 期。

六步法则：社会主义核心价值观融入民事裁判文书说理的新范式

黄　浩[*]　陈　磊[**]

引　言

人民法院是国家司法机关，司法活动所追求的价值目标与社会主义核心价值观（以下简称核心价值观）高度一致。人民法院在自身践行社会主义核心价值观的同时，还肩负着以案弘道、引领社会价值、建立良好社会风尚的重要使命。法院通过政策与法律适用技术把社会主义核心价值观体现到审判活动中，弘扬真善美，鞭挞假恶丑，使审判的过程成为弘扬社会主义法治文化的过程，使人民法院成为培育和践行核心价值观、弘扬社会主义法治文化的核心场所，使司法裁判凸显引领良好道德风尚的作用。

一、核心价值观融入民事裁判文书说理旧范式之问题透视

本文利用 Alpha 系统（数据库源于中国裁判文书网），检索裁判文书中法院认为部分含有“社会主义核心价值观”的民事案件。截至 2022 年 8 月 30 日，共检索出 15,260 份裁判文书作为分析样本。

（一）说理方式“千篇一律”

将核心价值观融入裁判文书说理时，说理的方式千篇一律，套用模

* 广西壮族自治区河池市宜州区人民法院。河池市司法局政府法律事务科三级主任科员。

** 广西壮族自治区南宁市武鸣区人民法院。广西壮族自治区高级人民法院执行裁判庭二级法官助理。

板说理的情况比较明显,似说非说的敷衍式说理亦比较普遍。

1.模板式说理。样本中不乏套用固定模板来适用核心价值观说理的情形。滕某领等诉李某记等机动车交通事故责任纠纷案中,判决书在法院认为部分以“从弘扬社会主义核心价值观、社会主义文明新风尚及传播社会主义法治精神的基本要求与理念出发,人民法院裁判的目的与宗旨在于为人民群众定分止争、化解矛盾、案结事了,并通过法庭的调解与释明,进一步防止矛盾激化、减少诉累,以节约司法资源”[1]进行说理,整段说理看似高大上,实则与案件处理无任何关系,更意外的是该法院同时期还有十多份判决书中均出现上述内容。将一段放之四海皆准的说辞复制进案情不同的裁判文书,与阐明事理、释明法理、讲明情理的说理要求相去甚远,也反映出刻意说理、机械说理的问题。

表1 使用模板说理情况统计

序号	人民法院	模板内容	数量
1	河南省漯河市召陵区人民法院	努力让人民群众在每一个司法案件中感受到公平正义……从弘扬社会主义核心价值观、社会主义文明新风尚及传播社会主义法治精神的基本要求与理念出发……给社会提供一个正确的导向、良好信息及价值理念	152
2	黑龙江省海伦市人民法院	人民法院的裁判要展示司法公正、提升司法公信、弘扬法治精神、宣传社会主义核心价值观	133
3	河北省秦皇岛经济技术开发区人民法院	为保护民事主体的合法权益,维护社会和经济秩序,弘扬文明、和谐的社会主义核心价值观	105
4	黑龙江省齐齐哈尔市龙江县人民法院	……违反了民法的相关规则,也违反了民法的诚信原则,还与诚信的社会主义核心价值观相悖	65
5	湖南省宁乡县人民法院	为了弘扬社会主义核心价值观和中华民族传统美德,传递正能量,促进家风建设,维护和谐、美满的家庭关系	64

[1] 娄某菊诉赵某涛、李某威机动车交通事故责任纠纷案等,河南省漯河市召陵区人民法院(2021)豫1104民初910号、1378号、1911号等民事判决书。

续表

序号	人民法院	模板内容	数量
6	河南省漯河市召陵区人民法院	人民法院鼓励当事方秉持诚实信用、行为善意的基本要求,从诚信善意的基础出发、坚持法治正义的初心,才能弘扬社会主义核心价值观……提升司法裁判的公信力和透明度	55

2. 敷衍式说理。裁判文书说理是否透彻,与说理解释是否翔实密切相关。不加解释地适用核心价值观,简单粗暴,惜墨如金,表现出行使公权力的傲慢或随意。[1] 样本中多份裁判文书直接以“符合社会主义核心价值观”或“与社会主义核心价值观相悖”等敷衍式的表述进行说理,缺乏对案件事实的认定以及行为评价,说理过于敷衍(见表2)。

表 2 敷衍式说理情况梳理

案件	观点	表述方式
(2022)甘 0104 民初 208 号赡养费纠纷案	以“符合核心价值观”表示支持	孝敬老人是中华民族的传统美德,也是社会主义核心价值观的应有之义,每一个人都应当继承和弘扬
(2021)渝 0117 民初 10835 号物权保护纠纷案		在符合国家法律法规以及安全要求的前提下,相领各方应当对加装电梯工程予以必要的支持和配合,这也是体现和践行社会主义核心价值观的应有之义
(2022)湘 1022 民初 351 号生命权、身体权、健康权纠纷案		原、被告系同胞兄弟,血浓于水,应当兄友弟恭,团结和睦,弘扬社会主义核心价值观,乃中华民族之传统美德
(2022)甘 0423 民初 81 号买卖合同纠纷案		现提出的撤回对本案起诉的申请,系其内心真实意思表示,符合社会主义核心价值观和相关法律规定,应予准许
(2022)鲁 11 民终 1059 号健康权纠纷案		一审法院为了减少当事人的诉累(张某为一级伤残),对该笔费用一并予以处理,亦符合社会主义核心价值观

[1] 参见夏克勤:《民事裁判文书说理实证调查——基于 900 篇民事裁判文书的分析》,载《中国应用法学》2018 年第 2 期。

续表

案件	观点	表述方式
(2022)豫1525民初2396号机动车交通事故责任纠纷案	以违背“核心价值观”表示反对	原告和被告朱某在明知有此规定和保险合同约定的情况下,仍然要求被告保险公司在保险范围内承担赔偿责任,不仅不符合法律规定和保险合同约定,显然也与当前的社会主义核心价值观背道而驰
(2022)鲁1481民初695号买卖合同纠纷案		被告拖欠原告款项未付的行为,不符合社会主义核心价值观中的诚信和友善原则,有悖于法治观念,影响社会的和谐发展,被告应对原告承担债务清偿责任
(2021)川0191民初10319号委托代理销售合同纠纷案		环球融创公司不支付相应服务费,不符合社会主义核心价值观中关于诚信的价值准则,也不符合自愿、平等、公平、诚信的市场交易原则
(2021)豫0105民初5211号金融借款合同纠纷案		原告已依约履行了发放贷款义务,被告黄某逾期未及时偿还贷款本息,其行为已构成违约,亦不符合社会主义核心价值观的要求
(2021)鲁15民终2694号赠与合同纠纷案		索要高额彩礼,不符合社会主义核心价值观,不是社会提倡的行为

(二)说理论证“生搬硬套”

说理论证应当融贯地进行,融贯既是论证终止的条件,也是对裁判者的一个理性约束。[1] 样本中存在裁判说理生搬硬套的情形,未注重运用核心价值观在现代社会价值多元的现实中,将与产生裁判结论有关的理由形成论据的结合,使各个裁判理由之间形成相互支持的关系。

部分裁判文书说理未展现将规范要件与事实要件结合推导出妥当裁判结论的过程,适用核心价值观时缺少与具体案件的连结性说理。如在云南某投资有限公司诉李某商品房销售合同纠纷案中,法院在说理时直接表述“作为商事主体开展广告宣传、销售等商业行为应与社会主义核心价值观相符”[2],未将核心价值观与具体案件进行结合,看似运用了核心价值观说理,实则仅披上了核心价值观的外衣。说理部分既未对案件当事人的行为进行价值评价,又未指出为何需与核心价值观相符,与核心

[1] 参见侯学勇:《融贯论在法律论证中的作用》,载《华东政法大学学报》2008年第4期。

[2] 云南省昆明市石林彝族自治县人民法院(2021)云0126民初786号民事判决书。

价值观何种价值要素相符。生搬硬套的说理方式,未能使作出裁判的理由之间相互支撑,反而使听众不明所以,有刻意套用之嫌。

（三）说理对象“含混不清”

裁判文书说理是对象性活动,须取得三种听众的认同:争议的当事人、法律职业者、公众,三种听众是否认同构成了裁决合理性之检验标准。

样本文书中存在说理对象感不强的问题。有的文书说理用了不少笔墨,看似很有道理,但却未突出说理对象,降低了说理效果。如在王某梅、蒋某雷诉被告王某提供劳务者受害责任纠纷案[1]中,判决书用大篇幅论述核心价值观的概念及内涵,但既未针对当事人行为进行评述,也未针对法律职业共同体进行说理来凝聚共识以形成裁判规则。仅仅陈述了用人者及被用人者的概念及劳务关系的法条规定,更未针对社会公众进行说理,引导社会价值取向。整体看似浓墨重彩宣扬核心价值观,但并未针对听众的特点,有侧重地进行说理,仅停留在概念陈述的层面,降低了说理的效果。

（四）说理方法“运用失范”

裁判说理的方法分为法律解释、法律推理及法律论证。[2] 说理方法失范的情形,既表现在对核心价值观各层面的解释与适用层次错误,还表现为绕开法律规则直接将核心价值观作为大前提进行法律推理。

1. 适用层次错位。核心价值观分为国家、社会、个人三个层面,样本中存在错位适用的情形。在陈某某因与被上诉人李某、何某某赠与合同纠纷案[3]中,法院是这样说理的:“家庭的和谐稳定是国家发展、社会进步、民族繁荣的基石。……重视家庭文明建设则是新时代家庭践行社会主义核心价值观……平等、和睦、忠诚、友善等都是中华民族传统的优良家风……在尊重其他家庭成员人格尊严、平等、独立和自由的基础上,相互之间要敬老爱幼、互助互爱,共同建设民主、温馨、幸福的家园。”本案系家事纠纷,应适用核心价值观在个人层面的价值要素,而文明、民主是国家层面的价值要素,平等是社会层面的价值要素,存在适用错位的问题。

2. 规则逃逸。将核心价值观融入裁判文书说理可提升裁判的说服力,但直接将核心价值观作为裁判依据,严重背离“法律至上”的基本理念。蔡某响应政府号召,在

[1] 辽宁省新民市人民法院(2019)辽0181民初434号民事判决书。

[2] 参见王利民:《裁判说理论——以民事法为视角》,人民法院出版社2021年版,第56页。

[3] 吉林省吉林市丰满区人民法院(2021)吉0211民初1192号民事判决书。

帮忙拆除雨棚的过程中受伤。一审认定蔡某与石牌镇政府不存在雇佣关系,根据《民法总则》第1条规定判决政府赔偿蔡某9万元,将核心价值观条款作为裁判依据属法律适用错误。二审以在该项目实施过程中,政府承诺给予一定劳务补贴,同时该项目属高处作业,政府未尽到安全提醒义务为由,根据《侵权责任法》第6条、第16条、第26条的规定,判决政府承担15%赔偿责任。[1] 二审对一审的错误进行了纠正。

二、核心价值观融入民事裁判文书说理旧方式失范之成因探析

缺乏正确的指导思想及具体方法的指导,法官面对复杂多样的案件时,对于是否应适用及如何适用核心价值观进行说理还处于比较迷茫的状态。

(一)裁判文书说理结果导向型裁判思维的羁绊

最高人民法院自2015年起共发布五份指导核心价值观融入司法裁判的文件(见表3)。笔者按照年份对样本的数量进行统计,得出增长趋势图(见图1)。其中2016年、2018年、2021年适用核心价值观进行说理的案件均比上一年度有明显的增加,结合表3和图1可以发现政策的颁布与案件数量的增长呈正相关关系,呈现"政策冲击—司法反映"的特点。[2] 援引核心价值说理裁判文书的数量受政策的影响较大。

表3　相关文件名称及内容

发布时间	文件名称	相关内容
2015年10月12日	《最高人民法院关于在人民法院工作中培育和践行社会主义核心价值观的若干意见》	涵盖了人民法院工作中培育和践行社会主义核心价值观的指导思想、基本原则和目标任务等方面的内容
2018年5月11日	《最高人民法院关于加强"红色经典"和英雄烈士合法权益司法保护弘扬社会主义核心价值观的通知》	依法保护红色经典传承和英雄烈士合法权益,指导各级人民法院正确审理涉及保护红色经典传承和英雄烈士合法权益纠纷的案件,弘扬社会主义核心价值观
2018年6月1日	《最高人民法院关于加强和规范裁判文书释法说理的指导意见》	增强裁判行为公正度、透明度,规范审判权行使,提升司法公信力和司法权威,发挥裁判的定分止争和价值引领作用,弘扬社会主义核心价值观

---

〔1〕 湖北省荆门市中级人民法院(2019)鄂08民终754号民事判决书。

〔2〕 参见杨彩霞、张立波:《社会主义核心价值观融入刑事裁判文书的适用研究——基于2014—2019年刑事裁判文书的实证分析》,载《法律适用》2020年第16期。

续表

发布时间	文件名称	相关内容
2018 年 9 月 18 日	《最高人民法院关于在司法解释中全面贯彻社会主义核心价值观的工作规划(2018—2023)》	落实中央关于社会主义核心价值观融入法治建设的要求,对司法解释工作作出专门部署
2021 年 1 月 19 日	《最高人民法院关于深入推进社会主义核心价值观融入裁判文书释法说理的指导意见》(以下简称《意见》)	规范法官运用核心价值观释法说理的基本原则、基本要求、主要方法、重点案件、范围情形、配套机制等,突出"法官在法律框架内运用社会主义核心价值观释法说理"这一基本定位

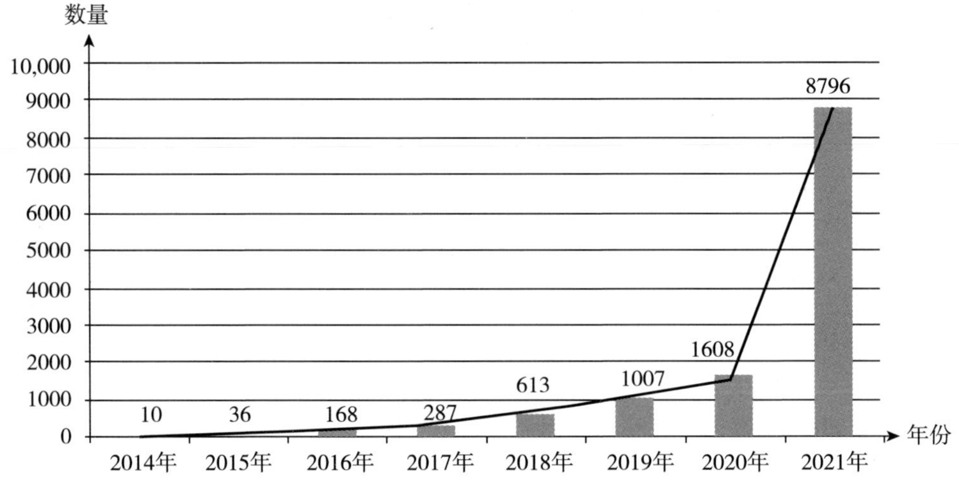

图 1 案件数量的增长态势

这是由以下两点决定的:

1. 司法供给与司法需求不匹配。人民群众对司法的需求呈现多元的态势,与不平衡、不充分的司法服务之间存在供需矛盾。司法服务具有排除不可能性和非竞争性,因此具有公共属性。人民法院受理的案件数量大幅攀升,在司法资源有限的客观现实下,难免出现司法资源的"拥挤"。法官在处理案件时投入裁判文书说理写作上的时间有限,在此情况下只能采用模板式、敷衍式、模糊化等简单的说理方式以应对司法政策的要求。

2. 指标考核的利益需求。司法政策颁布施行,通常带有一定的目的指向性和引导性。在施行之初,为了考察适用情况,往往会进行考核。核心价值观说理的相关政策发布实施后,各级法院会对适用核心价值观说理的案件数量进行统计,对适用裁判文书进行专项评比,对相关案例进行征集评选等。法官们难免会以此为目标,迎合政策的要求,带有倾向性地刻意而为之。但因考核体系仍以数量为主,未建立科学的质量评估反馈机制,导致因利益需求,注重适用率而忽视了适用的质量。这既导致大量模板化、简单化说理,也使适用核心价值观说理文书的数量增长。

(二)裁判文书说理论证的价值遵循缺乏

融贯性理论有两个要求:一是将法律法规、核心价值观、司法政策、公理、情理、经验法则、交易惯例以及司法判例整合成融贯的价值体系;二是该价值体系还应该具有共识性。

1. 未建立起融贯的价值体系。融贯性理论认为融贯的价值体系构成裁判结论的直接正当性基础,这一体系越是融贯,由此证成的裁判结论的合理性、可接受性越高。核心价值观是多元价值的最大公约数,起到了价值基础的作用,它与《民法典》中确定的价值是一致的(见表4),并且与司法政策、公理、情理、交易惯例也具有内在的一致性。但大多数法官尚未意识到这一点,在适用时未能将核心价值观所确定的价值融贯到原有的价值中,导致核心价值观无法深刻融入裁判文书说理,而出现模板式、敷衍式等说理不透彻的问题。

表4　核心价值观与《民法典》价值的一致性

价值	社会主义核心价值观	《民法典》中确立的价值
平等	平等指的是公民在法律面前的一律平等,其价值取向是不断实现实质平等。它要求尊重和保障人权,人人依法享有平等参与、平等发展的权利	平等价值是民法中最基本的价值,也是在民法各项制度中贯彻最为彻底的价值。我国民法仍然应当以形式平等为主,兼顾实质平等
自由	自由是指人的意志自由、存在和发展的自由,是人类社会的美好向往,也是马克思主义追求的社会价值目标	自由,是指主体根据自身意志为或者不为一定行为的资格和状态
公正(公平)	公正即社会公平和正义,它以人的解放、人的自由平等权利的获得为前提,是国家、社会应然的根本价值理念	在民法中,公平体现了利益的均衡、权利和义务的对等、给付的均衡等
诚信	诚信即诚实守信,是人类社会千百年传承下来的道德传统,也是社会主义道德建设的重点内容,它强调诚实劳动、信守承诺、诚恳待人	诚实信用原则是指民事主体在从事民事活动时,应诚实守信,以善意的方式履行其义务,不得滥用权利及规避法律或合同规定的义务
友爱(人文关怀)	友爱强调公民之间应互要尊重、互相关心、互相帮助,和睦友好,努力形成社会主义的新型人际关系	人文关怀是指对人自由和尊严的充分保障以及对社会弱势群体的特殊关爱,对于化解社会矛盾、构建和谐社会大有裨益

2. 未形成统一的价值共识。如果没有共识性的价值,法律适用就不可能进行说理,更无法让当事人接受。面对多元社会中的多元价值,法官的不同取舍也可能造成同案不同判,从而引发社会争议。核心价值观融合裁判的稳定性不足,系因法官没有形成统一的价值共识引起。即使在多元的社会,价值判断也不是法官任意选择的,而应当是以共识的价值为基础进行的。如果缺乏最低限度的价值共识,价值判断就不可能进行,或者将完全陷入各说各话的境地,实现类案类判的目标亦无法实现。裁判说理要把核心价值观作为价值共识的基础,在无法查找立法者所作出的价值判断的情况下,还要尽可能运用核心价值观进行判断。

(三)裁判文书说理对象拿捏不到位

法民关系是指法律人与普通人围绕法律解释权分配形成的主体间关系。[1] 中国的法民关系属于"积极法民关系",法官主要的说理对象是法律外行,受到当事人(有时还要扩展为一般公众)的"积极"影响。[2] 这一基本国情决定了法官说理的重点对象系当事人和普通民众。

裁判文书说理未立足于积极的法民关系,会导致无法准确拿捏说理对象,从而忽略当事人及普通民众才是法官说理的重点对象。裁判说理必须关注当事人,将其作为最重要的说理对象,当事人是裁判结论的直接承担者,当事人对裁判说理的接受程度,将直接决定诉讼制度功能的实现程度。积极的法民关系决定法官要承担更重的说理负担,即既要让普通人易于理解,又要防备普通人的潜在质疑。因为要给一个外行讲明白裁判的理由,要比说服一个同行困难得多。[3] 法官与当事人及普通公众之间存在知识结构的差异,法官更青睐于运用"法理"来说服听众,而当事人及普通公众则更希望法官在裁判文书说理中多运用"情理""事理"来释法说理。积极的法民关系要求法官运用当事人接受的说理方式来说服当事人,如果法官忽略了这一点,仍然以自己觉得妥当的方式进行说理,就会陷入自说自话的怪圈,无法实现弘扬核心价值观的效果。

(四)裁判文书说理深层表达方法缺失

将核心价值观融入裁判文书必须遵照正确的方法。这对法官自身的能力及方法论的指引均提出了相应要求。

1. 缺乏规范的法律思维方式的指引。就法官而言,法律思维是其作为职业法律

---

〔1〕 参见凌斌:《当代中国法治实践中的"法民关系"》,载《中国社会科学》2013年第1期。

〔2〕 参见凌斌:《法官如何说理:中国经验与普遍原理》,载《中国法学》2015年第5期。

〔3〕 参见[美]理查德·A.波斯纳:《超越法律》,苏力译,中国政法大学出版社2001年版,第574页。

人的思维方式、模式、取向以及习惯。[1] 规则理性即根据法律进行思维,它是法律思维的首要特点。法官在进行裁判说理时应根据法律规范进行思考。对于超出法律限度的行为,必须由现实中的法律来评判,任何行为都不因目的的正义而天然合法。就核心价值观的适用而言,应坚持规则理性,以杜绝规则逃逸的情形。法律思维具有形式理性,这就决定法官应具备形式逻辑思维。法官在适用核心价值观进行大前提的确定时,必须进行符合逻辑思考规范的论证,以此确保大前提的选择和解释令人信服。

2. 缺乏具体的方法及操作指引。司法实践中,案件具有多样性和复杂性。为了更好地将核心价值观融入裁判说理,还需要在最高人民法院发布的指导意见的指挥棒下,明确具体的融入方法及操作模式,解决核心价值观说理如何说,何以说得好的问题。核心价值观说理不应千篇一律,法官应针对个案有针对性地进行说理。虽然照搬优秀的说理模板并非值得提倡的办法,但仍可以正确法律方法,遵循写作的规律,提出具有可操作性的具体方法和步骤,解决如何运用核心价值观说理的现实问题。

三、核心价值观融入民事裁判文书说理的“六步法则”新范式构建

为了解决核心价值观说理的现实困境,笔者以法学方法论为切入点,结合裁判文书写作过程,从事实认定、逻辑推理、语言表达三个层面,构建“六步法则”说理新范式(见图2)。

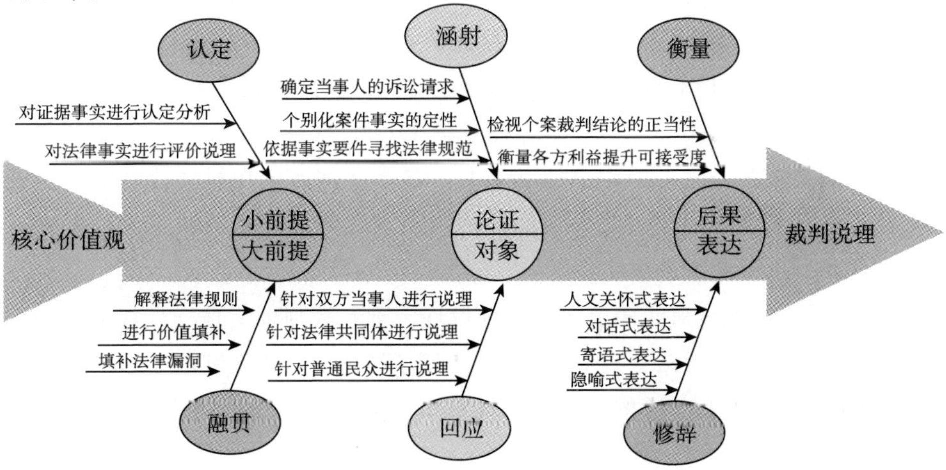

图2 “六步法则”新范式示意

[1] 参见沈志先主编:《法律方法论》,法律出版社2014年版,第10页。

(一)认定:融合核心价值观确定案件事实

案件事实可以区分为再现事实、证据事实与裁判事实三个层次[1](见图3)。在这三个层次的案件事实中,证据事实与裁判事实都不是自然形成,无法免除人为的主观评价,因此法官必须结合核心价值观就这两个层次的案件事实的建构进行说理。

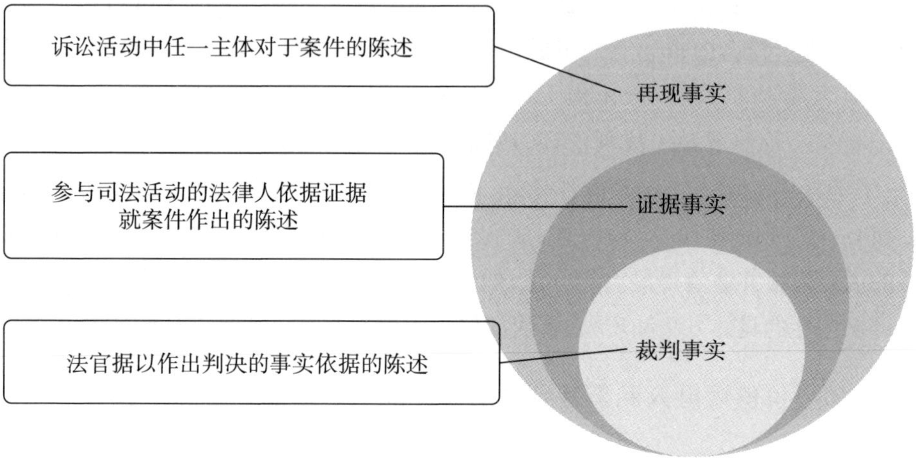

图3 案件事实层次关系

1. 利用核心价值观对证据事实认定进行分析。裁判说理的重要内容是对案件事实认定的说理,案件事实不完全等同于客观事实,其是通过证据来证成的。[2] 裁判文书中必须对采用证据的理由进行严格分析,即哪一项证据能够采用,哪一项证据不能采用,采用或者不采用某一项证据的理由是什么,根据某项证据能够认定何种案件事实等,都需要在裁判文书中作出详细说明。鉴于证据认定在司法裁判中的基础性作用,法官在裁判文书中应当就采纳证据的判断过程与证据规则的适用过程进行说理,并在此基础上确定案件事实。

2. 融合核心价值观对法律事实进行评价性说理。裁判事实是法官在生效法律文书中确认的案件事实,是法官判决的依据。在等置模式下,法律判断的形成过程是案件事实与法律规范不断适应的过程,[3] 裁判事实的建构以论证为主,其核心问题是

〔1〕 参见杨贝:《裁判文书说理的规范与方法》,法律出版社2022年版,第18页。

〔2〕 参见李苏林:《证据裁判原则下的案件事实认定》,载《山西大学学报(哲学社会科学版)》2015年第3期。

〔3〕 参见郑永流:《法律判断形成的模式》,载《法学研究》2004年第1期。

论证案件事实与法律规范之间的适应性。从论证的角度来看,裁判事实的陈述方式呈现重评价、重论述的特点,裁判事实的建构则是一种人文社会科学意义上的评价,其中免不了价值判断,甚至可能以价值判断为主导。裁判事实的每一个部分都应当能够与其他部分自洽融合,让读者易于理解,阅读顺畅。

(二)融贯:结合核心价值观选择妥当的规范要件

阿列克西把法律论证分为内部证成和外部证成。内部证成强调的是法律推理的逻辑性,侧重于发现大小前提之间的联系。[1] 外部证成强调的是裁判规范的融贯性,[2]特别重视裁判规范的合法性及合理性。

1. 运用核心价值观解释法律规则。法律由规范语句构成,由于语词固有的模糊性,法律适用者在适用法律时必须进行法律解释,弄清规范的含义。[3] 法官除了根据法条的规定进行必要的文义解释外,还需要综合立法目的和立法意图进行目的解释、体系解释以及社会学解释。这是由核心价值观在法律体系中具有内在一致性的价值及社会最普遍的价值共识的属性决定的。以《民法典》为例,《民法典》第 1 条的核心价值观于整部《民法典》而言具有统一内在价值体系的功能,立法者以核心价值观告诉法官在具体化的过程中不能偏离核心价值观的指引,应当按照立法者的既定思路来解释。如运用核心价值观的民主价值解释法人治理结构,运用敬业价值认定代理人责任等。

2. 运用核心价值观进行价值补充。价值补充即在不确定概念和一般条款所作的概括性、抽象性价值判断框架下,针对具体案件,将价值判断明确化、具体化。[4] 不确定概念的具体化,是指通过法律解释的过程,使不确定概念的内涵和外延得以明晰,从而能够作为裁判依据应用到具体案件中。不确定概念的具体化,需要结合特定案件的事实进行判断。核心价值观可以帮助明确不确定概念的具体含义,当具体案件适用某一不确定概念争议时,除了进行必要的文义解释外,还可结合立法目的、社会背景,以核心价值观进行价值补充,以此明确法律条款在当前社会生活中的应有之义。

〔1〕 参见雷磊:《为涵摄模式辩护》,载《中外法学》2016 年第 5 期。

〔2〕 参见魏胜强:《融贯性论证与司法裁判的和谐》,载《法学论坛》2007 年第 3 期。

〔3〕 参见方新军:《社会主义核心价值观融入〈民法典〉解释的意义和方法》,载《苏州大学学报》2022 年第 1 期。

〔4〕 参见杨仁寿:《法学方法论》,台北,三民书局 1986 年版,第 167 页。

3. 融合核心价值观填补法律漏洞。“法典不可能没有缝隙。”[1]法律具有滞后性，核心价值观可以用于填补法律漏洞。新类型案件“无法可依”的情况时常发生，核心价值观可以作为漏洞补充重要依据。《意见》第6条专门针对民商事案件中没有规范性法律文件作为裁判的直接依据的情况应如何处理进行了规定，明确了核心价值观漏洞填补的作用。从这一规定可以看到，在裁判过程以及后续的裁判文书释法说理中，针对没有可直接适用的法律规则（即使是最相类似的法律规则）的案件，基于“立法精神、立法目的和法律原则”作出的裁判结论，仍然需要借助于社会主义核心价值观填补法律漏洞，进行充分说理。[2]

（三）涵摄：实现大小前提的连结

所谓“涵摄”，是指将具有一般性的法律规范运用到个别和特定的事实之中，实现所谓“从一般到个别”的认识论转换过程。

1. 确定当事人的诉讼请求。诉讼请求是当事人进行诉讼的基本出发点，也反映了当事人争议的焦点。无论采用何种方法，对民事案件而言，不能脱离当事人的诉讼请求。法官原则上不能超越当事人的请求范围来审理案件。在这一环节，法官可对当事人提出的诉讼请求，结合核心价值观作出基本的价值判断，若与核心价值观及社会伦理存在明显背离，则可明确在裁判说理时对诉讼请求的正当性作出价值评价。

2. 个别化的案件事实的定性。法官在事实认定的过程中，需要将生活事实中大量的、千差万别的具体事实进行裁剪和归类，转化为具有法律联系的事实。无论是运用请求权基础分析方法，还是法律关系分析方法，都需要对这些个别化的案件事实进行定性，定性的过程则必须要对行为主体的正当性进行评价，提取出真正具有法律效果的因素进行剖析和分类，达到对案件事实“定性”的效果。核心价值观可作为价值评价的标尺，为事实定性提供价值衡量的参照。

3. 依据事实要件寻找相应的法律规范。找法并非盲目进行的，而是以事实为基础作出的判断，这一过程的任务在于确定所要适用的特定规则。找法的过程应当遵循特别法优先于一般法、上位法优先于下位法的规则，且特别需要防止“向一般条款逃逸”。法官不得直接援用一般原则作出判决，但可以根据核心价值观的指引，寻找与案件事实联系最密切的法律规则，最大限度地实现良好的社会效果。但在欠缺具体适用规范的情况下，应当允许法官根据一般原则和法律精神，寻找最相似的法律规

[1] 王利明：《法学方法论：以民法适用为视角》，中国人民大学出版社2021年版，第465页。

[2] 参见孙光宁：《社会主义核心价值观的法源地位及其作用提升》，载《中国法学》2022年第2期。

则,以核心价值观作为价值补充作出判决。

(四)回应:针对说理对象进行说理

首先,法官应针对当事人进行说理。其次,根据案件的特点及需要,还要向法律共同体及社会公众进行说理,起到以案弘道的作用。

1. 针对双方当事人的抗辩主张说理。首先,裁判说理针对的是双方当事人。法官在运用核心价值观说理时,不能仅关注原告的诉讼请求是否成立,还应当关注被告的抗辩事由能否成立。其次,针对当事人的请求进行说理。不能回避当事人的主张,必须积极对当事人提出的意见进行回应与分析。争议较小的事项,可以进行简单说理,争议较大的事项,则应当进行详细的说理,要"让当事人明晓'输''赢'在什么地方",进而确保"无论官司输赢都能心服口服"。[1]最后,结合当事人的身份背景和知识水平说理,使裁判说理更容易被当事人理解和接受,以实现息讼服判的效果。

2. 针对法律共同体说理。法律共同体由法官、检察官、律师与法学学者等法律职业群体所组成,他们具备一致的专业知识、相同的法律思维方式、共同的法律语言等。[2] 裁判说理要面向法律职业共同体,在核心价值观融入裁判说理中要正确地释法明理,尤其是要讲清楚法理。法律共同体更期望通过司法说理确证或发展法律规则,进而推动法律知识体系的创新发展。[3] 作为法律职业共同体的一员,法官在说理时,依循共同的知识背景、思维方式、价值观陈述理由,才能获得法律职业共同体的认同。

3. 针对普通民众说理。一方面,这有利于加深民众对法律法规的理解。由于民众欠缺专业的法律知识,可能无法准确理解相关法律规则的内涵,而法官在裁判文书中,结合具体案件对法律规范进行解释、说理,则可以使普通民众更好地理解法律规则的内涵。另一方面,这有利于向社会弘扬核心价值观,引导人们正确行事。法官将核心价值观融入裁判文书说理,可以使人们从鲜活的个案中准确地了解核心价值观的正确含义。

(五)衡量:平衡各方利益,确保实质公正

利益衡量强调法官在司法裁判中的主观能动性,正视法官思考问题和分析问题

---

〔1〕 参见章光园:《多维主体视角下裁判文书释法说理的意义阐释》,载《人民法院报》2020年1月2日,第8版。

〔2〕 参见张文显、陆学英:《法律职业共同体引论》,载《法制与社会发展》2002年第6期。

〔3〕 参见方乐:《司法说理的市场结构与模式选择——从判决书的写作切入》,载《法学》2020年第3期。

的真实图景，为具体个案的纠纷解决提供妥当方案，[1]以实现社会公平正义。

1. 以核心价值观检视个案裁判结论的妥当性。法官应当采取正确的价值来进行利益衡量，不同的价值取向将会导致不同的裁判结果。依据社会主义核心价值观来验证并展开释法说理，可验证个案裁判结论的妥当性。如杭州某网络公司与长沙某网络公司、深圳市某计算机公司侵害作品信息网络传播权纠纷案[2]，该案是“微信小程序”第一案，案件中的说理厘清了小程序这种新业态的法律属性，明确了小程序运营主体负有的相关法定义务及社会责任，对权利人、网络服务提供者、网络用户在数字领域的权利义务责任进行利益平衡的同时，运用了目的性限缩的法律漏洞填补方式，符合“富强”“自由”“法治”的社会主义核心价值观。

2. 妥善衡量各方利益提升裁判的可接受度。裁判的可接受度与法官在进行裁决时是否充分考虑各方当事人的利益密切相关，法官行使自由裁量权时，应充分发挥社会主义核心价值观的指导作用，对各方当事人的利益进行综合考虑。如樊某旭、蓝某山与蓝某全排除妨害纠纷案[3]，该案系邻里之间的纠纷，法官从利益权衡的角度出发，指出邻里之间行使不动产相关权利时应兼顾相邻人的利益，一方权利的延伸和另一方权利的限制都必须控制在合理范围内。本案以友善互助的价值导向和公平合理的原则，引导公民正确处理邻里关系，提升了裁判结果的可接受度。

（六）修辞：个性化表达实现“情、理、法”的统一

恰当地使用修辞方式，可使裁判文书在一定程度上呈现不同的风格特点，在保持基本共性的基础上，避免千篇一律。运用共情的语言，进行有温度、可对话的个性化表达，有助于实现“情、理、法”的统一。

1. 人文关怀式表达。如李某某与北京某某体育文化发展有限公司（以下简称体育公司）、王某某等生命权、健康权、身体权纠纷案[4]，二审法院在说理时针对未成年受害人及家长表达了对受害人所受损伤及对其今后生活产生的影响的深切同情，传递了司法的温情，再提出“希望未成年人及家长不应因噎废食……根据身体条件和兴趣爱好选择适合的运动项目，并做好安全防范措施……”传递了法官对未成年人健康成长的希望，接着引入“公平”的核心价值观对“自甘风险原则的适用”结合善良风

〔1〕 参见梁上上：《利益衡量论》（第3版），北京大学出版社2021年版，第69页。

〔2〕 浙江省杭州市中级人民法院（2019）浙01民终4268号民事判决书。

〔3〕 广西壮族自治区来宾市中级人民法院（2021）桂13民终1263号民事判决书。

〔4〕 北京市中级人民法院（2019）京01民终5095号民事判决书。

俗进行深入论述，展现了严密的法律逻辑及人文关怀。

2. 对话式表达。在江某莲诉刘某曦生命权纠纷案[1]中，被告辩称江某遇害系陈某峰行为造成，不应承担侵权责任。法官通过对话的方式针对性回应了在被告非直接加害人的情况下，应否承担民事赔偿责任的问题。法官从刘某曦与江某形成一定救助关系，认定刘某曦具有明显过错，应承担民事赔偿责任。同时，以扶危救困的传统美德及"诚信""友善"的价值取向对江某及刘某曦的行为进行评价，有力地回答了刘某曦在并非直接加害人的情况下应承担民事赔偿责任的原因。

3. 寄语式表达。梁某某诉卢某林、卢某军排除妨害纠纷案[2]中，法官将法律规定处理邻里关系应坚持的"有利生产、方便生活、团结互助、公平合理"原则的内在含义与核心价值观"法治""友善"价值要素相结合，希望案件当事人友善地对待彼此，共享健康的邻里关系和美好生活，也旗帜鲜明地指出不允许当事人的行为逾越法律。判决书还指出，与邻为善而不是以邻为壑才能真正做到睦邻友好、和谐相处，故应正确看待权利的边界。说理层层深入，针对性强，通过寄语式的表达起到良好的价值导向作用。

4. 隐喻式表达。隐喻通常是指用某一事物（喻体）指代另一事物（本体），当我们面对一个陌生的事物时，我们会很自然地将它与我们所熟悉的事物"联结"起来。[3]黑龙江某投资担保公司与黑龙江省建某公司、黑龙江省某工贸公司等担保合同纠纷案[4]中，法官在认定当事人的过错责任时，以债权人因其债权上存在多个担保，就躺在权利上"睡大觉"有违"诚信"这一隐喻式的表达，进行过错责任认定，说理更贴切有力，也更容易被当事人理解，体现了惩罚失信方、督促权利行使的价值导向。

四、建立核心价值观融入民事裁判文书说理"六步法则"的保障机制

核心价值观说理除了需要明确"怎么说"的问题之外，还应解决"何时说，说多少"、"说得好不好"以及如何"放心说""乐于说"的问题。因此，还需配套保障机制，确保"六步法则"的顺利运用。

（一）建立繁简分流的识别机制

简易案件简单审，复杂案件精确审，简易案件少说理，复杂案件多说理，不仅能提

---

[1] 山东省青岛市城阳区人民法院（2019）鲁0214民初9592号民事判决书。

[2] 北京市第一中级人民法院（2021）京01民终2689号民事判决书。

[3] 参见杨贝：《法律的隐喻：表征还是真谛？》，载《政法论坛》2013年第5期。

[4] 最高人民法院（2017）最高法申925号民事裁定书。

高案件的办结效率，而且会提高案件质量。要做到繁简互为支撑，同步进行，该繁则繁，当简则简，繁简得当。[1]

1."三个维度"确定融入核心价值观说理的程度。对于个案融合核心价值观说理程度标准，除了需要考虑《意见》中应当进行说理的"重点案件范围"外，还应从"案件争议焦点与核心价值观的关联性"及"案件审理过程中的变量"维度进行综合考虑。重点案件范围设为X(涉国家利益、涉社会道德评价、涉特殊群体、涉风俗习惯重大争议、涉新价值导向)，与争议焦点相关联的价值要素为Y(社会主义核心价值观)，案件审理过程中的变量为Z(变更诉讼请求、追加当事人、道德评级波动、社会舆情关注度)，案件综合值为R(R=X+Y+Z)。如图4所示，离三维中心越远，则表示需要用融合核心价值观进行说理的程度越深。

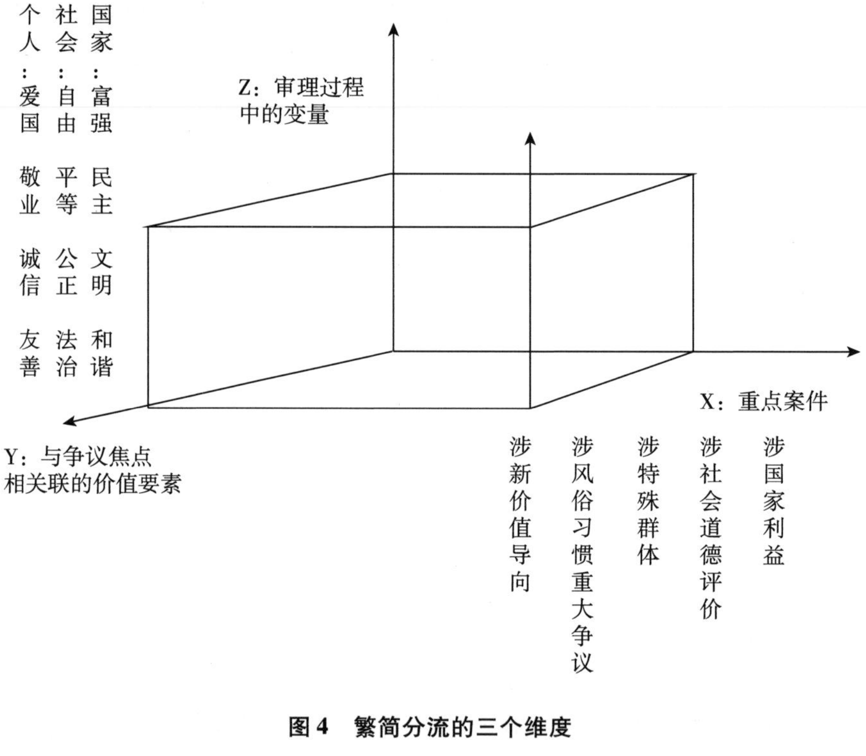

图4 繁简分流的三个维度

2.繁简分流的例外情况。法官应当对社会关注度较高、影响较大的案件融入核心价值观进行详细说理，因为这些案件的裁判只有充分说理，才能有效回应社会关

[1] 参见罗灿：《刑事裁判文书证据说理的现实图景与完善路径》，载《中国应用法学》2022年第4期。

切,产生良好的社会效果。如果某些案件是社会公众普遍关注的案件,即使案情并不复杂,法官也应当融合核心价值观进行充分的说理,以更好地回应社会公众对裁判说理的合理期待。

(二)建立量化评价及反馈机制

通过量化评价的方式对核心价值观融入裁判文书说理的质量进行校验时,如量化评价分不合格,法官应当按前述“六法则”进行重新论述。此外,反馈机制有利于发现法官在裁判文书说理方面的不足,并及时修正。

1. 建立量化评价机制。量化评价方式以法律论证理论为基础,以“概念化”和“可操作化”为前提,设计了一套量化评审表。通过量化评审表,可以客观、准确地对裁判文书说理的质量进行评价。说理评审表是对裁判文书质量进行检验的有效工具。通过检验,发现个案说理的问题,及时改进,有助于形成规范性指引,提升法院整体说理水平。笔者以具有代表性及影响的“江某案”为例,示范一下根据量化评审表的8项标准,对“江某案”裁判文书的说理进行分析,并给出相应的评分及理由(见表5)。

表5　裁判文书说理评审表

评分项	分值	注意事项	得分	得分依据
思路清晰	10	论证层次分明	10	从救助关系形成到侵害危险认知再到安全保障义务层层论述,认定刘某曦应承担民事赔偿责任。根据行为情节、损害程度、社会影响,酌情判断精神损害赔偿
回应充分	10	对案件涉及的争议进行全面、充分的回应	10	精准提取争议焦点与典型法律问题,针对并非加害行为人这一抗辩理由在过错责任认定中进行充分回应
繁简得当	10	简案略说,繁案精说,恰到好处	10	该案社会影响大,法官在案发经过、过错责任认定及精神损害赔偿进行充分论述,在裁判理由中引用核心价值观,充分发挥以案弘道的作用
依据列举完整	10	所有法律判断所依据的规范性文件都完整列明	10	裁判依据罗列完整,涵盖法律原则和规则,实体法和程序法及《民法典》时间效力的规定
论证充分	20	运用多种论据论证裁判理由,兼具法理、事理、情理、文理	17	法、理、情兼具

续表

评分项	分值	注意事项	得分	得分依据
层次分明	15	逻辑严密,层层推进	13	分三步论证是否承担民事责任:形成救助关系——更具危险认知——未尽到注意义务和安全保障义务
可接受性	15	符合社会主义核心价值观	14	褒扬与谴责态度鲜明,借由朴素正义感产生公众同情
语言表达	10	用词规范、准确、严谨	9	案件发生经过描述详细,条理清楚 说理部分语言表达富有共情力

2. 建立裁判文书说理评价反馈机制。现有研究对核心价值观融入裁判文书说理的配套机制多侧重于评价,存在“重评价、轻反馈”的问题。裁判文书不能一评了之,存在的问题应及时向法官反馈,以便法官总结反思,形成“评价—反馈—改进”的良性循环。根据评价的对象不同,反馈机制可分为两个方面:一是法院系统内部对核心价值观说理评价的反馈,系统内部可定期对核心价值观说理文书进行评价,将评价意见向主办法官反馈;二是形成反馈内部公开,通过对裁判文书说理存在的问题进行周期性总结,形成类案说理反馈机制,通过规范性文件对法官们运用核心价值观说理形成规范性指引。

(三)建立人工智能辅助机制

随着科学技术的快速发展,人工智能已经深度介入司法工作,成为司法改革的有力推手,要抓住这一机遇,利用人工智能技术助推核心价值观深度融入裁判文书说理。

1. 运用类案自动推送系统助力类案同判。类案统一裁判作为实现司法公正的重要手段,已经受到了广泛重视。有观点认为,同案同判已经不再仅仅是一项道德义务,而是上升为一种司法义务。[1]“类案智能推送系统”是向办案法官自动推送与待决案件相似指导性案例的智能工具。该系统为法官进行类案检索提供了便利,可以有效降低类案检索的成本。具言之,该系统辅助法官快速从海量历史案件中发现相似案例,为法官提供专业、智能、友好的类案精准推送服务,方便法官积极借鉴他人司法智慧和经验,统一司法尺度,推动类案同判,给予公众以明确、稳定的价值引领。

---

〔1〕 参见孙海波:《“同案同判”:并非虚构的法治神话》,载《法学家》2019年第5期。

2. 利用人工智能技术构建以核心价值观为共识的融贯价值体系。首先,在司法案例体系的基础上建立具有共识性的价值体系。人工智能和大数据战略必须建立在数据的可测量、可收集、可报告、可分析的基础之上。[1] 司法案例体系,包括最高人民法院的指导性案例、高级人民法院的参考性或者参阅性案例以及其他研讨性、宣教性案例等,[2]可以作为构建以核心价值观为共识的融贯价值体系的数据基础。人工智能在学习司法案例体系之后,生成凝聚着众多法官经验与智慧的价值体系,该价值体系为法官运用核心价值观进行说理提供规范化的经验指导。其次,该价值体系能够与时俱进。利用人工智能构建具有共识性的价值体系,其好处在于可以随时吸收符合时代发展需要的价值观,对原有的价值体系进行及时调整,在保持原有价值体系稳定性的基础上不断突破更新。

(四)建立法官裁判说理职业豁免与激励机制

建立豁免机制,消除"说得多错得多"的隐忧,让法官敢于说理。建立激励机制,充分调动法官撰写优秀裁判文书的潜力,让法官乐于说理。

1. 建立法官职业豁免机制。让法官在裁判文书中安心说理,大胆地将核心价值观融入裁判文书,建立完善的法官职业保障制度、法官责任豁免制度。

(1)确立依法豁免法官责任的理念。法官之所以要享有豁免权,一方面是维护国家权威与司法公信的必要;另一方面是保护法官,使其敢于不畏后果地作出公正判决。豁免机制尚未建立起来,部分法官基于言多必失的心理,担心说不好则要受到处罚。[3] 如果法官对办案的后果充满恐惧,行使审判权时过度妥协而无法表达其真实意志,充分的裁判说理亦无法实现。在建立豁免机制的情况下,法官能够降低在裁判文书说理过程中自我防卫的思想负担,敢于依据法律作出公平公正的判决。

(2)明确法官职业豁免的界限。职业豁免如果过宽,则有碍于私权的保障,会降低司法公信力;职业豁免如果过窄,则不利于调动法官的积极性,激发法官的责任担当。对法官的追责,应当坚持主观过错与客观行为合、责任与保障相结合。设定法官的责任豁免原则,应当综合考虑我国法律传统及当下法官的水平和素质,对法官责任豁免应作出限定,但不应一味追求扩大豁免权的范围。在我国当下,法官的责任豁免仍应以相对豁免为原则,即以故意或者存在恶意为界限,排除故意或者恶意行为的司

〔1〕 参见徐骏:《智慧法院的法理审思》,载《法学》2017 年第 3 期。

〔2〕 参见石磊:《人民法院司法案例体系与类型》,载《法律适用(司法案例)》2018 年第 6 期。

〔3〕 参见罗灿:《司法改革背景下裁判文书说理的规范与加强》,载《人民法治》2015 年第 10 期。

法责任豁免权。

2. 建立法官裁判说理的激励机制。强化裁判说理应当建立相应的激励机制，使法官具有充分说理的动力，乐于说理。

(1)将裁判文书的说理水平纳入法官考核与晋升的指标。考核是制度落实的助推剂，将裁判说理作为法官考核的指标，也有助于引起法官对裁判说理的重视。首先，法官的考核要从当前的数量考核转变为质量考核。即注重考核法官的裁判文书说理质量，而不能片面以办案数量作为法官考核标准，强化文书质量考核，有利于强化裁判说理。其次，法院应当制定一系列有关裁判说理的考核办法和标准，规范裁判说理的考核活动，尤其应当将裁判说理作为法官个人的绩效考核，作为法官遴选晋级等的重要参考因素。

(2)建立优先裁判文书表彰机制。结合上文提出的裁判文书说理评查机制，法院可以通过定期展开优秀裁判文书的评比活动，加大对优秀裁判文书的表彰力度。裁判文书的质量评比有利于发现裁判说理的不足，尤其是发现裁判说理存在的共性问题，从而提高裁判说理的水平。裁判文书入选指导性案例或参考案例的，裁判文书制作法院也应当给予法官一定的奖励。

结　语

说理写作有其内在的规律，将核心价值观融入裁判文书说理亦应遵守。将写作过程划分为认定、融贯、涵射、回应、衡量、修辞六个步骤，在各步骤中融入核心价值观，可以在确保说理规范的同时增加说理的可接受度，提升裁判说理的社会效果。核心价值观是一个有丰富内涵的价值体系，提高将核心价值观融入民事裁判文书说理的质量，仍需法官们不断培养提升判断力、智力、经验和学识，将技术转化、内化为自身的知识体系及话语体系。

涉数字货币犯罪刑事审判规则的类型化构建

谭小彤[*]　农　智[**]

数字货币在区块链经济与互联网金融领域具有广阔的应用前景，它日趋发展成熟并可分为两大类——以比特币为代表的私人数字货币和以国家信用背书的法定数字货币。然而，目前在私人数字货币领域，相关犯罪已屡见不鲜，随着法定数字货币的试点推广，涉及法定数字货币的犯罪必会随之增加。涉数字货币犯罪在不法性与有责性上皆与传统侵财犯罪、传统货币犯罪有所不同，导致审判实务中存在罪行定性不清和刑罚处罚偏轻的问题。涉数字货币犯罪的刑事审判工作面临严峻挑战，探求解决之道已迫在眉睫。

一、涉数字货币犯罪刑事审判现状分析

以发行主体为分类标准，私人数字货币是指私人组织或机构依托区块链底层技术发行的、无须权力机关信用担保的数字货币，属于广义电子货币的一种类型〔1〕；法定数字货币是指国家货币发行机构以国家信

---

* 广西壮族自治区南宁市江南区人民法院五级法官助理或审判管理办公室（研究室）法官助理。

** 广西壮族自治区南宁市宾阳县人民法院五级法官助理或立案庭（诉讼服务中心）法官助理。

〔1〕 广义的电子货币包括银行信用货币电子化、非商业银行发行的电子货币（如校园一卡通、公交卡等）、网络虚拟货币（如腾讯Q币、新浪U币等）、去中心化的数字货币（如比特币）等四种类型。参见孙国峰、邓婕、尹航：《电子货币对信用货币体系的影响：基于自由竞争市场》，载《金融研究》2014年第10期。

用为背书,利用区块链等技术发行的具有法偿性的数字货币,法定数字货币与法定纸币、硬币同为法定货币。二者在犯罪中的场景、作用、价值均有所不同。

2009 年 1 月 3 日,以中本聪的《比特币:一种点对点的电子现金系统》一书中的理念设计的比特币出现之后,数字货币开始蓬勃发展,因之而起的违法犯罪活动呈大幅增长趋势。笔者通过中国裁判文书网进行文书检索,截至 2022 年 6 月 7 日,以“比特币”为关键词检索,得出刑事裁判文书共计 1342 篇;以“虚拟货币”为关键词检索,得出刑事裁判文书共计 2862 篇;再以“数字货币”为关键词检索,得出刑事裁判文书共计 642 篇(见图 1)。在与“数字货币”相关的刑事裁判文书中,破坏社会主义市场经济秩序罪占比 42.77%、侵犯财产罪占比 31.35%、妨害社会管理秩序罪占比24.51%、其他罪名占1.37%。2018 年涉“比特币”“数字货币”“虚拟货币”的刑事裁判文书数量呈现跳跃式增长的局面,之后进入平稳增长期,这与“虚拟货币‘挖矿’活动”潮在国内兴起息息相关,该类产业已在 2021 年 12 月被国家发改委等 11 部委明确列为淘汰类产业,但仍难以阻挡涉数字货币犯罪的发展势头。笔者以“数字货币”为关键词检索,得到 2021 年刑事裁判文书共 286 篇,除去 1 篇申诉文书和 40 篇虽行文提及数字货币但实际与之无关的判决书,可以获得 245 篇刑事判决书,这 245 篇文书即为本文研究样本。

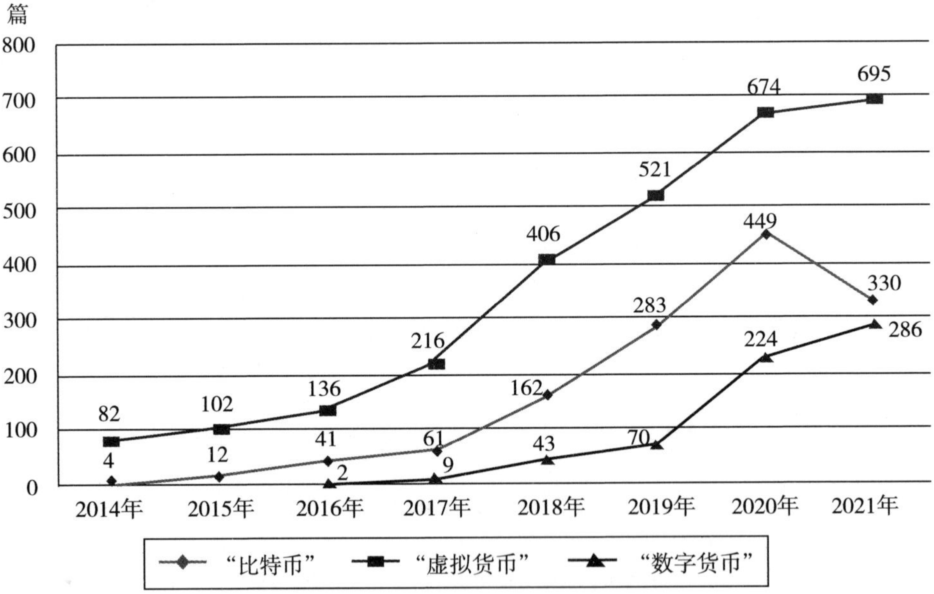

图 1　分别以“比特币”“虚拟货币”“数字货币”为关键词
在中国裁判文书网中检索的历年刑事裁判文书数量对比

(一)涉数字货币犯罪定罪问题

数字货币的应用理论复杂、应用技术尖端,民众对此知之甚少,因此数字货币主要还是作为传统犯罪的创新手段登场。从研究样本中也可看出,除了极少数个别罪名外,数字货币犯罪行为大多构成诈骗罪,组织、领导传销活动罪,掩饰、隐瞒犯罪所得罪,帮助信息网络犯罪活动罪,它们均不以数字货币为必要的犯罪成立要素,且其侵犯法益与货币犯罪不同(见图2)。

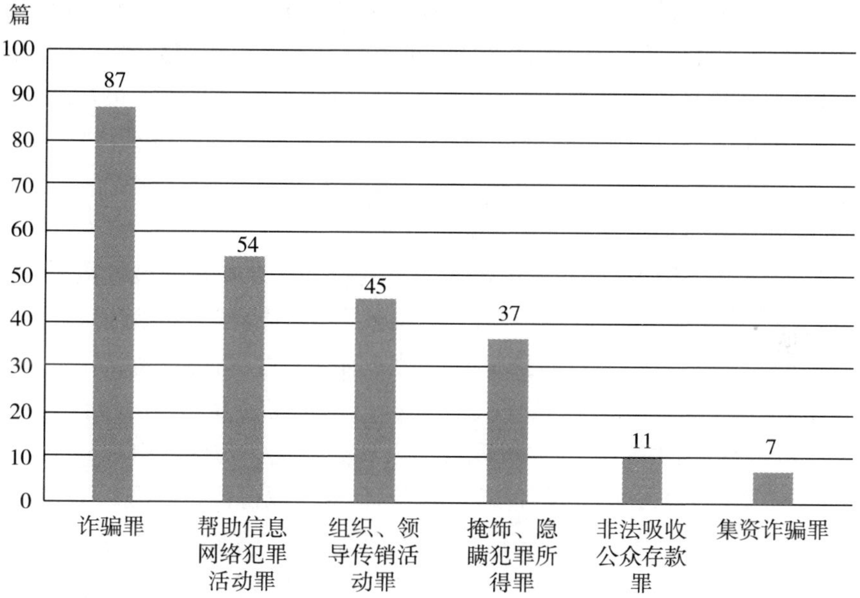

图2　以“数字货币”为关键词检索的2021年刑事裁判文书主要罪名

1. 共同犯罪作用认定困难

行为人通过在私人数字货币注册和交易过程中匿名[1]以及设置数据保护壁垒等手段隐藏真实信息。一方面,行为人的犯罪行为形态呈碎片化,给法院认定行为人在共同犯罪中起到的作用造成困难,难以评价数个行为人之间是否构成同罪;另一方面,涉数字货币犯罪主体也可能包括单位,但是否构成单位犯罪还需进一步探明。

2. 此罪与彼罪界限模糊

以侵害法益类型为分类标准,可大致将犯罪分为侵害公法益(国家法益、社会法

〔1〕 参见李康震、王浩:《利用数字加密货币犯罪的研究及其侦防启示》,载《湖南警察学院学报》2018年第3期。

益）的犯罪与侵害私法益的犯罪[1]。我国现行刑法视域下的货币犯罪体系是建立在货币具有物质形态的基础上的，但依托密码学知识和区块链技术的法定数字货币则已脱离物质形态，针对货币的犯罪行为方式将发生根本性变化，受侵害的法益既非单一的货币管理秩序或者有经济价值的计算机系统等公法益，亦非单一的公民个人的财产、信息、数据等私法益。

我国《刑法》第六章规定的计算机系统类犯罪基本涵盖干扰、破坏或者非法、未经许可访问计算机系统的两类行为，体现了对法定数字货币管理、存储系统的公法益保护，但是对于涉及公民数字货币账户地址、货币数据等侵犯私法益的数据类犯罪，非法获取计算机信息系统数据罪、侵犯公民个人信息罪等罪名并不能很好涵盖犯罪行为与法益之间的关系，此时法院仍然会以破坏社会主义市场经济秩序罪、侵犯财产罪、妨害社会管理罪的具体罪名进行定罪，而这三类犯罪项下包含的罪名众多，导致涉数字货币犯罪定性时此罪与彼罪界限不明。

其中，非法获取不同存储介质内数字货币的行为认定存在分歧。在法定数字货币试点中，多个商业银行推出了数字人民币可视卡“硬钱包”。而信用卡是指由商业银行或其他授权金融机构发行的具有但不限于消费支付、信用贷款、转账结算、存取现金等功能的电子支付卡[2]。单从定义上看，卡片式数字货币钱包符合信用卡上述特征。在我国现行刑法视域下，非法取得他人现金钱包并使用其中数额较大现金的行为可定为盗窃罪、侵占罪、诈骗罪、抢夺罪等，但非法取得他人信用卡并“冒用”则可能构成信用卡诈骗罪。如果说现金侵财犯罪与信用卡诈骗罪以是否有“使用行为”作为核心判断标准，那么当侵犯的财产是卡片式数字货币钱包时，这一标准又面临一系列问题：以“使用行为”判断既遂或未遂是否可行；数字货币钱包的法律性质如何认定；盗窃、侵占、骗取、夺取他人卡片式数字钱包构成何罪；冒用他人卡片式数字钱包构成何罪，等等。

3. 关联行为整体判断存疑

行为人为达同一个犯意实施了数个犯罪行为的情况可能存在以下两个问题：

第一，伪造数字货币行为涉及的罪数问题。现行刑法仍将货币限定于纸币、硬币等实体货币范围，但正如张明楷教授所言，“任何事物都必然有多方面的属性与特征，如果不是以法定的犯罪构成要件为指导归纳案件事实的特征，所归纳出来的特征就

---

〔1〕 参见苏青：《认识网络犯罪：基于类型思维的二元视角》，载《法学评论》2022年第2期。

〔2〕 参见全国人大常委会2004年发布的《关于〈中华人民共和国刑法〉有关信用卡规定的解释》。

必然不符合法定要件”[1]，将伪造数字货币的行为一概认定构成非法侵入计算机信息系统罪或破坏计算机信息系统罪，会造成该两罪的扩大适用。且侵害数字货币的关联行为亦不能一概认为仅构成一罪。例如，故意毁坏数字货币存储载体如卡片式数字货币钱包行为本身涉嫌故意毁坏财物罪，侵入数字货币后台管理系统造成系统损坏的行为既涉嫌故意毁坏财物罪又涉嫌破坏计算机信息系统罪，而通过侵入数字货币后台管理系统截取、篡改数据导致流通货币数量发生改变的行为既涉嫌伪造货币罪又涉嫌非法侵入计算机信息系统罪或破坏计算机信息系统罪，这就对法官立足于现有技术进步程度与规范语意体系进行裁判提出了更高要求。

第二，非法占有数字货币行为涉及的罪数问题。行为人先通过技术手段非法获取他人数字货币账户信息，再对账户里的数字货币进行转移，当非法获取他人账户信息的前行为符合其他犯罪的构成要件时，行为人是处以一罪还是数罪并罚，需要进一步讨论。例如，行为人为获取被害人的数字货币，先窃取被害人的数字货币钱包，后又使用暴力胁迫被害人告知账户密码，最后冒用被害人身份在商铺消费使用货币，这三种行为在不同阶段分别符合盗窃罪、抢劫罪、信用卡诈骗罪的构成要件，应如何适用想象竞合理论或牵连犯理论认定构成一罪或数罪也值得深思。

（二）涉数字货币犯罪量刑问题

对245篇样本文书的刑罚处罚情况进行统计后可以发现，涉数字货币犯罪案件在量刑上具有以下特点：第一，在适用刑罚种类上，除主刑之外，罚金刑成为主要的惩罚手段，245篇样本判决书均载明对行为人单处或并处罚金，其中有2篇对行为人单处罚金、243篇对行为人并处罚金，罚金数额从1000元至500万元不等；第二，在法定量刑情节上，法定从宽情节是影响量刑的重要因素，245篇样本判决书中有98篇载明行为人系从犯、60篇载明行为人系自首、122篇载明行为人系坦白、17篇载明行为人有立功情节、149篇载明行为人认罪认罚，无论涉案金额的大小，只要行为人具有上述情节，法官均认定具有法定从宽情节并依法从轻或者减轻处罚；第三，在酌定量刑情节上，从轻情节是法官行使自由裁量权的重要依据，245篇样本判决书中有23篇载明行为人系初犯、86篇载明行为人主动退缴违法所得、12篇载明行为人取得被害人谅解，法官均考虑给予从轻处罚，即在法定刑限度内斟酌轻罚幅度。由于行为人往往具有多个从轻量刑情节，法官经过综合考量一般会对行为人从轻、减轻处罚，但量刑幅度与被侵犯的法益之间相比是否平衡仍值得商榷。

---

[1] 张明楷：《非法获取虚拟财产的行为性质》，载《法学》2015年第3期。

1. 刑罚轻重与法益不平衡

共同犯罪成为涉数字货币犯罪的常态，并具有范围大、分工细、危害重等特点，导致量刑存在以下困难：一是量刑标准不明，若是以犯罪数额为准，实践中一般比照违法所得，但是行为人参与共同犯罪的具体涉案数额与违法所得之间可能差距悬殊，一味以违法所得作为量刑标准，可能违反罪刑相适应原则；二是从犯认定存疑，涉数字货币犯罪是一张巨大网络，事后难以获悉案件全貌，在客观上难以准确评价行为人在共同犯罪中起到的作用，且由于被抓获的行为人往往处于犯罪网络边缘，在量刑中认定为从犯的情形居多，按照现行《刑法》规定一般从轻或者减轻处罚。由于量刑标准不明确，从宽情节适用的自由裁量空间较大，易造成行为人所受刑罚处罚结果与造成社会危害结果失衡，刑罚惩罚的威慑效果有所削弱。

2. 侵财犯罪既遂标准失灵

针对数字货币实施的盗窃、抢劫等行为的既遂标准不明确，导致对犯罪行为完成形态难以把握。非法占有他人数字货币的实行行为可归纳为以下三大步骤：(1)获取他人的数字货币钱包或账户地址(取得账户)；(2)取得钱包支付密码或破解账户密码(破解密码)；(3)使用或转移钱包、账户内数字货币(占有财产)。传统侵财犯罪既遂标准学说主要有控制说和失控说，[1]判断依据均是对财产的“控制”状态，简言之即行为人实际控制财物或被害人对财物失去控制。而法定数字货币有信息搭载、后台控制、智能合约等技术支撑，不仅使行为人实际“控制”的界限变得含混不清，被害人还能通过智能合约尽快扭转“失控”状态，导致难以认定犯罪行为的完成形态。例如，行为人实施非法占有数字货币的行为时，破解密码属于犯罪预备行为还是犯罪着手行为；行为人完成犯罪行为以后，智能合约启动追踪功能迅速追回数字货币，应以犯罪既遂论处还是以未遂论处；行为人完成犯罪行为之后，在智能合约发挥追踪功能之前，主动退还数字货币，应以既遂犯论处还是以中止犯论处，等等。

3. 酌定情节裁量空间较大

酌定情节是在量刑过程中灵活掌握、酌情适用的情节。在实务中，涉数字货币犯罪的酌定情节可能存在以下两个问题：一是违法性认识错误是否可作为量刑情节纳入考量，社会危害性是违法性认识的最低判断标准，涉数字货币犯罪行为主要侵犯的法益是国家金融管理秩序和公民财产，但因对数字货币的监管缺乏法律明文规定，行为人可能无法认识到其造成的社会危害后果，导致大量涉私人数字货币犯罪因为行

---

[1] 参见简筱昊：《论数字货币的占有及其转移》，载《中州大学学报》2021年第1期。

为人违法性认识缺乏评价标准而陷入司法困局。二是退缴违法所得的适用门槛降低,行为人主动上缴违法所得、退赔被害人损失或家属代为退赃退赔,均视为主动退缴违法所得的悔罪表现,法官视情况可以从轻或者减轻处罚,但在研究样本中,行为人只要有退缴违法所得的行为,均可获从轻或者减轻处罚,这一从宽情节适用限制过宽,无法弥补被害人遭受的巨额经济损失,社会危害性未曾减弱。解决好这两个问题有助于丰富涉数字货币犯罪酌定情节适用的审判经验,对自由裁量权有所限制,降低同案不同判的概率。

二、涉数字货币犯罪行为认定的类型思维

(一)类型思维介入的必要性

类型思维是一种归类思维,类型化是通过剥离具体事物的共性特征来描述事物整体形象的过程。在涉数字货币犯罪案件的审理过程中运用类型思维,主要是基于数字货币自身特有的双重属性及类型思维串联具体和抽象概念的有效性,有利于人民法院对涉数字货币犯罪案件裁判尺度的统一。

1. 数字货币具有特殊双重属性

第一,数字货币具有财物属性。一方面,私人数字货币应属虚拟商品。根据马克思主义基本原理,货币应当具备价值尺度、流通手段、贮藏手段、支付手段和世界货币五大职能。私人数字货币空有“货币”之名,却无法定代偿之实,且我国在《关于防范比特币风险的通知》中已明确将比特币定性为虚拟商品并归类为“虚拟货币”,因此将私人数字货币界定为理财类虚拟商品更为恰当。另一方面,法定数字货币应属货币。法定数字货币与法定纸币、硬币等值,不同仅在于其物理存在形式。流通中的数字货币与现金同样是在商品交换过程中从商品世界分离出来的固定充当一般等价物的商品,相当于经济学范畴的M0(流通中的现金),与存储于银行的M1(狭义的货币供应)或M2(广义的货币供应)不同,公众可以无差别使用数字货币,无须缴纳服务费用,亦没有利息回报。无论是商品还是流通中的货币均属于刑法范畴的财物。

第二,数字货币具有工具属性。区块链,即“区块”和“链”。所谓“区块”,是指记录一段时间的交易或数据的“账本”,在“账本”中记录着用户对这一段时间内数据的共识;“链”是指利用加密算法将前述的一个个“账本”加密后按照时间顺序关联起来

串成链[1]。一方面,区块链交易具有不可逆性,由于私人数字货币的去中心化和匿名性,无法使用智能合约对个人数字货币钱包、货币权属、货币数量、资金转移路径等重要数据进行监控,亦无法限制流转、追踪流向;另一方面,区块链交易主体具有匿名性,虽然大多交易所在交易前需要用户进行KYC实名认证[2],但由于官方没有建立统一的法律程序认证体系,无法规范交易所的用户审批程序,交易所公链上记录的交易日志以及用户实名身份信息无从查证。基于以上两点,私人数字货币成为绝佳的反侦察作案工具,滋生许多涉私人数字货币犯罪。

2. 类型思维有效整合分散罪名

类型思维是一种"双向度的思维"[3],强调由具体到抽象又由抽象到具体的双重思考方向,可以对涉数字货币犯罪过于分散的罪名进行归类与整合。拉伦茨指出:"每个类型都是有意义的结构性整体,在这个整体中每个要素都指向一个意义中心……它的功能和意义都借此由整体来确定。"[4]根据类型思维,涉数字货币犯罪的规范类型有三种:(1)以侵害法益类型为标准,分为侵害公法益的数字货币犯罪与侵害私法益的数字货币犯罪,此种分类因数字货币具有双重属性而存在缺陷;(2)以侵害法益状态为标准,有实害数字货币犯罪与危险数字货币犯罪、作为数字货币犯罪与不作为数字货币犯罪两种分类方式,但是大部分涉数字货币犯罪为实害犯和作为犯,分类后对审判实践指导意义不大;(3)以数字货币是否为必要的犯罪构成要素为标准,分为纯正的数字货币犯罪与不纯正的数字货币犯罪,此种分类方式在法定数字货币全面应用和完善立法规范后更为适用。而根据对数字货币的"现象观察",可将数字货币犯罪分为以数字货币作为犯罪对象的犯罪与利用数字货币作为犯罪工具的犯罪两大经验类型。借由"法益"这一基本概念架起了事实与规范之间的桥梁[5],本文细化了涉数字货币犯罪行为的经验类型,即工具型数字货币犯罪与对象型数字货币犯罪。其中,工具型数字货币犯罪行为类型包括利用数字货币作为交易商品、掩盖

---

[1] 参见张婉茹:《区块链技术运用的反垄断法规制——以区块链应用于数字货币为例》,载《网络安全技术与应用》2021年第1期。

[2] 参见从宇乾:《论数字货币交易平台的法律监管》,载《淮阴工学院学报》2020年第2期。

[3] 蔡荣:《以类型思维检视刑法罪名设立的失调及修正》,载《北方法学》2022年第3期。

[4] Larenz, Typologisches Rchtsdenken, S. 20. Zitiert nach Detlef Leenen, Typus und Rechtsfindung, Verlag Vonduncker & Humblot. Berlin, 1971. 转引自齐文远、苏彩霞:《刑法中的类型思维之提倡》,载《法律科学(西北政法大学学报)》2010年第1期。

[5] 参见苏青:《认识网络犯罪:基于类型思维的二元视角》,载《法学评论》2022年第2期。

犯罪目的的噱头、支付结算手段的三种犯罪行为，对象型数字货币犯罪的行为类型包括采用传统侵财行为获取、采用新型技术获取、伪造变造数字货币的三种犯罪行为。笔者按照此种方式对研究样本进行分类（见表1）。

表1 245篇涉数字货币刑事判决书的犯罪行为类型化分类

<table>
<tr><th>行为类型</th><th>文书数量</th><th>具体行为</th><th>文书数量</th><th>罪名</th><th>罪名数量</th></tr>
<tr><td rowspan="5">对象型</td><td rowspan="5">4</td><td rowspan="3">采用传统侵财行为获取数字货币</td><td rowspan="3">3</td><td>帮助信息网络犯罪活动罪</td><td>1</td></tr>
<tr><td>非法拘禁罪</td><td>1</td></tr>
<tr><td>诈骗罪</td><td>1</td></tr>
<tr><td>采用新型技术获取数字货币</td><td>1</td><td>非法获取计算机信息系统数据罪</td><td>1</td></tr>
<tr><td>伪造、变造数字货币</td><td>0</td><td>—</td><td>0</td></tr>
<tr><td rowspan="16">工具型</td><td rowspan="16">247</td><td rowspan="8">以数字货币为交易商品</td><td rowspan="8">55</td><td>诈骗罪</td><td>22</td></tr>
<tr><td>组织、领导传销活动罪</td><td>16</td></tr>
<tr><td>帮助信息网络犯罪活动罪</td><td>9</td></tr>
<tr><td>集资诈骗罪</td><td>2</td></tr>
<tr><td>非法吸收公众存款罪</td><td>2</td></tr>
<tr><td>侵犯公民个人信息罪</td><td>2</td></tr>
<tr><td>妨害信用卡管理罪</td><td>1</td></tr>
<tr><td>买卖国家机关证件罪</td><td>1</td></tr>
<tr><td rowspan="8">以数字货币掩盖犯罪目的</td><td rowspan="8">130</td><td>诈骗罪</td><td>63</td></tr>
<tr><td>组织、领导传销活动罪</td><td>29</td></tr>
<tr><td>帮助信息网络犯罪活动罪</td><td>15</td></tr>
<tr><td>非法吸收公众存款罪</td><td>9</td></tr>
<tr><td>掩饰、隐瞒犯罪所得罪</td><td>7</td></tr>
<tr><td>集资诈骗罪</td><td>5</td></tr>
<tr><td>妨害信用卡管理罪</td><td>1</td></tr>
<tr><td>侵犯公民个人信息罪</td><td>1</td></tr>
</table>

续表

行为类型	文书数量	具体行为	文书数量	罪名	罪名数量
		以数字货币为支付结算工具	62	掩饰、隐瞒犯罪所得罪	30
				帮助信息网络犯罪活动罪	29
				贩卖毒品罪	1
				诈骗罪	1
				职务侵占罪	1

(二)工具型数字货币犯罪的行为类型

1. 以数字货币为交易商品的犯罪行为

我国目前将私人发行的虚拟货币定性为虚拟商品,不得作为货币进行流通,且虚拟货币不得运用在发行、融资等领域,与虚拟货币相关的业务活动同时被定性为非法金融活动。实践中,行为人将手中持有的私人数字货币当作金融类虚拟商品,应当视为其已知晓国家对于私人数字货币的禁止性规定,应知或明知不能进行销售、流通仍向他人推销并虚假承诺该数字货币的增值前景,吸引他人购买后通过后台篡改数据非法占有被害人财产,严重扰乱金融市场的秩序,大多会被认定构成诈骗罪。例如,王某、杨某辉、徐某玲犯诈骗罪案〔1〕中,他人以非法占有为目的组织被告人等人在菲律宾购买电信设备,利用虚假身份注册微信,组织易某等人在社交软件冒充讲师、助理、客服等身份进行虚假宣传,先是让被害人小赚取得信任,诱导被害人继续在 CCTOKEN 等虚拟平台投资虚拟数字货币 HOP、BPA,后由平台方控制后台造成被害人亏损,以从平台方提取被害人亏损的 60% 作为非法获利来源用于股东分红、员工工资及提成的方式实施电信诈骗,先后骗取被害人共计人民币 21,930,778.8 元,分赃 1182 万余元。由于数字货币的私钥也应属限制买卖的物品〔2〕,故倒卖私钥的行为也可按照非法经营罪处理。

2. 以数字货币掩盖犯罪目的的犯罪行为

行为人利用民众对数字货币缺乏深入了解的这一弱点,以数字货币为噱头,建立虚假网站实施诈骗行为,或以高收益吸引投资人注册成为平台会员,通过鼓励会员不

〔1〕 参见德州经济技术开发区人民法院(2021)鲁 1491 刑初 92 号刑事判决书。

〔2〕 参见尚柏延、冯卫国:《法定数字货币的刑法问题及其立法完善》,载《江淮论坛》2021 年第 1 期。

断发展下线,吸收大量资金,从而攫取高额经济利益。常见项目有民族资产解冻类、云数贸数字货币卡、i-bank 智能钱包、优比特等。例如陈某晓犯诈骗罪一案[1],被告人陈某晓在微信朋友圈得知“云数贸卡”买入后卖出可以挣钱,产生制作“云数贸卡”的想法,通过朋友圈、百度等找到可以生产卡片的厂家,向厂家提供卡片模板制作云数贸系列卡片,后在微信朋友圈内大肆宣传其所售的“云数贸卡”是央行无偿向特定群体发放的数字货币,并转发数字货币的相关链接诱骗大家购卡。又如 2021 年丁某某、冉某某组织、领导传销活动罪案[2],被告人明知“i-bank 智能钱包”平台的运行模式和奖励模式实质系传销模式,仍利用发行新型高回报的数字货币 EOC 石油宝为诱饵宣传、推广该平台的传销活动,吸引会员不断地发展下线,以获取更高的收益,直至案发时,共吸取传销资金 2,659,877 元。

3. 以数字货币作为支付结算工具的犯罪行为

目前的洗钱模式主要有直接交易、借用第三方交易、交易所交易、结合第四方支付平台交易四种方式。比较简单的方式是通过短信、网络不定向发布所谓“在家刷单做兼职”等招聘启事,招募大量人员注册钱包地址,利用分散的用户地址和分散的交易额,多轮交易后再转入行为人控制的目标账户。在 245 篇样本中,并未出现将利用数字货币进行洗钱的行为直接认定构成洗钱罪的样本,更多的是认定明知他人利用信息网络实施犯罪仍利用自己及他人的网络账户为电信网络犯罪所得提供支付结算帮助并从中获利的行为构成帮助信息网络犯罪活动罪。例如,宋某犯帮助信息网络犯罪活动罪案[3]中,被告人宋某使用自己名下及他人的银行卡、微信、支付宝、火币网账户支付账号,以场外交易的形式购买 USDT 虚拟货币,为上线从事的网络犯罪提供买卖虚拟数字货币、收款、转款的服务。该案系一起典型利用“非法第四方支付平台 + 数字货币”洗钱模式帮助他人实施信息网络犯罪活动的犯罪案件(见图 3)。

---

〔1〕 详见黑龙江省饶河县人民法院(2021)黑 0524 刑初 3 号刑事判决书。

〔2〕 详见河南省濮阳市华龙区人民法院(2021)豫 0902 刑初 15 号刑事判决书。

〔3〕 详见甘肃省天水市麦积区人民法院(2021)甘 0503 刑初 51 号刑事判决书。

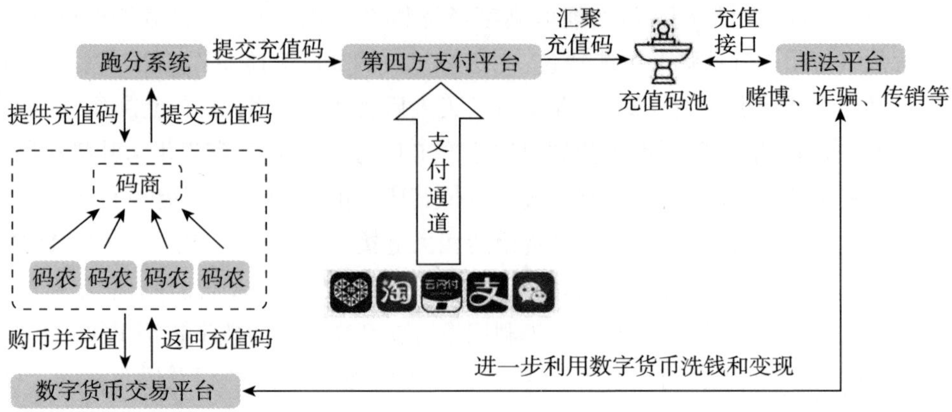

图 3 “非法第四方支付平台 + 数字货币”洗钱模式

(三)对象型数字货币犯罪的行为类型

1. 采用传统侵财方式获取数字货币的犯罪行为

数字货币无论作为商品还是流通中的货币均属于刑法范畴的财物,不因其是否具有实体物质形态或是否人均持有而改变其应当受到法律保护的事实。正如张明楷教授的观点,包括虚拟货币在内的虚拟财产满足刑法理论就作为财产犯罪的财物所应具备的三种特征,即管理可能性、转移可能性和价值性(使用价值、交换价值)。[1] 无论私人数字货币抑或法定数字货币均满足以上三个特征,采取传统侵财方式包括但不限于盗窃、抢劫、诈骗等非法获得他人数字货币的行为当然构成盗窃罪、抢劫罪、诈骗罪等。

2. 采用新型技术获取数字货币的犯罪行为

该类犯罪行为主要是指非法侵入法定数字货币管理系统获取数字货币的行为。法定数字货币是以国家信用为背书的法偿性货币,非法破坏并侵入法定数字货币管理系统等行为则可能涉嫌构成非法侵入计算机信息系统罪和破坏计算机信息系统罪。[2] 从不法性来看,法定数字货币管理系统内部管理技术维护人员之外、未获得职务授权的行为人破解法定货币技术屏障的行为,单从行为犯层面认定当然符合非法侵入计算机信息系统罪和破坏计算机信息系统罪的不法要件。从有责性来看,只

---

〔1〕 参见张明楷:《非法获取虚拟财产的行为性质》,载《法学》2015 年第 3 期。

〔2〕 参见吴进娥:《涉数字货币犯罪司法治理的多重困境与突破路径》,载《山东大学学报(哲学社会科学版)》2021 年第 6 期。

要行为人具有主观故意,其目的是否包含排斥数字货币正常流通均不影响构成两罪。

3. 伪造、变造数字货币的犯罪行为

该类犯罪行为主要是指伪造、变造数字货币的行为。基于数字货币与纸币、硬币的物质形态差异,不同的制造、储存、防伪技术决定了伪造、变造数字货币的犯罪行为方式会发生根本性改变。伪造、变造现金[1]是通过加工处理伪造的假币或变造的真币,使之图案、形状、色彩等外观特征达到以假乱真的程度,而要伪造、变造数字货币只能通过在计算机后台侵入数字货币账户并篡改数字货币的数据实现。有学者提出将伪造数字货币犯罪定义为"在央行层面未经授权进行确权登记新的货币或者在商业银行层面非法增加分布式账本记录条目的行为"[2],或将擅自发行私人数字货币的行为也纳入伪造货币的犯罪体系。

三、类型化数字货币犯罪的刑事审判规则

根据前述犯罪行为类型化的结论,工具型数字货币犯罪与对象型数字货币犯罪在犯罪主体认定、犯罪行为定性、刑罚处罚裁量三个方面存在较大差异,因此本文将从这三个方面探求涉数字货币犯罪的刑事审判规则。

(一)工具型数字货币犯罪的刑事审判规则

1. 主体认定:以设立目的界定单位共犯

虽然数字货币交易匿名化,但每笔交易都会留下交易痕迹。破解交易匿名性最好的办法就是给交易地址作分类标记,尤其是对曾涉嫌传销、洗钱、诈骗、敲诈等犯罪的钱包地址,如发现某一恶意地址群可能受同一犯罪群体控制时能够及时采取预警手段,会更容易推测犯罪行为人的特征和真实身份。司法机关可通过区块链公账分析交易信息,抓取可疑数字货币账户地址,也可以根据大数据分析将交易 IP 地址串联起来,对匿名数字货币地址聚类分析[3],从而认定该团伙利用数字货币进行或帮助进行洗钱犯罪。但是涉及单位的是否构成单位犯罪还需要通过单位设立目的判断。应当明确,专门为了进行犯罪活动而设立且设立后以实施犯罪为主要活动的企业、社会团体等单位不构成单位犯罪,而设立之初从事正当营利性或非营利性活动但

[1] 《最高人民法院关于审理伪造货币等案件具体应用法律若干问题的解释(二)》规定,伪造货币是指仿照真货币的图案、形状、色彩等特征非法制造假币,冒充真币的行为;变造货币是对真货币采用剪贴、挖补、揭层、涂改、移位、重印等方法加工处理,改变真币形态、价值的行为。

[2] 尚柏延、冯卫国:《法定数字货币的刑法问题及其立法完善》,载《江淮论坛》2021 年第 1 期。

[3] 参见毛洪亮等:《基于启发式的比特币地址聚类方法》,载《北京邮电大学学报》2018 年第 2 期。

经营过程中实施犯罪的当然构成单位犯罪。例如,在商某顺、刘某国犯集资诈骗罪、非法吸收公众存款罪案[1]中,法院认为 NBW 数字货币交易有限公司马来西亚系为进行犯罪活动而设立,且设立后以实施犯罪为主要活动,故不构成单位犯罪;而在郑州沙僧科技有限公司等犯帮助信息网络犯罪活动罪案[2]中,该公司经营范围包括计算机软硬件技术开发等,经营过程中公司主要负责人员在明知"客户"江某金提出的后台操控功能可能被用于违法犯罪活动的情况下,仍组成研发团队为其制作了"24DCEP"数字货币交易平台,交付其使用并为平台后续运行提供技术支持,法院认定其构成单位犯罪。

2. 行为定性:明确数字货币的可替代工具性

在侵财犯罪、走私犯罪、金融犯罪、贪腐犯罪、毒品犯罪等行为对象具有财产属性的财产性犯罪中,无论行为人利用数字货币的行为处于上游犯罪还是处理犯罪所得的犯罪,都应当明确数字货币在其中只起到工具作用,换言之,工具型数字货币犯罪不以数字货币为必要的犯罪成立要素,数字货币换成其他的任何具有等价交换性质的财物均能达到相同犯罪目的,因此只需要将数字货币作为一般财物考察行为人在犯罪中所获利益因素,回归犯罪行为的有责性与不法性本身即可。

3. 刑罚裁量:以犯罪数额确定量刑标准

第一,犯罪数额的合理适用。工具型数字货币犯罪行为一般会涉及三个数额,即行为人参与犯罪的具体数额、行为人实际违法所得和被害人实际经济损失。在认定构成帮助信息网络犯罪活动罪及掩饰、隐瞒犯罪所得罪等案件中,参与人构成从犯的裁判理由部分,频繁地提及参与人并未直接参与利益分配,仅领取少量或固定的报酬。[3] 辩护人也经常将没有证据证明被告人获取犯罪利益作为辩护理由。[4] 在进行量刑时,以行为人实际违法所得作为裁量主刑的依据,以被害人实际经济损失或者行为人参与犯罪的具体数额作为适当加重罚金刑的依据。当被害人实际损失与行为人参与犯罪具体数额相当时,可以该具体数额作为依据;当两者不一致时,以数额较高的作为适当加重罚金刑的依据,以此来平衡三者差距过大造成的罪刑不相适应。

第二,片面正犯的量刑规则。在涉数字货币犯罪网络中,处于网络边缘的行为人

---

[1] 详见山东省淄博市张店区人民法院(2021)鲁 0303 刑初 123 号刑事判决书。

[2] 详见浙江省金华市婺城区人民法院(2020)浙 0702 刑初 651 号刑事判决书。

[3] 详见浙江省义乌市人民法院(2021)浙 0782 刑初 294 号刑事判决书、天津市南开区人民法院(2021)津 0104 刑初 158 号刑事判决书、广东省深圳市宝安区人民法院(2021)粤 0306 刑初 795 号刑事判决书等。

[4] 详见吉林省长春市宽城区人民法院(2020)吉 0103 刑初 558 号刑事判决书。

与处于网络中心的主犯在主观上没有产生意思联络，但是在客观上起到了帮助主犯将犯罪行为扩大化的作用，根据行为共同说，可将行为人视为片面共同正犯，根据行为人在共同犯罪中参与的犯罪数额量刑处罚。

第三，退赃退赔的量化标准。对于无法找到被害人而主动积极退赃的行为人，按照退出的违法所得占全部违法所得的比例，可以减少基准刑的20%至40%；对于能够找到被害人而主动积极退赔的行为人，应以是否取得被害人谅解作为首要条件，再以退赔被害人数额占行为人造成被害人实际损失的比例作为次要条件，斟酌轻罚幅度。

（二）对象型数字货币犯罪的刑事审判规则

1. 主体判断：利用犯罪收益推定行为意志

由于行为人的犯罪故意和犯罪目的难以通过证据直接认定，通过周边间接事实对行为人实施行为前后的主观心理进行推定是法官认定主观构成要件的主要方式。通常来说，根据是否获益可以判断行为人是否具有非法占有数字货币的意志，行为人能在犯罪结果中获取的数字货币及衍生收益越多，其行为意志就会越强烈和坚定；反之，获取的收益越少，其行为意志就越衰弱和被动。可以利用这一心态反推行为人侵入计算机系统后是否有非法占有故意，这也有利于后续在有责性上区分行为人所实施的是货币犯罪还是计算机犯罪。

2. 行为定性：明确数字货币与犯罪行为的关系

第一，从有责性区分货币犯罪与计算机犯罪。当货币物理形态发生改变时，伪造行为方式亦随之改变。从伪造货币侵害的法益出发，发行与法定数字货币难以辨别的私人数字货币或者通过篡改法定数字货币数据改变数额的行为，本质上都是未经法定授权使法定数字货币流通数量增加的行为，都会危害我国金融秩序。法定数字货币管理体系是我国货币管理体系的重要组成部分，事关国家金融安全与人民生产生活，且对区块链技术、安全保密、软硬件设施等要求更高。即使未造成危害后果，非法侵入法定数字货币管理系统的行为也应当受到刑法规制。非法侵入计算机信息系统罪、破坏计算机信息系统罪与伪造、变造货币罪的区别在于有责性上，应当探究行为人破解数字货币技术屏障后截取流通货币数据的行为主观目的，前者仅需要探明行为人在对法定数字货币管理系统的技术架构和封闭系统实施删除、添加、干扰等行为时具有故意即可，后者需要具有篡改数据以增加、减少数字货币发行数量达到排斥数字货币正常流通的目的。

第二，以货币存储介质性质具体认定非法占有行为。针对卡片式数字货币钱包犯罪,由于信用卡本质上仍是债权凭证,持卡人享有相应存款债权或负担透支消费债务,但是法定数字货币本质上是流通中的货币,持有人享有所有权,因此单纯使用他人卡片式数字货币钱包的行为不属于信用卡诈骗行为。使用卡片式数字货币钱包中的货币是否需要输入密码、人脸识别等身份验证步骤,是判断是否符合信用卡诈骗罪中"冒用"行为结构的关键。行为人实施诈骗行为可分为虚构事实与隐瞒真相,虽然诈骗行为的对象为人,但是无论是对数字货币的所有者抑或是储存货币的机器、网络等非人对象,行为对象和行为空间虚拟化并不影响诈骗罪的行为方式。只有当行为人借助各类中介物(自然人、物、机器、网络等),以虚构事实或隐瞒真相的方法使相对方陷入认识错误,相对方因而处分财产并遭受损失的,才构成诈骗罪。而针对存储于法定数字货币系统的行为,同时满足相应计算机犯罪和侵财犯罪构成要件的,则需结合牵连犯理论进行讨论。

第三,以犯罪目的判断数个犯罪行为是否构成牵连犯。我国刑法学界通说对牵连犯的定义为:行为人以实施某一犯罪为目的,其方法行为或结果行为又触犯其他罪名的犯罪形态。[1] 牵连关系可分为"手段—目的"型与"原因—结果"型。由于涉数字货币犯罪中,行为人往往将侵入或破坏计算机系统作为实现非法侵财目的的必要手段,因此本文主要从"手段—目的"型牵连关系对此进行讨论。虽然牵连犯实质上满足数罪的构成要件,但行为人欲犯一罪即非法占有他人数字货币,行为人实施的数个符合犯罪构成要件的行为之间具有手段与目的的紧密关系,且与欲犯数罪相比行为人的主观恶性较低,可以将其犯罪行为视为统一的整体,牵连犯的社会危害性比实质上的一罪高而又比典型的数罪轻。[2] 因此,根据刑法罪刑相适应原则和禁止重复评价原则,对于以非法侵入计算机信息系统或破坏计算机信息系统为手段非法占有他人数字货币的行为,同时满足相应计算机犯罪和侵财犯罪的构成要件时应当认定为牵连犯,择一重罪从重处罚。应当注意,若行为人实施计算机犯罪后临时起意实施侵财犯罪的,即行为人主观上有实施数个犯罪的故意时,则应数罪并罚。

3.刑罚裁量:综合研判量刑情节使用场景

第一,通过使用行为判断非法占有行为完成形态。关于非法占有数字货币行为如何判断整体行为完成形态的问题,除卡片式钱包外,还有计算机、智能手机、智能手表等独立智能终端可以搭载数字货币钱包,应当针对每种钱包的特殊性进行定性。

---

〔1〕 参见高铭暄、马克昌主编:《刑法学》,北京大学出版社、高等教育出版社2017年版,第208页。

〔2〕 参见陆芳烨:《非法获取他人比特币行为的刑法规制》,华东政法大学2019年硕士学位论文。

在行为人获取钱包或账户地址、身份验证信息、使用他人数字货币的三步中，行为人采取的获取载体、破解密码的手段是整体定性的关键，使用行为则是既遂判断标准。此时，应当区分法定数字货币与私人数字货币。行为人窃取法定数字货币时，在智能合约正常运行的情况下，并不能认定行为人已实际“控制”数字货币，对此可以参考信用卡诈骗罪的既遂逻辑，只有将钱包中的数字货币转移到行为人控制的账户中且被害人无法通过智能合约手段追回、限制使用的，才可以认定行为人已经实际获益、被害人财产受到实际损失，进而认定成立犯罪既遂。行为人窃取私人数字货币时，如被害人将其仅有的、无备份的货币密钥储存在某一存储介质，行为人窃取密钥存储介质后即使未将货币转移，亦无法实际操控被害人账户，但由于私人数字货币去中心化和匿名的特点，被害人无法通过智能合约等救济途径重新找回密钥，那么就应当认定为犯罪既遂。

第二，侵犯复合法益的行为应当从重处罚。公民财产是典型的私法益，而货币金融安全却是公法益，公法益与私法益结合的结果通常是以公法益保护为主、私法益保护为辅。例如，通过技术手段秘密窃取数字货币行为应以计算机犯罪进行规范，具体到刑法规定的罪名应当是非法侵入计算机信息系统罪、破坏计算机信息系统罪。从罪行相适应的量刑原则来说，侵害复合法益的社会危害性应当比侵害单一法益的更严重。在实践中，对窃取数字货币的行为进行量刑时，应当在盗窃罪、非法侵入计算机信息系统罪、破坏计算机信息系统罪的法定刑范围内从重处罚，这样才能使行为人所受的刑罚处罚与造成的社会危害结果相当。

第三，违法性认识错误可以酌定从轻处罚。数字货币具有去中心化特征，在判定违法性认识、甄别违法性认识错误的种类上，涉数字货币犯罪与一般犯罪相比，判定方法具有特殊性。但是在本质上，判定涉数字货币犯罪应仍然满足不法性与有责性。违法性认识可能性是评价行为人责任阻却事由的重要内容，成立犯罪不要求行为人认识到行为的违法性，只要求他有违法性认识的可能性〔1〕，如果行为人对于数字货币的违法性缺少认识可能性，则其可谴责性降低，依据罪刑相适应原则，行为人承担的刑事责任可以适当减轻。因此，涉数字货币犯罪中的违法性认识错误或欠缺，可以成为酌定从轻处罚的情节。

---

〔1〕 参见张明楷：《违法阻却事由与犯罪构成体系》，载《法学家》2010 年第 1 期。

结 语

在法定数字货币即将全面推行的背景下，本文虽在现行刑法视域下对涉数字货币犯罪行为进行了类型化归类，并针对人民法院刑事审判工作分别从工具型和对象型数字货币犯罪的特点对该类犯罪的定罪量刑问题进行了尝试性的有限研究，但要有效打击此类犯罪，未来亟须理论界、实务界、科技界共筑涉数字货币犯罪刑事治理体系。

集约≠集合:法院审判辅助事务的集约化管理

——基于“供需”视角下的分析

黄晓依[*]

引　言

案件流转环节审判辅助事务耗时过长,挤占审判核心环节用时,是当前制约审判效率的顽疾之一。我国的审判辅助事务管理改革经历了从混合模式到分离模式再到集约管理模式的过程。人员分类管理是司法体制改革的一项重要内容,人员分类改革制度下通过科学划分法院人员类别,明确各类别人员岗位职责,推动了审判辅助事务与审判核心事务的分离。在此基础上,我国进一步探索审判辅助事务的集约化管理,通过组织架构重塑、业务流程再造达到进一步优化司法资源配置、提高司法效率的目的。2019年,最高人民法院发布《关于深化人民法院司法体制综合配套改革的意见——人民法院第五个五年改革纲要(2019—2023)》,提出:“推动部分事务集约化、社会化管理。配合内设机构改革,在人民法院内部推行文书送达、财产保全、执行查控、网络公告等事务集约化管理……”进一步推动了审判辅助事务集约化管理改革发展。在审判辅助事务集约化管理模式下,法院内部相关的组织架构、人员岗位分工、业务流程被彻底重塑和改造,形成以集约管理部门、外包机构、法官三类主体为主的“三元三角供需”架构,其中集约管理部门与外包机构为“供方”,法官为“需方”。本文试图以供需关系为论证框架,从微

* 广西壮族自治区南宁市西乡塘区人民法院审判管理办公室(研究室)五级法官助理(已于2023年4月离职)。

观视角明晰审判辅助事务集约管理模式下各方的地位、权利义务关系、运行模式等，通过构建审判辅助事务“二元三角供需”架构并进行规则重构，以完善审判辅助事集约化管理运行模式，提高审判辅助事务集约化管理效率。

一、审判辅助事务集约化管理的基础理论阐释

审判辅助事务集约化管理即通过组织架构重塑和业务流程再造，将审判辅助事务从一线审判团队中剥离出来集中进行集约化管理的一项制度机制。集约化管理改革是一项体制性革新，其不仅是人员和事项的简单集合及排列组合，而且是需要在遵循审判规律的基础上进行组织架构重塑和业务流程再造，并借助信息化技术和先进管理理念，改革审判辅助事务办理机制和运行模式。

（一）审判辅助事务界定及其制度化剥离

在审判司法运作体系中，当前现行法律法规并未对审判辅助事务的含义及其范围进行明确规定，相关司法改革文件中对法官助理、书记员职责的规定可作为一定的参照，但不完全等同。理论界通常认为，根据是否独立行使审判权，可将审判事务区分为审判核心事务和审判辅助事务。二者均以审判权运行为中心，但与审判权的紧密程度有“远近亲疏”之别。审判核心事务即依法独立行使审判权的核心审判工作，包括“审”和“判”，涉及事实认定、法律适用、司法裁断和诉讼程序指挥权[1]。审判辅助事务则一般是指在审判流程中，围绕审判核心事务，但不涉及司法判断、不介入案件的实体审理和裁判的辅助性工作，通常具有程序性、重复性、对专业性要求不高等特点。根据与审判权的紧密程度，审判辅助事务又可以进一步细分为实体性审判辅助事务和程序性审判辅助事务。根据审判辅助事务的定义、特点及其与审判权的紧密程度等，审判辅助事务在审判流程各环节中应包含但不限于以下事务（见表1）。

表1　审判辅助事务分类

审判程序	实体性审判辅助事务	程序性审判辅助事务
起诉受理阶段	立案审查，诉前调解	立案信息录入，卷宗扫描，案件移送，材料收转
庭前准备阶段	审查案件材料，当事人追加，证据收集、调查，保全，鉴定，先予执行，庭前会议，证据交换，庭前调解，关联案件及类案检索	分案排期，材料收转，送达，人民陪审员抽选

〔1〕 参见贾升宗：《探索构建以审判为核心的审判辅助管理模式》，载《山东审判》2016年第2期。

续表

审判程序	实体性审判辅助事务	程序性审判辅助事务
开庭审理阶段	调解	法庭纪律宣布,庭审记录,笔录制作与签名
裁判阶段	草拟裁判文书	送达裁判文书
上诉归档阶段		案件系统报结,上诉案件移送,案卷归档,文书上网

(二)审判辅助事务管理模式

1. 混合管理模式向分离管理模式转变

在员额制改革前,法院未将审判事务细分为审判核心事务和审判辅助事务,法官除承担审理和裁判等审判核心事务外,同时也承担大量的审判辅助事务,法官与书记员等其他审判辅助人员之间分工不明、职责交叉,此种模式即混合管理模式。混合管理模式在案件数量较少、案件类型较贫乏、案件难度较小的早期并不存在明显弊端,符合当时的司法实际。但随着法院案件数量的逐年上升,多头管理、粗放管理的混合管理模式已不能满足当前提高司法效率的现实需求。以专业化、职业化为明显特征的员额制改革、人员分类改革应运而生。员额制改革、人员分类改革明确了法官、法官助理、书记员等人员的具体职责,促使审判辅助事务与审判核心事务的制度化剥离,使法官能够从繁杂的审判辅助事务中抽身,从而将更多精力投身于审判核心事务之中。混合管理模式向分离管理模式的转变是法院优化司法资源配置、提高审判效率的现实要求,也是法院队伍专业化、职业化、法院治理能力现代化的必经之路。

2. 分散管理模式向集约管理模式升级

无论是混合管理模式还是分离管理模式,二者均具有一个相同的本质特征,即二者仍属于一种分散式的管理模式。从时间的维度来看,审判流程呈现的是一个线性过程,其中涉及的各项审判辅助事务分散在这条直线的不同节点上,并由该节点上的不同部门、不同团队、不同人员各自办理。当前多数法院仍主要采取分离管理模式兼混合管理模式,这种分散管理模式符合案件流转的一般规律,即线性规律,也符合法官传统的办案模式和习惯。在分散管理模式中,审判辅助事务的开展更倾向于跟随“案件”走。一般而言,案件流转是从立案阶段到庭前阶段、审理阶段,再到后续的上诉、归档阶段,这个过程会经过不同部门、不同人员,相应各节点上的审判辅助事务亦由经手该案件的不同部门、不同人员来进行。尤其在以往以及当前的司法实践中,案件流转主要仍然以纸质卷宗为载体，各项工作的开展均依赖于纸质卷宗，故采取分散管理模式符合法院传统的办案模式和习惯以及案件流转的一般规律。

虽然案件流转在时间维度上看，其走向是一条特定的线性形态，但由于审判辅助事务程序性、辅助性、非核心性等特点，且随着信息化技术在司法领域的不断融合发展，审判辅助事务管理可以突破以往人员、空间、方式等的限制，继而从分散管理模式向集约管理模式升级发展。在当前的司法实践中，根据管理主体的不同，审判辅助事务集约管理方式主要有立案庭（诉讼服务中心）集中管理、审判管理办公室集中管理、综合办公室集中管理，或新设一个独立于其他部门的专门机构进行集中管理等方式，而其中较为普遍的则是立案庭（诉讼服务中心）集中管理和审判管理办公室集中管理。

（1）立案庭（诉讼服务中心）集中管理。立案庭（诉讼服务中心）对审判辅助事务进行集约化管理具有天然的优势，其由原来的立案窗口演变而来，但已不再仅仅承担立案一种单一职能。诉讼服务中心以向当事人提供“一揽子”“一站式”诉讼服务为目标，功能多元化，是一个天然的集约平台。此种模式使立案庭能够“一庭两用”，对内集中管理审判辅助事务，对外提供诉讼服务[1]。2019 年 7 月 31 日，最高人民法院发布的《关于建设一站式多元解纷机制一站式诉讼服务中心的意见》也提出“完善集约化诉讼服务机制。将推动扫描装订、卷宗流转等辅助性、事务性工作集中到诉讼服务中心，实行集约管理”，为审判辅助事务集约化改革提供了一个明确的改革方向。

（2）审判管理办公室集中管理。审管办的职能之一即审判流程管理，故将审判辅助事务统筹到审管办之下，与审管办的功能价值相契合。且此种模式改变了以往审管办对审判辅助事务间接、事后、有限的监督管理，而变为直接、实时、全面的掌控管理。审管办能够根据管理目标要求直接作用于各项审判辅助事务，包括制定规则、人员调配、职责分工、具体实施、解决问题、考评奖惩等，使各项审判辅助事务工作能够更加规范、高效运行，进而提高案件流转效率。

二、审判辅助事务集约管理的“二元三角供需”架构

审判辅助事务集约化管理模式打破传统分散管理模式下的组织架构和业务流程，形成以集约管理部门、外包机构、法官三类角色主体为主的“供需”互动运行模式，

[1] 参见姜立恒、潘自强：《“案多人少”背景下的审判辅助事务集中管理——以诉讼服务中心的“洛阳模式”为视角》，载《人民法治》2016 年第 10 期。

其中集约管理部门、外包机构为“供方”,法官为“需方”,与商品经济相类似,二者均包含有价值的产品和服务的供需互动,此即审判辅助事务集约化管理模式下的“二元三角供需互动关系模型”。

（一）二元供需理论的提出

1.稀缺与效率。供给和需求是经济学中的两个重要概念,而经济学作为一门学科,“研究的是一个社会如何利用稀缺的资源生产有价值的商品,并将它们在不同的个体之间进行分配”[1]。美国著名经济学家、诺贝尔经济学奖得主保罗·萨缪尔森在其著作《经济学》中指出,稀缺与效率是经济学的双重主题,“经济学贯穿着两大核心思想,即物品和资源是稀缺的,以及社会必须有效利用这些资源”[2]。而审判辅助事务集约化管理正是基于司法资源的有限性,试图通过合理配置和优化司法资源以达到提高司法效率的目的,二者遵循相同的内在逻辑。

2.供给与需求。在商品经济中,商品供给和商品需求之间相互影响、相互制约,由此形成一种互动性的关系即供需关系。在审判辅助事务集约化管理模式下,从集约化管理改革服务审判、服务法官的功能角度来看,集约管理部门、外包机构(审判辅助事务外包情形下)与法官之间的关系可以理解和描述为集约管理部门、外包机构生产、供给审判辅助事务“产品”和“服务”,法官需求、消费审判辅助事务“产品”和“服务”,双方由此而形成的互动性的供需关系,与商品经济相类似,二者均包含有价值的产品和服务的供需互动。其构成包括现有的和潜在的法官审判辅助事务需求市场,服务于这个市场的集约管理部门、外包机构及其所提供的审判辅助事务产品和服务。可见,审判辅助事务集约化管理模式的运行体现为供需双方的彼此互动:法官对审判辅助事务产品和服务需求的期望,以及集约管理部门和外包机构提供审判辅助事务产品以满足需求的可能,这种互动关系就是供给与需求的二元互动关系模型。在二元供需理论框架下,应先厘清各供需主体之间的角色定位和职能职责,明确法官的真实需求以及满足这种需求的方式,揭示并解决供需互动过程中存在的供需错位、供需脱节、供需失衡等供需矛盾或摩擦问题,再在此基础上进行审判辅助事务集约化管理体系构建。

（二）“三角关系”的形成

在司法实践中,首先,审判辅助事务集约化管理通常将分散于一线审判团队的审

[1] [美]保罗·萨缪尔森、[美]威廉·诺德豪斯:《经济学》,萧琛主译,商务印书馆2013年版,第4页。

[2] [美]保罗·萨缪尔森、[美]威廉·诺德豪斯:《经济学》,萧琛主译,商务印书馆2013年版,第4页。

判辅助事务统筹到一个部门进行集中管理,其中集中管理审判辅助事务的部门即集约管理部门;其次,审判辅助事务集约化管理改革往往还伴随着审判辅助事务的社会化,即法院通过购买社会服务的方式将部分审判辅助事务外包给社会第三方机构,即外包机构;最后,审判辅助事务集约化管理对内而言最终服务于审判、服务于法官。故在审判辅助事务集约化管理模式下,法院内部形成了集约管理部门、外包机构和法官"三足鼎立"的三角架构。从"供需"的角度出发,集约管理部门和外包机构为供方,法官为需方。而集约管理部门和外包机构之间的关系又可体现为"发包商"和"承包商"的关系,即集约管理部门为"发包商",外包机构为"承包商"。当然,在一个法院内部,并非所有的审判辅助事务均外包给第三方机构,也有部分审判辅助事务直接由集约管理部门内部法院干警承担,在该种模式下,集约管理部门则又承担"直接供应商"的角色(见图 1)。总而言之,三方在各项审判辅助事务"供需"往来中相互影响、相互作用。

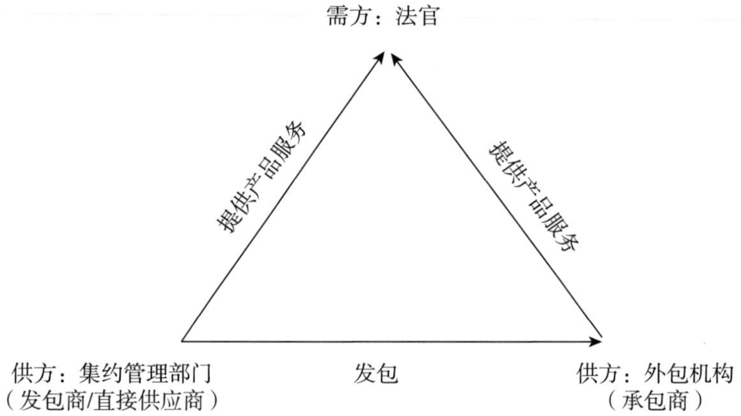

图 1　审判辅助事务"二元三角供需"架构

1. 审判辅助事务"供方":集约管理部门

在审判辅助事务"二元三角供需"架构中,集约管理部门的角色定位和职能职责较为复杂。相较于外包机构和法官群体,集约管理部门的概念是随着审判辅助事务集约化管理改革应运而生的,其抑或是一个新设立的部门,抑或是一个原有部门被赋予新的职能职责,"新"是其特点之一。另外,集约管理部门同时又兼具具体业务办理和监督管理职能,可见,功能多样性是其另一个显著特征。具体而言,首先,作为供方之一的集约管理部门,其是部分审判辅助事务的直接承担者,法院通过内部人员调整,在集约管理部门内部组成专门工作小组,具体负责全院某项审判辅助事务工作。

例如,部分法院将保全、鉴定相关工作纳入集约管理部门,成立保全工作小组、鉴定工作小组,小组成员由法院干警组成,保全工作小组、鉴定工作小组分别负责全院的财产保全和鉴定相关工作。其次,在上文提到的集约管理部门与外包机构之间"发包"与"承包"的关系中,集约管理部门实质上代表的是法院一方,法院才是实际购买社会服务的主体,但因为审判辅助事务集约管理工作主要是由集约管理部门牵头及具体实施,故集约管理部门可视为代表法院一方的"发包方",负责与外包机构对接审判辅助事务外包事宜,包括确定审判辅助事务外包的事项范围、工作要求、验收审判辅助事务外包工作成果等。最后,集约管理部门还承担着一个非常重要的职能,即监督管理职能。一方面,其要从审判辅助事务集约管理全局进行统筹管理;另一方面,集约管理部门同时也是法官和外包机构之间的纽带桥梁,在三方审判辅助事务供需互动往来过程中起到协调的作用。

2. 审判辅助事务"供方":外包机构

如前文所述,审判辅助事务集约化管理改革通常伴随着审判辅助事务的社会化,即通过购买社会化服务的方式将审判辅助事务交由第三方社会机构集中办理。法院购买社会服务主要有两种方式,分别是以人为核心的"岗位社会化",以及以事为核心的"事务社会化"。以人为核心的岗位购买模式,即法院根据审判工作需要,设置相应岗位,通过劳务派遣等方式,聘请社会人员到该岗位上从事相应的审判辅助事务工作。"事务社会化"则是指"将审判辅助事务打包成一个项目,并通过招投标等方式外包给其他公司、企业来完成"[1]。审判辅助事务集约化管理主要与"事务社会化"的服务购买方式相关,故"岗位社会化"的服务购买方式不在本文探讨范围之内。在"事务社会化"模式下,法院将某一项或某几项审判辅助事务整体交由某一个或某几个外包机构承接,外包机构作为"承包商",严格按照"发包商"的要求办理具体事务、提供相应服务。

3. 审判辅助事务"需方":法官

法官,即接受审判辅助事务产品和服务的需求方。对法官进行此番定位并强调法官在审判辅助事务集约化管理模式中的主体地位之一,原因在于,审判辅助事务集约化管理虽然是将审判辅助事务从法官的审判工作中剥离出来,但所谓的"剥离"≠彻底割裂。审判辅助事务集约化管理一方面为法官"减负",即法官所在的审判团队无须再具体承担相应的审判辅助事务,此为"剥离"。但审判辅助事务最终服务于法

---

〔1〕 何汝婷:《审判辅助事务社会化工作模式再探》,载《法制博览》2020年第13期。

官审判工作,法官审判工作的开展依赖于各项审判辅助事务的完成情况,而审判辅助事务的完成情况甚至直接影响裁判结果,在"让审理者裁判,让裁判者负责"的司法责任制下,强调办案法官对裁判结果予以负责,法官并不会因为审判辅助事务的"剥离"而免责,相反,在审判辅助事务集约化及社会化模式下,法官在"减负"的同时也将面临新的法律风险。因此,在审判辅助事务集约化管理模式下,法官审判团队虽不再负责具体的审判辅助事务,但对于一些重要的事务,法官仍有义务进行严格把握和掌控,只是其掌控方式相较于之前的直接、全程掌控,转变为强调法官对审判辅助事务需求的有效提出、审判辅助事务办理的及时跟踪以及对审判辅助事务办理结果的审慎核查。

三、审判辅助事务集约化管理的"供需"难题

(一)审判辅助事务集约化管理的"内卷化"趋势

"内卷化"原本是个学术概念,即"一类文化模式达到了某种最终的形态以后,既没有办法稳定下来,也没有办法转变为新的形态,而只能不断地在内部变得更加复杂的现象"[1]。时至今日,网友口中广为流传的"内卷"则演变为对现下各行各业竞争日益白热化现象的统称。[2] 审判辅助事务集约化管理作为一个改革趋势及一项改革创新亮点,各地方法院均纷纷开始尝试探索并逐渐进入白热化竞争状态,而其"内卷化"趋势则主要体现在两个方面:

一是忽视审判规律、法官需求等客观实际的"形式主义集约"。根据供需理论,市场是由需求决定的,而不是由供应决定的。具体到法院审判辅助事务集约化管理范畴,则体现在两个层面上,第一个层面是法院需根据法官工作实际需求确定集约和外包事项,第二个层面是外包机构根据法院的具体需求提供相应服务。当前,大多数法院或多或少均已开始将部分审判辅助事务进行集约化管理,且普遍以"成熟一项,剥离一项"为原则逐步扩大审判辅助事务集约化管理的范围及深度,继而追求审判辅助事务集约化管理的"全流程""全覆盖""全集约"。但在改革过程中易一味求"全"、求"新"、求"亮",而忽视了审判辅助事务集约的必要性、实际效果、法律风险等,脱离改革初衷变成纯粹为了"集约"而"集约",如此不仅无法充分发挥集约化效能,还会

---

〔1〕 王俊秀:《"冷词热传"反映的社会心态及内在逻辑》,载《人民论坛》2021年第15期。

〔2〕 参见陈烛:《觉醒与突围:网络流行语"打工人"和"内卷"的话语分析》,载《新媒体研究》2021年第11期。

浪费司法资源,造成管理混乱,最终影响审判质效。

二是脱离自身实际的"生搬硬套""削足适履"。现各地方法院的审判辅助事务集约化管理改革尚处于初期探索阶段,多起步于2021年至2022年,当前尚未形成一套成熟完善的经验范式,部分法院倾向于向其他已经先行开展相关改革工作的法院考察学习经验做法,但其他法院的经验并非完全适用于自身或当下,"正如统一排期、统一分案,被指责太过机械,大多数法院不再施行,而在有的法院却可以有效地借助其形成的'旋涡效应'提高效率"[1]。可见,任何一项改革均应当是在保持大方向不变的情况下结合自身实际的灵活探索。但在学习其他法院经验做法的时候,部分法院易出现"生搬硬套"现象,在改革前期缺乏科学、充分的方案论证和评估,未能充分考虑包括案件量、经费、人员、技术、外包市场、管理能力、法官偏好等多方面因素,使改革脱离自身实际,继而导致改革方案落地后的集约化效果大打折扣。

(二)审判辅助事务外包市场的"供需匹配度"有限

1.外包市场的有限性。当前,法院购买外包服务可供选择的市场主体较为有限。由于审判事务专业化的要求,审判辅助事务社会化改革需要一个能够针对人民法院审判辅助事务提供专业、高效、优质服务的市场环境和条件。但由于法院审判辅助事务的外包服务购买活动开展较晚,当前相应的市场发育还不成熟。虽然当前已经存在部分可承接法院审判辅助事务的组织机构,但从总体上看,具备承接资质的专业企业和组织数量仍较少,承接事项亦较为有限,专业技术能力也较为薄弱。尤其在经济欠发达地区,前述问题越加突出,难以满足市场需求。

2.市场信息的不对称。信息不对称,在经济学中指"经济交易的双方之间,其中有一方掌握了另一方所没有掌握的关于交易方面的信息。换言之,就是交易的一方相对于另一方来说具有信息优势"[2]。通常来说,产品的供应方相较于产品的购买方掌握自身所生产或销售的产品的性能和质量更多的信息。对应审判辅助事务外包市场,以广西为例,在前期审判辅助事务集约化管理改革试点法院中,与法院进行审判辅助事务外包合作的公司主要有中国邮政集团有限公司、北京国联政信科技有限公司、江苏新视云科技股份有限公司、通达海科技股份有限公司等,不同的法院有各

[1] 张倩、俞丽虹:《改进思维中的审判事务分离"最大公约数"——以辅助审判分工的经济学方法为视角》,载《全国法院第二十六届学术讨论会论文集:司法体制改革与民商事法律适用问题研究》2015年4月。

[2] 王柏玲、李慧:《微观经济学》,北京交通大学出版社2014年版,第241页。

自不同的选择，但法院决策更多的是基于公司知名度、认知度、影响力、收费情况或是基于此前有过其他业务往来，而对于平台功能情况、其他关联系统开发情况、服务质量等具体情况知之甚少。另外，由于目前关于审判辅助事务集约化管理改革相关信息较为闭塞，各地方法院“各自为政”，缺乏一个地区的改革经验总结和信息共享。这一方面不利于后续改革的进一步深入和调整，另一方面无法为其他想要进行审判辅助事务集约化管理改革的法院提供有用参考信息。市场信息的不对称直接影响法院决策，造成法院与外包市场之间的供需错位。

(三)模式颠覆下的集约化改革与审判工作衔接不畅

审判辅助事务集约化管理模式打破传统的分散管理模式下的组织架构、分工方式和业务流程，形成前述“二元三角供需”架构。传统的非集约管理模式更注重前后流转环节之间的协调顺畅，而集约管理模式则更注重集约管理部门与外包机构、法官团队之间的对接、协调及配合。由于缺乏完善的沟通对接机制，部门之间协作配合不到位等，极易产生“供需”矛盾或摩擦。在审判辅助事务集约化管理模式下，集约化改革与审判工作衔接不畅主要体现在以下几个方面。

1. 信息追踪反馈机制不畅。法官虽不再具体经办部分审判辅助事务，但根据案件需要仍需适时掌握某些事项的办理情况。信息追踪反馈机制不畅导致法官无法及时、准确、全面地查询和了解某项审判辅助事务的办理进度和结果，如庭前送达情况、案件改期情况、诉讼过程中的当事人申请、二次送达(裁判文书、上诉状送达)情况等，继而影响法官团队后续工作的高效、有序开展。

2. “供给”效率有时难以满足法官“需求”。审判辅助事务集约化管理的目标之一即提高审判效率，如前文所述，审判辅助事务的办理情况直接影响法官后续工作的高效、有序开展。故法官十分注重审判辅助事务办理效率，要求集约管理部门和外包机构及时、高效完成相关工作。而集中统一办理的工作模式通常要遵循“先来后到”规则，同时受人员配比、管理方式、信息化水平、工作能力、责任心等因素的影响，部分审判辅助事务的工作效率难以达到法官要求。

(四)改革前期制度空窗期下的规则失范

当前，审判辅助事务集约化管理改革尚处于初期探索阶段，各地方法院缺乏成熟、完善、全面的制度“蓝本”可供借鉴。为避免“朝令夕改”，部分法院在初期先一面开展集约改革工作，一面发现、总结问题，经过一段时间待模式运行成熟后再形成相应的制度规范，过程呈现“实践—理论—制度—实际”螺旋式上升的态势。总体而言，审判辅助事务集约化管理相关制度规范的建立通常较为滞后，故在初期制度规范缺失的情况下,审判辅助事务集约化管理机制运行容易出现“肠梗阻”的现象。例如,纳入集约管理部门集中办理的每一项审判辅助事务都应对应设置专门的操作流程、工作规范,作为相关人员开展具体工作的指引及事后评价、考核工作的依据。但由于缺乏相关的操作流程、工作规范,或原有的操作流程、工作规范已不再适用,故而在人员分工对接、工作标准、办理期限、评价机制等方面容易出现制度真空,进而影响相关工作的开展。又如,由于缺乏对外包机构的相关制度规范,导致外包机构提供相关社会化服务的质量得不到保证,还易产生多种法律风险。

四、审判辅助事务集约化管理的体系构建及应用

(一)合理确定集约管理事项,实现审判辅助事务“有效供给”

《最高人民法院关于建设一站式多元解纷机制一站式诉讼服务中心的意见》《最高人民法院关于深化人民法院司法体制综合配套改革的意见——人民法院第五个五年改革纲要(2019—2023)》等相关文件中提到了对送达、排期开庭、保全、鉴定评估、文书上网、扫描装订、卷宗流转等审判辅助事务进行集约化管理,上述规范性文件对各地方法院开展审判辅助事务集约化改革指明了方向。但最高人民法院的规范性文件仅列举了部分可予以集约化管理的审判辅助事务,集约事项则不仅局限于以上几种,也并非所有审判辅助事务均适合进行集约化管理。根据一般经济学理论,需求决定供给,但由于审判辅助事务这一“产品”性质的特殊性,决定了该供给内容的确定不能单纯以需求为主导,确定审判辅助事务集约事项应在以下两个维度内进行考量和决策。

1. 必要性维度。在必要性维度内,审判辅助事务集约化管理需以目标为导向。审判辅助事务集约化管理所要达到的目标。一方面是将法官从繁杂的审判辅助事务中解放出来,为法官“减负”;另一方面是通过优化司法资源配置,进行业务流程再造,充分发挥集约化效能,提高司法效率。故在对某项审判辅助事务是否适合采用集约管理进行考量时,需设想其采用集约管理模式可能达到的预期效果,再将该预期效果与当前模式下的效果相比较。如一项审判辅助事务采用集约管理模式对法官“减负”无明显作用,甚至起到反作用,或采用集约管理模式并不能有效提高司法效率,则其不满足必要性维度的要求。

2. 契合性维度。审判辅助事务集约化管理的前提是审判辅助事务的“可剥离性”,此即为契合性维度的内容。审判辅助事物的“可剥离性”一般又体现为审判辅助事务的程序性、重复性、对专业性要求不高等特点。程序性事项即不涉及实体审理

的事项;重复性事项即在同等条件下可循环反复的高频事项;对专业性要求不高即对法学功底要求较低,人员可替代性强。满足以上三个条件即可认为该项审判辅助事务与集约管理模式相契合。

3. 综合决策分析。对前述两个维度即"必要性维度"和"契合性维度"的判断考量,可通过运用一个简单的多准则决策模型进行分析,以此作为决策参考的依据。多准则决策(MCDM)是指在具有相互冲突、不可共度的有限(无限)方案集中进行选择的决策[1]。而在具体模型中宜采用定性分析方法,即判断、决定某项审判辅助事务是否适用集约管理模式,要求同时满足决策模型中的所有要素,这是由法律事务的特殊性及审判辅助事务集约化管理改革的审慎性原则所决定。通过运用简单的多准则决策模型,可以一目了然地判断某项审判辅助事务是否适合采用集约管理模式(见表 2)。在该模型下,符合要求的事项则可考虑采用集约管理模式,不符合要求的事项则不适宜采用集约管理模式或需要进一步研究分析。

表 2 多准则决策模型(定性分析)

维度	要素	审判辅助事务 1	审判辅助事务 2	审判辅助事务 3	……
必要性	为法官"减负"	√	√		
	提高司法效率	√		√	
契合性	程序性	√	√	√	
	重复性	√	√	√	
	对专业性要求低	√			
结果		√	×	×	

(二)审判辅助事务"二元三角供需"架构构建

在审判辅助事务"二元三角供需"架构涉及的三类角色主体中,法官主体是固定的,而集约管理部门和服务外包机构则属于变量,故在设计审判辅助事务集约管理模式架构上,需要对集约管理部门和服务外包机构进行考量和选取。

1. 搭建集约管理平台。根据集约管理主体的不同,前文提到几种不同类型的集约管理模式,分别为立案庭(诉讼服务中心)集中管理模式、审判管理办公室集中管理模式、综合办公室集中管理模式以及新设独立于其他部门的独立机构集中管理模式。

---

[1] 参见侯宏峰:《不完全信息下多属性决策问题与一类多目标决策问题的研究》,西安电子科技大学 2006 年硕士学位论文。

几种模式各有利弊,但出于人民法院内设机构改革要求精简的考量,设立一个独立部门专门用于审判辅助事务集中管理,与人民法院内设机构改革精神背道而驰,因此不宜再另外新设立一个单独部门。另外,综合办是法院内设的一个综合办事机构,其在审判辅助事务集约化管理工作中主要涉及外包服务、设备的采购、技术支持及档案管理等事务。基于综合办的部门性质及工作内容,其作为审判辅助事务集约化管理的牵头部门亦不够契合,因此综合办亦非首选。而对于立案庭(诉讼服务中心)和审判管理办公室而言,笔者认为二者均具有进行审判辅助事务集约管理的能力和条件,且二者与审判辅助事务集约管理的融合度较好、契合度较高,均能较好实现集约化目标。故各地方法院在探索审判辅助事务集约化管理改革时,可结合自身法院的实际情况,在二者中择一作为审判辅助事务集约化管理的牵头部门。另外,在具体搭建集约管理平台的实践上,由于立案庭(诉讼服务中心)或审判管理办公室的功能是多元化的,均行使多项职能,故为便于统一集中办理和管理集约事项,可在立案庭(诉讼服务中心)或审判管理办公室内部采取挂牌的形式下设审判辅助事务集约管理中心,由该中心具体办理相关事务。

2. 选择服务外包机构。首先,利用"看不见的手",充分发挥市场作用。当前,我国还未曾针对法院购买社会服务出台专门的规范性文件,但根据法院购买社会服务行为的性质,可参照适用《政府采购法》及其相关实施条例。政府采购从根本上讲是市场交易行为,也强调市场的公平竞争机制。在具体采购方式上,根据项目不同特点,可分别采用公开招标、邀请招标、竞争性谈判、单一来源采购、询价等不同采购方式〔1〕,并遵循国际通行的"需求明确基础上竞争报价、符合需求情况下低价中标"的公平竞争原则〔2〕,择优选取服务外包供应商。其次,利用"看得见的手",加强上级法院宏观指导。在法院购买社会服务领域,强调上级法院的宏观指导,是基于当前法院购买社会服务市场发育不完善、供需双方信息不对称的现状进行考量。当前,法院审判辅助事务集约化管理改革已发展到一定阶段,上级法院应适时对各试点法院开展相关工作的情况进行总结,在此基础上收集服务外包市场上各类主体、各类服务产品的信息,并进行全面综合分析对比,作为下级法院选择服务外包机构的参考依据,以此解决供需双方信息不对称的问题,提高法院选取服务外包机构的适

---

〔1〕 参见《政府采购法》第26条。

〔2〕 参见徐舟:《推进政府采购法律统一建设全国统一大市场(上)》,载中国政府采购网,http://www.ccgp.gov.cn/llsw/202208/t20220803_18386117.htm。

配性。

（三）审判辅助事务“二元三角供需”架构规则重构

1. 集约管理统一标准化建设

集约管理统一标准化建设即在原有各项规章制度的基础上，根据实际工作流程、工作主体、工作内容、工作要求等的变化，整合、修改、完善或新制定相关具体事务的规章制度、工作标准及工作流程。集约管理统一标准化建设应当全面、细致，其不仅应当涵盖所有采用集约管理方式的审判辅助事务，以确保每一项事务都在统一的规范下运行，也应当全面规范包括集约管理部门、外包服务机构及法官等涉及审判辅助事务工作的各类主体，集约管理部门和外包机构人员均统一按照集约工作标准和要求开展相关工作。进行集约管理统一标准化建设，可以确保各项集约事务规范、有序、高效运转，提高案件流转效率，继而提高案件整体审判效率。

2. “二元三角供需”协调对接机制构建

（1）启动机制：需求表达机制。“需求表达机制”即提出某项要求或申请的具体流程机制。如前文所述，供给应当以“需求”为导向。在审判辅助事务集约化管理模式下，部分审判辅助事务是在前期已经固定的“需求”下根据工作流程自动发起的常规性操作，如案件信息录入、扫描、送达等，部分审判辅助事务则是依法官申请启动相关流程，如证据调取等，相对前者的“固定需求”，后者则属于“特定需求”。当然，需求表达机制并不只是针对“特定需求”提出，因为已经固定的需求也有可能因为实际情况的变化而发生改变，故建立一个充分、高效、便捷的需求表达机制，是程序高效启动的前提。

在集约管理部门、外包机构和法官的“二元三角供需”架构中，“需求表达”通常是由法官向集约管理部门和外包机构发起，除此之外，集约管理部门也会根据自身工作需要或法官申请而向外包机构提出某项具体要求（见图2）。而提出要求或申请的具体方式则根据不同事务而有所不同，通常有系统提起、微信群沟通、联络员对接和召开协调会等四种形式。系统提起即通过线上发起申请，通常适用于某个具体个案的某个具体事项；微信群沟通则是通过建立微信群进行日常沟通联络，因微信群沟通形式较为随意，不够正式和规范，但胜在高效便捷，故通常可适用于一些较为紧急的事项联络；联络员对接则是通过在相关业务部门、集约管理部门以及外包机构内部设置一个或一定数量的联络员，作为代表统一负责相关事务的对接沟通；召开协调会则通常适用于一些重大的原则性、普遍性问题。基于需求提出高效性和规范性的要求，应以系统提起和联络员对接为主，微信群沟通和召开协调会为辅。

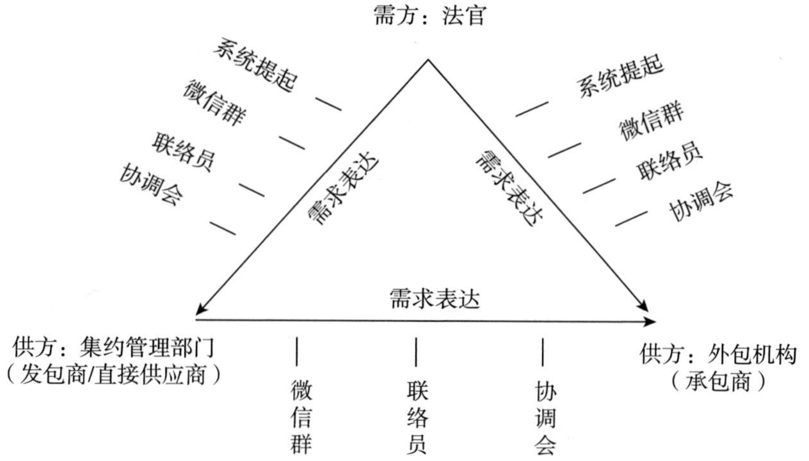

图2　需求表达机制

(2)过程机制:信息追踪反馈机制。信息追踪反馈机制即法官实时掌握各项审判辅助事务进展及结果的机制。部分审判辅助事务虽然已经从法官的审判工作中剥离出来,但审判辅助事务系服务于法官审判工作,法官后续工作开展依赖于前期各项审判辅助事务的完成情况,且由法官承担最终结果。信息追踪及反馈贯穿审判辅助事务全过程,故建立一个高效、畅通的信息追踪反馈机制,是保障审判辅助事务集约化管理工作高效开展的关键。

信息追踪反馈的运行机制与前述需求表达机制相类似,通常采用系统查看反馈、微信群沟通、联络员对接和召开协调会四种形式(见图3)。但二者在形式上则有所区别。需求表达机制主要为单向机制,一方向另一方提起,另一方接收即可;信息追踪反馈机制则强调双向互动,一方向另一方查询跟踪相关事务办理情况,另一方则需要及时向对方提供相应反馈信息。另外,机制涉及的事项范围也不尽相同,需求表达机制主要适用于法官的"特定需求","固定需求"事项通常为自动发起;而信息追踪反馈贯穿审判辅助事务全过程,涉及集约管理事项全范围,故对于机制运行的便捷性提出了更高要求。而按照便捷度进行排名,四种形式的便捷度由高到低依次为系统查询、反馈,微信群沟通,联络员对接,召开协调会。因此,应优先采用排名在前的方式,即最高效的方式实现通过法院审判系统实时查询相关案件情况。这就需要借助和依托智能化技术和信息化手段,即需要法院根据各流程节点要求对法院系统平台进行改造升级优化,使审判辅助事务各环节、各节点情况能够及时、准确、全面地同步反馈至法院审判系统,便于法官及时掌握案件进展,这同时也是智慧法院建设和"无纸化”办案模式的发展趋势和应有之义。无法通过法院审判系统线上查询、反馈的，则及时通过微信群沟通、联络员对接、召开协调会等方式解决。

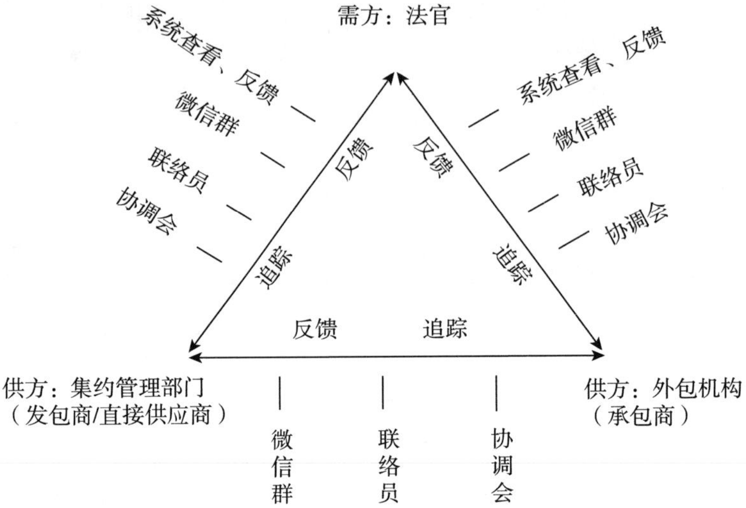

图 3　信息追踪反馈机制

（3）评价机制：考评奖惩机制。审判辅助事务集约化管理因涉及人员主体多元、事项范围广泛，故应制定科学、严格的考评标准和考评程序，建立一个全方位、多层次的分类考评机制。首先，对于考评主体，应建立多角度考评机制，考评主体包括集约管理部门、法官团队（法官、法官助理、书记员）、当事人，涉及服务外包机构的考评的，还可尝试引入独立第三方评估机构。其中集约管理部门应作为主要考评主体，承担主要考评义务，对考评起主导作用，法官团队、当事人及第三方评估机构的考评结果则作为集约管理部门最终考评结果的重要依据。其次，对于考评对象，也应作类别区分，即主要分为针对法院干警的考评和针对外包机构的考评。对集约管理部门干警的考评应纳入全院干警考评机制范围，针对外包机构的考评则应单独另行制定一套考评标准和考评办法。最后，在考评方式上，法院应采取定量考评与定性考评相结合的方式，其中以定量考评为主、定性考评为辅，用数据表达指标，遵循“能量化则量化，不能量化则质化”的标准[1]。如根据完成数量、完成速度、完成质量等标准，对于可以量化的指标依据客观性尽量采取定量考评。另外，对于工作能力、工作态度等主观感受则通过谈话、问卷等方式进行收集和评价。最后依据最终考评结果，分为优秀、

〔1〕 参见朱舟主编：《绩效考核与绩效管理》，中国电力出版社 2014 年版，第 24 页。

良好、合格、不合格等不同级别,设置相应的奖惩机制,法院干警考评结果与干警年终考核相挂钩,外包机构考评结果则作为法院进行下一阶段外包承接主体选择的依据,通过奖惩机制将考评机制实质化,以此激励或约束审判辅助事务集约化管理过程中的行为,促进各项集约化事务在运转中不断完善成熟。

结　语

审判辅助事务集约化管理是人民法院优化司法资源配置,推动法院审判组织架构和业务流程重塑,提高司法效率,提升审判体系和审判能力现代化水平的重要改革创新举措。当前,审判辅助事务集约化革进程进入快速发展阶段,如何在前期改革过程中总结经验,进一步完善审判辅助事务集约化管理制度,真正发挥改革制度效能是人民法院改革攻坚的重要课题之一。审判辅助事务集约化管理不是一项独立的制度机制,随着审判辅助事务社会化、智能化改革等相关改革工作的协同推进,审判辅助事务集约化管理效能将会得到进一步的释放与提升,同时也将会产生新的问题。在改革进程中,人民法院还需不断进行自我革新,以适应不断变化发展的新形势、新要求。

环境修复措施附加刑的理念与进路

——以411份刑事裁判文书为分析样本

冼　艳*

引　言

环境修复措施的适用,丰富了我国环境刑事司法的实践经验,实现了惩罚犯罪与修复环境的双重目标,使司法裁判取得了"一判三赢"的良好社会效果和法律效果。然而,作为一种司法实践创新,环境修复措施在刑事司法中的适用仍面临如下困境:一是环境修复措施的适用缺乏明确的刑法法律依据;二是环境修复标准不统一;三是环境修复多重责任负担不合理。基于此,本文认为有必要对环境修复措施作进一步研究,以完善环境修复措施在环境刑事司法实践中的适用。

一、实践检视:环境修复措施在刑事案件中的适用现状

为了考察环境刑事案件中环境修复措施的适用情况,本文对2021年中国裁判文书网上的刑事裁判文书进行了检索,在高级检索中设置检索条件:全文中含有"修复" 一词,检索的案由为"破坏环境资源保护罪",检索的法院层级为"全部",案件类型"刑事案件",文书类型为"判决书",审判程序为"刑事一审",裁判日期为"2021年1月1日—2021年12月31日",经过人工筛选,最终得出有效判决文书411份。笔者通过研究这411份判决书发现,环境修复措施在环境刑事案件中的适用,主

---

* 广西壮族自治区南宁铁路运输中级人民法院法官助理。

要呈现如下特点。

（一）所涉罪名分布广

这411份裁判文书中涉及的罪名共计11个，基本囊括了《刑法》分则第六章第六节破坏环境资源保护罪中的所有罪名，但因案件类型的差异化，适用环境修复性措施的程度有所不同，具体的案件罪名分布情况如图1所示。

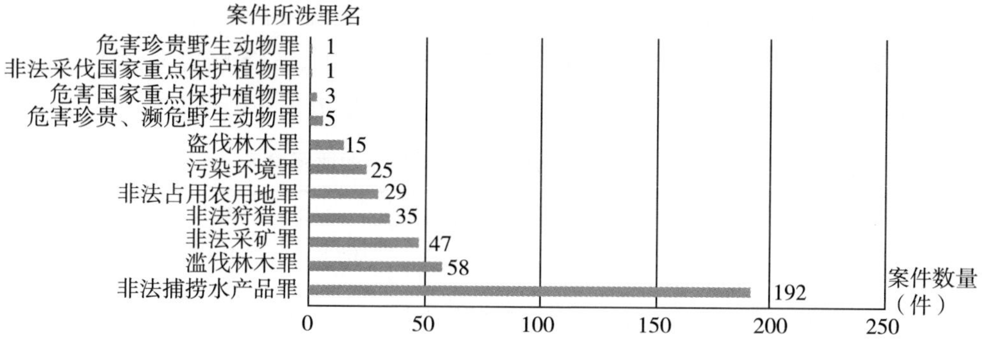

图1　案件罪名分布情况

从图1中可知，环境修复措施在不同类型的环境刑事案件中均得到了适用，所涉的罪名分布较广。

（二）主刑呈轻刑化

本文将411份裁判文书所适用的刑罚进行了分类考察，各类刑罚的分布情况如图2所示。司法实践中一般将法定刑3年以下有期徒刑的犯罪类型定性为轻罪，3年以上的为重罪。[1]《刑法》第72条规定了缓刑的适用条件，首要条件是轻罪，按照此

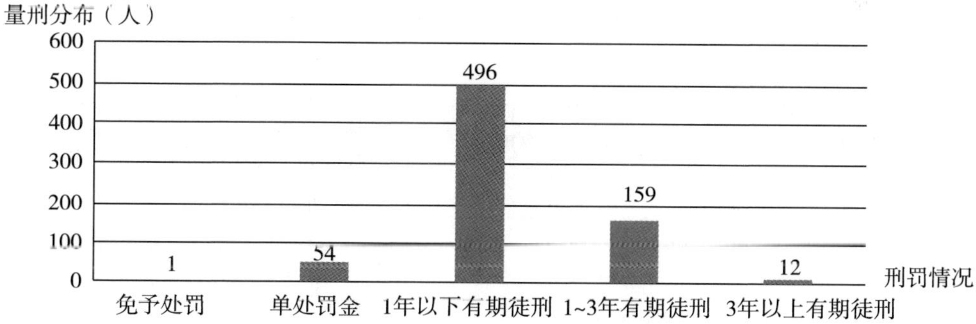

图2　刑罚类型及量刑分布

〔1〕　参见张明楷：《刑法学》（第6版），法律出版社2021年版，第92页。

种分类，在411份裁判文书中，被判处3年以下刑罚的单位和自然人共计710个，占比98.34%；被判处自由刑的自然人有668人，其中，被判处实刑的自然人227人，占比约34%，缓刑441人，占比约66%，缓刑适用率较高。可见，在适用了环境修复措施的环境刑事犯罪案件中，被告人大都被判处了相对轻缓的刑罚。

（三）环境修复措施表现形式多元

刑事裁判中的环境修复措施表现形式多样，主要表现为补植（种）复绿、土壤修复、土地复垦、增殖流放、护林护鸟、退矿（耕）还林、支付生态损害赔偿金、环保公益劳动、劳务代偿、替代修复、第三方代履行等多元化的形式，具体案例见表1。

表1　环境刑事诉讼中环境修复措施的适用情况

序号	案号	裁判法院	环境修复措施	裁判内容
1	（2021）湘1226刑初75号	湖南省麻阳苗族自治县人民法院	环境公益劳动或劳务代偿	附带民事公益诉讼被告人欧某某于本判决生效后10日内提供不低于15日的环境公益劳务，以抵偿其应支付的环境损害修复费用3357.2元
2	（2021）川3430刑初30号	四川省金阳县人民法院	增殖流放	判令附带民事诉讼被告阿某某龙、阿某某作、勒某某作共同赔偿非法捕捞渔类直接经济损失8256元（渔获物的价值+被破坏的渔类资源价值2064元+6192元），配合农业农村局按《水生生物增殖放流管理规定》进行增殖放流，达到修复生态环境资源的目的，由金阳县农业农村局按恢复方案执行（在本判决生效后3个月缴纳）
3	（2021）黑0227刑初221号	黑龙江省富裕县人民法院	赔偿生态修复费用	被告人艾某学赔偿破坏生态环境资源修复费人民币268元（此款于判决生效后10日内汇入富裕县财政局指定账户），并在市级新闻媒体公开赔礼道歉
4	（2021）黔0626刑初26号	贵州省德江县人民法院	补植复绿	附带民事公益诉讼被告陈某辉按照《思南县陈某辉违法使用林地案补植补种方案》要求，于2021年12月30日前现地或异地全面补植复绿树苗1418株，并对补植复绿苗木负管护责任，至相关行政主管部门在规定时间内验收通过时止

续表

序号	案号	裁判法院	环境修复措施	裁判内容
5	(2021)吉0284刑初93号	吉林省磐石市人民法院	修复生态环境	被告人邸某强于判决生效后1个月内修复被破坏的生态环境,如在指定期限内不履行修复义务,则承担生态环境修复费用人民币17,878.6元,由磐石市人民检察院负责监督
6	(2020)皖1202刑初523号	安徽省阜阳市颍州区人民法院	土地复垦	责令附带民事公益诉讼被告人甄某军对所破坏的耕地恢复原状并承担本案破坏耕地复垦方案评估费用18,000元

总体而言,可以将刑事司法实践中的环境修复措施分为两个不同的类别:一是货币性的方式,该方式是犯罪人向司法或者行政管理相关部门交纳相应的费用,用于环境的修复;二是行为方式,该方式下犯罪人自行或委托第三方实施环境修复的行为,该修复行为需在司法和行政部门的监控之下实施。

1. 货币形式。环境修复的货币承担方式主要存在以下几种类型:第一类,主刑+附加刑。这是最主要的判决承担环境修复货币责任的形式,通常是在判处主要刑罚的同时,对被告人判处承担一定罚金作为附加刑,并判处缴纳相应的环境修复费用。例如,曹某滥伐林木罪案〔1〕,法院判处被告人曹某有期徒刑6个月,缓刑1年,并处罚金人民币3000元,承担生态修复费用3340元。第二类,直接判处被告人承担环境修复费用。该类案件法院直接在刑事判决中判决被告人承担环境修复费用。例如,余某非法捕捞水产品罪案〔2〕,法院判处被告人余某拘役4个月,缓刑6个月,责令被告人余某缴纳生态修复费用人民币200元。第三类,判处由被告人承担处置环境污染的相应费用。在刑事附带民事诉讼判决书中,法院判决被告人同时承担两种费用,一是环境修复相关费用,二是环境损害的相关费用。例如,肖某污染环境罪案〔3〕,法院判处被告人肖某有期徒刑6个月,并处罚金人民币5000元,并于判决生效之日起5日内赔偿环境损害及修复费用共计人民币22,100元。

2. 行为方式。环境修复的行为方式多样化,包括补植(种)复绿、修复生态环境、

〔1〕 详见湖南省双峰县人民法院(2021)湘1321刑初317号刑事判决书。

〔2〕 详见湖北省荆州市沙市区人民法院(2021)鄂1002刑初9号刑事判决书。

〔3〕 详见福建省厦门市同安区人民法院(2021)闽0212刑初42号刑事判决书。

土壤修复、增殖流放、环保公益或劳务代偿等形式。第一种形式:补植(种)复绿。这种环境修复的方式主要运用于盗伐滥伐林木罪、失火罪、故意毁坏林木罪中。这种环境修复的责任方式操作性比较强,在环境刑事司法实践中运用得最早也最广泛。例如,徐某盗伐林木罪案〔1〕,法院判处责令被告人徐某于 2021 年春季,在桓仁满族自治县小班内补种红松苗木 130 株,补种面积为 2.3 亩,确定当年栽植成活率达到 90% 以上,3 年后保存率达到 85% 以上。第二种形式:修复受损的生态环境。在刑事判决书中,法院直接判处被告人承担相应的环境修复责任。例如,艾某非法捕捞水产品罪案〔2〕,法院直接判处被告人艾某赔偿破坏生态环境资源修复费人民币 268 元。第三种形式:土壤修复。该类型案件主要是在土壤环境污染案件中,判处被告人对土地进行复垦,或者将土地恢复原状。例如,甄某非法占用农用地罪案〔3〕,法院判处被告人甄某对所破坏的耕地恢复原状并承担本案破坏耕地复垦方案评估费用 18,000 元。第四种形式:增殖流放。主要适用在非法捕捞野生动物等环境犯罪案件中,在判决中判处被告人采取购买鱼、虾苗等苗种,投入相应的水域之中,增加物种的丰富性以达到修复生态环境的目的。例如,胡某非法捕捞水产品案〔4〕,法院判处被告人胡某在判决生效后的一定时期内,采取恢复补偿方式购买价值 390 元的鱼苗进行增殖流放,即在临江镇跃进村“文昌庙”水域投放全磷鲤鱼 163 尾(100 克/尾)。第五种形式:环保公益劳动或劳务代偿。在被告人经济能力有限的情况下,法院判决被告人提供一定时长的环保公益劳动,以抵偿相应的环境修复费用。例如,欧某非法捕捞水产品罪案〔5〕,被告人欧某被判处提供不低于 15 日的环境公益劳务,以抵偿其应支付的环境损害修复费用。

3. 不同环境修复措施的适用情况。法院根据案件的类型选择不同的环境修复措施,因此,不同的环境修复措施在环境刑事案件中适用的程度有较大的差异,在本文选取的 411 份裁判文书中,各类环境修复措施在刑事判决中的适用占比如表 2 所示。

---

〔1〕 详见辽宁省本溪市平山区人民法院(2021)辽 0502 刑初 28 号刑事判决书。

〔2〕 详见黑龙江省富裕县人民法院(2021)黑 0227 刑初 221 号刑事附带民事判决书。

〔3〕 详见江苏省如皋市人民法院(2018)苏 0682 刑初 261 号刑事判决书。

〔4〕 详见四川省乐山市中区人民法院(2019)川 1102 刑初 136 号刑事判决书。

〔5〕 湖南省麻阳苗族自治县人民法院(2021)湘 1226 刑初 75 号刑事判决书。

表 2　环境刑事司法实践中不同环境修复措施类型的适用情况

环境修复措施名称	案件数(件)	百分比(%)
缴纳、赔偿生态修复费用	234	56.93
增殖流放	98	23.84
补种复绿	34	8.27
土壤修复或土地复垦	24	5.84
第三方代履行	8	1.95
环境公益劳动或劳务代偿	7	1.70
修复污染环境	5	1.22
替代修复	1	0.24

从表 2 中可知，在所有的环境修复措施中，适用缴纳、赔偿环境修复费用的案件所占比重较大，案件数量为 234 件，占比 56.93%，由此可见，在环境刑事司法实践中，多数案件采取了金钱性的环境修复方式。

二、实践反思：环境修复措施适用的现实困境

对被告人判处环境修复责任的目的在于使受损的环境法益得到救济，对于这种司法创新所取得的良好政治效果和社会效果，学者们给予了高度的肯定，[1]但由于环境修复措施的适用缺乏明确的刑法法律依据，其适用存在诸多不规范性，在适用的过程中仍存在诸多异议，主要表现为以下几个方面。

(一)适用法律规范阙如

1. 认定为刑事责任涉嫌违反罪刑法定。罪刑法定原则是法治国家刑法的最根本准则。[2] 我国 1997 年《刑法》第 3 条对“罪刑法定”的含义进行了界定，罪刑法定原则所蕴含的基本含义是“法无明文规定不为罪，法无明文规定不处罚”。[3] 前半句是指定罪的法定性，后半句是指量刑的法定性，二者是统一的。依据我国现行《刑法》的规定，主刑和附加刑是主要的刑罚方式，破坏环境资源保护罪主要采取以判处自由刑

〔1〕 参见蒋兰香：《生态修复的刑事判决样态研究》，载《政治与法律》2018 年第 5 期。

〔2〕 参见梁根林：《罪刑法定原则：挑战、重申与重述——刑事影响力案件引发的思考与检讨》，载《清华法学》2019 年第 6 期。

〔3〕 参见陈兴良：《罪刑法定的价值内容和司法适用》，载《人民检察》2018 年第 21 期。

并处罚金为主、以单处罚金为辅的刑罚配置模式。有学者认为在刑事判决中直接适用环境修复措施违反了罪刑法定原则,[1]因为依据我国现行《刑法》的规定,5类主刑和4类附加刑均没有包括环境修复措施,环境修复措施均不属于主刑和附加刑的范畴,“法源依据不明确”或者“没有直接的法律依据”是在刑事判决中直接适用环境修复措施的最大困境。

2. 认定为行政责任涉嫌违反职权法定。所谓行政责任,是指行政机关为了有效实施行政管理职能,维护公共利益和社会秩序,对违反了行政法规定义务的行政相对人科处一定的制裁或者惩罚。[2] 司法实践中,如果一个行为既触犯行政法规,又违反了刑法相应规定,会产生行政违法与刑事违法的竞合,对于这种责任的竞合,虽然刑事司法实践中存在相当数量带有浓厚行政处罚色彩的“责令型”环境修复措施,但并不能将其定性为行政责任,因为行政法律规范是追究行政责任的法律依据,应由行政机关依据行政法律规范对行政相对人作出行政处罚,而环境刑事司法实践中出现的“责令型”环境修复措施显然并不是依据行政法律规范作出的,其实施的主体是司法机关而不是行政机关,所以,无论是从追责的依据还是担责的主体,刑事司法实践中责令被告人对受损的生态环境进行修复,都不应被认定为行政责任。

3. 认定为民事责任涉嫌刑民不分。《民法典》侵权责任编第七章环境污染和生态破坏责任规定了损害生态环境的修复责任,[3]其目的和作用主要在于通过侵权行为人经济的或者行为的方式弥补被侵权人的损失,遵循的是无损害无赔偿的原则。我国现行的刑事诉讼是由检察机关以公诉人的资格提起的,不管是定罪量刑还是环境损害赔偿的评估鉴定,也主要由检察机关单方提起和完成,这与民事责任中应该委托具有相应资质的中立第三方独立完成损害赔偿的评估鉴定存在极大的不同。在刑事诉讼中由代表生态环境损害方的相关国家职权机关,依据职权直接确定环境修复所应当补偿的生态环境损害数额,[4]显然违背了民事责任的公平原则,会导致刑民

---

〔1〕 参见毋郁东:《恢复性司法视野下的环境刑事司法问题研究——以古田县法院“补种复绿”生态补偿机制为例》,载《福建警察学院学报》2016年第4期。

〔2〕 参见黎宏:《民事责任、行政责任与刑事责任适用之司法困惑与解决》,载《人民检察》2016年第2期。

〔3〕 《民法典》(自2021年1月1日起施行)第1234条规定:“违反国家规定造成生态环境损害,生态环境能够修复的,国家规定的机关或者法律规定的组织有权请求侵权人在合理期限内承担修复责任。侵权人在期限内未修复的,国家规定的机关或者法律规定的组织可以自行或者委托他人进行修复,所需费用由侵权人负担。”

〔4〕 宁清同:《刑事生态修复责任初论》,载《深圳社会科学》2022年第1期。

不分。

（二）环境修复标准不够科学

1. 环境修复适用的标准缺失。如何在司法实践中适用环境修复措施，法律上尚缺乏明确的裁量标准，法官只能根据个案进行自由裁量，责任的适用方式处于一种无序的状态。在环境修复的适用程序上，有些案件是被告人在判决前自觉履行环境修复责任，有些案件是法官在刑事判决中直接适用环境修复的措施，有些案件则是以刑事附带民事诉讼的方式向法院提起环境修复的请求。

在环境修复的裁判方式上，有的法院将环境修复是否实际履行当作法院需要查明的事实，有的法院将环境修复的具体内容写入裁判文书中，有的法院则在刑事和解协议中将环境修复作为一项义务予以确认，在被告人拒不履行时，对其发出补植令或管护令。另外，在环境修复的裁判尺度上，我国的普遍做法是将被告人履行环境修复责任的程度作为量刑的重要考量情节，但是具体的量刑标准不统一，法官具有较大的自由裁量权。具体表现为有些案件被告人仅是作出了修复环境的承诺，即可被认定为具有悔罪的表现，即修复的义务尚未实际履行，司法机关已对被告人作出从轻或减轻处罚的司法裁判，这被认为违反了罪责刑相适应的原则。〔1〕

2. 环境修复效果标准不统一。当前司法实践中主要存在以下几种环境修复的标准：一是功能论或状态论；二是国家标准论；三是恢复方法论；四是个案修复方案论。〔2〕

一是功能论或状态论。所谓功能论或状态论，即法院的裁决标准是环境要素的原有功能或状态是否得到恢复。如白某污染环境案〔3〕中，法院判处被告人白某对“造成的污染消除污染、恢复原状”，但在我们环境质量档案制度不完备的情况下，原来的状态并不是十分明确，这给后续的实际履行带来了困扰。

二是国家标准。该标准认为，经过修复之后的环境要达到国家对环境质量标准的要求。采用该标准要注意的是，国家标准本身是否合理，否则会存在过度修复或者修复不足的问题。

三是修复方法论。所谓修复方法论是指由法院来确定环境修复的方法，再根据所确定的环境修复方法最终判决责任人承担相应的修复费用。如冯某污染环境

---

〔1〕 参见阮建华：《论恢复性司法在环境犯罪中的适用》，载《北京政法职业学院学报》2017年第3期。

〔2〕 参见胡卫：《环境侵权中修复责任的适用研究》，法律出版社2017年版，第201－204页。

〔3〕 详见辽宁省辽阳市文圣区人民法院（2021）辽1003刑初187号刑事附带民事判决书。

案[1]中,法院判决被告人冯某按照环境修复方案确定的方法对环境进行修复,否则需承担相应的修复费用。适用该方法的前提是恢复原状的方法必须是合理的,据此得出的修复费用才合理,否则对被告人就不公平。

四是个案修复方案论。这是目前司法实践适用得最广泛的标准,即环境修复的方案根据个案来确定。该方案的优点是具有整体性、具体化、权威性。[2] 不足之处是受鉴定机构的专业水平影响较大,往往不同的鉴定机构得出的修复方案差异较大,鉴定费用也较高,增加了不必要的支出,加重了被告人的负担,影响了环境修复效果的实现。例如,冯某污染环境案[3]环境修复的费用为2,737,400元,检验、评估支出的费用却高达185,000元。

(三)多重责任负担不合理

环境修复措施的适用在刑法上尚缺乏明确的规定,在环境刑事判决中,存在经济性环境修复措施与其他经济责任重复适用,不当增加被告人责任,不利于环境修复措施的执行等不合理之处。

1.多重经济责任负担违背公平正义。在部分环境刑事案件中,法院在判处被告人自由刑和罚金刑的同时,还判处被告人承担环境修复等责任,即被告人除了被判处主刑外,还被判处罚金刑,附加承担环境修复费用。例如,在李某等污染环境罪一案[4]中,被告人被判处罚金50,000元,缴纳土壤修复费用105,689.8元,土壤损害治理费用366,960元,生态环境损害调查及鉴定评估费125,000元。罚金是一种财产刑,是人民法院在审判的过程中根据犯罪的事实和情节,判处犯罪的单位或者自然人在一定期限内向国家机关缴纳特定金钱的一种刑罚,其最初适用的目的在于对犯罪人进行经济性制裁。赔偿被害人损失、承担环境修复费用等措施同样具有经济性制裁的性质,然而,有些法院在判处被告人承担罚金刑与其他经济性责任时,没有考虑被告人的客观经济情况,导致罚金刑执行率低。[5] 有学者认为,对被告人判处多重经济性刑罚加重了被告人的负担,有损法律的公平正义。[6]对犯罪而言,与刑罚的严酷性相比,刑罚的必定性才是对犯罪最强有力的约束,因此,不应该过分加重对犯罪人的

---

[1] 详见广西壮族自治区百色市右江区人民法院(2020)桂1002刑初65号刑事附带民事判决书。

[2] 参见胡卫:《环境侵权中修复责任的适用研究》,法律出版社2017年版,第203页。

[3] 详见广西壮族自治区百色市右江区人民法院(2020)桂1002刑初65号刑事附带民事判决书。

[4] 详见浙江省永康市人民法院(2020)浙0784刑初424号刑事附带民事判决书。

[5] 参见文姬:《我国罚金刑裁量方法的改进》,载《清华法学》2021年第6期。

[6] 参见蒋兰香:《生态修复的刑事判决样态研究》,载《政治与法律》2018年第5期。

刑罚。

2. 实刑的执行与环境修复措施的履行存在矛盾。在一些环境刑事案件中，被告人有可能会既被判处刑罚，又被判处承担环境修复责任。例如，在邸某非法采矿罪一案〔1〕中，被告人邸某被判处拘役6个月，并于判决生效后1个月内修复被破坏的生态环境。被告人已经被羁押的情况不利于附带环境修复民事责任的实际履行，司法实践中有时需要由司法警察将被告人羁押至补种地点，徒增司法成本。可见，在一些刑事司法判决中，刑罚实刑与环境修复措施的同时适用，增加了执行难度。在被告人被判处监禁刑实刑的情况下，同时判处停止侵害、消除危险、恢复原状，将导致这一判项形同虚设，其结果有可能是无法执行，也有可能是本应由被告人自行承担的责任，转而由他人代为履行。然而，根据法律规定，罪责自负的原则要求每个人必须对自己的犯罪行为承担相应的责任，被告人才是真正负有停止侵害、消除危险、恢复原状的责任人，但在被告人被判处监禁刑实刑时，如果不对环境修复措施的履行方式加以变通，判决极有可能会变成一纸空文。

三、理念思辨：环境修复措施附加刑的价值透视

要推进法定刑配置的合理化，就必须接受正确的刑罚理念的指引，只有这样，立法科学化才有可能实现。〔2〕为了使环境修复措施在刑事司法实践中的适用具备法律正当性，应当对环境修复措施重新进行法律定位。本文认为宜将其定位为附加刑，这不仅与修复性司法理念相契合，还与罪刑相匹配的原则相符，而且丰富了刑罚的种类。

（一）与修复性司法理念相契合

传统刑事司法将惩罚作为先验的干预手段，借此实现不同的目标。与之相反，修复性司法提出修复才是目标，需要通过诸多不同的社会和法律手段与方法追求实现该目标，惩罚不是实现修复的最适当方法，相反，惩罚严重阻碍了修复目标的实现，阻碍了犯罪人进行补偿和赔偿的努力。〔3〕对于环境刑事司法而言，惩治和预防犯罪是其直接目标，实现人类与环境的可持续发展是其最终目标。〔4〕当前，关于环境刑事犯

〔1〕 详见吉林省磐石市人民法院（2021）吉0284刑初93号刑事附带民事判决书。

〔2〕 参见周光权：《法定刑配置的优化：理念与进路》，载《国家检察官学院学报》2022年第4期。

〔3〕 参见［比利时］洛德·沃尔格雷夫编：《法与恢复性司法：社会伦理基础和司法基础研究》，赫方昉、王洁译，中国人民公安大学出版社2011年版，第236页。

〔4〕 参见蒋兰香：《环境犯罪基本理论研究》，知识产权出版社2008年版，第109页。

罪惩治的立法，主要体现在对人的生命、健康和财产等法益的保护，以人作为出发点和落脚点，只有对环境的破坏达到对人类的生命、健康或财产造成损害的程度才构成刑法上的犯罪，这是一种以人类为中心的刑罚理念。然而，如果人类的利益没有直接受到侵害，即使侵害了环境利益也不会受到刑事处罚，这样的刑罚理念并不利于人类利益的保护。因为虽然人类的利益没有因为环境犯罪遭受直接的侵害，但人类的利益仍然会间接地因为环境的损害而被牵连，以人类为中心的刑罚理念显然不能与社会的发展相适应，这样的刑罚理念要作出改变，刑法法益的保护要兼顾人类利益与环境利益。

修复性司法在环境刑事司法中的适用，弥补了刑事立法以人类为中心的刑罚理念的不足，修复性司法在惩治环境犯罪的同时，兼顾对环境的修复，使人类的利益与环境的利益得到兼顾，既保护了经济的发展，也保护了生态环境利益。因为人类利益与生态环境利益具有统一性，两者的利益都应该得到应有的尊重和足够的保护。〔1〕由于环境问题具有公害性、综合性及持久性等特点，环境的保护并不仅关系到环境自身的自生自灭，还关系到人与自然环境之间的和谐共生及长远发展，并最终会对人类的繁衍生息以及社会的可持续发展产生影响。作为一种惩治环境犯罪的重要手段，刑罚不仅要保护人类自身的利益，还要从保护环境利益的角度出发，构建和谐的环境刑罚体系，推进人与自然和谐共生。

（二）与刑法谦抑性相适应

刑罚的严厉性并不是人们惧怕刑法的最重要原因，人们惧怕刑法是因为刑法的破案率和必罚性，〔2〕因此并不能通过提高刑罚的严厉程度来预防犯罪的发生。刑法的谦抑性理论认为，刑罚应该是“适当的、必要的、不得已的”，倡导通过调解的方式来解决环境刑事犯罪造成的损害，通过第三方调停、多方合意、责任落实、转变观念和积极修复等方式，实现良性的愈后效果，重构和谐社会。环境修复采取的是一种融合性、非对抗性的处理方式，环境修复措施的适用，兼顾了社会、社区、加害人和被害人的权益，〔3〕体现了刑法的谦抑性原则。这一原则要求在进行环境修复的过程中，尽量不要采取强制性的干预措施，为防止不良后果的发生，具有威慑与剥夺性后果的手

〔1〕参见[美]那什：《自然的权利》，载汪劲：《环境法律的理念与价值追求》，法律出版社2000年版，第209页。

〔2〕参见朱苏力：《从药家鑫案看刑罚的殃及效果和罪责自负——纪念〈法学〉复刊30周年·名家论坛（一）》，载《法学》2011年第6期。

〔3〕参见毛煜焕：《修复性刑事责任的价值与实现》，法律出版社2016年版，第49页。

段只有在迫不得已的情况下才适用。可见,刑法的谦抑性与环境修复所倡导的司法理念具有共通之处,都倡导刑罚的合理化、谦抑性。

从历史的发展进程来看,刑罚轻缓化代表了人类人道主义发展的方向,体现了法律对人权的保障,契合了人类社会文明发展的历史规律。从社会治理的发展规律来看,刑罚轻缓化体现了宽严相济刑事政策的贯彻,和谐社会的构建以及社会法治的进步。对受损的环境进行积极修复的行为会被认为是认罪、悔罪态度好的体现,在刑罚的裁量中会被作为判处轻刑的重要依据。[1]刑罚的轻刑化是刑法谦抑性的直接体现,笔者对所收集的411份裁判文书所适用的刑罚进行了分类考察,其中缓刑的适用率为66%,被判处3年以下有期徒刑(包括单处罚金与免除刑事处罚)的自然人和单位高达710个,占比98.34%,可见,在适用了环境修复措施的环境刑事犯罪案件中,被告人被判处了相对轻缓的刑罚,符合刑罚轻刑化的趋势。

(三)与刑罚的正当性相匹配

刑罚的目的在于惩罚和预防犯罪,刑罚应当与相应的犯罪类型相适应。所谓刑罚适当性,是指刑罚法规所规定的犯罪与刑罚,需要具有将某种行为作为犯罪的合理依据,并且所科处刑罚也应当与该犯罪行为具有均衡性。[2]对某一类犯罪实施何种刑罚的处罚方式,是理论和实务界一直在探讨的重要问题。我国刑罚的种类包括了生命刑、自由刑和财产刑等,当前的刑罚以自由刑为主,主要以剥夺自由的方式实现对犯罪的预防。然而,在环境犯罪领域,自由刑的弊端日益显现,出现了"重惩罚,轻修复"的不良后果。

对于环境犯罪而言,适用刑罚的强制性措施对于已经被破坏的环境,已无意义或者收效甚微,更重要的是要修复与补偿已经受到损坏的环境权益。从某种程度上而言,修复损害的环境要比纯粹地惩罚犯罪行为人有价值得多。[3]对于环境犯罪,如果只是对环境犯罪行为人判处相应的刑罚,是无法对被破坏的环境进行修复的,如果在刑罚的基础上判处相应的经济赔偿金,虽然可以在一定程度上补偿环境的经济价值,但是环境的生态价值仍难以补偿,难以修复。[4]因为对于受损的环境而言,再重的刑

---

[1] 参见梁云宝:《民法典绿色原则视域下"修复生态环境"的刑法定位》,载《中国刑事法杂志》2020年第6期。

[2] 参见何群、储槐植:《论我国刑罚配置的优化》,载《政法论丛》2018年第3期。

[3] 参见王树义、赵小娇:《环境刑事案件中适用恢复性司法的探索与反思——基于184份刑事判决书样本的分析》,载《安徽大学学报(哲学社会科学版)》2018年第3期。

[4] 参见张继钢:《风险社会下环境犯罪研究》,中国检察出版社2019年版,第229页。

罚都无法弥补环境的损失。

环境犯罪的治理已经由事后治理为主转变为事前治理为主，环境刑事司法的理念也应该进行相应的调整，把“重惩罚、轻修复”转变为“惩罚与修复并重”。因此，对被告人判处刑罚的时候要更加注重对环境的修复，这种环境治理方式的转变使附加刑的价值得以凸显。附加刑具有轻缓化和灵活性的特点，附加刑的适用，可以对潜在的环境犯罪产生威慑，限制犯罪人实施新的犯罪行为，能够较好地预防犯罪，实现修复受损环境的刑罚目的。附加刑的适用，还可以弥补主刑的不足，避免刑罚过度严厉，使刑罚更具经济性。

四、探索进路：环境修复措施附加刑的路径构建

环境修复措施在司法实践中的适用，实现了惩罚犯罪和修复受损环境的双重目标。然而，由于缺乏明确的刑法依据，环境修复措施适用的合法性仍备受质疑，因此，应完善环境修复措施的法律规范，将环境修复措施纳入附加刑，统一环境修复措施的适用标准，协调环境修复措施与其他刑罚措施的关系，构建更加科学的环境修复刑罚体系。

（一）明确环境修复措施的法律定位

环境修复措施适用于司法实践的最大困境在于缺乏明确的法律依据，因此，应在立法上明确其法律地位及法律定性，将“环境修复措施附加刑”写入刑法，厘定适用条件，明确适用案件类型，使环境修复措施的适用规范化。

1. 将“环境修复措施附加刑”写入刑法。附加刑，又被称为从刑，附加刑可以附加主刑适用或者单独适用，附加刑在刑罚体系中起补充主刑适用的作用。〔1〕附加刑具有从属性的特点，其功能主要体现在：对主刑的不足进行弥补、预防主刑的滥用和刑罚过剩、实现刑罚的特殊预防作用、实现刑罚的经济化。附加刑通常适用于以下两种情形：一是犯罪具有多重危害性，需要对被告人判处多种刑罚，从多方面消除犯罪的危害后果，以起到惩罚和预防的作用；二是某些犯罪情节比较轻，适用主刑可能会导致量刑过重，但如果不判处刑罚又会放纵了犯罪。此时，为了实现罪责的均衡性，可以单独适用一种或几种附加刑。

在修复性司法理论的影响下，理论界和实务界对于刑法作用的认识发生了较大

〔1〕 参见蔡鑫韵：《附加刑在环境犯罪适用过程中的回顾与前瞻》，载《聊城大学学报（社会科学版）》2018 年第 1 期。

的转变,刑法不再以追求惩罚犯罪为唯一目标,修复性司法影响下的刑法观认为,应在惩治环境犯罪的同时,尽可能对受损的生态环境进行修复。学者们认为将环境修复措施定位为附加刑,[1]符合当前保护生态环境与惩治犯罪相结合的刑事司法导向。

附加刑具有灵活性和补充性的作用,将环境修复措施作为一种附加刑,可以有效弥补主刑在惩治环境犯罪中的不足。为实现刑罚惩罚犯罪与修复环境的双重目标,使环境修复措施具备合法的法律地位,本文建议对我国《刑法》第 34 条进行修改,将环境修复措施定性为附加刑,将"环境修复"列入附加刑的种类,具体的环境修复措施类型则可以通过司法解释的方式列明。

2. 明确环境修复措施附加刑的适用案件类型。环境修复附加刑应根据案件的不同类型和性质,选择适用不同的修复措施,选择适用时应考虑以下几个因素:一是单独适用于轻罪。对于犯罪情节相对较轻,没有造成严重后果的,被告人可以采取环境修复的措施对环境进行修复,此时,应该优先适用环境修复附加刑,尽量避免对被告人判处自由刑,以免因为过度适用短期自由刑造成罪犯之间相互影响,这也不利于实现刑法惩治与预防犯罪的目的。[2]二是在重罪中附加适用。对于造成严重环境损害的被告人,法院在判处刑罚的同时,应当附加判处相应的环境修复责任。

3. 厘定环境修复措施附加刑的适用条件。环境修复附加刑的目的在于惩治犯罪与修复环境,因此,环境修复附加刑的适用,应综合考虑以下因素:一是被告人的行为已经对生态环境利益造成了实质性的损害。二是所造成的环境损害已达到了严重的程度,侵害了环境法益,依法应该追究刑事责任。三是环境修复的必要性。环境系统具有其自身的特殊属性和规律性,受损的环境能否修复并不取决于人为的意志,对环境的修复既要遵循环境的客观规律,也要考虑当前的科技水平,考虑环境修复的必要性和可行性,尊重环境的自我修复规律,避免因为人为修复,对环境造成二次伤害。四是环境修复具备可行性。环境是否可以修复是判处被告人承担何种刑事责任的重要参考依据,因此,是否对被告人判处环境修复的附加刑,还应当考虑受损的环境是否具备修复的可能性。在侵害环境法益的刑事犯罪中,如果受损的环境具备修复的可能性,应该判处被告人承担环境修复的附加刑,如果受损的环境已经不可修复,则应判处其他替代性刑罚。

---

[1] 参见宁清同:《刑事生态修复责任初论》,载《深圳社会科学》2022 年第 1 期。

[2] 参见张继钢:《风险社会下环境犯罪研究》,中国检察出版社 2019 年版,第 229 页。

（二）制定科学合理的环境修复标准

环境修复法律责任和制度的核心内容是实现环境修复目标，环境修复目标体现的是多重利益主体间的博弈，因此，法院在适用环境修复措施时，应综合考虑环境修复方案的可行性和合理性。

1. 环境修复方案的可行性。环境修复涉及的专业性较强，通常要付出较大的经济成本和时间成本，而且受科技发展水平因素的影响较大。因此，在环境犯罪案件中，是否适用环境修复措施，要综合考虑案件的特殊性，既要考虑环境修复成本方面的经济因素，也要考虑环境修复方案的实用性和可操作性，制订切实可行的环境修复方案。

2. 环境修复方案的合理性。制订合理的环境修复方案是环境修复措施得以顺利实施的前提，应根据所遭受侵害的环境权益的不同，制定不同的环境修复标准。一是侵害私人权益时，环境修复需符合国家标准。对私人环境权益造成侵害的，司法实践中多以环境质量作为环境修复的标准。对于私人环境权益造成的侵害，容易导致生命和财产损害，其修复的标准主要是符合人体健康和安全。〔1〕对于环境污染的修复，污染物控制要符合国家的标准，这是最低的要求。例如，在杨某等污染环境罪一案〔2〕中，法院在判决中认定，环境修复的标准需达到国家相关规定并且需要经环保部门监测确认合格。二是侵害公共权益时，环境修复需达到最低的环境功能状态。对于公共环境权益造成的损害，司法实践中的做法主要是将环境修复至最低的环境功能状态，使环境无害化。

（三）协调环境修复措施与其他刑罚措施的关系

环境修复措施作为一种“司法先行”的实践创新，其适用被认为取得了“一判三赢”的良好司法效果，但因为没有明确的法律指引，在适用的过程中仍存在多重责任负担过重的弊端，为实现刑罚的均衡性，应合理协调环境修复措施与其他刑罚措施之间的关系。

1. 刑罚与环境修复措施附加刑的平衡。为了避免量刑过重，激励被告人主动承担环境修复责任，在审理破坏生态环境类犯罪时，法院应合理均衡主刑与附加刑，以及其他经济性赔偿措施之间的关系，在被告人不承担或无力承担环境修复责任，拒绝缴纳经济性赔偿费用时，可以适当加重主刑的惩罚力度；如果被告人积极主动履行环境修复的责任，赔偿损失，主刑可以适当从宽，并建议判处缓刑。

---

〔1〕 参见胡卫：《环境侵权中修复责任的适用研究》，法律出版社 2017 年版，第 209 页。

〔2〕 详见山东省枣庄市山亭区人民法院（2021）鲁 0406 刑初 8 号刑事附带民事判决书。

2. 不同经济性刑罚措施的选择适用。罚金刑与经济性的环境修复措施、赔偿经济损失虽然性质不同,但其执行的均是被告人的财产,为了合理适用各种经济性的处罚措施,法院在裁判时可以采取"主刑 + 罚金刑""主刑 + 赔偿损失""主刑 + 赔偿损失 + 环境修复"的模式,〔1〕罚金刑和金钱性的环境修复措施不适宜在同一个案件中同时适用,避免采取"主刑 + 罚金刑 + 赔偿损失 + 经济性环境修复措施"的处罚模式,以免对被告人造成过重的经济性负担,不利于判决的后续执行,进而影响判决的权威性。

3. 自由刑实刑与环境修复措施附加刑的择一适用。对判处被告人承担环境修复措施的案件,若非必要,尽量不要判处实刑,因为判处实刑期间不方便外出,造成后续执行的困难,也有可能会造成被告人无法实际履行刑事责任的后果,将原本应由被告人承担的刑事责任,不当转嫁到被告人亲友身上,如此,便违背了罪责自负原则的本意。〔2〕可以判处由被告人承担环境修复费用的方式,代替其实际履行环境修复责任。当前,司法机关也意识到对被告人并处自由刑实刑与环境修复措施存在一定的矛盾关系,因此,法院在判处自由刑实刑时,主要判处被告人以支付环境修复费用的方式承担环境修复责任,但仍有部分法院未认识到这一矛盾,在裁判中仍然对被告人并处自由刑实刑与非经济性的环境修复措施,例如,在邸某强非法采矿罪案〔3〕中,法院判处被告人拘役 6 个月,并判处被告人于判决生效后 1 个月内修复被破坏的生态环境,在被告人被羁押的情况下,环境修复责任的履行将难以实现。

结　语

环境修复措施虽然已经普遍适用于刑事司法实践,但因立法上的缺失,环境修复措施的适用仍存在诸多困惑。明确刑法中环境修复措施的刑罚定性,将环境修复措施定性为附加刑,不仅可以使环境修复措施的适用具备法律正当性,丰富附加刑的种类,弥补主刑在惩治环境犯罪过程中的不足,还可以预防主刑的滥用和刑罚过剩,实现刑罚的特殊预防作用,构建更加完善的环境刑罚体系,完善我国刑法和刑事司法的体制,发挥刑法与刑事司法及时、高效服务环境保护和生态文明建设的作用。

---

〔1〕 参见蒋兰香:《生态修复的刑事判决样态研究》,载《政治与法律》2018 年第 5 期。

〔2〕 参见陈兴良:《刑法哲学》,中国政法大学出版社 1992 年版,第 289 页。

〔3〕 详见吉林省磐石市人民法院(2021)吉 0284 刑初 93 号刑事附带民事判决书。

内外驱动:工具理性与价值理性视域下审判绩效考核指标体系的多元构建

——以防止逆向选择为视角

邓　媛*

引　言

现代信息技术的迅猛发展催生法院各项工作与信息技术深度融合,其中以科技促管理成为各级法院更新审判管理的重要方式。全国法院通过贯通四级法院的大数据管理和服务平台,每年自动生成司法统计报表750万张,彻底告别了人工统计时代,实现了数字化转型,有效提升司法统计和司法管理的精准性、科学性[1]。在审判绩效考核中,一些法院在设计信息化绩效考核方式时没有很好地与司法规律相结合,制订的绩效考核方案与制度设计初衷发生了一定的偏离,导致审判运行出现逆向选择倾向,考核结果与一般民众的司法感受亦存在差距。因此,如何构建信息技术与司法规律有机融合的审判绩效考核指标体系,是时代抛给我们的命题。

一、审判绩效考核下审判运行出现逆向选择

为对中基层法院审判绩效考核下的审判运行样态进行描摹,本文选

---

* 广西壮族自治区柳州市柳南区人民法院执行局副局长。

〔1〕 参见杨临萍:《深化数字技术与法院工作融合　推进审判体系和审判能力现代化》,载《中国审判》2022年第11期。

取两家中级人民法院制定的 2021 年审判绩效考核指标体系作静态观察,并对考核下的审判运行作动态观察。两家法院分别位于我国东部沿海省份以及西部省份,其中东部地区 Z 省 N 中院 2021 年为该省审判管理创新试点法院;西部地区 G 省 L 中院 2021 年绩效考核排名位列全省第一,以该两家中级人民法院及辖区内 21 家基层法院作为观察样本具有参考价值。

(一)审判绩效考核指标体系表象

G 省 L 市 2021 年审判绩效考核采取百分制考核,其中职能指标为 85 分,加减分指标为 10 分,满意度考评为 5 分。职能指标中审判工作占 55 分,包括审判质量、审判效率、审判效果、优化营商环境等二级指标(见表 1)。

表 1　G 省 L 市 2021 年度审判绩效考核方案

<table>
<tr><td rowspan="15">职能指标(85 分)</td><td>一级指标</td><td>二级指标</td><td>三级指标</td><td>考核方式</td></tr>
<tr><td rowspan="13">审判业务指标 55 分</td><td rowspan="7">效率指标 29 分</td><td>案件结收比</td><td>统计报表采集数据</td></tr>
<tr><td>简易程序适用率</td><td>统计报表采集数据</td></tr>
<tr><td>小额程序适用率</td><td>统计报表采集数据</td></tr>
<tr><td>法定第一次审限内结案率</td><td>统计报表采集数据</td></tr>
<tr><td>12 个月以上长期未结率</td><td>统计报表采集数据</td></tr>
<tr><td>上诉案件流转时长</td><td>统计报表采集数据</td></tr>
<tr><td>员额法官人均办案数</td><td>统计报表采集数据</td></tr>
<tr><td>质量指标 6 分</td><td>上诉案件、再审案件发改错误率</td><td>统计报表采集数据</td></tr>
<tr><td>效果指标 7 分</td><td>一审、生效案件服判息诉率</td><td>统计报表采集数据</td></tr>
<tr><td rowspan="3">其他指标 9 分</td><td>营商环境(商业纠纷、破产案件办理时长)</td><td>统计报表采集数据</td></tr>
<tr><td>庭审公开</td><td>系统统计数据</td></tr>
<tr><td>裁判文书公开</td><td>系统统计数据</td></tr>
<tr><td colspan="3">党的建设 6 分、执行工作指标 18 分、司法政务管理指标 3 分,法院安保和警队管理工作指标 3 分</td><td>其他</td></tr>
</table>

续表

加减分指标（10 分）	审判质效工作加分	一审服判息诉率、法定第一次审限内结案率、上诉流转时长，三年内连续进步的；新收案件增幅同比下降的	统计报表采集数据
	执行工作创新加分、重点工作亮点加分、评比表彰奖励加分、信息报道加分、学术研究加分		申报审核加分
	工作出现纰漏扣分	负责影响重大事件引起舆情的；上访事件造成恶劣影响的	查证属实扣分
满意度考评（5 分）	绩效考评小组与中院部门正职以上领导，对基层法院整体工作进行评价		主观评价

Z 省 N 市 2021 年审判绩效考核采取百分制考核，其中“八个排头兵”项目为 50 分，采取扣分为主、加分为辅的排名赋分方式；审判执行质效综合评价项目为 30 分，包含效率、质量、效果、“一件事”指标；“重要窗口”项目为 20 分，包含繁简分流改革、诉源治理等具体指标（见表 2）。

表 2 Z 省 N 市 2021 年度审判绩效考核方案

	一级指标	二级指标	考核方式
审判执行质效综合评价（30 分）	效率指标 40%	结案率	统计报表采集数据
		正常审限内结案率	统计报表采集数据
		月均存案工作量	统计报表采集数据
		12 个月以上未结案占比	统计报表采集数据
		一审当庭宣判率	统计报表采集数据
		有财产可供执行法限内实际执结率	统计报表采集数据
	质量指标 15%	一审、生效案件发改瑕疵率	统计报表采集数据
	效果指标 20%	调撤率	统计报表采集数据
		服判息诉率	统计报表采集数据
		案访比	统计报表采集数据
		执行标的到位率	统计报表采集数据
	“一件事”指标 25%	自动履行率	统计报表采集数据
		公告送达率	统计报表采集数据
		程序比	统计报表采集数据
		财产保全率	统计报表采集数据

续表

<table>
<tr><td rowspan="8">“八个排头兵”(50分)</td><td rowspan="3">以人民为中心的排头兵</td><td>违反立案登记制、投诉诉讼服务不文明不规范、信访反馈不及时、涉民生案件严重负面影响</td><td>查证属实扣分</td></tr>
<tr><td>文书上网率、执转破完成率、执行裁决、复议案件发改瑕疵率</td><td>统计报表采集数据</td></tr>
<tr><td>跨域立案响应</td><td>系统统计数据</td></tr>
<tr><td rowspan="2">法治建设排头兵</td><td>涉知识产权、涉外资案件等审理不当造成影响</td><td>查证属实扣分</td></tr>
<tr><td>行政争议案件调撤率</td><td>统计报表采集数据</td></tr>
<tr><td rowspan="2">改革创新排头兵</td><td>院领导承办重大疑难复杂案件数量</td><td>统计报表采集数据</td></tr>
<tr><td>移动微法院运用率</td><td>系统统计数据</td></tr>
<tr><td colspan="2">党的建设排头兵、防范化解重大风险排头兵、维护国家安全和社会稳定排头兵、队伍建设排头兵、善谋实干排头兵</td><td>其他</td></tr>
<tr><td rowspan="4">重要窗口模范生指标(20分)</td><td rowspan="2">繁简分流改革</td><td>小额诉讼程序适用率</td><td>统计报表采集数据</td></tr>
<tr><td>典型案例等报送被采纳、批示等</td><td>申报审核加分</td></tr>
<tr><td>诉源治理</td><td>诉前纠纷化解率、收案数同比下降率</td><td>统计报表采集数据</td></tr>
<tr><td colspan="2">机关党建、三服务常态化、当事人一件事集成改革、实质化解行政争议、文化建设、法庭建设、云法庭建设、创优创新建设</td><td>其他</td></tr>
</table>

两市审判绩效考核指标体系均采用百分制，对审判效率、审判质量、审判效果及其他重点审判工作进行考核。考核方式以信息司法统计报表采集数据为主，非统计量化考核指标权重较低，呈现依赖信息统计、结果导向的考核倾向。此外，效率指标权重较大，占所有指标的47.88%；质量、效果指标权重较低。

（二）审判运行逆向选择现象描摹

“当权力自上而下贯彻的时候，成员也会进行自下而上的接受、反抗、分解以及转化。”[1]在上述考核指标体系指挥下，审判运行出现“逆向选择”。逆向选择广泛地

〔1〕［美］萨拉·米尔斯：《导读福柯》，潘伟伟译，重庆大学出版社2017年版，第33页。

存在于经济现实之中,其基本含义是:在信息不对称的情况下,传统价格机制失灵,理性经济人通过利益博弈,致使优质产品反被次品挤出市场。这在审判运行中表现为具体行为不能创造价值但能满足绩效考核指标要求。

由于逆向选择行为通常具有隐蔽性,故本文通过调查问卷以及访谈的方式(见附件 2、附件 3),选取逆向选择现象较集中的指标,对该等指标下逆向选择现象进行描摹。

1. 质量指标项下的逆向选择。该指标下,两市考核方案仅以"上诉以及再审案件发改率(错案或瑕疵)"作为考核指标。错案率对案件质量评价具有表面效度,然而个别法官在效率考核高压下,出现了只要不被认定为错案则对一般发改听之任之的心态;极个别法官采取拒绝接收补充证据,从而以二审出现新证据作为非错案理由的策略,忽视准确查明事实、实质化解纠纷的实体公正性要求。个别法院引导大批小额物业纠纷等进入诉讼,以此降低上诉案件数量进而降低错案率。

2. 效果指标项下的逆向选择。效果指标通常被理解为满意度指标。两市考核方案中主要以"服判息诉率""调撤率"指标进行考核。"一审、生效案件服判息诉率"为传统考核项目,该项指标预设数值低则当事人对裁判结果认可度高。但个别法院为追求指标最优从比率分母上采取策略,通过增加调撤案件、小额程序案件数量对比率起到稀释降低作用。将该项指标考核应对逆向选择表现为小额程序适用、调撤的较量,而非对文书回应性、判后答疑实质效果等工作的评价。有学者发现"调撤率"考核下存在通过降低结果预期、利用信息差来诱导当事人接受调解等行动策略的情形。〔1〕

3. 效率指标项下的逆向选择。效率指标占据指标体系的近半篇幅,但其权重过大以及目标值过高,是大部分法官认为受当前审判绩效考核困扰的重点问题,亦是逆向选择的集中区域。

其一,12 个月以上长期未结率。两地的考核评分标准基本一致,即考核自然审限 12 个月以上案件的占比。L 市所在省份对长期未结案每月进行一次全省考核通报,对未结案件数排名靠前的法院及个人通报批评。L 市考核方案中指标值为 0 方能取得该项最高分值。实现长期未结案清零成为 L 市两级法院重要工作。个别法官不接受当事人补充证据、追加当事人、司法鉴定等有可能导致审限延长的申请。极个

〔1〕 参见张建:《指标最优:法官行动异化的逻辑与反思——以 J 市基层人民法院的司法实践为例》,载《北方法学》2015 年第 5 期。

别法官考虑以与当事人协商撤诉或者驳回起诉后再起诉的方式结案。从 G 省三市 12 个月以上长期未结案近 5 年的数据（见图 1）来看，案件数量断崖式下降，虽一定程度上体现出考核调动了清理难案积案的积极性，但很难得出包括“四类案件”在内的所有案件均可通过积极审理而在 12 个月内妥善审结的结论。

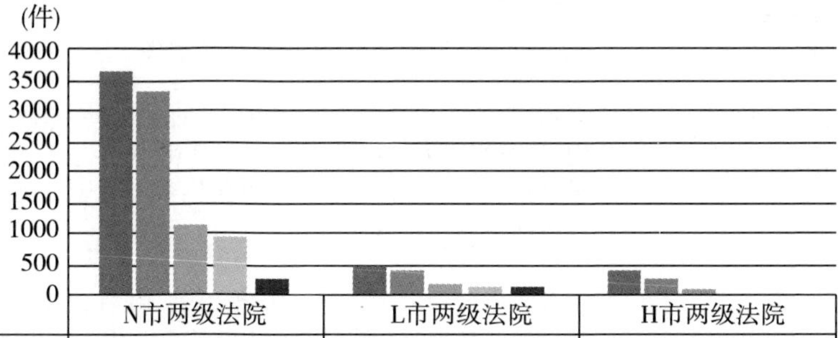

	N市两级法院	L市两级法院	H市两级法院
2017年	3747	459	340
2018年	3528	364	267
2019年	1122	142	67
2020年	990	104	7
2021年	239	25	0

图 1　G 省三市 12 个月以上长期未结案数断崖式下降

其二，简易程序适用率。L 市法院设置满分值高达 87% 且未考虑地域差异，难以达到目标值的法院的逆向选择为案件“当繁亦简”。笔者通过中国裁判文书网随机抽样调查，以一例遗失物返还纠纷小额程序案件[1]为例，该案中诉讼标的并非仅为金钱给付，双方争议较大，法院通过多次调查取证方查明事实，适用小额程序审理值得商榷（见表 3）。个别法院自上而下对案件适用程序采用高压管理态势，要求对所有案件一律适用简易程序，并以领导审批裁定书的方式严控程序转换。

表 3　“当繁亦简”案例

遗失物返还纠纷	
立案日期	2022 年 1 月 6 日
案由	遗失物返还纠纷
适用程序	小额程序

〔1〕 河南省平顶山市卫东区人民法院（2022）豫 0403 民初 128 号民事判决书。

续表

原告诉讼请求、事实与理由	原告主张其搭乘网约车时将手机遗落,网约车司机拒不提供车内视频亦不返还手机,故要求:判令二被告赔偿原告丢失手机损失 6499 元以及诉讼费 50 元和因此发生的交通费用 1100 元、文印费用 50 元及其他费用(写诉状)200 元,并向原告赔礼道歉
被告答辩	从来也没有见过手机,不应该赔偿损失
原告核心观点	依据《最高人民法院关于民事诉讼证据的若干规定》第 95 条的规定,一方当事人控制证据无正当理由拒不提交,对待证事实负有举证责任的当事人主张该证据的内容不利于控制人的,人民法院可以认定该主张成立
法院对此予以调查回应	本院在审理过程中,于 2021 年 12 月 10 日,在原被告共同在场的情况下,前往 × × 号车辆车内尝试获取相关视频影像,未果;并于当日联系车上的另一名乘客,该乘客表示未发现手机也未听到有手机一直在响。后本院又联系拼客顺风车公司的法定代表人,其称 × × 号车辆的视频设备是客运管理处统一安装的,公司没有后台,但向本院邮寄了一把钥匙。2022 年 1 月 18 日,在原被告共同在场的情况下,本院使用该钥匙尝试打开视频设备获取内存卡亦没有成功
裁判结果	2022 年 1 月 29 日判决:驳回原告诉讼请求

其三,小额程序适用率。两地法院均采取不设上限的排名赋分考评方式。极个别法院引导小额集团案在考核关键节点进入诉讼,或机械以案件标的金额为划分标准。在各项策略共同发力之下,个别法院小额程序适用率异高(见图 2)。在无上限的排名竞赛中,"鲶鱼效应"的负面效应展露,一家法院的异常运行可将整个辖区其他法院均带入非理性,形成集体失智的运行异化。同时,部分法官错误理解小额程序裁判文书简化,省略文书说理内容,仅表述"本院基于庭审查明的事实,判决如下"[1],缺乏基本回应性的裁判文书无法真正使当事人信服而导致再审及信访增多(见图 3)。

〔1〕 笔者通过在中国裁判文书网判决书中搜索关键词"小额程序"对比搜索"小额程序 + 本院认为",得出的案件数量相差 1792,可推出有 1792 份判决书未有"本院认为"部分。

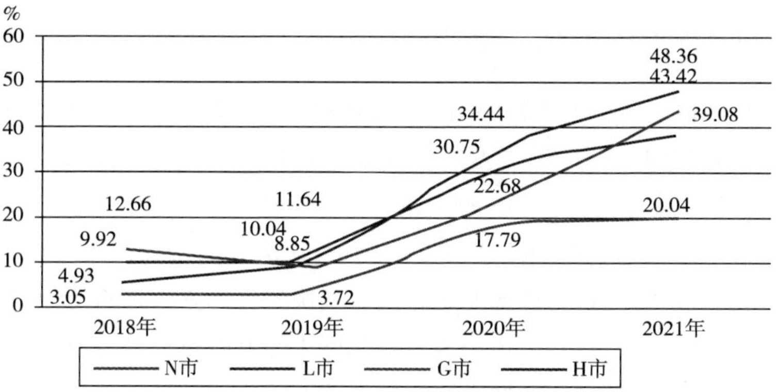

图 2　G 省四市小额程序适用率情况

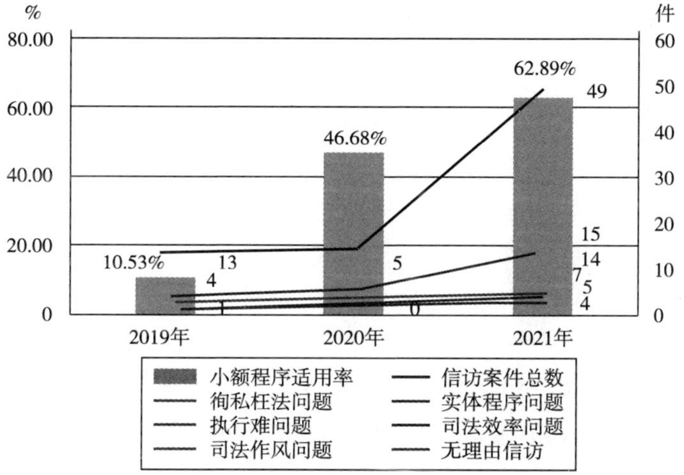

图 3　G 省 N 法院小额程序适用率与信访案件数量的关系

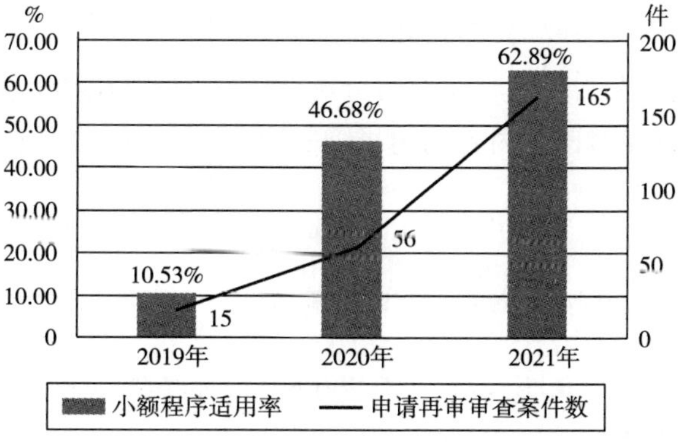

图 4　G 省 N 法院小额程序适用率与再审审查案件数量的关系

二、审判运行逆向选择的行为逻辑分析

逆向选择本质上属于行为决策,由行为者的行为逻辑所决定。行为逻辑体现为行为驱动力,即内在驱动力与外在驱动力的相互作用。

(一)理论引入:内驱与外驱的交织

传统经济学理论建立在理性经济人假设下,认为人的行为是理性的、自利的,将内驱力简单化为逐利性,认为外部驱动是决策的决定性因素。而行为经济学认为,决策者是异质的有限理性个体,个体决策及行为除了受利益驱使外,同样受到偏好及情感等多种心理因素影响。[1]行为者在决策时,其内生决策偏好在面对复杂的环境时会作出非理性的决策,以此对抗理性经济人的逐利决策。

从法官的身份属性来看,其既是理性"经济人",又是具有共同法律信仰及法治信仰的非理性"法律人"。法律人的信仰是对法律公平正义性的确信,以及对公平正义的实现可能性的确信。[2]法院及法官基于内在信仰及自我实现需求[3],产生内向驱动力,自觉展开行动以实现法治理想。这是法律人的底色,并以此根本上形塑法院及法官的审判行为。因此,行为经济学的理论假设更符合法官的身份属性,对审判运行行为决策具有更强的解释力。

法官作为拥有信仰内驱力的人群,应当具备对抗逆向外驱力的能力。而审判运行中逆向选择行为的客观存在,需从内驱力与外驱力的关系上进一步反思。根据行为经济学理论,决策环境会和人的心理活动相关联进而影响行为选择。绩效考核属于外在行为规范,是强大的外部驱动力来源,亦是内部驱动力的重要决策环境。因此,分析审判绩效考核对内驱力发挥的影响,以及分析审判绩效考核指标本身"应然与实然"是否偏离,能以更全面的视角对逆向选择现象进行有效归因。

(二)现象反思:内驱与外驱的困局

1. 绩效考核使内驱力受阻。注意力分配假说认为,内在动机受到奖励期待的直接阻碍,造成个体忽视对任务内容的追求,只希望尽可能快地完成任务,这会削弱与

---

〔1〕 参见陈允龙、崔玉平:《高校科研绩效考核的内生驱动转向——行为经济学的视角》,载《现代大学教育》2021年第2期。

〔2〕 参见卓泽渊:《法律人的价值精神、法律信仰和法律理性——法律职业共同体的观念基础》,载《中国法律评论》2014年第3期。

〔3〕 马斯洛需求层次理论认为,需求金字塔的最顶层为尊重及自我实现的需求。

内在动机有关的个体行为。[1]对工作进行量化考核虽也促使法院及法官致力于审判,但这并非真正发自内在的驱动,而是来自双向强制性的约束及压力,反而削弱了法官投身审判事业的内在动机。

其一,自主性被削弱。对于案件质量、审判效果、社会治理效果等工作往往在评价周期内难以产生显性成果,而更多地体现在工作过程等潜性成果上,但评价指标又要求周期内的显性成果。基于考核压力,法院及法官只能选择更能显现指标成效的方式,削弱了其内在动机。显绩与潜绩之间的错位,使量化结果与法官实际付出之间存在落差,甚至出现责任心越强的法官越难以得到绩效回报的悖论。部分法官自嘲为“司法民工”,对自身职业认同感及职业尊荣感产生动摇。

其二,精力被分散。在司法资源是稀缺的有限资源的背景下,当前效率指标权重过高,部分法院及法官将精力投入效率侧,无法投入更多的时间、精力关注案件品质的打磨和裁判能力的提升[2];亦无法投入更多的时间、精力对当事人予以回应。法官耗费大部分精力去达到指标要求,难以在内驱力的指引下投入时间与热情激发法律智慧。

其三,压力与动力转换机制失效。一定程度的压力有助于个人或组织更为有效地达到预期目标,但压力过大则会损害动力系统[3]。部分考核指标本身不符合司法规律或指标目标设定值超出法官合理承受范围。如当法官个体所能处理的案件数量超出饱和度极值,或启用最高工作效率仍无法以正向行为满足案件审限或程序要求时,压力无法转化为动力,反而有损内向驱动力。

2. 绩效考核致使外驱力出现偏误。审判绩效考核具备工具与价值的双重属性。从工具角度而言,审判绩效考核是一种绩效管理及内部治理的工具。从公共价值角度而言,审判绩效与司法公共价值具有同一性关系。[4]司法公共价值的计量同样源于审判绩效评估,实现公共价值是开展绩效管理的终极价值与目标。[5]

---

〔1〕 参见张剑、郭德俊:《内部动机与外部动机的关系》,载《心理科学进展》2003 年第 11 期。

〔2〕 参见上海市第一中级人民法院课题组、黄祥青、上海市第一中级人民法院:《审判绩效考核与管理问题研究》,载《中国应用法学》2019 年第 3 期。

〔3〕 参见周玉容、沈红:《现行教师评价对大学教师发展的效应分析——驱动力的视角》,载《清华大学教育研究》2016 年第 5 期。

〔4〕 参见包国宪、马翔:《基于公共价值的政府绩效评估:概念界定与理论框架》,载《兰州大学学报》2022 年第 1 期。

〔5〕 参见尹振国:《国家治理现代化与人本主义刑法观》,载《重庆理工大学学报》2015 年第 4 期。

马克斯·韦伯将合理性区分为工具理性和价值理性。[1]工具理性是通过实践的途径确认工具或手段的有用性,从而追求事物的最大功效。[2]价值理性方面,行为人注重行为本身所能代表的价值,所关注的是从具有实质的、特定的价值理念的角度来看行为的合理性。[3]该理论恰好与审判绩效考核双重属性相契合。在该理论视域下,审判绩效考核指标体系应当融合两种理性:一是使考核准确评价功能、正向激励功能最大化的工具理性;二是能创造各项司法公共价值的价值理性。当前部分考核指标存在"应然与实然"的偏误。

其一,质量指标偏误。司法生产物是质的规定性与量的规定性的辩证统一关系。"努力让人民群众在每一个司法案件中感受到公平正义"是公共理性与司法公共价值的集中体现,强调公众对公平正义价值的理性共识来源于个案公正。仅考核错案率指标,并不能形成全面追求办案质量和审判过程公正、规范的导向,这不但易导致个案正义消解于整体考核之下,不符合价值理性要求,亦会降低评价准确性,不符合工具理性要求。反而将审判行为驱引至"只要不被认定为错案"或"分母中增加不可上诉案件"等偏误的方向,而非切实提高案件质量,导致逆向选择。

其二,效果指标偏误。首先,当事人不上诉的行为动机与认可裁判结果并非完全等同,因此作为分子的上诉案件本身可控性有限,而当下裁判文书回应性偏低、判后答疑缺失加剧了分子的不可控性。服判息诉率指标将审判行为引至"分母中增加不可上诉案件"等偏误的方向,而非以切实提高当事人接受度的方向,导致逆向选择。其次,逆向选择的成本最终被转嫁至案件当事人。当事人对于司法的感受来自具体审判行为,当面对削足适履的逆向选择时,其司法体验感及获得感可想而知。对当事人而言,审判的意义绝对不是符合某种评估指标和数值,而是具体案件实体和程序的公正程度。[4]最后,内部评价指标无法满足不断扩展的司法为民公共价值内涵。回应型司法要求司法机关走出自治型法中心主义所营造出的舒适区[5],主动接受社会

---

〔1〕参见孟宪斌:《融合工具理性与价值理性:对地方政府绩效管理运行逻辑的反思》,载《中国矿业大学学报》2020 年第 4 期。

〔2〕参见章荣君:《公共政策伦理价值的偏离与矫正》,载《云南社会科学》2010 年第 4 期。

〔3〕参见柳春艳、傅钢善:《从教育社会学视角看基础教育信息化的负面社会影响》,载《现代教育技术》2015 年第 6 期。

〔4〕参见兰照:《论案件质量评估制度对审判质效的影响》,载《湖南工业大学学报》2018 年第 4 期。

〔5〕参见[美]P. 诺内特、[美]P. 赛尔兹尼克:《转变中的法律与社会:迈向回应型法》,张志铭译,中国政法大学出版社 2004 年版,第 82 页。

公众的检视。审判效果不仅体现为当事人的满意度,更强调社会公众对审判工作的评价。

其三,效率指标偏误。对于12个月未结案率指标而言,案件之所以成为长期未结案,很大程度在于案件本身的疑难复杂性而非拖延。案件"积压"可以通过良好的管理而避免,而"延迟"则是不能避免的,在许多案件中在某种程度上是必要的。[1]在难案精办与审限限制的矛盾,以及通报批评的高压下,指标外驱力将审判行为引至"12个月内无条件结案"这一偏误的行为方向,而非切实提高办案效率的行为方向。对于简易及小额程序适用率而言,事实上,"繁≠慢""简≠快",繁案亦可能高效,简案亦可能拖延,以小额及简易程序适用率作为效率考核,并不能得出适用率高则案件审理高效的结论。不同地域之间案件类型存在差别是客观规律,如高新产业集中的城区其新业态类型案件相较其他城区数量更多。在同质攀比下,指标外驱力将审判行为引至"尽可能多地适用简易程序"这一偏误的行为方向,而非符合法定适用条件。对于结案率或结收比而言,案件办理具有周期性,立案具有持续性,二者之间必然存在时差。以100%作为指标目标会将审判行为引至"年底不收案""先撤诉明年再诉"等偏误的行为方向。

(三)小结:内驱受阻及外驱偏误导致逆向选择

当前重结果轻过程、重效率轻质量、重显绩轻潜绩的审判绩效考核指标体系,未能有效激发法律人基于法律信仰的内驱力,部分法官的内驱力反而受到压制,其基于"理性经济人"的逐利性内驱力在博弈中占据上风。此时,利益最大化成为行为内驱力,法院或法官根据某种行为所能带来的成效来选择最优对策,对策的合理性依赖于绩效考核所产生的外驱力方向是否正确。然而,部分审判绩效考核指标不符合双重理性要求,在偏误的外驱力作用下,部分法官选择了指标最优的行为而非实质最优的行为,逆向选择由此产生。

逆向选择虽表面上提高了审判绩效指数,但其降低了考核的信度与效度。逆向行为将正向行为挤出市场,最终将影响整体审判水平和司法态势,对司法公正度、司法能动性、司法公信力均造成损害。故亟须剖析指标内外失调之成因,才能有效防止逆向选择。

[1] 参见怀效锋:《法院与法官》,法律出版社2006年版,第194页。

三、审判绩效指标筛选偏误的原因剖析

当前审判绩效考核的操作性逻辑为结果导向的“分层聚类筛选指标体系”逻辑。[1]这一逻辑在将抽象价值转化为具体指标的筛选过程中，忽视了对内驱力的关照，亦偏离了外驱力应有的双重理性，导致内驱力的失落及外驱力的偏误。

（一）忽视对内驱力的关照

价值理性视野中的世界是一个人文世界，司法审判亦具有明显的人文科学属性，价值理性要求人的主体性得到充分发挥。随着近现代科学的发展，尤其是对精确化、数值化的过分强调与追捧，[2]客观上促使工具理性急剧膨胀，工具理性与价值理性的平衡逐渐被打破，带来了“手段压倒目的”的问题，韦伯由此提出“现代的铁笼”命题[3]。

当前审判绩效考核缺乏对法官的心理关照，是加剧法官双重身份撕裂、造成考核内驱不足的重要原因。

1. 参照依赖的认知缺位降低法官获得感。参照依赖理论认为，行为人根据预先设定的参照点来判断结果为收益或损失。当结果在参照点之上则为收益，反之则为损失。当前审判运行逆向选择暴露了审判绩效考核在参照依赖上的认知缺位。部分指标本身不符合客观规律，无法达到指标极值或目标值。在参照依赖理论下，只有超额完成才能产出收益，否则均为损失。在参照点过高的情况下，为了完成任务，法官或积极“内卷”逆向选择，或消极“躺平”敷衍应对。当客观上因自我进步产生的“获得感”变为主观上的“损失感”，绩效考核不仅未实现内向激励，反而不利于法官自信心的树立。

2. 损失厌恶的体察不足助长利益内驱。损失厌恶理论认为，面对同样数量的收益及损失时，损失会对行为人产生更大的情绪波动。损益感知的非对称助长法官面对选择时作出逆向选择。面对同样绩效收益，相较于具有低收益率预期和时间、精力

[1] 参见尚虎平：《政府绩效评估中“结果导向”的操作性偏误与矫治》，载《政治学研究》2015 年第 3 期。

[2] 上海市第一中级人民法院课题组、黄祥青、上海市第一中级人民法院：《审判绩效考核与管理问题研究》，载《中国应用法学》2019 年第 3 期。

[3] 参见刘擎：《西方现代思想讲义》，新星出版社 2021 年版，第 54 页。“现代的铁笼”是指过度推崇工具理性导致组织以“非个人化”原则将复杂个体事项简化及抽象为指标，用数据化业绩如 KPI 来评价个体，如此，系统能通过计算高效处理事务。但如此考核在赋予组织内部强大的执行力和效率的同时，也让组织内部变得机械坚硬，宛若机器。

等方面高损失风险的绩效行为,如开展社区普法以获取诉源治理成效,法院更愿从事具有高收益预期且低损失风险的行为,如将部分案件转化为不计入统计数据的诉前案件以达到降低总案件数的考核目标。

(二)偏离对外驱力的理性

外驱力的方向依赖审判绩效考核指标体系的合理性。当前审判绩效考核指标筛选过程偏离双重理性,导致指标偏误,由此产生的外驱力将审判运行指引至偏误的方向。

1.偏离工具理性,对信息化司法统计技术形成路径依赖。体现为试图用司法统计技术来量化全部审判行为、实现全部考核功能。

首先,信息化司法统计技术助力司法统计工作进入信息化时代,并逐步促使当前以数据统计为中心的审判绩效考核指标体系的形成且趋于固化,它以可统计性、可量度性作为指标筛选原则。科技具有的无限扩张性使人们相信科学技术具有无限发展的可能性,可以解决一切问题。[1]因此,部分考核者轻信统计技术的发展能解决审判绩效考核全方位的问题。[2]

其次,在未有其他成熟技术考核工具的情况下,沿用司法统计智能报表一键呈现考核结果是最为便利高效的考核方式。如传统案件评查往往需耗费大量人力、物力,在海量案件背景下,评查规模及效果实质化程度较低,难以实质发挥质量评查功能,更难以将其作为绩效考核指标。

再次,"统计歧视"[3]使考核指标向审判效率侧偏离。"法学是门古老而保守的科学,它和宗教一样以经典文本为基础,以解释技术为主要技艺,以行为—因果关系—结果这样的线性模型为分析框架,面对能够处理海量的、复杂的、非线性的、体现相关性而不是因果性的数据的技术,显得左支右绌。"[4]虽然现代信息统计技术深刻地改变了司法统计方式进而改变了审判绩效考核方式,但是在本质上,司法审判具有明显的人文科学属性,量度化客观上存在难度,这类似电影的艺术价值难以通过结果导向的排片率进行评判。审判效率相较于审判公正、审判效果有更明显的可量度特性,可得出更难被质疑的效率指数。基于统计歧视,指标筛选中不自觉地提高了效

---

〔1〕 参见王树松:《论技术合理性》,东北大学出版社2006年版,第40页。

〔2〕 参见叶燕杰:《信息化如何塑造中国司法》,载《地方立法研究》2022年第3期。

〔3〕 "统计歧视"是指从经济理性出发,既然选择本身存在失误的可能,不如在选择之初就规避掉潜在的风险。如一些企业宁愿选择相对较差的男性也不选择女性。

〔4〕 郑戈:《司法科技的协调与整合》,载《法律适用》2020年第1期。

率指标权重,导致结构偏误。

最后,统计技术本身的局限限制。现阶段,信息平台存在无法统计的领域,考核仅以信息平台及统计技术能够提供的内容作为考评内容,甚至出现了对某项指标是否考评以工程师的答复为决定的情况。

2. 偏离价值理性,筛选忽视绩效公共价值属性。审判绩效是司法公共价值由抽象到具体的表现形式。[1]依托信息化统计技术,审判绩效考核实现了数字化、标准化改造,但司法公共价值输出并不完全等同于产品的标准化制造,更是人民情结和社会价值的赋予和创造。[2]部分责任主体对审判绩效价值属性尚未实现全面精准认知,未能找准公共价值准绳,导致指标筛选出现偏误。

在宏观层面,法院本位主义致使绩效考核更注重内部治理,追求绩效考核本身所具有的工具价值,注重开发利用司法统计技术,以更好应用于法院内部评优评先等管理需求,而对应用于外部服务职能价值上的指标选择有所欠缺。

在微观层面,法院对如何通过司法统计手段实现高效、便捷地业绩评价投入了过多精力,司法统计的范围越来越广、所使用的统计函数越来越复杂,以此区分业绩等级。个别法院注重达到自身预期目的,追求功利的工具利用,体现出对价值理性的忽视。如小额物业纠纷集团案对质量及效果指标均有提升作用,但裁判文书质量与民众评价普遍不佳。

(三)小结:内因关照不足、筛选偏离理性导致指标偏误

考核指标筛选及体系构建过程中,忽视了对内驱力的关照,未能从行为者的心理角度对指标认真考量。同时偏离双重理性,未能从工具理性出发利用不同技术工具优势,选取能够实现考核功能的多元路径;亦未能从价值理性出发,选取可以正向激励审判行为创造公共价值的指标,导致指标偏误,产生了逆向的外部驱动力,审判运行被导向逆向选择。

四、审判绩效考核指标体系的多元构建

“履不必同,期于适足;治不必同,斯于利民。”在工具理性与价值理性的指引下,

---

〔1〕 参见包国宪、马翔:《基于公共价值的政府绩效评估:概念界定与理论框架》,载《兰州大学学报》2022 年第 1 期。

〔2〕 参见陈敏光:《综合配套改革背景下的法官绩效考评体系的完善——基于司法属性的管理学思考》,载《法律适用》2018 年第 1 期。

应以实现司法公共价值为出发点,摆脱对现阶段司法统计技术的路径依赖,内外共驱、加减并用,构建一套激励与约束并重、个体与整体结合、过程与结果并行的多元制衡绩效指标考核体系,有效防止逆向选择。

（一）激发内在驱动力,做好“减法”

法谚有云:“法不强人所难”,那么绩效考核也不应“强法官所难”。由于忽视对被考核者的心理关照,部分指标及指标值设定不符合司法规律,使法官获得感的心理阈值越来越高,因未达到阈值而产生的厌恶日益累积。因此,应当删除不合理的参照点及降低过高参照点,使法官得以轻装上阵。

1. 取消不符合司法规律的重复性增加、量化过度的指标。如不以12个月长期未结案绝对数量、简易程序适用率、小额程序适用率、目标设定为100%的结收比或结案率作为效率约束指标,在避免诉讼拖延的前提下为法官提供更宽裕的学习、思考等质量打磨空间。

2. 降低不符合司法规律的指标目标值及权重。发改错误瑕疵率、服判息诉率对质量、效果方面具有一定表面效度,但其目标值过高及绝对权重不符合司法规律。故应降低发改错误瑕疵率、服判息诉率的目标值及权重,使之成为具有一定自由选择空间的相对弱约束性指标,营造相对宽容的环境氛围。

3. 更换不符合司法规律的考核周期。对于部分平时过程潜绩以及部分长期累积潜绩,如优化营商环境、诉源治理成效等,以年度进行考核难度过大。应当以更长周期视野设置对比参照点,如对比前3年平均收案数等更符合长期工作规律的考核方式,避免对复杂性、长期性工作设置短平快的考核要求。

通过上述减负措施,给予法院及法官在审判工作中一定程度的灵活自由处分空间,避免法官长时间处于满负荷甚至超负荷之下,在让考核更有温度的同时实现内外效用的整合、提升。

（二）修正外部驱动力,做好“加法”

从价值理性出发,以更有利于实现司法公共价值为视角对考核指标予以筛选,重塑以各项司法公共价值为核心的指标群(见表4)。从工具理性出发,顺应时代与科技的发展,探寻统计技术之外的其他信息化技术优势利用,以科技为审判绩效考核赋能。

1. 质量指标:从整体公正到个案公正,增设“案件质量评查”二级指标。

表 4 审判质量指标群

一级指标	二级指标	三级指标	考核方式
审判质量	案件质量评查	庭审质量评查	本院按季度抽查;上级法院每半年进行一次抽查;第三方机构每年进行一次抽查;“四类案件”、超 12 个月未结案重点抽查。对不合格案件扣分,得出最终考核等次
		文书质量评查	
	发改案件瑕疵率	上诉案件瑕疵率	司法统计数据自动生成
		再审案件瑕疵率	

司法公正是审判工作的生命线,必须形成以审判质量为导向的考核体系,引导法官树立审判质量优先的理念。现有发改案件瑕疵率仅为事后评价、整体评价,并不能形成全面追求办案质量和审判过程公正、规范的导向。案件质量评查指标作为过程评价、个案评价,可更为准确地呈现案件公正程度,缓解审判质量的可量度性与不可考察性之间的冲突。

构建具体指标。其一,考核内容。案件质量评查下设两项三级指标:庭审质量指标与文书质量指标。其二,考核方式。通过本院亲自观摩庭审、上级或第三方抽取庭审录像的方式对庭审质量进行考核;通过直接抽调电子卷宗的方式对文书质量进行考核。对于考核周期,本院肩负事后考核及过程监管双重任务,故以季度为单位进行抽查,且对“四类案件”全面评查。鉴于审判质量相对稳定的特点,衡量考核成本与效果,设定上级法院每年进行两次质量评查,第三方每年一次或两年一次进行质量评查,通过阶段性考核稳固提升案件审判质量。最终以多方评查结果综合认定,作出等次评价。其三,考核权重。提高抽查概率并赋以较高权重,正向激励法官加强日常审判质量;对抽查不合格案件扣分、降低错案率考核指标权重,以此限制年终突击等数字统计技巧的逆向驱动力,从而防止逆向选择。

利用技术优势。传统案件评查存在纸质案卷整理、归档、调取、交接、运输等多环节,工作量大、成本高、效率低且具有风险,不符合工具理性的要求。流转耗时客观产生事后补救空间,对绩效考核功效实质发挥无益。

一方面,将“区块链”技术融入电子卷宗建设,为案件质量评查考核奠定基础。随着区块链技术不断成熟,其中联盟链具有隐私保护程度高、成本低、效率高、互联互通、数据共享的特点,与电子卷宗建设的需求高度契合,存在较强的技术优势。[1]首先,这可将案件信息如庭审笔录、录像等的数据化转换并实时上链存证,无法篡改,确保考核的准确性。其次,对于查阅权限,可依据案件评查规模及级别作不同设置,仅将评查者定义为可信,并需提交 CA 证书审核方可进行评查,确保案卷信息的安全性。最后,构建"电子卷宗数据共享平台",通过在各机构设立区块链节点,为上级法院评查、各法院间互查、检察院等监督机关抽查、第三方机构评查等提供便利。

另一方面,将"人工智能"技术融入文书评查,辅助文书质量评查指标考核。文书质量评查者需掌握案卷整体信息,且有较高的专业审判能力,方能对文书质量进行实质评查。因此,传统裁判文书评查常因难度较大、主观性强而流于形式。人工智能可发挥技术优势,辅助文书质量评查指标考核。它以案件信息以及司法大数据库作为智能算法的输入内容,经过数据挖掘、信息处理、知识计量等算法后,得出裁判文书的回应性程度、说理程度评价,作为文书质量考核的辅助性依据。

2. 司法为民价值下审判效果指标:从单一主体到主体间性,增设"外部评价"二级指标(见表5)。

表5　审判效率指标群

一级指标	二级指标	三级指标	考核方式
审判效果	外部评价	当事人评价	智能系统生成评价报告
		社会公众评价	可委托第三方制作大数据报告
	信访率	信访率	信访部门统计
	服判息诉率	一审服判息诉率	司法统计数据自动生成

司法为民是审判工作的落脚点,必须形成以公众认可为导向的考核体系,引导法官树立审判效果为准绳的理念。当前,仅内部统计指标已无法满足对司法为民价值的评价与激励。有研究表明,公共能够准确感知服务质量,公众评价结果与实际工作效能之间具有高度一致性。[2]故应增设外部评价指标,接受案件当事人、社会公众等

〔1〕 参见程文辉、杜英翔:《"技治"与"法治"——区块链在法院电子卷宗建设中的适用性分析与法律风险探索》,载马世忠:《司法体制综合配套改革中重大风险防范与化解》,人民法院出版社 2020 年版,第 579 – 584 页。

〔2〕 参见倪星、李佳源:《政府绩效的公众主观评价模式:有效,抑或无效?——关于公众主观评价效度争议的述评》,载《中国人民大学学报》2010 年第 4 期。

多元主体的直接评价。外部评价能够有效避免内部评价脱离群众司法感受,可倒逼法官从实质有效性来选择具体行为,如提高裁判文书回应性、做好判后答疑工作等,从而有效防止逆向选择。

构建具体指标。其一,考核内容。外部评价指标下设两项三级指标:当事人评价指标与社会公众评价指标。其二,考核方式。对于当事人评价指标,依托"移动微法院"等现有信息化平台内设"法官—当事人"交互评价功能,引导当事人对审判行为进行评价。对于社会公众评价指标,可以委托第三方机构进行大数据民意调查评价。对于评价等级标准,可将各项社会公众感知指标进行整合(见图 5),综合得出外部评价指标等次。

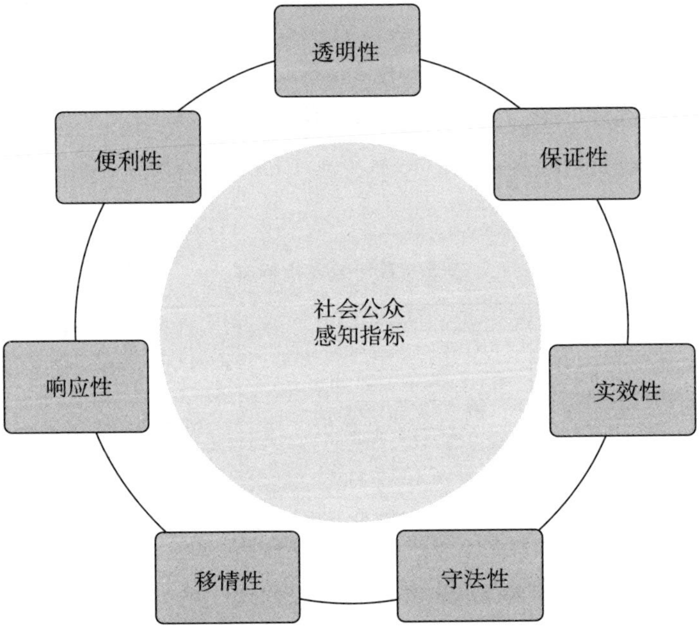

图 5　社会公众感知指标具体内容

利用技术优势。传统民众或当事人自下而上所反映的问题通常比较分散,呈现碎片化状态,无法作为考核指标。利用信息技术,可将信息予以识别、整合,打破数据"信息孤岛"效应,从而获取外部主体的整体评价,以此作为绩效考核指标。

一方面,将"互联网交互"技术融入当事人评价指标。民众对司法的误解,很大程度源于信息不对称,将司法视为"神秘车间"而对之作出无端猜想,造成评价失真,影响考核准确性。"公共利益源于对共同价值准则的对话协商,其关键在于公众能够、也必须参与其中。”[1]利用互联网交互技术,提供交往理性中的“理想言谈情景”,将互动式判后答疑与当事人评价相结合,实现效果治理与当事人理性分析、自律表达的螺旋式递进。依托“移动微法院”,当事人通过随案二维码进入当事人端口,在系统自动引导下对审判行为进行评价,同时系统自动提醒承办人通过线上或线下互动予以判后答疑(见图6),针对性回应并引导当事人对案件的实体、程序等多方面作出理性评价。系统根据各项评价内容,经预设算法综合得出结论,以此作为当事人评价指标考核依据。

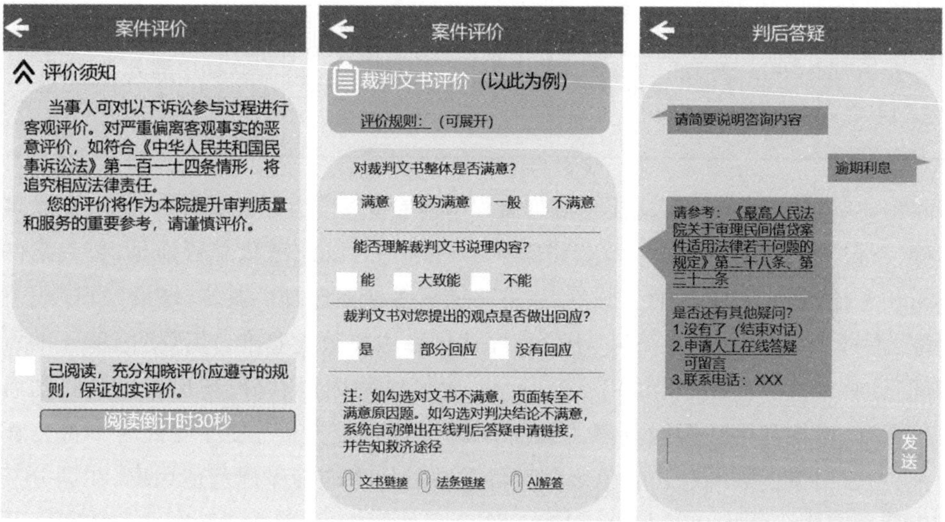

图6　当事人评价引导模型

另一方面,将“大数据”技术融入多元评价机制。当前,在以“云计算”为代表的技术创新大幕的衬托下,可充分发挥大数据海量、高增长率和多样化信息资产的强大的洞察力优势。在大数据信息资产中,含有大量各主体特别是外部主体对审判行为的具体评价。通过定向采集、抓取、过滤民众评价,并整合分析,可从年度、区域、层级、主体多层面生成公众评价大数据报告,作为社会公众评价考核指标等次依据。

3. 司法高效价值下审判效率指标:从结果显绩到过程潜绩,增设“案件节点考核”“程序合格率”二级指标。当前结果导向的指标无法对审判效率进行准确评价,无法

[1] [美]珍妮特·V. 登哈特、[美]罗伯特·B. 登哈特:《新公共服务理论》,丁煌译,中国人民大学出版社2004年版,第78页。

对审判拖延及逆向选择进行有效约束。故需在结果导向的“显绩”指标的基础上，增设过程导向的“潜绩”指标（见表 6）。

表 6　审判效率指标群

<table>
<tr><th>一级指标</th><th>二级指标</th><th>三级指标</th><th>考核方式</th></tr>
<tr><td rowspan="5">审判效率</td><td rowspan="2">审判流程节点合格率</td><td>节点用时时长</td><td rowspan="2">智能办案平台统计生成</td></tr>
<tr><td>节点完成率</td></tr>
<tr><td>法定审限内结案率</td><td>法定审限内结案率</td><td>司法统计数据自动生成</td></tr>
<tr><td rowspan="2">程序规范适用率</td><td>简易程序适用率</td><td rowspan="2">司法统计数据自动生成，置信区间内满分；超出启动案件程序评查，考核程序适用规范率</td></tr>
<tr><td>小额程序适用率</td></tr>
</table>

构建具体指标。其一，增设“审判流程节点合格率”指标，以案件内部节点管理为基础，下设“节点用时时长”“节点完成率”三级指标，以此考核是否拖延；替代案件整体时长考核指标，防止拒绝必要节点、策略结案等逆向选择。其二，增设“程序规范适用率”指标，以辖区前 3 年简易、小额程序适用率中位数为基准，计算指标 80% 的置信区间[计算公式：$Pr(B \leq m \leq A) = 1 - \alpha$]。置信区间内得满分；超出置信区间则启动案件评查，考核程序适用规范率，“当简亦繁”或“当繁亦简”案件均视为不符合程序规范，不合格案件数与超出置信区间案件总数的比率即程序规范适用率，在满分基础上以适用率排名依次递减扣分。其三，结合案件评查，确定超 12 个月未结案以及扣除、延长审限大于等于 3 次或大于等于 6 个月的案件是否存在拖延，查实存在拖延则在案件质量评查项相应扣分。

利用技术优势。传统审判流程节点管控中，辅助技术欠缺是管控无法发挥考核功能的重要成因。对此，可依托信息化智能审判平台实现信息集成。首先，根据 BPR 理论即业务流程再造理论，确定审判关键节点，如审判流程可分为诉前、立案、分案、庭审前、庭审后、裁判、判后 7 个节点，其中将影响办案效率的重点节点如鉴定评估、调查取证等纳入被管控对象。其次，根据司法规律，对各节点设置合理时长。如在普通程序案件庭审结束后，系统自动提醒合议庭 10 日内完成评议，并在合议后 30 日内形成裁判文书等。最后，系统对案件流程节点完成情况进行综合分析，统计关键节点平均时长及完成率，将其作为审判效率过程考核的考核内容。对此，江苏省盐城市人民法院研发了可视化智能节点管控系统，依托信息化办案平台，取得较好成效。其

2021年案件平均审理天数同比缩短26.5天，法定审限内结案率同比增长6.1%。[1]故依托信息化技术对流程节点完成率予以考核，可使效率考核实质发挥正向激励功能。

（三）基于层次分析法设计指标权重

审判绩效考核指标体系分为三个层级，本文采用专家打分法和层次分析法（AHP）相结合的方法确定各指标权重。[2]首先，本文邀请司法统计专家、审管办负责人、绩效办负责人和资深法官等7人组成专家组，在上文对质量、效果、效率指标群的初步构建基础上，经专家组讨论形成指标结构。其次，分别构建一级指标层对于二级指标层的判断矩阵（见表7）以及各二级指标层对于三级指标层的判断矩阵（见表8），在判断本层次内相关指标因素之间的相对重要性时，选取常用的1～9标度法对指标的相对重要性程度进行专家经验赋值，bij就是Bi对Bj的相对重要性的数值表示，具体含义为：bij=（1,3,5,7,9），分别表示Bi与Bj同等重要、稍微重要、明显重要、强烈重要、极端重要。通过评分表确定各指标的相对重要性程度。最后，使用yaahp 0.5.2（2010）层次分析法软件对审判绩效考核指标体系的权重进行计算，得到审判绩效考核指标体系中各项指标的权重值，并形成最终指标体系（见附件1）。

表7　构建目标层对于要素层的判断矩阵

	审判质量（U_1）	审判效果（U_2）	审判效率（U_3）	重点工作（U_4）
审判质量（U_1）				
审判效果（U_2）				
审判效率（U_3）				
重点工作（U_4）				

表8　各要素对于指标层的判断矩阵

	审判流程节点合格率（U_{31}）	法定审限内结案率（U_{32}）	程序规范适用率（U_{33}）
审判流程节点合格率（U_{31}）			
法定审限内结案率（U_{32}）			
程序规范适用率（U_{33}）			

〔1〕参见李江蓉：《智能管控审判流程节点的实践与探索》，载《人民司法》2022年第13期。

〔2〕参见孟志华、李洁：《基于环境管理目标的政府绩效评价体系研究》，载《广西社会科学》2014年第12期。

（四）多元审判绩效考核体系的配套机制

审判绩效考核体系的构造，必须以整体性思维对各环节及技术进行协调、整合。其一，成立绩效管理跨部门协作委员会。由绩效考核办、审管办、一线法官、技术工程师等人员构成，形成跨领域、跨部门的协同工作机制，实现多主体的整合及信息沟通共享。其二，培养复合型人才。培养既掌握绩效管理体系理论实践，又充分了解信息技术运用的复合型人才，提高智能化时代人员的综合胜任能力。其三，保障考核复核机制运作。《法官法》规定，法官对考核结果有异议的可以申请复核。通过复核机制的实质运行，明确法官的主体性以维护法官内部驱动力。其四，警惕技术理性膨胀。信息化技术归根结底是为辅助审判绩效考核，既需以开放的姿态面对新技术，更应当以审慎的心态面对智能结果，避免机械使用信息化技术。提升绩效考核机制效能无法依赖技术一蹴而就，需要各级法院长期不懈地研究、推动，这是任何技术都无法取代的。

结　语

最高人民法院于 2022 年 5 月 26 日在北京、杭州两地召开数字经济法治论坛，讨论在数字经济浪潮下，司法机关如何促进数字技术与司法工作深度融合。本文以审判绩效考核实践为基础，对审判运行逆向选择现象展开分析，提出审判绩效考核应当摆脱以数据统计为中心，进而转向以信息利用为中心，构建现代信息技术与考核场域深度融合的多元化考核指标体系，以此展望审判绩效考核未来发展愿景，以期为深化智慧法院建设、推进审判体系和审判能力现代化尽绵薄之力。

附件 1

多元化审判绩效考核指标体系模型

一级指标	二级指标	三级指标	考核方式
审判质量（25 分）	案件质量评查（15 分）	庭审质量评查（5 分）	本院按季度抽查；上级法院每半年进行一次抽查；第三方机构每年进行一次抽查；“四类案件”、超 12 个月未结案重点抽查。对不合格案件扣分，得出最终考核等次
		文书质量评查（10 分）	
	发改案件瑕疵率（10 分）	上诉案件瑕疵率（5 分）	司法统计数据自动生成
		再审案件瑕疵率（5 分）	

续表

一级指标	二级指标	三级指标	考核方式
审判效果（15 分）	外部评价（10 分）	当事人评价（6 分）	智能系统生成评价报告
		社会公众评价（4 分）	可委托第三方制作大数据报告
	信访率（5 分）	信访率（5 分）	信访部门统计
	服判息诉率（5 分）	一审服判息诉率（3 分）	司法统计数据自动生成
		生效案件服判息诉率（2 分）	
审判效率（15 分）	审判流程节点合格率（7 分）	节点用时时长（3 分）	智能办案平台统计生成
		节点完成率（4 分）	
	法定审限内结案率（4 分）	法定审限内结案率（4 分）	司法统计数据自动生成
	程序规范适用率（4 分）	简易程序适用率（2 分）	司法统计数据自动生成，置信区间内满分：超出启动案件程序评查，考核程序适用规范率
		小额程序适用率（2 分）	
司法公开（10 分）	裁判文书上网率（5 分）	裁判文书上网率（5 分）	系统自动生成
	庭审直播率（5 分）	庭审直播率（5 分）	系统自动生成
重点工作	按实际情况制定（20 分）		
加减分项目	按实际情况制定（15 分）		

附件 2

关于审判绩效考核调查问卷

第 1 题　审判绩效考核指标中最困扰您的是？［单选］

选项	小计	比例
审限、程序等效率指标	66	51.56%
上诉率、满意度等效果指标	23	17.97%
发改错案等质量指标	30	23.44%

续表

选项	小计	比例
其他指标	9	7.03%
本题有效填写人次	128	

第 2 题　您认为是否能完成当前指标要求？[单选]

选项	小计	比例
能完成	11	8.59%
基本可以完成	11	8.59%
很有难度	34	26.56%
几乎完成不了	40	31.25%
不能完成	32	25%
本题有效填写人次	128	

第 3 题　您认为当前绩效考核对提升审判质量 效果和效率是否有帮助？[单选]

选项	小计	比例
有很大的激励作用	10	7.81%
有一定的激励作用	55	42.97%
没有激励作用	63	49.22%
本题有效填写人次	128	

第 4 题　您认为当前审判绩效考核的问题有哪些？[多选]

选项	小计	比例
指标不合理	94	73.44%
指标设置目标不合理	108	84.38%
指标体系不均衡	116	90.63%
考核结果与实际情况不符	106	82.81%
指标无法正向激励审判行为	101	78.91%
本题有效填写人次	128	

注：本文利用问卷星自带的 SPSS 功能对问卷结果信度进行检验，Cronbach α 系数为 0.775，量表信度较好。

附件 3

访谈内容整理汇总

问题	最困扰你的绩效指标	如何应对效率、质量、效果及其他指标考核
A1: 初任法官(立案庭)	小额程序适用率。作为新人虽从审理简案开始,但很多标的小案情却复杂的案件也要求 2 个月内审结,压力非常大	小额程序案件是不允许当事人补充证据的,再复庭就无法在 2 个月结案了。一到下半年,院里就收大量的小额诉讼案件,年底审结压力特别大。目前院里正在探索诉前鉴定、诉前质证、诉前送达的机制,也许能缓解审限的压力。因为要求快速审结,很多物业纠纷案件是不怎么说理的,大家都按一个模板写文书,反正小额诉讼也不会上诉
初任法官(民二庭)	一审当庭宣判率、简易程序适用率。作为商事庭,繁简分流后受理的案件相对比较难,但又要求当庭宣判和适用简易程序,对此比较困惑	当庭宣判目前仅在比较简单的买卖合同公告案件中进行,但已经不能满足现在的指标要求,所以对一些相对较难的案件,会采取庭前质证、庭前合议的方式,基本在这个阶段就可以对案件作大致的判断,再组织双方开庭,从而保证当庭宣判。简易程序要求也越来越高,感觉每天都被审限逼着走,有些案件送达等前期工作已经用了 2 个月,等开完庭只有 10 天左右可以写判决,哪怕庭后没有头绪,也没有办法转普通程序,可能同时有 20 件需要在 10 天内审结的,那就只能凭感觉判了再说
A2: 5 年审判经验年轻法官(民一庭)	服判息诉率、案访比。办理的案件越多,越容易遇到不讲道理的当事人,他要上诉、信访,就能说明我工作做得不到位吗?	案件数量越来越多,又快又好完成结案已经是很难了,没有时间再去做当事人思想工作。为完成服判息诉率,院里给的要求是调撤率必须达标,这样复判息诉案就下来了。作为难案组,简易程序适用率要求达到 60% 真的很困难,但是再难也要 3 个月结案是硬性要求
5 年审判经验年轻法官(执行局)	执行标的到位率。执行难虽说得到一定缓解,但是执行到位还是比较难完成,感觉要凭运气	虽说执行难是个老问题,但是对执行法官的要求是越来越严格。执行标的到位很大程度上我们也没有更多的办法,特别怕遇到那种标的特别大又执行不到位的案子。如果一年内遇到几件无法执行到位的大案或者系列案,整年的指标就完成不了了。所以立案时间比较讲究,执行到位难的案子,最好年头立案,可以有足够的时间去找办法执行到位

续表

问题	最困扰你的绩效指标	如何应对效率、质量、效果及其他指标考核
A3: 10 年以上审判经验资深法官(民一庭)	12 个月以上长期未结案。案件一旦涉及鉴定就很难保证 12 个月结案。不是不积极审理,法官会议都开了两三次了。每次被通报批评都怀疑是不是自己能力有问题	对于一件审限逼近 12 个月的案件,结案就是唯一原则。在审理至 10 个月,出现了新情况需要追加当事人时,只能和原告律师商量先撤诉,之后将要追加的当事人列为被告再重新起诉,一般是能够配合的。当然,错案率考核也很麻烦,如果当事人在二审提交新证据,就可以和二审法官沟通不认定为错案。只要不是错案,一般发改就没有太大关系
10 年以上审判经验资深法官(综合审判庭)	法定第一次审限内结案率。不太明白这个指标设置的目的是何。法定的审限内结案即可,为何要强调第一次审限,那么法律规定的公告期、鉴定期可以扣除审限的意义在哪里	为了满足法定第一次审限内结案率考核,院里要求公告、鉴定等不允许扣审限,那实际上留给法官的时间就特别紧张,有时甚至开完庭第二天就必须宣判,否则就超审限。对此基本都是提前写好判决书草稿,等开完庭不出太大意外就可以直接宣判结案了。有些调解需要较长时间协商的,就需要评估审限够不够,如果不够就直接判决了,哪怕当事人都愿意继续协商,但不允许扣审限也没有办法,只能告诉当事人判决后他们再自行协商
A4: 副庭长(简案庭)	各项指标都很困扰。庭长让我抓绩效,但是各项指标都要达标的话,不想其他办法是行不通的。法官们都很累,每天加班也不是办法	每年到下半年,特别是接近年底的时候,因为一项绩效指标不达标,就会组织全庭加班。特别是一大批信用卡纠纷案件进来后要以最快速度结案,为全年的各项效率指标拉分
庭长(难案庭)	各项指标都很困扰。现在难案庭压力很大,效率要求很高,难案庭很难完成,如果抓速度,一旦错案也会被批评。如果抓质量,速度又上不去,也会被批评。每次通报批评都是我们庭,并不是我们的法官不努力	很多时候,裁判的对错只是主观判断,作为庭领导,要与上级法院搞好关系,如果有拿不准的案件,我肯定要亲自带队去上级请示,否则错案率考核就很难完成。12 个月长期未结案也是庭里的大难题,我会组织召开法官会议,但更多时候如果鉴定更为妥当而审限却等不了,法官会申请审委会讨论,由审委会决定案件的走向。鉴定或不鉴定的后果,庭里都很难承担

续表

问题	最困扰你的绩效指标	如何应对效率、质量、效果及其他指标考核
A5: 审管办负责人	各项指标都很困扰。特别是效率指标。现在效率指标权重大,法官来找我们扣审限、转程序,按照考核方案却又不得不回绝	绩效体系是有侧重的,如果只能选一侧的话,只能抓大放小。虽然质量、效果指标分值也不低,但是和效率指标相比,效率指标绝对是要严抓的。各院之间的差距也在于效率指标
A6: 法官助理	不太困扰,绩效考核与自身没有太多直接关联	不太清楚具体的考核指标,感觉是要求变得越来越快,有时候遇到一个有意思的案件,没有来得及学习,法官就自行处理了。案件太多,只有年底突击完成文书上网工作,也不清楚有些年底突击的工作是对应什么指标

注:在访谈前,笔者向被访谈者发放了所在单位绩效考核指标体系文件。直接访谈 30 人,微信群讨论共有 68 人参与讨论。本附件按身份分类,对访谈中的问题进行总结。

犯罪附随后果下轻微犯罪记录封存制度的构建

——以刑事裁判文书上网为视角

林　丽[*]　莫泽东[**]

近年来,我国增设了不少轻微罪名。增设新罪,是将违法行为犯罪化,一定程度上削弱了行政权强化了司法权,有利于促进司法积极参与社会治理和防控社会风险,但我们要警觉犯罪化所带来的消极影响,即犯罪附随后果。犯罪附随后果是指在刑事法律法规之外,针对犯过罪或受过刑事处罚的人所创设的一种限制性处罚后果。[1] 相比刑罚的有期限性,犯罪附随后果给犯罪人的影响可能是终身的。我国刑事裁判文书上网以公开为原则,不公开为例外,不公开的刑事裁判文书仅限涉国家秘密、涉未成年人犯罪等情况,其他犯罪的裁判文书不加区分一律上网公开,这种"一刀切"的做法忽视了轻微犯罪的特殊性,造成犯罪附随后果轻重倒挂的不合理现象。为此,如何完善刑事裁判文书上网机制及犯罪记录制度,消除不合理的犯罪附随后果是一个不容忽视的问题。

一、轻微犯罪及其刑事裁判文书上网公开的现状扫视

按照犯罪分层理论,被判处 10 年以上有期徒刑、无期徒刑或死刑的是重罪,3 年以上 10 年以下有期徒刑的是一般犯罪,3 年以下有期徒刑的是轻罪,1 年以下有期徒刑、拘役或管制的是微罪。受积极刑法立法

---

* 广西壮族自治区北流市人民法院四级法官助理。

** 广西壮族自治区玉林市中级人民法院五级法官助理。

〔1〕 参见付强:《论犯罪行为的刑罚附随后果》,载《法学杂志》2015 年第 7 期。

影响，我国犯罪结构逐渐发生变化，呈现轻罪化态势。在此背景下，我国刑事裁判文书上网制度也存在一定的问题。

(一)我国犯罪结构现状分析

1. 犯罪案件呈双降双升趋势。随着我国社会主要矛盾的转变，加上积极刑法观的影响，国内刑事案件结构逐渐呈现双降双升的变化。[1]该变化态势越发明显，对我国刑事犯罪案件结构和刑事政策存在一定影响。

双降是指重刑率、严重暴力犯罪案件数量呈下降态势。重罪犯在所有罪犯中的占比即为重刑率。近年来，我国重刑率从 2011 年开始呈波动下降之势，如图 1 所示。同时，我国抢劫、强奸等严重暴力犯罪案件数量也呈波动下降之势，从 2012 年的 215,866件逐年平缓下降，2016 年降至 151,304 件，2017 年呈上升之势，达到 299,907 件后骤然下降:2018 年 188,037 件，2019 年 176,010 件，2020 年 102,960 件。严重暴力犯罪案件数量的减少，说明我国治安环境持续向好。

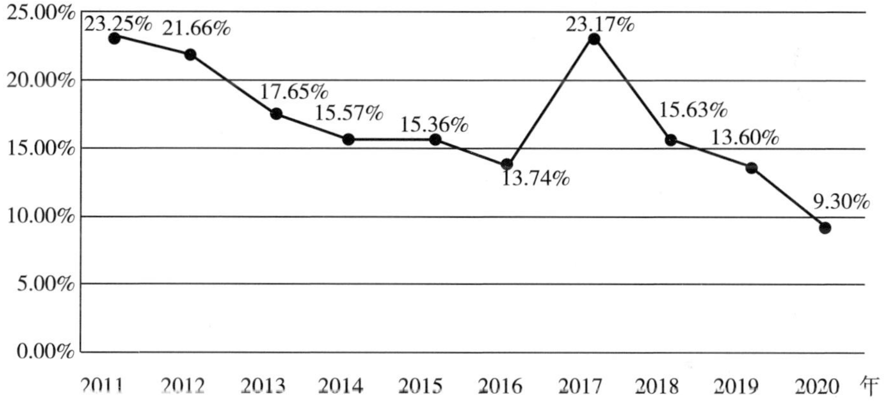

图 1　我国 2011—2020 年重刑率变化趋势

双升是指轻刑率和轻微犯罪案件数量呈上升态势。轻刑率是轻微犯罪案件在全国法院当年审理的一审刑事案件中的占比，根据笔者统计，该项数据稳中有进，波动上升，如图 2 所示。轻微犯罪案件数呈逐年上升之势，2011 年 648,409 件，2012 年 780,147 件，2013 年 784,951 件，2014 年 877,730 件，2015 年 929,205 件，2016 年 948,896件，2017 年 992,787 件，2018 年 1,013,935 件，2019 年 1,076,534 件，2020 年达到 1,004,650 件。

---

〔1〕 参见袁彬:《犯罪结构变化下轻罪的刑法区别治理》，载《人民检察》2022 年第 9 期。

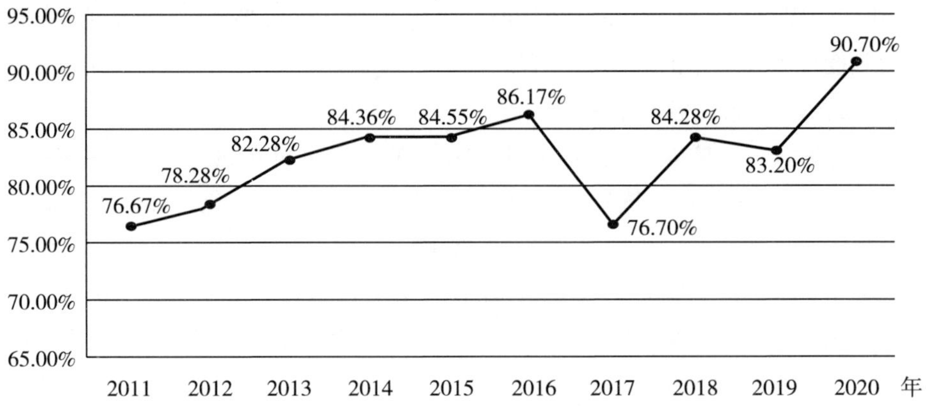

图2 我国2011—2020年轻刑率变化趋势

2.轻罪圈进一步扩大。笔者对近十年轻微犯罪新增情况进行了统计,如表1所示。《刑法修正案(八)》增设危险驾驶罪;《刑法修正案(九)》增设代替考试罪、虚假诉讼罪等14个轻罪,同时修改危险驾驶罪构成要件,强化该罪适用性;《刑法修正案(十)》增设侮辱国歌罪;《刑法修正案(十一)》增设妨害安全驾驶罪、冒名顶替罪、高空抛物罪等8个轻罪,此时轻罪罪名已有106个,全部罪名486个,占比21.81%,刑法立法从“厉而不严”逐渐走向“严而不厉”,轻微犯罪圈子得以进一步扩大。

表1 我国近十年新增轻罪统计

年份	增设罪名来源	增设罪名	增设轻罪数量	累计轻罪数量
2011	《刑法修正案(八)》	危险驾驶罪	1	83
2015	《刑法修正案(九)》	代替考试罪、虚假诉讼罪、出售提供公民个人信息罪、虐待罪等	14	97
2019	《刑法修正案(十)》	侮辱国歌罪	1	98
2021	《刑法修正案(十一)》	妨害安全驾驶罪、冒名顶替罪、高空抛物罪、催收非法债务罪、侵犯英雄烈士名誉荣誉罪等	8	106

刑法轻缓化是刑法发展的必然趋势,这就要求重罪重刑比例不能过高,因此,科学合理的划分结果应是轻罪占犯罪的多数。增设轻罪,将部分违法行为犯罪化,使我

国刑法由“小而重”逐步向“大而轻”方向发展。[1]据统计，在刑法486个罪名中，罪刑单位规定法定最高刑在3年以下有期徒刑的罪名有264个，占总数的54.3%。[2]由此可见，我国已步入轻罪化时代。刑法的目的是惩恶扬善，维护秩序。当轻罪化时代来临时，我们应当将更多的目光聚集于轻微犯罪，并重新调整轻微犯罪刑事政策和刑法意见，尤其是处理好轻微犯罪的附随性后果，使其与罪责刑相协调和均衡。

（二）刑事裁判文书上网现状分析

1.文书上网忽视轻微犯罪特殊性。《最高人民法院关于人民法院在互联网公布裁判文书的规定》（以下简称《裁判文书上网规定》）第4条明确5类案件不上网公开，但并未对轻罪、重罪进行区分，没有做到具体情况具体分析。笔者在中国裁判文书网上随机抽取近5年的一审刑事判决书100份，其中故意杀人罪、故意伤害罪、贪污罪、盗窃罪、危险驾驶罪各20份。通过对比发现，几个罪名的刑事裁判文书上网并无差异，除少部分危险驾驶罪作隐名处理外，其他公开内容基本一致。轻微犯罪几乎没有社会危害性，比如“醉驾型”危险驾驶罪，行为人只是因醉酒驾车而触犯刑律，且法定最高刑为拘役6个月，但其裁判文书一旦上网公开，就相当于给其加上伴随终身的羞辱刑，不符合比例原则。

2.文书上网程序细化不足。一是未履行告知义务。笔者就文书上网公开前有无告知当事人的问题在某法院随机抽取了60人进行询问，其中法官10人、法官助理20人，书记员30人。询问结果如下：不知道的5人，占8.33%；应告知的13人，占21.6%；无须告知的42人，占70%。从数据得知，接近一成的人不知道文书上网需要告知当事人，七成左右的人不告知当事人其裁判文书需要上网公开，只有两成的人在文书上网前告知当事人。司法实践中，案件办结后往往是由审判辅助人员进行裁判文书上网，且在文书上网前较易忽略告知义务。二是紧急撤回机制不完善。《裁判文书上网规定》第16条规定了法院可在与原本不一或者技术处理不当的情况下撤回文书，撤回适用情形相对单一，适用性不够强，也未明确撤回需要的步骤和手续，这给司法实践带来难题。

3.忽视隐私保护。一是隐私界限模糊。《裁判文书上网规定》第10条规定公开裁判文书时要删去当事人个人信息等法院认为不宜公开的信息，但对于涉及当事人隐私保护的标准未曾界定，对是否属于个人隐私及对案件起决定性影响的隐私问题

---

[1] 参见郑丽萍等：《违法行为犯罪化对刑法体系的建构与影响》，载《人民检察》2018年第7期。

[2] 参见贾佳：《轻微犯罪的比较考察与科学界定》，载《北京警察学院学报》2022年第1期。

是否公开未予规定。比如,刑事诉讼参与主体能以涉及隐私权为由申请不公开裁判文书,该参与主体是仅指受害人、被告人还是包括证人、鉴定人等其他参与人?又如,由于隐私权界定模糊,部分司法工作人员只把隐私范围定位在强奸罪、猥亵妇女儿童罪等性犯罪上,此定位已无法满足公众对隐私权的保护需求。二是轻微犯罪裁判文书封存机制缺失。如前文所述,我国裁判文书上网制度忽视轻微犯罪的特殊性,其裁判文书公开方式与重罪无异,使轻微犯罪人在信用社会中难以立足,阻碍其复归社会,增加社会不和谐因素。例如,2021年,某小区张某与邻居李某因琐事发生口角大打出手,李某被打成轻伤,最后法院以故意伤害罪判处张某有期徒刑1年2个月,并赔偿李某45,111元。[1]张李两人之争无非邻里关系紧张导致,纯属一时冲动的意气之争。从恢复性司法的角度来看,该案定张某之罪固然重要,但恢复张李两家和睦的邻里关系更重要。由于封存机制的缺失,该案裁判文书的公开将如"一根刺"深扎张李两家人心中,不利于张李两家重归于好,不符合社会主义核心价值观要求。

二、轻微犯罪刑事裁判文书上网机制的内在弊病

刑事裁判文书上网,是加强司法公开、强化公众司法监督的有效举措。文书上网以公开为原则,以不公开为例外。而在轻罪化时代的背景下,因忽视轻微犯罪的特殊性,轻微犯罪刑事裁判文书上网机制存在一定的弊病。

(一)轻微犯罪刑事裁判文书公开与刑罚目的脱靶

按照对刑罚目的理解的不同,国内刑法学分为旧派绝对报应论和新派相对预防论。旧派代表黑格尔认为应当用"否定之否定"论证刑罚正当性,即犯罪是社会对犯罪人的否定,而刑罚则是对犯罪人的否定之否定。新派代表费尔巴哈把刑罚视为保护社会免受将来犯罪行为的工具。[2]下面将从这两方学说分析轻微犯罪裁判文书公开与刑罚目的之间的关系。

案例1　公职人员许某某"醉酒型"危险驾驶案[3]

2021年6月25日,山东省某单位公务员许某某饮酒后驾驶汽车,被交警查获,经检验,许某某血液中乙醇含量为146.1mg/100ml,法院判决许某某犯危险驾驶罪,判处拘役1个月,缓刑2个月,并处罚金1.1万元。

---

〔1〕 参见辽宁省开原市人民法院(2022)辽1282刑初9号刑事附带民事判决书。

〔2〕 参见黄河:《犯罪现实与刑罚的社会控制——基于刑罚目的论的反思》,载《中外法学》2021年第3期。

〔3〕 参见山东省济宁市兖州区人民法院(2022)鲁0812刑初246号刑事判决书。

1.“旧派”绝对报应论要求罪刑相适应。报应论要求罪和刑具有相称性，避免惩罚过剩的情况。合乎比例是分配正义的另一项内涵，不合比例的分配就是不正义。[1] 刑事法治不能一味追求“罚莫如重而必”，而是讲求刑罚尺度与犯罪的危害程度基本相当，避免重罪轻罚、轻罪重罚、轻重同罚。[2]假设把社会正义状况比喻为一个稳定的天平，犯罪是加在天平一端的砝码，刑罚是国家利用强制力加在天平另一端的砝码，目的是使社会恢复原来的绝对正义状态。刑罚砝码分量应当根据犯罪人的罪责轻重量身打造，做到罪责刑相适应。案例 1 中，许某某身为公职人员酒驾违法，尽管 1 个月拘役和 1.1 万元罚金并不算重，但许某某被判刑后，按《公务员法》现行规定，许某某必然还面临开除公职的后果。以许某某被判刑前的状态当成平衡的天平，许某某醉驾被判刑，未造成对他人人身或财产的侵害，犯罪砝码很轻，而刑罚砝码逐渐增加，除了拘役、罚金外，犯罪人还得承受开除公职、从业限制等附随后果，天平骤然失衡，形成轻罪重罚的失衡局面，与报应刑的罪刑相适应精神背道而驰。

2.“新派”相对预防论目的在于消除罪犯人身危险性。刑罚预防刑旨在消除犯罪人的人身危险性，包括初次犯罪的可能性和再犯可能性。前者叫消极预防，是利用国家强制力惩罚犯罪，教育公众，完成法律评价、指引和教育三大功能。后者是针对犯罪人，在于对其执行刑罚改造，使其顺利回归社会，也叫特殊预防。再以案例 1 为例，《刑罚修正案（八）》将醉驾入刑，禁止酒后驾车，意在降低酒驾可能性，即消极预防。许某某酒驾行为突破了消极预防的防线，法律发挥教育职能对其进行改造，消除其人身危险性，使其可顺利回归社会，也就是特殊预防。而文书上网将许某某前科记录放大，将导致许某某在恢复社会正常人的就业、生活的过程中容易碰壁，使特殊预防“破防”，部分罪犯人身危险性不减反增，难以复归社会。

（二）变相“声誉罚”增加犯罪者复归社会难度

案例 2　李某故意杀人案[3]

2006 年，李某因犯盗窃罪被判处有期徒刑 2 年，2008 年出狱后李某与徐某某建立恋爱关系。公安局到李某工作单位给李某建立重点人档案时，其单位得知李某犯罪一事，因此解雇了李某。徐某某因李某存在前科与之发生矛盾最后分手。李某与徐某某争吵后将其杀死。法院以故意杀人罪判处被告人李某死刑。

---

[1] 参见杨国荣：《重思正义——正义的内涵及其扩展》，载《中国社会科学》2021 年第 5 期。

[2] 参见崔志伟：《积极刑法立法背景下前科消灭制度之构建》，载《现代法学》2021 年第 6 期。

[3] 参见黑龙江省高级人民法院（2011）黑刑三终字第 63 号刑事判决书。

案例 2 中,李某属于刑满释放人员,公安机关上门建立重点人员档案,致李某犯罪记录曝光,因此痛失工作和女友。同样道理,犯罪者由于侵犯某种法益受到刑罚惩罚,留下前科记录,而刑事裁判文书记录着大量的个人隐私信息以及负面法律评价,将其无区别公开无疑是对其前科记录的放大,往往会引起公众对当事人的负面关注和消极评价,犯罪者的声誉将面临贬损性打击。声誉罚相当于二次制裁,这种制裁可能比文书本身规定的刑罚还要更具负面影响。而当公众知晓犯罪者罪行后,会将受过刑罚的人作为时刻防范的对象,即产生所谓的“恶魔效应”。[1]李某虽然服过刑,但不意味着他永远存在社会危害性,更不代表李某必然品质低下,其遭遇体现整个社会对刑满释放人员的偏见和个人隐私保护的不重视,不利于刑满释放人员重返社会。

国家负有拯救、改造犯罪者成为新人并复归社会的义务。[2]新社会防卫论是继古典学派刑事政策理论等学派之后的现代刑事政策理论。[3]该学说以犯罪者重新社会化为目的,反对古典学派仅将犯罪视为法律概念,将犯罪视为犯罪人格表达,重视人格保护,区分自然犯和法定犯,舍弃引发“绝对不能犯”和“相对不能犯”争论的“不能犯”概念,肯定道义责任论,认为必须通过教育使犯罪人内心转化然后才能消除其反社会性。主张教育改造犯罪,借此恢复犯罪人的自信心和责任感,助其回归社会。

裁判文书不分轻重罪的上网公开,会造成对犯罪者前科记录的放大,造成声誉打击等犯罪附随后果,导致犯罪人被社会排斥。受过刑罚的人在服刑结束后可能重新走向犯罪道路,社会对其进行一定防范可以理解,但这不代表所有受过刑罚的人都存在人身危险性,单位可以将受过刑罚的人拦在大门之外,但整个社会却无法将其驱逐出人类之外。[4]因此,减轻裁判文书上网所带来的放大效应,减少他们因挫折和打击再次犯罪的可能,让他们自食其力承担起自身的角色和责任,才能真正实现预防再犯的目标。

(三)涉及家属违背罪责自负的法治精神

1.“邻避效应”。标签理论兴起于美国,该理论认为,越轨行为是社会发展的必然产物,只要社会发展,就会出现越轨行为。[5]越轨即犯罪。刑罚初衷即纠正犯罪,使其回到正常轨道。越轨社会学的开创者贝克尔认为:“越轨不是人们所从事的某种获

---

〔1〕 参见王瑞君:《我国刑罚附随后果制度的完善》,载《政治与法律》2018 年第 8 期。

〔2〕 参见[法]马克·安塞尔:《新刑法理论》,卢建平译,香港天地图书有限公司 1990 年版,第 30-31 页。

〔3〕 参见涂欣筠:《新社会防卫论及其对我国刑事政策的启示》,载《理论探索》2017 年第 2 期。

〔4〕 参见王瑞君:《我国刑罚附随后果制度的完善》,载《政治与法律》2018 年第 8 期。

〔5〕 参见全茎:《我国犯罪记录制度体系化研究》,黑龙江大学 2021 年博士学位论文。

得的特质,而是其他人将准则及制裁施加于触犯者的结果。"[1]罪犯被贴上标签后,他们往往会被孤立和疏远,遭受公众非议和排斥,遭遇"邻避效应"窘境使其容易再度越轨。例如,某地10户家庭的围墙或大门处,被喷上了"涉毒家庭"的字样,目的在警示教育。因为家属吸毒,整户家庭被打上了"吸毒家庭"的标签,而该标签不仅难以达到预期的警示教育效果,而且会让相关家庭面临更多困难。

"邻避效应"本来是指居民担心建设项目对身体健康、环境质量和资产价值等带来诸多负面影响,从而激发人们的嫌恶情结,以致采取强烈和坚决的抗争行为。[2]刑事裁判文书"一刀切"公开,相当于在告诉公众,此人有前科。即使所犯之罪并非严重暴力犯罪,如危险驾驶罪,但只要公众知晓邻居有前科,他们会认为自己生命和财产时刻面临风险,因此对犯罪人避犹不及,导致"邻避效应"发生。因为公众只愿意付出与其他人等价的成本,不愿意冒着更高风险与犯罪人相邻生活。公众的标签对待和邻避疏远,会增加犯罪者再犯的风险。

2. 职业禁止与资格限制涉及家属

案例3　吴某因父亲犯罪被拒绝录用案

2019年,吴某大学毕业后参加广东省某市事业单位招聘,顺利通过笔试、面试和体检进入政审,招录单位在政审时调查了吴某的家庭情况,吴某父亲被查出多年前存在犯罪记录。招录单位以吴某父亲曾有犯罪记录为由拒绝录用吴某。

案例4　叶某、金某失火案[3]

2009年,叶某和金某为庆祝王某某结婚,在街道上违反规定燃放烟花爆竹,导致附近的综合市场遭受火灾,近216个摊位被烧毁,造成极大的经济损失,叶某两人被认定为失火罪,受到法律惩罚。

案例5　张某某强奸案[4]

2020年,山东省教师张某某多次利用职务便利,开车将未满14周岁的初一女学生王某带至偏僻处,并多次强行与王某发生性关系,法院认定张某某构成强奸罪,判

---

〔1〕［美］杰克·D.道格拉斯、［美］弗兰西斯·C.瓦克斯勒:《越轨社会学概论》,河北人民出版社1987年版,第155页。

〔2〕参见王璇等:《邻避补偿机制的地方实践与思考——以环保基础设施为例》,载《环境与可持续发展》2021年第2期。

〔3〕参见浙江省台州市中级人民法院(2009)浙台刑一终字第27号刑事判决书。

〔4〕参见山东省临沂经济技术开发区人民法院(2020)鲁1392刑初214号刑事判决书。

处张某某有期徒刑8年。

“刑事责任是一种严格的个人责任，只能由犯罪分子负担，具有人身专属性，不可移转，不能替代。”〔1〕在案例3中，吴某父亲犯法，缘何吴某受罪？让犯罪人的子女间接性地连带承担犯罪附随后果，是对个人责任主义的背离，不符合罪责自负原则。也许这种制度设置有着维护社会安定或者其他功利性考虑，却是以给予一些人的不利为代价，对于遭受不利者而言，在处理分配正义问题上显然有失偏颇。〔2〕法律规范不应助长这种“殃及效应”。

我国目前因刑事犯罪限制从业的，主要有以下几种情况：因受刑事处罚禁止从事公职，如《公务员法》等；因故意犯罪受过刑事处罚禁止从事特定职业，如《律师法》；因特定犯罪受过刑事处罚，如《公司法》对董、监、高的从业禁止规定。应该承认，有的职业确实需要从业限制，因为该职业要求应聘者具备良好的品质和优良的职业操守，如案例5中张某某身为教师，利用职务便利侵犯学生，说明张某某职业素养和人品道德水平低下，禁止张某某在服刑结束后从事教师职业有利于保护未成年人，笔者予以支持。但也有例外，如案例4，虽然叶某两人存在失火行为，但只能证明叶某两人当时未尽注意义务，并不能说明叶某两人不具备良好品质。因此，将任何存在犯罪记录的人员一律拒之于某种职业之外是不合理的，不应成为理所应当的做法。

三、比较法视野下域外犯罪记录封存制度的借鉴

前文从声誉制裁等方面论证了轻微犯罪刑事裁判文书上网机制的内在弊病，在着手我国轻微犯罪记录封存制度构建之前，有必要梳理分析域外犯罪记录封存制度，了解相应制度的关窍和经验技巧。

（一）德国：善用有限记载和衡平原则

德国通过有限记载等举措完善犯罪记录封存制度。首先，德国通过《勾销法》等法律，建立完善的国家层次犯罪记录信息数据库，统一由联邦司法部管理，并扩大犯罪记录信息收纳范围。除了犯罪记录信息之外，德国还将行政机关作出的可执行无争议裁定、违反麻醉药品处置决定收录到全国犯罪记录信息数据库中。〔3〕其次，德国用法律明确和限制查询权的行使。查询主体仅限于公、检、法和未成年犯本人，其他

〔1〕 高铭暄主编：《刑法学原理》（第1卷），中国人民大学出版社1993年版，第418页。

〔2〕 参见［德］考夫曼：《法律哲学》，刘幸义等译，法律出版社2011年版，第195页。

〔3〕 全荃：《我国犯罪记录制度体系化研究》，黑龙江大学2021年博士学位论文。

人无权查询。而公、检、法在行使查询权时仍然需要提供查询目的方面的书面申请材料,并且了解和查询到的犯罪情况仅能用于所申请的特定目的,不能用于他处。再次,德国明确了未成年犯罪记录消除机制的启动方式,未成年犯有申请权,法官有权依职权审查并决定是否批准。如果审批通过,该未成年犯所有犯罪记录将按规定予以消灭。最后,德国主张新主观主义,利用衡平原则协调公共利益和个人隐私权,在两者之间寻求平衡。

(二)法国:司法档案的保存和消灭

法国将犯罪记录称为司法档案。法国对未成年人司法档案也进行了明确规定。一方面,法国明确区分成年人和未成年人司法档案,并分开记载和保存。成年人的司法档案载于《第一公报》;未成年人的司法档案载于《第二公报》,有各自的针对性保护措施。在送达未成年人司法档案前,法国会对接收单位进行接收资格审查,明确对方有接收资格之后才会办理移送手续。[1]另一方面,法国对未成年人司法档案涂销的启动、申请方式、申请期限和特殊情况均有规定。司法档案涂销,只有未成年犯本人有权申请,其他人无权,例外情形是未成年犯服刑结束后仍未成年的,可以由法定代理人协助办理申请手续。申请涂销时间是判决生效3年后。审判机关在审核时会着重对申请人服刑期间及服刑结束后的表现、态度和犯罪情况进行审查,如申请人服刑期间及结束后表现良好、态度端正且无重新犯罪的情况,可以予以批准,反之则拒绝。

(三)美国:犯罪记录消灭机制

美国犯罪记录消灭机制比较成熟,主要有以下三种启动模式:

一是依申请人申请启动。犯罪记录的消灭,由犯罪人申请。申请人只需要证明其具备了消灭犯罪记录的资格,比如服刑情况、改过自新程度、道德品行等因素,只要满足这些法定要求,申请一般可以通过。其流程是申请人先向一审法庭提出犯罪记录消灭的申请,法官安排听证会进行听证和裁决,检察官可以针对申请人的申请提意见,法官可行使自由裁量权决定是否驳回申请。[2]

二是司法机关依职权启动。司法机关可依自身职权启动犯罪记录的消灭。比如明尼苏达州,凡是无事实证据被驳回起诉的刑事案件或者控方决定作不起诉处理的,司法机关将依职权自动消灭犯罪记录。

---

〔1〕 参见傅艾琳:《我国未成年人犯罪记录封存制度研究》,中南财经政法大学2020年硕士学位论文。

〔2〕 参见彭新林:《美国犯罪记录消灭制度及其启示》,载《环球法律评论》2021年第1期。

三是依政府赦免令启动。依政府赦免令启动犯罪记录消灭,仅在少数州存在。比如康涅狄格州,只要政府下发赦免令,无论犯罪人犯罪类型、情节轻重、服刑期限是否届满等,司法机构将第一时间消灭犯罪人的犯罪记录,不受任何犯罪记录消灭限制条件影响,法律效果最为彻底。

四、刑事裁判文书上网机制的完善路径

前文已述及,我国犯罪结构已悄然发生变化,在轻罪化背景下,刑事裁判文书上网机制存在诸多问题,给轻微犯罪人带来严重的附随后果,因此有必要从赋予犯罪人被遗忘权、细化程序方面完善刑事裁判文书上网机制,进而提出构建轻微犯罪记录封存制度的设想。

(一)根据不同犯罪类型赋予犯罪人不同的被遗忘权

被遗忘权于1989年与刑法相结合,主张在释囚案件中犯罪记录的被遗忘,也就是在刑罚执行完毕之后,罪犯享有要求自己的犯罪记录不被公开或者要求删除自己过去的犯罪记录的权利。[1]鉴于目前我国对应当公开的刑事裁判文书不加区分的上网制度的缺陷,建议摒弃"一刀切"模式而采用差异化模式。刑事裁判文书上网应以犯罪分层理论为依据,综合考虑犯罪类型和社会危害性等因素,将刑事裁判文书公开分为绝对公开、相对公开和封存三种模式,赋予不同程度的被遗忘权。

1.绝对公开:不赋予犯罪人被遗忘权。绝对公开是无限制的长久上网公开。根据罪责刑相适应原则,刑自罪生,罪重刑重,罪轻刑轻,刑事裁判文书公开作为一种犯罪附随后果,其轻重也应考虑罪的轻重。因此,绝对公开的刑事裁判文书犯罪类型是社会危害性大的犯罪、重罪等。包括以下几种:一是危害国家安全罪,这类犯罪破坏国家政治、经济、社会秩序,具有极大的社会危害性;二是恐怖组织罪,这类犯罪的犯罪人一般有极端的犯罪动机与扭曲的价值观,具有严重的人身危险性;三是强奸罪,这类犯罪会给受害人及其家庭、社会造成巨大的心理阴影,危及公共安全;四是重罪,重罪是指被判处10年以上有期徒刑、无期徒刑或死刑的犯罪,这类犯罪人的人身危险性极大且预防、矫正难度大。上述犯罪类型的犯罪人,由于其人身危险性和社会危害性极大,不应赋予其被遗忘权,将其裁判文书不加限制地长期上网公开,以此加大其犯罪附随后果,满足公众的司法知情权,维护社会公益。但值得注意的是,针对强奸罪等性犯罪案件,在裁判文书上网时必须隐匿受害人的信息,避免社会舆论给受害

---

〔1〕 参见郑远民、李志春:《被遗忘权的概念分析》,载《长春师范大学学报》2015年第1期。

人造成二次伤害。

2. 相对公开:赋予犯罪人限制被遗忘权。相对公开是有限制的定期上网公开。根据犯罪分层,重罪与轻微罪之间还包括一般犯罪,一般犯罪是指被判处3年以上10年以下有期徒刑的犯罪。这类犯罪人身危险性和社会危害性相对不大,在犯罪人接受了矫正、承担了刑罚后,需要面临回归社会的问题。因此,刑事裁判文书上网制度应当对一般犯罪人进行处理趋利化处理,赋予其限制被遗忘权:一是对裁判文书进行隐名处理,通过技术手段将裁判文书隐藏相关信息后再上网公开;二是给予犯罪人选择权,根据其个人意愿对公开内容、公开期限进行选择;三是赋予犯罪人申请撤回裁判文书的权利,对服刑完毕的犯罪人,给予一定考验期,在考验期内没有重新犯罪的,可以向法院申请撤回网上的裁判文书。

3. 封存:赋予犯罪人完全被遗忘权。裁判文书上网制度中的封存是指禁止裁判文书的上网公开。刑事裁判文书是犯罪记录的一部分,对犯罪记录进行封存必然会对裁判文书进行封存。未成年人作为特殊群体,其心理、生理发育尚未成熟,因此未成年人犯罪后更应注重教育改造而非惩罚震慑,被遗忘权能淡化犯罪标签,使犯罪人重拾信心更好地回归社会。我国未成年人犯罪记录封存制度的确立是赋予未成年犯罪人被遗忘权的具体体现,根据《刑事诉讼法》第286条的规定,未成年人犯罪被判处5年以下刑罚的,相应的犯罪记录应当予以封存。不言而喻,对于未成年人犯罪的刑事裁判文书也应当予以封存,赋予未成年犯罪人完全被遗忘权。

除未成年犯罪人之外,还有一类特殊群体值得关注,那就是轻微犯罪人。轻微犯罪是被判处3年以下有期徒刑、拘役、管制的犯罪。如前文所述,轻微犯罪刑事裁判文书上网存在诸多问题,过度公开其裁判文书对其个人、家庭甚至是国家都会产生不良影响。我们对待犯罪时应该秉承这样的理念:大量犯罪并不是严重危害社会的行为,大量罪犯并非十恶不赦的人,而只是错误犯得稍微严重一些且应该迅速回归社会正常生活的人。[1]另外,对于因生活无奈的弱势群体犯罪,也应该深究其犯罪原因,与轻微犯罪一样,其刑事裁判文书应当予以封存,赋予其完全被遗忘权,降低轻微犯罪人的犯罪附随后果,给其改过自新的机会,使其顺利回归社会,减少不和谐因素,促进社会和谐发展。

(二)细化刑事裁判文书上网程序

现行法律法规对裁判文书上网程序的规定比较粗糙,比如告知当事人的方式仅

---

〔1〕 参见周光权:《积极刑法立法观在中国的确立》,载《法学研究》2016年第4期。

限于在受理通知书、应诉通知书中告知,再如对撤回程序未作任何规范。因此,有必要细化刑事裁判文书上网程序,以实现程序正义,维护犯罪人的合法权益。

1. 依职权强制上网的程序。依职权强制上网是法院依职权强制将已生效的刑事裁判文书在互联网上公开。此类文书是绝对公开的刑事裁判文书。其上网程序如下:(1)提前告知。裁判文书上网前告知犯罪人及其家属,为了保障犯罪人及其家属的知情权,法院应向犯罪人及其家属发出《刑事裁判文书上网公开告知书》,告知书上要详细列明上网公开的类型、上网公开的内容和期限等内容。告知书可随开庭传票一并送达。(2)及时上网。刑事裁判文书生效后7天内,由承办法官或法官助理、书记员按照规定对裁判文书进行技术处理后上传至中国裁判文书网。(3)撤换机制。裁判文书上网后,如果发现有错误需要撤换的,由承办人填写《裁判文书撤换申请表》,层报分管副院长审批后交由信息技术部门撤换。(4)舆情应对。对于社会影响力大的刑事案件,在裁判文书上网后,应当做好舆情监测工作,及时化解舆情危机。(5)监督和考核。由审管办负责对本院裁判文书上网工作进行监督,防止迟延上网、违规上网,同时建立考核机制激先敦后,调动承办法官对裁判文书上网工作的积极性。

2. 依申请决定上网的程序。依申请决定上网是法院对当事人关于裁判文书上网的申请进行审查后决定在互联网上公开。此类文书是相对公开的刑事裁判文书。其上网程序如下:(1)提前告知。流程与依职权强制上网的规定基本一致,不同的是告知书中会增加犯罪人申请撤回的流程。(2)提出申请。犯罪人在收到告知书之日起10日内,有权就裁判文书公开内容和时限向法院提出申请。(3)审查申请,法院在收到申请书之日起10日内,对申请进行审查,并出具决定书。认为符合条件的同意申请,并按照申请人的意愿对裁判文书进行技术处理后及时上网。认为不符合条件的,驳回申请,按照依职权强制上网程序及时上网。(4)撤回机制。犯罪人在服刑完毕后,可以向法院申请撤回其被网上公开的裁判文书,法院在收到申请之后,应当组织人员对犯罪人的改造情况进行考察并形成考察报告,根据情况决定撤回的需经承办人、庭长、分管副院长审批同意后交由信息技术部门撤回。决定不予撤回的,须及时告知犯罪人。此外,撤回机制、舆情应对、监督和考核与依职权强制上网的程序一致,这里不再赘述。

(三)构建轻微犯罪记录封存制度的设想

对于绝大多数罪犯而言,虽然其因实施犯罪行为而受到制裁,但其并未因此丧失公民资格而为社会抛弃,促进犯罪人再社会化是现代刑事政策的基本目标。〔1〕因此,如果轻微犯罪人在犯罪后能认罪认罚,积极接受改造,国家不应让犯罪标签如影随形,而应该建立一种鼓励性的制度,即轻微犯罪记录封存制度,让其更好回归社会。

1. 先决条件:综合评估轻微犯罪人的犯罪风险。对轻微犯罪记录的封存,不宜采取"一刀切"模式,应当根据犯罪人的犯罪风险,采取不同的模式。评估轻微犯罪人的犯罪风险,不仅有利于保护轻微犯罪人的合法权益,而且有利于司法机关准确适用轻微犯罪记录封存制度。因此,我们要建立一套科学的评估体系,利用定量分析与定性分析相结合的方法,计算出轻微犯罪人的犯罪风险等级,并以此为依据选择不同的封存模式。

首先,明确犯罪风险评价指标。如表 2 所示,根据犯罪学理论中各种因素对轻微犯罪人的犯罪行为的影响,确定 5 项一级指标,22 项二级指标,在总结实证的基础上,根据各项因素对于轻微犯罪人的影响力大小确定一级指标的权重。

表 2　轻微犯罪人的犯罪风险评估指标

一级指标所占权重	二级指标(每项指标满分值为 2 分)
犯罪前、中、后情况(30%)	前科劣迹
	犯罪类型
	犯罪动机
	犯罪主观要素
	犯罪情节
	犯罪后果
	犯罪后的表现情况
教育、职业情况(20%)	文化程度
	职业情况
	主要收入来源

〔1〕 参见冯卫国:《刑事执行与罪犯处遇新探索》,法律出版社 2019 年版,第 2 页。

续表

一级指标所占权重	二级指标(每项指标满分值为2分)
社会经历(20%)	社会交往情况
	经常活动场所情况
	不良行为表现
	社区邻里评价情况
个性特点(15%)	生理健康状况
	心理表现特征
	性格情况
	兴趣特长
家庭背景(15%)	家庭成员情况
	家庭关系情况
	家庭经济情况
	家庭教育情况

其次,根据下面的公式,将每一级指标内的二级指标的得分相加,算出一级指标的得分,再根据一级指标所占的权重算出总分。其中 a_{xy} 表示第 x 项一级指标中的第 y 项二级指标分值,A_x 表示第 x 项一级指标分值,M_x 表示第 x 项一级指标的最大分值,F_x 表示第 x 项一级指标分值。

$$A_x = \sum a_{xy}$$

$$F_x = A_x / M_x \times 100$$

$$x = 1, 2, 3, 4, 5$$

最后,根据犯罪风险等级表,将计算出来的分数进行对照后,确定风险等级和封存模式,如表3所示。下面举例说明评估流程。

表3 轻微犯罪风险等级一览表

分值	≥80分	60~80分	≤60分
风险等级	1级	2级	3级
颜色	绿	黄	红
封存模式	绝对封存	相对封存	不封存

案例6　杨某"醉酒型"危险驾驶案〔1〕

杨某出生于2000年，案发时是一名在校大学生，出生于普通家庭，与家人关系融洽。某天凌晨，杨某与同学聚会饮酒后，未取得驾驶证开车搭载陈某、李某，在行驶过程中碰撞到隔离护栏，造成车辆、护栏损坏的交通事故，公民警到达现场勘查后，将涉嫌醉驾的杨某带至医院抽血备检。经鉴定，杨某的血样酒精含量为238.42mg/100ml，属于醉酒驾驶机动车。事故发生后，杨某主动到公安机关协助调查，其家属代其赔偿了被害单位财产损失2253元，最后，法院根据犯罪情节、认罪态度等判处杨某拘役1个月，并处罚金1000元。

此时要根据案例6中的事实分别对22项二级指标进行评分，以综合计算出杨某的风险得分，确定犯罪风险等级。杨某无前科劣迹，此项满分2分；犯罪类型为危险驾驶罪，危险性不大，此项得分1.8分；犯罪动机，由于是醉酒驾车送同学，无明显的犯罪动机，此项得分1.8分；犯罪主观要素，由于是无证驾驶，且血样酒精含量高达238.42mg/100ml，属于间接故意，此项得分为1分；犯罪情节，由于情节轻微，此项得分1.8分；犯罪后果，由于造成财产损失不大，此项得分1.8分；犯罪后的表现情况，犯罪后主动到案协助调查并赔偿了损失，认罪态度好，此项得分2分。七项相加得出总分12.2分，按100分制折算约为87.1分。以此类推，各个一级指标的得分分别为：88.3分，88.6分，87.5分，90分，再根据各指标权重计算出杨某的综合得分：87.1×30%＋88.3×20%＋88.6×20%＋87.5×15%＋90×15%＝88.14分。对照风险等级表，杨某的风险等级为1级，其本案的犯罪记录应当绝对封存。

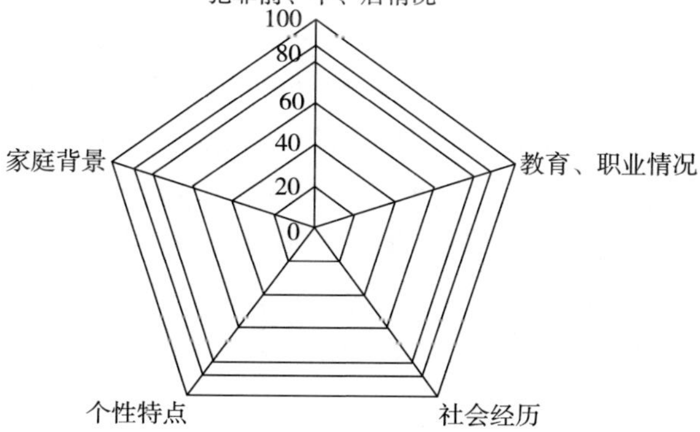

图3　杨某1级指标得分情况

〔1〕参见广西壮族自治区北流市人民法院(2020)桂0981刑初148号刑事判决书。

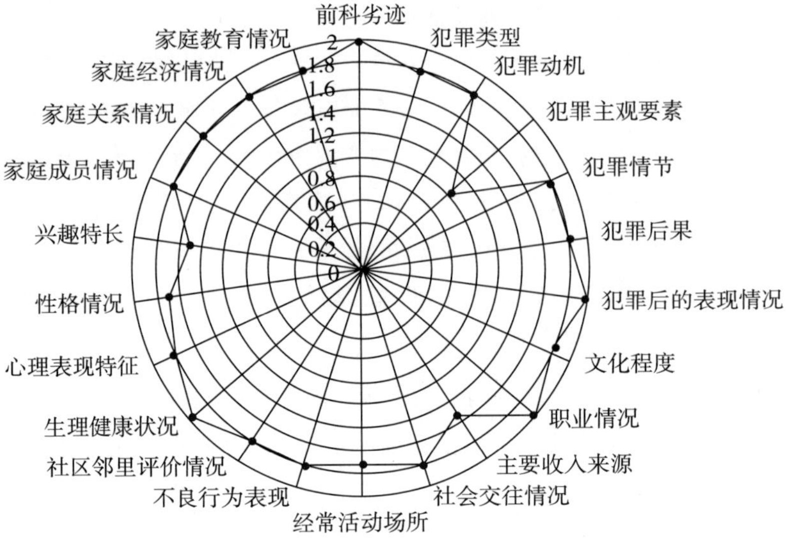

图 4　杨某 2 级指标得分情况

2. 回归正道:生命历程视野下轻微犯罪记录封存模式的选择。生命历程(life course),是指一种有秩序的人生,内含社会定义的事件与角色。[1]生命历程理论强调变迁或转折点可能修正生命的轨迹——它们能使生命改道。[2]轻微犯罪行为是行为人生命历程中的重要事件,可能改变行为人的生命轨迹,因此,我们要积极引导轻微犯罪人顺利回归社会,让其走回正道。对轻微犯罪记录进行封存,可以有效降低犯罪人再犯罪的风险,让其顺利回归社会,防止其生命轨迹偏离正道。

对于封存模式的选择,如上文所述,应在风险评估后确定绝对封存和相对封存两种模式。绝对封存针对犯罪风险等级为 1 级的犯罪人,此类犯罪人对社会几乎没有危害性,若不将其犯罪记录进行绝对封存,会使社会对其过度排斥,阻碍其正常回归社会,引发再犯风险,因此,要对其犯罪记录进行无期限的绝对封存,除非有法定解封事由,否则封存机关不得向任何人泄露其被封存的犯罪记录。相对封存针对犯罪风险等级为 2 级的犯罪人,此类犯罪人的社会危险性较低,其受到刑事制裁后,同样要面临回归社会的问题,但是由于其存在一定的社会危害性,对其犯罪记录宜采取有期限的相对封存。封存机关可以根据犯罪人的意愿,同时综合考虑犯罪人的犯罪风险

〔1〕 参见李迎生、刘庆帅:《生命历程理论视野下我国社会政策的创新发展——围绕民生建设“七有”目标的分析》,载《江苏行政学院学报》2021 年第 1 期。

〔2〕 参见张婧:《劣势累积:再犯青少年生命历程研究》,载《犯罪研究》2020 年第 6 期。

后决定封存期限。比如设置查询期限，如果封存的是 1 年以下有期徒刑、拘役、管制的轻微犯罪记录，那么查询期限为刑罚结束后 2 年内；如果封存的是 1 年以上 3 年以下的轻微犯罪记录，那么查询期限为刑满释放后 3 年内，超出查询期限请求查询的，应出具无犯罪记录证明。

3. 程序正当：轻微犯罪记录封存的相关程序设计。一是明确双轨运行启动模式。在封存的启动上，单一的依职权启动模式不但会剥夺犯罪人的知情权，而且可能会使封存机关滥用权力违规封存或者怠于封存，使封存制度流于形式。因此，我们可以借鉴美国犯罪记录消灭启动程序，确立依职权和依申请双轨运行的启动模式。对于风险等级为 1 级的犯罪人，将其犯罪记录依职权进行绝对封存，检察院对不提起公诉的刑事案件依职权启动封存，法院对提起公诉的刑事案件依职权启动封存。对于风险等级为 2 级的犯罪人，将其犯罪记录依申请进行相对封存。经评估认为犯罪风险等级为 2 级的，应当告知犯罪人可以申请封存犯罪记录。犯罪人向法院申请封存其犯罪记录的，法院可以采取听证、设置考察期的方式审查，认为可以封存的，依法作出封存决定书。

二是加强封存档案管理。轻微犯罪记录被法院或检察院决定封存后，要将决定封存的文书送达持有该犯罪记录的相关单位，相关单位要妥善处理犯罪档案，避免不当泄露或扩散。关于档案保管方式，我们可以借鉴法国司法档案保存的经验，将封存的犯罪档案和不封存的犯罪档案分开保存。设置专门的档案管理部门，统一对被封存的传统档案和电子档案进行管理。限制查询，查询主体仅限于因办案需要查询档案的司法机关和犯罪人本人。

三是建立封存解除机制。对轻微犯罪记录进行封存有利于减轻其附随后果，但也存在风险。因此，应建立封存解除机制，以利于实现刑罚的特殊预防功能。被封存犯罪记录的人员在犯罪记录封存期间犯新罪或被发现漏罪的，查证属实后应及时解除犯罪记录封存。当然，无规矩不成方圆，建立封存解除机制必须有法定依据、解封主体和解封程序。关于解封依据，解除已被封存的犯罪记录，必须要有充分的法律依据，应完善立法对其进行规制。关于解封主体，遵循"谁启动，谁解除"原则，因为启动封存主体掌握犯罪人的相关信息，能更全面地审查解封前后信息，更好决定是否解封。关于解封程序，具体的解封程序为：相关单位申请解除封存的，须将解除封存申请书报送启动封存的机关，由启动封存机关审查后作出是否解除封存的决定。如果申请单位对启动封存机关的决定不服，可以自收到决定书之日起 10 日内向启动封存机关的上级主管部门申请复议。

四是完善违法封存的救济途径。无救济则无权利，违法封存会对犯罪人的合法权益造成侵害，若没有相关配套的救济途径，封存制度将形同虚设，难以发挥真正的价值。为此，有必要建立违法封存的救济机制。首先，给犯罪人提供维权的途径，犯罪人若发现自己被封存的犯罪记录被泄露，有权向司法机关提出控诉，若由于披露主体的故意或者重大过失给犯罪人造成严重的损失，应赋予犯罪人提起诉讼的权利。其次，明确归责原则，根据披露行为主体的主观恶性、损害后果等因素确定不同的法律责任，无恶性的一般过失行为造成后果较轻的，追究披露行为主体的行政责任或民事责任即可；披露行为主体因重大过失或者故意行为造成严重后果的，应追究刑事责任。

结　语

在轻罪化时代背景下，越来越多公民被贴上罪犯的标签，这可能会改变行为人的生命轨迹，出现“一步错，步步错”的现象，长远看来必然影响社会的和谐稳定发展，因此构建与积极刑法立法配套的轻微犯罪记录封存制度迫在眉睫。本文通过对刑事裁判文书上网机制存在的弊病进行系统分析，提出构建轻微犯罪记录封存制度的初步设想，以期为我国轻微犯罪记录封存制度的体系化构建提供学理思考。

容留他人吸毒案件中不真正不作为犯的认定

——以莫某某容留他人吸毒案为切入点

吴　莹* 　张　芳**

引　言

案例:莫某某请朋友在某娱乐场所的包厢内饮酒,席间,莫某某发现若干朋友在包厢内吸食毒品后,未予以制止也未报告公安机关。就莫某某是否构成容留他人吸毒罪的问题,一、二审法院的观点完全相左:一审法院认为莫某某作为包厢费用的支付者,主观上具备放任的间接故意,其发现朋友在其所开包厢吸毒后而未予以制止的不作为行为构成容留他人吸毒罪;二审法院认为莫某某主观上没有提供场所供他人吸食毒品的故意,其开包厢时主观上是为了与朋友娱乐,客观上其作为娱乐场所的消费人员,无制止他人吸食毒品的法定义务,莫某某不作为的行为不符合容留他人吸毒罪的客观构成要件。

对于莫某某行为该如何评价,笔者认为厘清下面两个问题是关键:一是容留他人吸毒罪的主观方面是否包含间接故意?间接故意对应的行为是不作为型容留他人吸毒,因此该问题又可以引申为容留他人吸毒罪是否存在不真正不作为犯〔1〕。二是不真正不作为犯的成立要件是行为人负有基于保证人地位的作为义务,因此第二个问题是保证人如何

* 广西壮族自治区高级人民法院刑一庭庭长。

** 广西壮族自治区高级人民法院民一庭。

〔1〕 本文仅关涉容留他人吸毒罪的不真正不作为犯,为求行文简练,下文有时会将“不真正不作为”简称为“不作为”。

确认。

本文拟以域内外刑法理论为重要参考，以司法实践中的典型案例为材料，围绕上述问题，就不作为型容留他人吸毒的认定展开研究。通过研究明确不作为型容留他人吸毒罪的成立范围，并形成类型化的、具有可操作性的认定规则，避免该罪被不当适用。

一、容留他人吸毒罪的不真正不作为犯

2012 年至 2016 年，全国法院一审审结的容留他人吸毒案件在全部毒品犯罪案件中的占比从 10.17% 是升至 26.22%。[1]虽然 2021 年该类案件的数量较高峰时期已明显下降，但在全部毒品案件数量中的占比仍然超过 20%。[2]上述数据表明，容留他人吸毒罪在我国属于毒品犯罪的高发类型之一。容留他人吸毒是毒品违法行为的帮助行为，会促进毒品的流通与泛滥，对公安机关查处吸毒违法行为产生阻力。因此，设立容留他人吸毒罪，旨在通过打击毒品末端犯罪，最大限度地遏制毒品违法犯罪行为的发生。

（一）司法现象：不作为型容留他人吸毒的犯罪化

我国《刑法》第 354 条对容留他人吸毒罪的罪状描述是“容留他人吸食、注射毒品”。[3]《现代汉语词典》根据组词解释法，将“容留”解释为容纳、收留。[4]容纳是指在固定的空间或范围内接受（人或事物），收留是指接收那些存在困难或有特殊要求的人并给予帮助，综合两词的含义可以认为，“容留”是指在固定空间或范围内接受或接收（人或事物）并予以帮助。就文意解释而言，只要能产生便利，予以帮助的内容和方式并没有特别的限制，帮助的内容包括提供实体的物品或诸如望风等无实体的信息，行为方式可以是主动邀请（人或事物）进入固定空间或范围内并积极施以援手，也可以是当（人或事物）进入固定空间或范围后，默认其停留、使用该空间或范围的事实状态，简言之，容留的方式既可以是主动的也可以是被动的。

---

〔1〕 参见最高人民法院：《人民法院禁毒工作白皮书（2012—2017）》，载最高人民法院网 2018 年 2 月 12 日，https://www.court.gov.cn/shenpan-xiangqing-81372.html。

〔2〕 2021 年全国法院一审审结毒品犯罪案件 5.6 万件，其中容留他人吸毒案件 11,203 件。参见最高人民法院：《党的十八大以来的禁毒工作》，载最高人民法院网 2022 年 6 月 25 日，https://www.court.gov.cn/zixun-xiangqing-363391.html。

〔3〕 《刑法》第 354 条规定：“容留他人吸食、注射毒品的，处三年以下有期徒刑、拘役或者管制，并处罚金。”

〔4〕 参见中国社会科学院语言研究所词典编辑室编：《现代汉语词典》，商务印书馆 2005 年版，第 1154 页。

《关于公安机关管辖的刑事案件立案追诉标准的规定(三)》第11条在容留他人吸毒罪的"容留"前增加了限定词"提供场所",对"容留"的行为予以限缩解释,仅指为"为他人吸食、注射毒品提供场所"的行为。这一规定实际上缩小了该罪客观构成要件的范畴,且通过对客观行为的限制,进而影响到对该罪主观方面的认定。一般而言,"提供"是一种积极、主动的作为方式,并不涵盖被动的方式,将其放入容留他人吸毒罪构成要件的语境下,就是行为人主观上明知他人准备吸食、注射毒品而提供场所,这一积极、主动的行为构成容留他人吸毒罪在司法实践中并不存在争议。

然而,值得关注的是,我国司法机关又扩大解释了"提供场所",认可了容留的被动方式,即将放任他人在自己管理的场所里吸食、注射毒品这种不作为行为也纳入容留他人吸毒罪的惩治范围。此种扩大适用,在本质上契合"容留"的本意,等于将符合文义解释的被动容留重新归入该罪的客观要件。如聂某某容留他人吸毒案中,吸毒人员宋某等人先后入住聂某某经营的旅馆吸食毒品。聂某某在送生活日用品到房间时,看见上述人员正在吸食毒品而未予以制止。审理法院认为,旅馆经营者有制止或者向公安机关报告的义务,聂某某作为旅馆经营者,在发现客人在房间内吸毒时未予制止,属于放任他人吸毒,应以容留他人吸毒罪论处。[1]这一案件作为指导案例被收录为我国刑事审判参考第1032号案例,意味着该案件的裁判观点得到了我国最高司法机关的肯定。司法机关对"提供场所"的扩大适用,即将不作为型容留他人吸毒行为犯罪化,体现的是司法犯罪化现象。"提供场所"被扩大适用后,"提供"也包括了"被动"的方式,即容留他人吸毒罪的容留方式还包括放任他人在自己管理的场所吸食、注射毒品,而不予制止或向公安机关报告。由此,我国司法机关对容留他人吸毒行为的界定包含了两种行为:其一是为他人吸食、注射毒品提供场所;其二是放任他人在自己管理的场所吸食、注射毒品。

(二)法理依据:容留他人吸毒罪的主观要件包括间接故意

不作为型容留他人吸毒的司法犯罪化虽然已是既定事实,但将不作为型容留他人吸毒纳入刑法的制裁范围的法理依据是什么?解决这一问题仍需从容留他人吸毒罪的主观构成要件——故意的范畴入手。

根据《刑法》第354条的规定及相关司法解释,容留他人吸毒罪是行为犯,成立容留他人吸毒罪要求行为人主观上具备故意,故意包括直接故意和间接故意。从法条

〔1〕 参见《聂某凯容留他人吸毒案——旅馆经营者发现客人在房间内吸毒不予制止,是否构成容留他人吸毒罪》,载《中国刑事审判指导案例5(妨害社会管理秩序罪)》,法律出版社2021年版,第301-304页。

规定来看,容留他人吸毒罪主观方面并没有排除间接故意。明知他人吸食、注射毒品而主动、积极提供场所的行为,所对应的主观心态是直接故意。而行为人对他人在自己管理的场所里吸食、注射毒品的结果持听之任之的不作为行为,所对应的主观心态则是间接故意。因此,容留他人吸毒的行为既可以理解为主动实施的作为,也可以理解为被动实现的不作为。正如在刑法"禁止……(行为)"的禁止性规定中,也蕴含着"必须实施……行为"的命令性规定,只是没有明确写出来而已。放任他人在自己管理的场所吸食、注射毒品的行为,即不作为型容留他人吸毒行为,在司法实践中不作为型容留他人吸毒行为被认定为构成容留他人吸毒罪。故我国司法机关将"容留"解释为主动提供场所和放任使用场所两种行为方式,并未背离刑法条文的原有含义。而且,刑法规定的犯罪类型是开放的,司法机关在遵循罪刑法定原则的前提下,可以积极实行司法犯罪化。[1]因此,可以肯定容留他人吸毒的不真正不作为犯不违反罪刑法定原则。

此外,一些餐饮、娱乐等经营性场所的管理者为了最大限度获取利益、保证客流,明知场所内存在顾客在包厢内吸食、注射毒品的情况,故意视而不见,放任吸毒违法行为的发生。如果在容留他人吸毒罪主观构成要件中排除间接故意,便会形成刑法治理的真空区域,不仅不利于遏制经营性场所内的吸毒行为,甚至会导致餐饮、娱乐等经营性场所内吸毒的蔓延,这显然不符合我国对于该罪的立法宗旨。也正是基于此,我国《禁毒法》才会规定娱乐场所的经营管理人员对在娱乐场所发生的毒品违法犯罪活动有向公安机关报告的义务。[2]

(三)不作为型容留他人吸毒罪的认定路径

不真正不作为犯是以不作为方式实现的、以作为方式为客观构成要件的犯罪。[3] 根据我国现行法刑法条文只能确定不真正不作为犯的部分构成要件要素,而未有完整的规范结构,需要通过法官根据案情进行判断从而补足其他要素,这就容易产生该罪被不当适用而侵害普通民众行为自由的风险,因此,法官在认定不真正不作

---

〔1〕 参见张明楷:《司法上的犯罪化与非犯罪化》,载《法学家》2008年第4期。

〔2〕《禁毒法》第27条规定:"娱乐场所应当建立巡查制度,发现娱乐场所内有毒品违法犯罪活动的,应当立即向公安机关报告。"第65条规定:"娱乐场所及其从业人员实施毒品违法犯罪行为,或者为进入娱乐场所的人员实施毒品违法犯罪行为提供条件,构成犯罪的,依法追究刑事责任;尚不构成犯罪的,依照有关法律、行政法规的规定给予处罚。娱乐场所经营管理人员明知场所内发生聚众吸食、注射毒品或者贩毒活动,不向公安机关报告的,依照前款的规定给予处罚。"

〔3〕 参见[日]福田平、[日]大塚仁编:《日本刑法总论讲义》,辽宁人民出版社1986年版,第57-58页。

为犯时,必须遵循合理且统一的定罪路径,防止恣意裁判。

其实,从不作为行为与结果之间具有因果关系,并不能直接得出不作为行为成立不真正不作为犯的结论。只有当负有防止结果发生的特殊义务的人,在其具有履行义务的能力而未履行,且已经或者可能造成一定法益侵害结果时,不真正不作为犯才得以成立。[1]特殊义务是一个与一般义务相对的概念,一般义务是指只要具备责任能力的人都应当遵守的绝对义务,而特殊义务是指特定人应履行且负有某种条件的义务。讨论是否构成不作为型容留他人吸毒罪,首要且核心要解决的问题是哪些人负有阻止他人吸毒的特殊作为义务,而这些负有防止结果发生的特殊义务的人被称为"保证人",故保证人范围如何确定尤其关键。

在刑法理论上,关于保证人问题的理论研究被统称为作为义务理论。我国传统的义务理论(又称形式义务论)在形式上划分了法律渊源的范围,这可以使义务来源明确化,但这种判断方式的缺乏在于未论及成立保证人地位的理由,不足以判定哪些义务能成为保证人义务。[2]因理论上不能科学地解释处罚不作为犯的本质,实践上也容易导致保证人范围"有时过宽、有时过窄"[3]。因此,作为义务理论在研究方法上有待于从形式义务论转变实质义务论,这一转变不是用实质义务论取代形式义务论,而是应先对作为义务进行形式判断,在确认作为义务存在的基础上,进一步对作为义务进行实质判断。[4]

因刑法规定的是作为犯的构成要件,而不真正不作为犯是以不作为方式实现作为犯的事实状态,将惩治作为犯的刑法规定适用于不真正不作为犯,不真正不作为犯与作为犯适用同一刑法条文予以处罚,则该不真正不作为犯就必须与相应作为犯在构成要件方面价值相等,以填补二者在结构上的间隙。[5]换言之,只有能够与作为犯的实行行为同等程度看待的具有法益侵害危险的不作为行为,才能够认定为犯罪的实行行为。[6]这里的"平等"或"同等"是指违法价值上的等同。

---

〔1〕 参见张明楷:《刑法学》(上)(第6版),法律出版社2021年版,第195-196页。

〔2〕 参见[德]乌尔斯·金德霍伊泽尔:《刑法总论教科书》(第6版),蔡桂生译,北京大学出版社2015年版,第374页。

〔3〕 张明楷:《刑法学》(上)(第6版),法律出版社2021年版,第197页。

〔4〕 参见陈兴良主编:《刑法总论精释》(上)(第3版),人民法院出版社2016年版,第171页。

〔5〕 参见[日]日高义博:《不作为犯的理论》,王树平译,周密审校,中国人民公安大学出版社1992年版,第110页。

〔6〕 参见马克昌:《比较刑法原理》,武汉大学出版社2002年版,第188页。

综上,不作为型容留他人吸毒罪的首要构成要件是行为人负有保证人地位的作为义务,该构成要件是否成立应按照两个步骤进行判断:第一步是从形式层面判断是否在事实上存在不作为型容留他人吸毒的作为义务来源,如存在,则进行第二步实质判断,对前一步确认的作为义务来源进行价值分析,考察该不作为犯的不作为是否与作为犯的实行行为具有等价值性,只有二者等价,才能在规范上予以同等评价,最终确定不作为型容留他人吸毒的保证人范围。

二、形式判断:不作为型容留他人吸毒存在作为义务

经过长期发展,德国通说从法律和习惯法、契约、先期实施的行为推导出不作为犯的特殊义务。[1]日本通说主张义务来源事项包括法令、法律行为(契约或事务管理)、公共秩序或良好习俗,其中公共秩序或良好习俗中包括先行行为。[2]我国传统的义务理论采用的是列举法,将不作为的三种或四种作为义务的法律渊源,下文将按照四分说,逐一判断法律法规、职务业务、法律行为、先前行为能否成为不作为型容留他人吸毒的作为义务来源,以限定第二步实质判断的对象。

(一)基于法律、法规规定的作为义务

不作为犯罪的作为义务主要来自法律、法规的规定。这里的法律、法规并不局限于刑法明文规定,还包括其他法律规定。[3]我国行政法体系中规定包括旅馆业、娱乐场所等公共场所的经营者、管理者对本场所内发生的违法犯罪行为应制止或向公安机关报告。例如,我国《禁毒法》规定了公共场所经营者、管理者有宣传、预防、防范毒品违法犯罪等方面的义务。

但正如前文所述,仅依据行政法规定的作为义务来确定不真正作为犯的义务来源,并不能得出"只要行为人是旅馆业、娱乐场所等公共场所的经营者、管理者,则负有以上行政法明文规定的作为义务,就属于容留他人吸毒罪的不真正不作为犯的保证人,进而承担该罪的刑事责任"之结论,否则就会在逻辑上会形成悖论:以作为方式违反行政法的行为仅应予以行政处罚,并不构成犯罪,而没有履行行政法规定义务的行为反而直接成立犯罪,存在明显矛盾。因此,明确法律明文规定的作为义务是不作

---

〔1〕 参见[德]汉斯·海因里希·耶塞克、[德]托马斯·魏根特:《德国刑法教科书》,徐久生译,中国法制出版社 2017 年版,第 808 页。

〔2〕 参见[日]木村龟二主编:《刑法学词典》,顾肖荣等译校,上海翻译出版公司 1991 年版,第 143 页;[日]大塚仁:《刑法概说(总论)》(第 3 版),冯军译,中国人民大学出版社 2003 年版,第 157 页。

〔3〕 参见陈兴良主编:《刑法总论精释》(上)(第 3 版),人民法院出版社 2016 年版,第 170 页。

为容留他人吸毒的义务来源，仅圈出了不作为容留他人吸毒的保证人大致范围，对于旅馆业、娱乐场所等公共场所的经营者、管理者是否属于保证人，还需要通过对违法价值等同性的实质考察作进一步确认。

（二）基于职务或业务要求的作为义务

职务或业务要求的作为义务，是指一定的主体因担任某项职务或者从事某种职业而依法要履行的一定作为义务，这些义务一般被规定在某些规章制度中。诸如公安部发布的《旅馆业治安管理办法》《娱乐场所治安管理办法》均规定了经营者对该经营场所内违法犯罪行为的报告义务。[1]

基于该规定，旅馆工作人员、娱乐场所负有向公安机关报告违法犯罪活动的作为义务。根据不同的职务以及工作内容，旅馆工作人员包括负责全面日常管理的经营者、负责场所部分事务管理的管理者、从事具体服务的普通工作者等，而作为义务主体的娱乐场所涉及的人员范围更广。同理，仅从形式上判断由职务或业务要求而产生的作为义务来源，无法得出"旅馆或是娱乐场所工作人员属于容留他人吸毒罪不真正不作为犯的保证人"之结论。否则，就无法回答以下问题：第一，以作为方式违反该规章的行为尚且不成立犯罪，而没有履行该规章规定义务的行为反而直接成立容留他人吸毒罪，是否有违立法本意？第二，规章仅规定了旅馆工作人员、娱乐场所报告公安机关的作为义务，如果行为人未履行报告公安机关的作为义务，但主动阻止了吸毒行为，是否会阻却不作为犯的成立？第三，旅馆的所有人或出资人在未履行报告义务时，是否均属于不作为型容留他人吸毒行为的保证人？旅馆工作人员的职责不同，其对应的保证人地位也应当不同，那么不同旅馆工作人员所承担的刑事责任应如何划分？娱乐场所除法定代表人、主要负责人以外的其他人员是否具有作为义务有待斟酌？这些将在下一步的实质判断中予以阐述。

（三）基于法律行为产生的作为义务

法律行为产生的作为义务是指行为人基于某种法律而应承担实施某种行为或者防止损害结果发生的义务。这里的法律行为是指包括双方缔结契约的行为、单方自愿接受的行为等民事法律行为。自愿接受行为之所以会产生作为义务，是因为这一

---

〔1〕《旅馆业治安管理办法》第 9 条规定，旅馆工作人员发现违法犯罪分子，形迹可疑的人员和被公安机关通缉的罪犯，应当立即向当地公安机关报告，不得知情不报或隐瞒包庇；第 12 条规定，旅馆内严禁卖淫、嫖宿、赌博、吸毒、传播淫秽物品等违法犯罪活动。《娱乐场所治安管理办法》第 25 条规定，娱乐场所对发生在场所内的违法犯罪活动，应当立即向公安机关报告。

行为“切断他人的监护或保护责任而自愿以自己取代之”〔1〕，诸如捡拾弃婴而抱养回家，在找到下一个抚养人之前，行为人的捡拾行为形成了临时监护关系，行为人对该弃婴负有抚养义务。

在不作为型容留他人吸毒案件中，法律行为通常表现为甲与乙具有共同居住关系或房屋租赁关系，乙容留他人吸毒，甲发现后未制止。因此，需要判断甲的不作为是否构成乙容留他人吸毒罪的共犯，亦即甲与乙的共同居住关系、合租关系是否会派生出甲具有阻止他人吸毒的作为义务。出租人甲将房屋租赁给承租人乙后，乙的承租行为切断了甲对房屋的管理和控制，此时乙在承租屋内容留他人吸毒，甲得知后未予以制止，甲的不作为行为也不构成容留他人吸毒罪。这一点在司法实践中并无争议。但是，如果甲与乙共同居住，乙容留他人吸毒，甲得知后未予以制止，甲的不作为行为是否构成容留他人吸毒罪，不同的司法机关可能作出截然不同的认定。如在姚某某、王某某容留他人吸毒案中，姚某某借住在王某某家中，借住期间，姚某某多次带若干人在王某某家中吸食毒品，法院认为，王某某明知姚某某与他人在其家中吸食毒品不制止，构成容留他人吸毒罪。〔2〕而在周某某、吴某容留他人吸毒案中，吴某容留他人在其合租房内吸毒，检察院认为本案事实不清、证据不足，对犯罪嫌疑人周某某作出不予批准逮捕的决定。〔3〕

刑罚是最严厉的惩罚，因此，只有当民事违反行为侵犯刑法上的重大法益时，才会受到刑事处罚。而法律行为设定的作为义务来源十分宽泛，仅依据共同居住关系，无法简单得出是否会因该关系产生作为义务的答案。因共同居住关系可以是亲属同居关系、情侣同居关系、一般合租关系，还可以是借住关系，不同关系下共同居住人对所居住空间的管理和控制程度并不相同。例如，情侣同居关系中，居住人对居住各空间的管控力应是相当的，而一般合租关系中，行为人既有共享的空间，也有相对独立的空间，居住人对不同空间的管控力显然会有所区别。因此，不同的共同居住关系、不同的容留他人吸毒具体空间，对应着不同的空间管控力，而不同的管控力会产生不同的责任义务，进而影响不作为型容留他人吸毒行为的定性。因此，这就需要进一步在实质层面对不作为人对吸毒场所的管控力进行分析，评价其放任行为的违法价值是否与主动容留行为在违法价值上等同，才能得出不作为行为是否成立犯罪的结论。

---

〔1〕 王平主编：《刑法总论前沿问题研究》，中国政法大学出版社2021年版，第175页。

〔2〕 参见陕西省西乡县人民法院（2021）陕0724刑初113号刑事判决书。

〔3〕 参见张芸：《容留他人吸毒犯罪疑难案例的司法适用》，载《中国检察官》2011年第2期。

(四)基于先前行为引起的作为义务

所谓先前行为,是指行为人实施了某种行为使某些合法权益处于遭受严重损害的危险状态,这个行为就是先前行为,即引发危险的行为是先前行为。此时,行为人就具有积极阻止损害结果发生的作为义务。判断是否具有基于先前行为引起的作为义务,核心是考察某行为与损害结果之间的关联,不是所有与损害结果有关的行为都是能引起作为义务的先前行为。在莫某某容留他人吸毒案中,莫某某实行了邀请朋友在娱乐场所的包厢内饮酒并支付相关费用的行为,如果莫某某没有邀请朋友来包厢娱乐,就不可能发生其朋友在包厢内吸毒的结果,莫某某的邀请行为与吸毒的结果毫无疑问存在联系,但该联系能否派生出莫某某就存在阻止朋友在包厢内吸毒的义务?或者说,能否因为联系而将损害结果归责于莫某某?形式义务理论只是对义务来源予以事实描述,并没有给出价值上的分析,即评价标准。

需要指出的是,对义务来源的实质判断并未只停留在学术层面。关于如何判断某种行为是否属于会引发作为义务的先前行为,我国最高人民法院相关审判部门主张应满足两个条件:一是该行为必须由行为人本人实施;二是该行为必须实际造成他人的危险状态存在,这里的危险是足以使合法权益遭受损害的一种事实状态,为法律所禁止,具有现实性和紧迫性,且与行为之间存在因果关系。[1]第二个条件包含了从价值层面考察的实质义务论思想,但还是在分析因果关系领域,笔者认为应进一步明确,将考察重点转移至违法性领域的等价性判断。

三、实质判断:不作为型容留他人吸毒的等价性分析

判断不真正不作为犯是否成立,不仅要在存在论意义上确定作为义务来源,更应在价值论意义上,以违法价值相等为媒介,判断不作为型容留他人吸毒与作为型容留他人吸毒在违法价值上是否能平等置换,这一理论被称为不真正不作为犯的等价性理论。等价性理论只是"指导原理"[2],如果采用整体性的评价方法判断等价性,未免虚幻且可能出现循环论证。[3]因此,必须厘清不作为犯与作为犯价值等同的具体标准。关于这一问题存在多种观点,其中最具影响力的观点是实质的原因设定性理论、两分说、对因果流程的支配理论,我国现在较为通行的观点亦由以上理论发展

[1] 参见最高人民法院刑事审判庭编:《刑事审判参考》(总第60集),法律出版社2008年版,第34-40页。

[2] 张明楷:《刑法学》(上)(第6版),法律出版社2021年版,第207页。

[3] 参见黎宏:《不作为犯研究》,武汉大学出版社1997年版,第155-156页。

而来。

(一)行为人对特定场所内发生的法益侵害行为具有阻止义务

德国的主流观点是两分说,两分说将实质作为义务分为保护性义务和监督性义务。[1]即对处于脆弱状态的法益的保护和对危险源的监管系不真正不作为犯的义务来源。保护性义务源于法益的保护依赖于法益可能保护的人,且只有当法律法规和制度、法律行为将法益的保护义务具体地托付给特定的人时,该特定人才具有保证人地位;监督性义务包括对危险物的管理义务、对他人危险行为的监督义务和对自己先前行为造成的法益侵害紧迫危险的防止义务。[2]当在特定领域的法益被侵害或陷入危险状态时,如果该法益有赖于该特定领域的管理者,该管理者对危险的发生或增加负有阻止义务。

吸食毒品损害的是吸毒者的个人健康,是基于自主意志的自陷风险行为,由吸毒者自我答责,他人无须为其自损行为负责,但当吸毒者在公共场所或非自己管理的其他场所吸毒时,因场所提供或带来的便利会升高毒品泛滥的风险,进而危害公众健康,就不再属于吸毒者可以自我答责的范畴。根据一般日常社会经验,场所都有相应的所有者,所有者或其授权人对该场所具有一般性的管理、控制权,因此,其应监督、制止场所内发生的危险行为。但如果认定容留他人吸毒罪的不作为犯以对特定场所的支配、控制权作为义务发生根据,必然会极大加重场所所有者或其授权人的负担,这种规定也难免被评价为强人所难。因此,以对特定场所的管理、控制权为义务来源的不作为义务不是一般性义务,认定时应以特定的义务形式来源为限,即前文所述的四种形式义务来源。

综上,所有者或其授权人对该场所具有一般性的管理、控制权,虽然其对场所内发生的危险不具有支配意思,但基于前述的形式义务来源,其负有对在场所内发生的法益侵害行为的阻止义务。

(二)行为人对场所具有排他的、事实的支配地位

不作为要实现与作为等价,不作为的行为人就必须将正在发生的因果流程控制在自己的手中,即获得基于意思的排他性支配。[3]这里的支配可理解为管理、控制,

---

〔1〕 德国学者考夫曼将保证人地位分为照料性保证人和监护型保证人,参见[德]克劳斯·罗克辛:《德国刑法学总论:犯罪行为的特别表现形式》(第2卷),王世洲等译,法律出版社2013年版,第536-540页。

〔2〕 参见张明楷:《刑法学》(上),法律出版社2016年版,第198-199、203页。

〔3〕 参见[日]西田典之:《日本刑法总论》,刘明祥、王昭武译,中国人民大学出版社2007年版,第94页。

不作为人的支配地位形成于法益侵害或陷入危险之前，就不作为型容留他人吸毒而言，在吸毒人在特定场所吸食毒品以前，该场所就已在不作为人的管理、控制之下，而且这种对特定领域的管理、控制力具有排他性和现实性。

1. 行为人对场所具有排他的支配地位

不作为型容留他人吸毒的行为人对容留场所的管理、控制是排他的，不能与被容留的吸毒者共同支配场所。在我国民法语境下，管控某一场所可以通过单独所（占）有和共同所（占）有而实现。单独所（占）有某场所时，管理、控制权利由单独所（占）有人享有，主动容留或默许他人在自己单独所（占）有的场所里吸食毒品，该单独所（占）有人负有阻止吸毒行为发生的义务，这点在司法实践中并无异议，法院普遍认为房屋所有人、承租人以及宾馆开房消费人员主动容留或默许他人在房屋内吸食毒品的行为，符合容留他人吸毒罪的客观行为要件。

争议点在于多个所有（占）人共同所（占）有某场所时，如何判断谁具有不作为型容留他人吸毒的保证人地位，即谁来承担容留他人吸毒罪的刑事责任。根据我国民法典，共同所有分为按份共有和共同共有。前者是根据同一财产中共有人所占的不同份额享有与份额相对应的部分所有权，后者诸如夫妻的共有财产、个人合伙以及企业联营等，是基于特殊身份关系而产生的共同所有。只要共有物未被分割，无论有多少共有人，也无论每个共有人所占的份额比例，每个共有人都对共有物的全部具有支配地位，享有全部的管理、控制权。用益物权亦如此。不作为型容留吸毒案件中，吸食毒品场所被多个所（占）有人共同所（占）有的情形，主要出现在共同居住关系中。当所（占）有人对场所具有全部的管理、控制权，属于场所的共同支配人时，其互相默认在该场所的吸毒行为不属于容留他人，不构成容留他人吸毒罪。但应注意的是，所（占）有人中的一方容留他人吸毒，其他所（占）有人明知却不制止或举报，由于其他所（占）有人对场所具有全部的管理、控制权，因此其构成容留他人吸毒罪的共同犯罪。

2. 行为人对场所具有事实的支配地位

不作为型容留他人吸毒的行为人对容留场所的管理、控制是事实意义上的，不要求行为人是容留场所的所有人，也不要求行为人对容留场所的占有是合法的。判断行为人是否为容留场所的支配人，不能仅从表面上看其是否为该场所的直接占有人，还可能存在名义占有的情况，应对场所的支配地位予以实质性审查。例如，使用他人身份证、借用他人之名在宾馆开房吸食毒品或容留他人吸毒，身份证的所有者并不知情，其不构成容留他人吸毒罪。当房间内只有借用身份证者吸食毒品时，不存在容留他人吸毒行为,而借用身份证者容留了他人吸食毒品,构成容留他人吸毒罪的行为人应为宾馆房间的事实占有者,即借用身份证者。虽然身份证的所有者提供了开房的身份证明,客观上确实为他人吸食毒品提供了场所和便利,但主观上没有容留他人吸毒的直接故意或间接故意。

当然,如果身份证所有者事先知情,或在开房时间段内发现了吸毒行为,其出借行为的性质便发生变化。如果是事先知情,当房间内只有借用身份证者吸食毒品时,身份证所有者构成容留他人吸毒罪;如借用身份证者容留了他人吸食毒品,身份证所有者与借用身份证者构成容留他人吸毒罪的共犯。如果开房前不知,但开房时间段内得知,出借行为便成为不作为型容留他人吸毒的义务来源——先前行为。根据对因果流程的支配理论,身份证所有者属于中途介入到因果关系的发展进程之中,此时其不再是房间的名义占有者,而成立对房间在事实上的间接占有,负有阻止他人吸毒或向公安机关举报的义务。

四、不作为型容留他人吸毒罪的认定规则

容留场所是行为人所有的、占有的、管理的长期或临时的固定空间或范围,因此,场所和容留行为的主体之间的关系并不是唯一的,与场所相关的行为人不具有唯一性,其所有者、管理者、使用者可能分属不同人,尤其是在经营性场所中,容留行为的主体可能包括场所的所有人(出资人)、负责场所全面日常管理的经营者、负责场所部分事务管理的管理者、从事具体服务的普通工作者、消费者(场所费用的支付者)等。因此,以场所指向的主体为对象,明确不作为型容留他人吸毒罪在不同主体下的认定规则,可以为司法实践提供更具有实操性和明确性的理论依据。

(一)经营、管理者构成不作为型容留他人吸毒罪的认定规则

第一,旅馆、娱乐场所等经营场所的经营、管理者,对所经营、管理的场所内部发生的吸食毒品行为,负有监督管理义务,其放任他人在场所内吸毒的行为,符合容留他人吸毒罪的构成要件。

根据认定不作为型容留他人吸毒罪的"两步走"路径,首先,在事实层面确定行为人具有容留他人吸毒罪不真正不作为犯的作为义务。对娱乐场所而言,《禁毒法》规定了其经营管理人员对场所内发生的,包括容留他人吸毒在内的所有毒品违法犯罪活动,有向公安机关报告的义务,而对宾馆而言,《治安管理处罚法》规定了旅馆业的工作人员制止旅客将危险物质带入旅馆的义务。以上法律是娱乐场所的经营、管理者和旅馆业的工作人员向公安机关报告他人吸毒的形式义务来源。不仅如此,其作

为义务来源还包括业务要求，即旅馆工作人员、娱乐场所经营管理者发现场所内发生的违法犯罪后，应立即向公安机关报告。要求旅馆和娱乐场所履行更多的社会义务，是基于此类场所的便捷性和公共性，吸毒者常将其作为吸毒地，同时也不乏此类场所的经营者为营利而故意容留吸毒的情形，故要求旅馆和娱乐场所履行向公安机关报告的义务，符合社会公众对这类场所保护公众健康、防止毒品流通的合理期待。

其次，对基于法律法规和业务要求的作为义务来源予以违法价值层面的同等性考察。一般而言，只有负责旅馆、娱乐场所全面日常管理的经营者，以及负责场所部分事务管理（主要是直接面向消费者的市场事务）的管理者，才对旅馆、娱乐场所具有排他性的管理和控制能力，因此，该类经营、管理者对所经营、管理的场所内部发生的吸食毒品行为，负有监督管理义务。至于场所的所有人（出资人），要从事实层面考察其是否知情并授意，如果是，则构成不作为型容留他人吸毒罪。

第二，公共交通的经营、管理者对所经营、管理的场所内部发生的吸食毒品行为，负有监督管理义务，其放任他人在场所内吸毒的行为，符合容留他人吸毒罪的构成要件。

容留他人吸毒的场所必须是固定的空间，包括流动的固定空间，如出租车等公共交通工具。公共交通工具既包括飞机场、火车站、长途汽车站、码头等交通场所，也包括出租车等交通工具。出租车司机放任他人在车内吸毒的行为可成立容留他人吸毒罪的不真正不作为犯，已是我国法院普遍认可的裁判规则，不具有争议。[1]

第三，其他单位的经营者、管理者，如某企业的经营管理者，发现员工在公司吸食毒品后未予以制止或报告公安机关，其不作为不符合容留他人吸毒罪的构成要件。

虽然同为经营场所，其他单位的经营、管理者对场所具有排他的、事实的支配地位，但实质判断以形式判断为前提，其不作为不具有形式作为义务来源，这也正体现了事实层面的形式判断对价值层面的实质判断的限制。其他单位的经营、管理者和员工之间的法律关系，是建立在特定工作内容基础上的民事雇佣关系，由此产生的权利义务也仅限于工作的范畴内，即其他单位的经营、管理者对员工的监管责任有限，工作雇佣既不属于基于法律行为的形式义务来源，也不属于基于先前行为的形式义务来源。必须指出的是，虽然其他单位的经营、管理者不负有阻止或向公共机关报告其员工在单位内部吸毒的义务，但是，宾馆、娱乐场所等经营场所的经营、管理者负有阻止或向公共机关报告其员工在单位内部吸毒的义务，虽然雇佣既不属于法律行为，

---

〔1〕 参见辽宁省盘山县人民法院(2021)辽1122刑初76号刑事判决书。

也不属于先前行为，但宾馆、娱乐场所等经营场所的经营、管理者因负有法律法规规定和职业要求的作为义务，故其应制止或举报吸毒的对象包括在场所内吸毒的所有人，无论是员工还是消费者。

（二）一般劳务者不应成为不作为型容留他人吸毒罪的主体

一般劳务者是指在旅馆、娱乐场所中仅从事一般性劳务工作的员工，当其发现消费者在旅馆、娱乐场所内吸食毒品后，未制止或报告公安机关，不应认定其构成容留他人吸毒罪的不真正不作为犯。一般劳务人员具有形式作为义务，但其不作为行为与容留他人吸毒罪的作为行为不具有等价性。

就形式判断而言，旅馆、娱乐场所的一般劳务人员具有基于法律法规以及职业要求的作为义务。《禁毒法》等法律法规中，向公安机关报告的义务主体是旅馆、娱乐业的工作人员，工作人员包括经营、管理者，也包括一般劳务人员。经营、管理者对场所具有排他性的支配地位，但一般劳务人员的职责范围有限，显然不可能与经营、管理者负同等的注意义务。如在黄某某容留他人吸毒案中，黄某某系KTV调音师，法院认为，其明知KTV老板李某容留他人吸毒，仍为容留吸毒的包厢提供音箱功放接线、调试音乐等服务，其行为构成容留他人吸毒罪。[1]黄某某的工作职责仅仅是调音，要求其履行阻止或举报吸毒的义务，否则便对其施以刑罚这一最为严厉的社会治理手段，实属苛责。

（三）娱乐场所的消费者不应成为不作为型容留他人吸毒罪的主体

在娱乐场所正常消费的人员，在该场所内没有制止他人吸食毒品的作为义务，其不作为行为不具有形式作为义务来源，如前文所述，法律只是明文规定娱乐场所的经营管理者有制止的义务，并未规定娱乐场所的正常消费人员发现他人吸毒后有报告及制止义务。而法律之所以只规定娱乐场所管理人员有巡查和报告义务，也是基于娱乐场所的管理者才拥有对包厢真正意义上的管理权和控制权，且作为娱乐场所的管理人员，其通过娱乐场所的经营能够获取经济利益，根据权利义务对等的原则，才会在法律上赋予管理者作为义务。而消费人员并不会因娱乐场所的经营获利，同时对包厢亦没有真正意义上的管理控制权，其没有管理者的权利，故其也没有义务制止这种行为。

值得分析的是，消费者的包厢消费行为是否属于能产生作为义务的先前行为？虽然消费者没有容留他人吸毒的意思，但其开包厢的行为在客观上确为他人吸食毒

〔1〕 参见浙江省温州市鹿城区人民法院(2017)浙0302刑初501号刑事判决书。

品提供了场所便利。但因娱乐场所的包厢与宾馆房间不同，其仍属于公共空间，消费者对包厢不具有排他性的支配地位。因此，消费者发现包厢内有人吸毒后并未制止或报告公安机关的不作为行为，不构成容留他人吸毒罪。

当然，消费人员在开包厢后与他人一起吸食，或将包厢的门反锁、为吸毒者通风报信等行为，阻断了经营管理者的巡查、报告义务的，则构成容留他人吸毒罪，但此时其行为性质已发生变化，应认定为作为型容留他人吸毒。

（四）共同居住者构成不作为型容留他人吸毒罪的认定规则

共同居住者是否构成不作为型容留他人吸毒的标准是居住者是否享有对场所的排他性的支配权。

第一，情侣关系中，同居者对房屋的各场所都具有同等且完全的支配地位，当其中一方容留他人吸毒时，另一方可以成立容留他人吸毒罪不作为犯的共犯。

前文已论述了共同居住属于形式判断中基于法律关系的作为义务来源，满足不作为型容留他人吸毒罪认定的第一步要求，在第二步实质判断中，是否符合等价性，应根据对吸毒场所的支配能力确定。如邓某某、宁某某容留他人吸毒案中，邓某某与宁某某以夫妻名义共同生活居住在宁某某家中，某日，陈某邀约易某、李某、刘某等人到邓某某与宁某某住所谈事情，当日陈某在二人住所的小卧室内向易某购买了毒品，当场与邓某某、易某、李某、刘某一起吸食完毕。法院认为宁某某明知邓某某与其他人在自己住所内吸食毒品，但未制止，其与邓某某的行为构成容留他人吸毒罪的共犯。[1]在该案中，宁某某与邓某某共享房屋，对房屋的各场所具有与邓某某相同的支配能力，可以将二人看作一个整体。

第二，一般合租关系中，共同居住人对共享空间不具有排他性的支配地位，当一方容留他人吸毒时，无论容留场所是在独立空间还是共享空间，另一方均不成立容留他人吸毒罪。

但如果共同居住关系是一般合租关系，行为人邀请他人在合租房内吸毒，无论吸毒场所是在行为人自己居住的空间，还是在合租中共享的空间，如客厅、厨房、卫生间等，其共同居住人都不构成不作为型容留他人吸毒罪。首先，当吸毒场所是行为人自己独立享有的空间时，其共同居住人显然对该场所不具有排他性支配权，不需要承担责任。其次，当吸毒场所是共享空间时，由于行为人的容留行为削弱了原因力，共同居住人的放任行为无法与容留他人吸毒的作为行为等价，因此也不需要承担责任。

---

〔1〕 参见湖南省靖州苗族侗族自治县人民法院(2021)湘1229刑初23号刑事判决书。

结　语

认定容留他人吸毒罪时,应注意不能将从严惩处毒品犯罪的刑事政策异化为严刑禁毒政策,只有那些在引起结果发生的原因力上与作为型容留他人吸毒等价值的不作为才会被纳入刑事处罚范围之中。等价值的媒介是不作为义务来源,确认义务来源应按照两步走:第一步确认存在形式义务来源;第二步遵循等值性判断的原则,对容留他人吸毒罪的不真正不作为犯予以实质性判断。只有对场所具有事实的排他性支配地位的主体,未制止或举报他人吸毒,才能构成不作为的容留他人吸毒罪。

从无偿到有偿：申请再审预收费的法理反思与制度构建

程丽文[*]　田丽霞[**]

引　言

当事人主义思潮下，申请再审诉权化改造从强化当事人申请再审权出发，着力解决了“申诉难”“申请再审难”问题，但随着我国经济持续快速增长，民众维权意识逐渐提高，民事、行政纠纷日益增多，申请再审案件数量持续增长。当前，“零成本”申请再审环境下，当事人申请再审无须顾及败诉风险，助长了其滥用申请再审权的心理，这也是申请再审案件数量居高不下的重要原因。申请再审案件快速增长，过分挤占公共资源，影响了生效裁判的既判力和真正有纠错需求者的合法权益。当前再审程序收费规定已不匹配我国经济社会的发展和司法改革的新要求，有必要对随意提起再审申请的行为加以必要限制。本文围绕四级法院审级职能定位改革提出探索建立申请再审案件预收费制度的构想，〔1〕通过考察发现当前再审程序收费规定的失范现象，着重分析构建申请再审预收费制度的法理基础，并就制度构建提出拙见，以期通过预收费调控申请再审案件规模，助推四级法院审级职能定位改革落地见效。

---

* 广西壮族自治区高级人民法院审监一庭庭长，三级高级法官。

** 广西壮族自治区高级人民法院审监一庭二级法官助理。

〔1〕 参见刘峥、何帆：《〈关于完善四级法院审级职能定位改革试点的实施办法〉的理解与适用》，载《人民司法》2021 年第 31 期。

一、申请再审案件预收费之原因剖析

(一)梳理:再审程序收费规定的历史回顾

我国再审程序关于受理费的规定经历了从完全免费到有限收费的转变(见表 1)。中华人民共和国成立初期至 1984 年,受传统诉讼观念影响,我国诉讼制度基本上实行免费诉讼。1984 年,最高人民法院根据《民事诉讼法(试行)》(已失效)的规定制定《民事诉讼收费办法(试行)》(已失效),民事诉讼开始实行收费制度。因再审程序设计的立法目的是人民法院依职权对生效裁判的失误进行监督纠正,申请再审只是发现生效裁判错误的一种渠道,因此《民事诉讼法(试行)》(已失效)未对再审程序作收费规定。之后,1989 年的《民事诉讼收费办法》(已失效)和 1992 年的《关于适用〈中华人民共和国民事诉讼法〉若干问题的意见》(已失效)继续沿用再审程序免费的规定。

表 1 再审案件诉讼费用规定文件摘录一览

文件名称	发布年份	发布单位	具体内容
《民事诉讼收费办法(试行)》	1984 年	最高人民法院	第 10 条第 3 项规定,人民法院依照审判监督程序进行再审、提审的案件免交诉讼费用
《人民法院诉讼收费办法》	1989 年	最高人民法院	第 28 条第 2 项规定,人民法院依照审判监督程序进行再审、提审的案件免交诉讼费用
《关于适用〈中华人民共和国民事诉讼法〉若干问题的意见》	1992 年	最高人民法院	第 137 条规定,法院依职权再审和检察院抗诉再审的案件无须交纳诉讼费用
《〈人民法院诉讼收费办法〉补充规定》(已失效,以下简称《补充规定》)	1999 年	最高人民法院	(1)因新证据决定再审的案件需交纳诉讼费。 (2)当事人对一审裁判未上诉,一审裁判或调解书生效后又申请再审,法院审查后决定再审的案件需交纳诉讼费。 (3)其他依照审判监督程序提审、再审的案件免交诉讼费
《诉讼费用交纳办法》(以下简称《交纳办法》)	2006 年	国务院	第 9 条规定,(1)因新证据决定再审的案件需交纳诉讼费。 (2)当事人对一审裁判未上诉,一审裁判或调解书生效后又申请再审,法院审查后决定再审的案件需交纳诉讼费

随着我国市场经济体制逐步建立，民众维权意识逐渐增强，民事纠纷日益增多，加上申请再审诉权化改造，申请再审案件数量逐年增加。因申请再审案件不收受理费，部分当事人为规避交纳上诉费，不正常行使上诉权，选择“不打二审打再审”的现象频发，冲击了我国“两审终审”制度。因此，最高人民法院于1999年发布《补充规定》，决定对未上诉又申请再审的案件收取受理费，以规制“不打二审打再审”现象。同时，考虑到因新证据事由启动再审程序的案件，是当事人自身原因导致证据提出不及时，并非原审法院过错导致，人民法院无须对生效裁判的错误担责，因此《补充规定》将此类案件纳入收费范围。从此，再审案件有限收费原则确立。此后，该原则被2006年国务院发布的《交纳办法》吸纳沿用至今。

当事人在行使申请再审权时，应当先行慎重考虑胜诉的可能，但当前《交纳办法》规定申请再审案件不收费的后果是申请再审缺乏诉讼成本制约，致使无论有理无理，败诉方均会试着提交再审申请书。审判实践中，部分当事人提交的再审申请书内容与二审上诉状内容几乎完全一致，并未提出新的再审理由，无理由申请再审现象大量存在。

（二）检视：再审程序收费规定的失范现状

实践考察发现，当前《交纳办法》关于申请再审案件一律不收费，再审案件以“不收费为原则、收费为例外”的规定，已无法适应我国经济社会的发展和司法改革的新要求，存在诸多失范现象，主要表现在以下几个方面。

1.“零成本”申请再审助长了申请再审权的滥用。近年来，全国法院特别是高层级法院申请再审案件数量居高不下，但决定再审的案件比例却不高。据统计，2019—2021年民事申请再审案件再审率在13%左右，行政申请再审案件再审率只有3%左右。[1]如再审案件中扣除依职权和抗诉再审来源启动再审的案件，申请再审案件的再审率将进一步降低[2]。最高人民法院再审申请驳回率也一直在90%以上，存在比较严重的“程序空转”现象。[3]因申请再审案件不收费，当事人申请再审无须顾及再审败诉风险，无论再审结果如何，对申请人而言，都不可能出现比原生效裁判更差

---

〔1〕 该部分数据系经对最高人民法院公报司法统计栏（网址：http://gongbao.court.gov.cn/ArticleList.html?serial_no=sftj）公布的案件数计算得出，计算公式为：再审率=再审案件数/申请再审审查案件数。

〔2〕 因无法区分决定再审后进入实体审理的案件来源，最高人民法院公报司法统计栏公布的再审案件数系申请再审、依职权再审以及抗诉再审三个来源的决定再审的案件数之和。

〔3〕 参见刘峥、何帆：《〈关于完善四级法院审级职能定位改革试点的实施办法〉的理解与适用》，载《人民司法》2021年第31期。

的结果,因此,败诉方不管原生效裁判是否错误,均选择申请再审,“零成本”申请再审助长了申请再审权的滥用。

2. 在因新证据决定再审的案件中,收费规定形同虚设。《交纳办法》规定因新证据再审的案件需收取受理费,但审判实践中,因新证据再审的案件普遍未收取受理费。一方面,对该规定的理解存在分歧。因新证据决定再审的案件受理费的收取,是决定再审即收还是审理改判后再收,观点不一。关于再审案件的办理程序,理论界有“一阶构说”〔1〕、“二阶构说”〔2〕和“三阶构说”〔3〕。〔4〕我国再审程序实行“三阶构说”,即再审程序分为立案阶段形式审查、审查阶段事由审查和再审阶段实体审理三个阶段。对《交纳办法》第 9 条的文义解释,应是指申请再审案件在决定再审时即收费,但决定再审并不意味着审理后必然改判,因此,审判实践中决定再审时往往暂不收费。此外,同一案件可能系多种原因叠加导致改判,新证据仅是案件改判原因之一,对此种情况应否收费亦有不同理解。另一方面,收费规定执行缺位。因新证据申请再审的案件在决定再审时往往不收费,在再审案件普遍不收费的大环境下,即使是因新证据这一单一原因改判,法院也往往未及时通知申请人补交受理费,久而久之便不了了之。从笔者掌握的资料来看,G 省高级人民法院 2021 年全年和 2022 年上半年因新证据改判的民事再审案件分别为 192 件和 100 件,但该 292 件民事再审案件均未收取受理费。长此以往,《交纳办法》关于因新证据决定再审的案件需收取受理费的规定形同虚设。

3. “不打二审打再审”现象仍然存在。为防止当事人规避交纳上诉费不走正常上诉程序又申请再审,《交纳办法》规定未上诉又申请再审的案件需收取受理费,但该规定并不能釜底抽薪地解决问题。再审受理费与二审上诉费在收取程序上存在较大区别。再审受理费在法院审查决定再审后才收取,如审查被驳回,申请人仍无须交纳受理费,但上诉费是在二审立案时即收取,无论二审能否胜诉,上诉人必须先交纳上诉费,否则视为撤回上诉。对当事人而言,行使再审权利救济的诉讼风险相对较低,具有一定的可预测性,因此,当事人为规避交纳上诉费“不打二审打再审”的现象依然大量存在,冲击了我国“两审终审”制度。

---

〔1〕“一阶构说”将整个再审过程视为一个程序,没有进行阶段性划分。

〔2〕“二阶构说”将再审程序划分为对再审事由的审查和对原诉的再审审理两个相对独立的阶段。

〔3〕“三阶构说”将再审程序分为三个阶段:对当事人申请再审进行形式审查、决定是否立案受理,对当事人再审事由是否成立的审查,对原诉进行再审审理。

〔4〕参见孙祥壮:《民事再审程序:从立法意图到司法实践》,法律出版社 2016 年版,第 21 页。

(三)矫正:申请再审案件预收费的现实需要

当前再审程序收费规定呈现的失范现象,在一定程度上阻碍了再审程序功能的发挥,如潮水般涌向法院的申请再审案件给生效裁判既判力带来冲击,面对持续低迷的再审率,有必要对随意申请再审的行为加以制约。

1. 规范申请再审权的行使。弗里德曼说:"从理论上说,诉讼理由是无止境的,但国家只提供一定数量的法官、律师和法庭。如果诉讼人数突然增加,制度会被严重打乱,供应和需求的缓慢相互作用将不再行得通。排长队和拖延可能引起紧张和埋怨,甚至引起重大改革和调整。"〔1〕如果诉讼成本过低或司法服务太容易获得,司法负担就会加重,不利于司法资源的优化配置。对申请再审案件预收费,引导当事人在申请再审前预估再审风险,充分衡量投入产出比,可以从案件入口上把关,对无理缠诉、任意滥诉行为进行有效过滤,制约当事人随意申请再审。因此,申请再审预收费在引导程序选择、调控案件规模、抑制申请再审权滥用方面具有不可或缺的作用。

2. 破解再审案件收费规定执行缺位难题。再审案件收费规定执行难题包括两个方面:一是因新证据再审的案件收费规定执行缺位;二是通过申请再审规避上诉费的漏洞需要填补。申请再审案件预收费,使申请再审案件在立案时收取受理费成为常规操作,一方面,可以有效避免案件因新证据再审改判遗漏收费的情形,确保《交纳办法》的规定得到全面执行;另一方面,可以填补为规避交纳上诉费而申请再审的法律漏洞,保障"两审终审"制度顺畅运行。

3. 保障再审程序依法纠错功能发挥。再审程序作为特殊救济程序,其基本目标在于依法纠错,维护审判的公正性,但大量申请再审案件涌入法院,混淆了真正有纠错需求的案件,阻碍了再审纠错功能的发挥。通过对申请再审案件预收费,可以在很大程度上影响当事人的行为选择,让真正需要纠错的案件进入再审,实现司法资源与案件数量良性互动,使有限的司法资源得到更精准、高效、集约使用,再审程序纠错功能得到充分发挥。

4. 确保法律适用标准统一。司法资源与其他任何资源一样,具有稀缺性,不可能满足所有社会成员充分利用该种资源的需求。〔2〕制度经济学认为,通过提高资源的

〔1〕 [美]弗里德曼:《法律制度》,李琼英等译,中国政法大学出版社1994年版,第270页。

〔2〕 参见苏力:《法治及其本土资源》,中国政法大学出版社1996年版,第170页。

成本价格,能够引导资源需求者合理利用稀缺资源。[1]面对申请再审案件数量居高不下的客观事实,高层级法院不得不将有限的司法资源向申请再审案件倾斜,阻碍了高层级法院统一法律适用和对下级法院业务指导职能的发挥。通过对申请再审案件预收费,可以合理调控申请再审案件规模,让高层级法院法官从繁重的案件审查中解脱出来,投身于统一法律适用机制建设和对下级法院的监督指导工作上来。

二、申请再审预收费制度构建之理论证成

申请再审预收费在规范申请再审权行使、保障再审纠错功能发挥和确保统一法律适用等方面具有正向促进作用。申请再审预收费具有充分的法理支撑,并兼具平衡价值,是解决当前再审程序失范困境的必由之路。

(一)法理证成:申请再审预收费的理论基础

1.享利者付费原则决定申请再审应预收费。享利者付费原则,是指当事人在享受司法资源的同时需支付诉讼成本。诉讼成本由公共成本和私人成本两部分组成,公共成本主要是指国家为了解决私人纠纷而设置的司法系统所投入消耗的资金、设备、人员等司法资源。[2]傅郁林教授认为,诉讼的公共成本应当由国家和当事人共同承担,[3]笔者赞同这一观点。解决私人纠纷、保障当事人诉权以实现其实体权利,是民事、行政诉讼制度的首要和直接功能,该功能的直接受益人是各方当事人。当法院作为公共设施为各方当事人提供审判服务时,这一服务的受益人应根据其受益程度对其所消耗的司法资源进行补偿,即交纳案件受理费。因此,让利用司法程序解决纠纷的社会成员承担一部分司法公共成本,既有理论上的合理性,也有现实上的必要性。就再审程序而言,当事人申请再审亦是其行使诉权、享受司法服务的行为,申请再审的当事人应预交受理费。

---

〔1〕 参见缪蒂生、郭洁主编:《改进我国法院诉讼费制度的调研报告》,知识产权出版社2017年版,第101页。

〔2〕 参见傅郁林:《诉讼费用的性质与诉讼成本的承担》,载《北大法律评论》2001年第1辑。

〔3〕 关于诉讼费用的性质和司法公共成本的承担方式,我国法学界有三种代表性观点:第一种观点是“税费说”,认为法院本身是以民众和企业的纳税款设立和维系,为纳税人处理纠纷是分内事,司法公共成本应由法院承担。第二种观点是“规费说”,认为民事诉讼程序的设置旨在保护当事人的私权,法院实施的审判行为是对当事人纷争行为的特别服务,司法公共成本应由当事人承担。第三种观点是“折中说”,认为免费诉讼意味着全部诉讼成本转移给整个社会,全额征收诉讼费则意味着国家将履行公共职能的成本全部转移给诉讼当事人,合理的司法政策是在两个极端之间寻求折中。参见傅郁林:《诉讼费用的性质与诉讼成本的承担》,载《北大法律评论》2001年第1辑。

2. 错误再审成本自我归责原则决定申请再审应预收费。错误再审成本自我归责原则,是指当事人没有正当理由申请再审,未得到法院支持,由此产生的错误再审成本应由再审申请人自行承担。再审程序是特殊的补充救济程序,只有生效裁判或调解书确有错误时,法院才启动再审纠错程序。审判实践中,当事人申请再审是再审审查案件的主要来源,据统计,2021 年全国法院民事、行政申请再审审查案件数分别占三类民事、行政再审审查案件数之和[1]的 89.4% 和 97.7%。近年来,最高人民法院受理申请再审审查案件数量快速增长,民事、行政申请再审审查案件收案总数从 2016 年的 8884 件陡升至 2021 年的 348,613 件,再审申请驳回率一直在 90% 以上。[2]高级人民法院受理申请再审审查案件数也处于持续增长趋势,如 G 省高级人民法院民事、行政申请再审审查案件收案总数从 2016 年的 2641 件陡升至 2021 年的 8329 件,申请再审驳回率亦维持在 90% 以上。大多数申请再审案件审查后又被驳回,表明原生效裁判、调解书经审查并无不当,无须纠错,既然原审生效裁判不存在错误,法院无须为自己的错误埋单,由此产生的再审成本应由当事人通过交纳受理费的方式承担。

3. 需求溢出理论决定申请再审应预收费。需求溢出理论是公共管理学的一套基础理论,该理论主要解决个人需求溢出问题。在解决个人需求溢出问题方面,公共管理存在两条基本途径:一是通过抑制需求来解决需求溢出问题;二是通过满足需求来解决需求溢出问题。[3]个人需求可分为人道需求、适度需求和奢侈需求三个层级,每种需求都有一定的压缩空间,人道需求的压缩空间最小、难度最大,而奢侈需求的压缩空间最大,甚至可以压缩为零,可见抑制需求主要是指压缩奢侈需求和适度需求。司法资源的稀缺性决定了制度供给远远小于社会需求,就民事、行政诉讼程序来看,再审程序并非必须经历的诉讼程序,可以纳入适度需求,甚至奢侈需求的范围。在需求溢出理论视角下,面对司法资源稀缺性这一客观事实,通过抑制需求解决需求溢出问题具有重要的现实意义。解决司法需求溢出问题实际上是优化司法资源配置问题。需求溢出理论追求服务的差别化,即按需供给,将有限的司法资源聚焦于迫切需要司法救济的主体,以最小的司法资源投入获得最大的社会公平、正义及权利救济,

---

〔1〕 三类民事再审审查案件数之和是指人民法院依职权再审审查、检察院抗诉再审审查和当事人申请再审审查的民事案件数之和;三类行政再审审查案件数之和是指人民法院依职权再审审查、检察院抗诉再审审查和当事人申请再审审查的行政案件数之和。

〔2〕 参见刘峥、何帆:《〈关于完善四级法院审级职能定位改革试点的实施办法〉的理解与适用》,载《人民司法》2021 年第 31 期。

〔3〕 参见刘太刚:《公共利益法治论——基于需求溢出理论的分析》,载《法学家》2011 年第 6 期。

更符合司法为民、公正司法的价值目标，同时也使制度更加可持续和可负担。对申请再审案件预收费是抑制需求、合理分配司法资源的有效途径。

（二）比较证成：申请再审预收费的域外印证

从域外视角来看，一般设置诉讼费用的国家，一审、二审、三审、再审均收取一定比例的诉讼费用，不设置诉讼费用的国家，则在各个审级均不收取诉讼费用。[1]大陆法系国家的德国、日本实行“三审终审”制，再审程序只能通过当事人申请再审的方式启动，再审之诉的标的通常被认为是双重的，在这种制度下对再审之诉收取诉讼费就显得理所当然。[2]德国《诉讼费用法》规定对不同审级收取不同的受理费，德国民事法院的普通诉讼中一审收费系数是 3.0，二审上诉案收费系数是 4.0，向联邦最高法院上诉（三审）的收费系数是 5.0。[3]德国“三审终审”制度下的救济程序已经很健全，加上再审之诉提起条件苛刻、成本高，因此再审案件极少，再审程序基本上处于备而不用状态。在日本，国民接受裁判必须支付诉讼费用，这被称为裁判有价原则。日本《关于诉讼费用等的法律》第 3 条规定，向简易裁判所提出的再审之诉受理费为 2000 日元，向其他法院提起的再审之诉受理费为 4000 日元。[4]

英美法系国家之美国的重新审判程序类似于我国的再审程序。美国重新审判的动议（或申请）是请求对已经审判的案件进行再次审理。[5]在美国，为了避免裁判缺乏终局性，重新审判的条件非常严苛，作为纠错的特别补充程序，重新审判的案件非常少。美国的诉讼费是指广义的诉讼费，包括律师费及律师费之外的费用。在对抗制诉讼模式下，除作出判决和制作判决书外，其他诉讼活动都是在当事人律师之间进行，费用也直接由当事人支付给律师，法院不从事这些劳动自然无权收取费用，但对当事人而言，重新审判仍需承担较大成本。

---

〔1〕 参见孙祥壮：《民事再审程序：从立法意图到司法实践》，法律出版社 2016 年版，第 6 页。

〔2〕 参见廖永安、王聪：《我国民事再审案件受理费制度检视——以再审之诉的功能为视角》，载《湘潭大学学报（哲学社会科学版）》2018 年第 1 期。

〔3〕 参见王中伟、冉嵩高：《我国诉讼费用制度改革的理论与实务问题研究》，法律出版社 2016 年版，第 81 页。

〔4〕 参见［日］新堂幸司：《新民事诉讼法》，林剑锋译，法律出版社 2008 年版，第 671 页；廖永安、王聪：《我国民事再审案件受理费制度检视——以再审之诉的功能为视角》，载《湘潭大学学报（哲学社会科学版）》2018 年第 1 期。

〔5〕 参见 Joseph W. Glannon（2009），*The Glannon Guide to Civil Procedure：Learning Civil Procedure Through Multiple – Choice Questions and Analysis*，Wolters Kluwer Law & Business，2nd edition，p. 442；孙祥壮：《美国法院纠正错误终局判决及其对我国的启示》，载《法律适用》2015 年第 7 期。

可见,大陆法系国家和英美法系国家虽然实行不同的诉讼模式,对再审程序的称谓和诉讼费的定义也不同,但大多数国家再审程序均存在收取诉讼费用的现象。

(三)价值证成:申请再审预收费实现利益平衡

1. 实现公权与私权的利益平衡。在私法领域内,私权自由是不言而喻的,但法律出于维护公共秩序的考虑,通常以公法强制性规范的形式对私权加以合理限制。广义的公法[1]包括民事诉讼法和行政诉讼法,但申请再审是当事人的私权,过度强调私权自由欠妥。再审程序优劣的评判不应仅考量私权保护,还应重视公共利益的维护,综合考量司法成本、司法制度效能、解决纠纷能力等因素。私权自由不能没有限制,否则任何人的自由都无法充分实现。在当事人申请再审的处分原则与公共利益、程序利益相冲突时,公法有必要对其进行限制,而必要的限制手段之一即是对申请再审案件预收费,以规范再审申请权的行使。建立申请再审预收费制度在平衡各方诉讼主体私权的同时,兼顾公共利益,让有限的司法资源发挥最大社会效益。换个角度而言,法律是对多主体之间的纠纷进行裁判并作出最佳的权益分配,私权的保护不应仅是对再审申请人的权益保护,亦应包含对被申请人及其他诉讼主体的权益保护。申请再审预收费制度赋予各方诉讼主体平等利用司法资源的机会,能有效保护各方诉讼主体的实体权利与程序权利。

2. 兼顾实体正义与程序正义。长期以来,受社会实践及传统文化定向思维影响,我国司法实践更多关注实体正义。在价值论领域,公正是人民法院在司法活动中所要实现的重要目标,笔者认为,这一目标应当包含实体正义与程序正义,如果一味追求对再审申请人再审权利的保护,难免滋生再审申请人无理再审、恶意缠诉的情形,影响案件的公正处理。此外,大量案件立案再审对法的安定性和判决既判力产生影响,有损实体公正与程序公正。相反,建立申请再审预收费制度,通过预收费杠杆调节作用,过滤进入再审程序的案件,可以有效避免恶意再审问题,让有限的司法资源用在"刀刃"上,有效平衡实体正义与程序正义。

三、申请再审预收费制度构建之路径探索

保护诉权与防止诉权滥用是此消彼长、对立统一的关系,有效的诉讼收费制度需

---

[1] 公法是一个宽泛概念,有广义和狭义之分,广义上一般包括宪法、行政法、刑法以及诉讼法等,狭义上特指宪法与行政法。

要在二者之间确立平衡点。[1]长期以来的司法实践证明,我国建立申请再审预收费制度的时机已成熟,对该制度如何构建,申请再审预收费怎么收、收费标准如何确定,如何退费及司法救助等问题,笔者有以下几点思考。

(一)合理探寻:收费为原则+不收费为例外

现行《交纳办法》关于再审案件收取受理费的原则是"以不收费为原则、收费为例外"。笔者认为,申请再审预收费制度是针对所有民事、行政申请再审案件设置的制度,民事、行政申请再审案件应实行"收费为原则、不收费为例外"的普遍收费原则,除特殊情形或具有正当理由外,申请再审案件均需预收费。

不收费的申请再审案件类型,可以确定为以下几种:

第一,对生效裁定申请再审不收费。申请再审案件可以分为两类:第一类是对生效的判决、调解书申请再审;第二类是对生效的裁定[2]申请再审。前者是针对实体性生效法律文书申请再审,即当事人认为原生效法律文书的实体结果错误,故申请再审;而后者是针对程序性生效法律文书申请再审,当事人认为原审法院对案件不予实体审理不当而申请再审。可以申请再审的程序性生效裁定,一审、二审均不收取案件受理费,自然申请再审亦缺乏预收费的合理依据。另外,对此类案件的再审审查亦是程序性审查,即使审查认为原审法院不予受理、驳回起诉错误,也只能撤销原裁定,指令一审法院立案审理,因未对当事人实体权利义务进行裁判,只是解决原告诉权问题,因此,对程序类案件的生效裁定申请再审不宜预收费。

第二,案外人申请再审不收费。我国申请再审案件的来源除当事人申请再审外,还包括案外人申请再审。案外人申请再审,是指在生效裁判实质性侵害案外人合法权益,而案外人在生效裁判作出之前没有获得参与、辩论和质证等正当程序保障的情况下,案外人对生效裁判不服依据法律规定向法院申请再审的程序制度。现行诉讼法律体系下,案外人申请再审包括两大类:一是以必要共同诉讼人身份在法定期限内申请再审;二是以案外人身份对驳回执行异议裁定不服的在法定期限内申请再审。笔者认为,案外人申请再审无须预交受理费。首先,申请再审预收费是针对诉讼当事人收取,案外人在申请再审前,并非案件诉讼当事人;其次,案外人认为法院作出的生效裁判对各方当事人的利益分配影响其利益时,才申请再审,而在此之前,案外人未

---

〔1〕 参见穆昌亮:《试论我国民事诉讼费用制度》,载《政治与法律》2007年第4期。

〔2〕 《最高人民法院关于适用〈中华人民共和国民事诉讼法〉的解释》第379条规定,当事人只可以针对不予受理、驳回起诉的生效裁定申请再审。

参与诉讼程序,也无从知晓生效裁判内容,案外人对生效裁判的"错误"并无过错;最后,案外人申请再审制度是为利益受到侵害的案外人提供必要的救济制度,案外人到再审才被列为当事人,其没有上诉权,缺乏正当程序保障。因此案外人申请再审不应预收费。

第三,行政赔偿案件申请再审不收费。行政赔偿诉讼属于不平等主体间的赔偿争议,行政赔偿在权利救济与公权制约方面发挥着重要作用,基于保护弱者的立法目的,行政赔偿案件一审、二审均不收取受理费,再审程序也应与该立法目的保持一致,故行政赔偿案件申请再审不应预收费。

(二)合限把握:适当确定预收费下限+上限标准

诉讼费用制度是否合理,在很大程度上反映了一国公民享受法律保障的程度。[1] 有学者在研究我国诉讼费用制度改革时,提出对不同诉讼阶段和诉讼程序实行差别化的诉讼费计算标准,借鉴国外尤其是德国的做法,提高二审、再审阶段的诉讼费预交标准,实行"倍增"制度,如在一审程序基础上提升50%~100%。[2]笔者对此不敢苟同。在我国长期实行再审案件"不收费为原则、收费为例外"的背景下,突然将申请再审案件预收费标准过度提升,会使民众难以接受。日本学者棚濑孝雄说:"无论审判能够怎样完美的实现正义,如果付出的代价过于昂贵,则人们往往只能放弃通过审判来实现权力的愿望。"[3]诉讼费用是民众接近正义、享受司法服务的门槛之一,合理确立预收费标准可以发挥杠杆调节作用,但如申请再审预收费的标准确立过高,接近正义、享受司法服务将成为民众可望而不可即的奢侈品,这可能会出现适得其反的效果,民众会转而选择抗诉、信访之路维权,引发新的社会稳定问题。

笔者认为,应合理确定预收费上下限标准,即无论何种类型的案件申请再审,凡是需预收费的案件每件至少预收费200元,超过200元的按《交纳办法》规定的原审受理费标准收取,但最高预收费不超过30万元。具体可作出如下区分:

第一,申请再审预收费下限为200元。有学者认为,我国部分案件如行政案件、劳动争议等案件受理费的收费标准过低,已不匹配经济社会的发展。为适应新时代审判工作和经济发展要求,最高人民法院多次调整高、中级人民法院管辖第一审民事

〔1〕 参见冉嵩高:《以实现诉讼费制度功能为视角论我国诉讼费制度改革》,载《法律适用》2016年第2期。

〔2〕 参见王中伟、冉嵩高:《我国诉讼费用制度改革的理论与实务问题研究》,法律出版社2016年版,第113页。

〔3〕 [日]棚濑孝雄:《纠纷的解决与审判制度》,王亚新译,中国政法大学出版社2004年版,第267页。

案件的标准,将各高级人民法院的一审民事案件管辖诉讼标的额调整至 50 亿元以上。从现行《交纳办法》第 13 条规定来看,除劳动争议案件外,最低案件受理费为 50 元,而与 2006 年通过《交纳办法》时期相比,全国各地最低工资标准已实现了大幅增长。从我国人力资源和社会保障部 2020 年 4 月 26 日发布的最新《全国各地区最低工资标准情况》来看,截至 2020 年 3 月 31 日,全国各省区市第一档每月最低工资标准介于 1550 元至 2480 元之间〔1〕;劳动和社会保障部网站 2006 年公布的《2005 年各省、自治区、直辖市月最低工资标准》显示,全国各省区市每月最低工资标准介于 340 元至 690 元之间〔2〕。两个时期相比,最低月工资标准已经增长了近 4 倍,人民生活水平显著提高。笔者认为,申请再审案件预收费的最低标准可以在最低案件受理费 50 元的基础上上调 4 倍,即 200 元(50 元 ×4 = 200 元)。因此,申请再审预收费的下限可以设置为 200 元。

第二,申请再审预收费上限为 30 万元。现行《交纳办法》第 13 条规定,财产性案件按诉讼请求标的对应的比率收取案件受理费,诉请标的越大,收费比率越低,但未规定受理费上限。审判实践中,案件的复杂程度与案件标的大小并不一定有正相关性,一些商事纠纷案件标的非常大,但法律关系不一定复杂,此类案件如一审、二审、再审均按统一标准收取受理费,申请再审成本过高,阻碍当事人行使申请再审权。例如,一个商事纠纷案件标的额为 30 亿元,按照现行《交纳办法》规定的标准收取预收费,则应预收费 1500 万元之多,如此高额的申请再审预收费,对当事人而言,是难以接受的。因此,设置申请再审预收费上限非常有必要。我国也有学者曾提出合理设置民事诉讼费用的交纳上限,我国台湾地区"民事诉讼法"第 77 条之 13 即将诉讼费用交纳标准的最高段位设置在 10 亿元,以 6‰收取。日本《民事诉讼费用法》第 4 条将诉讼费用交纳标准的最高段位设置为 50 亿元,以 1‰的比例收取。〔3〕可见,通过设置诉讼费用上限的方式实现诉讼费用交纳与司法资源耗费相当,早已有其他国家或地区的经验可借鉴。笔者认为,申请再审预收费上限可以参照破产申请案件的申请费上限 30 万元为标准设定。

---

〔1〕 该数据节选自人力资源和保障部网站"劳动就业"板块公布的《全国各地区最低工资标准情况(截至 2020 年 3 月 31 日)》,载 http://www.mohrss.gov.cn/SYrlzyhshbzb/laodongguanxi_/fwyd/202004/t20200426_366507.html。

〔2〕 该数据节选自《全国各省市最低工资标准面面观》,载《甘肃法制报》2006 年 5 月 10 日,第 7 版。

〔3〕 参见廖永安、段明:《民事诉讼费用交纳标准的设定原理与完善建议》,载《烟台大学学报(哲学社会科学版)》2017 年第 5 期。

需要注意的是,因再审是围绕当事人的再审请求审理,对于标的超过1万元的财产性案件和其他需按比率计算预收费的案件,预收费应以再审请求的标的额为基数计算,即以再审申请人不服原审判决确定的标的额为基数计算,而非按原审诉讼请求标的额或生效判决确定需履行的标的额为基数计算,如二审生效判决确定败诉方需履行的义务标的额为300万元,败诉方不服申请再审时认为其需履行的义务为200万元,则该案中再审申请人不服的标的额为100万元,申请再审预收费应以100万元为基数计算。笔者建议的预收费标准见表2。

表2 申请再审案件预收费标准计算

案件类型		预收费标准			备注
		标的额(万元)	比率(%)	速算数(元)	
财产案件		≤1	0	+200	计算公式:预收费=再审请求标的额×比率+速算数
		1~10(含)	2.5	0	
		11~20(含)	2	+300	
		21~50(含)	1.5	+1300	
		51~100(含)	1	+3800	
		101~200(含)	0.9	+4800	
		201~500(含)	0.8	+6800	
		501~1000(含)	0.7	+11,800	
		1001~2000(含)	0.6	+21,800	
		>2001	0.5	+41,800	
		预收费上限	/	300,000	
非财产案件	离婚案件	200元/件,但如果原审收取的受理费超过200元的,按照原审收费标准预收。涉及财产分割,财产总额不超过20万元的,不另行收费;超过20万元的部分,按照0.5%预收,但总预收费最高不超过30万元			
	侵害姓名权、名称权、肖像权、名誉权、荣誉权及其他人格权案件	200元/件,但如果原审收取的受理费超过200元的,按照原审收费标准预收费。涉及损害赔偿,赔偿金额不超过5万元的,不另行预收;超过5万元至10万元的部分,按照1%预收;超过10万元的部分,按照0.5%预收,但总预收费最高不超过30万元			
	其他非财产案件	200元/件			

续表

劳动争议案件		200 元/件	
知识产权民事案件		没有争议金额或价额的,按原审受理费标准预收;有争议金额或者价额的,按照财产案件的标准预收	
行政案件	商标、专利、海事行政案件	200 元/件	
	其他行政案件	200 元/件	

第三,双方或多方申请再审的各方均需交纳预收费。不同的观点可能会认为,由于同一案件只能进行一次审查,如果多方申请再审均收取预收费,会出现同一案件重复收取案件受理费的情形。笔者认为,申请再审预收费制度是针对申请主体申请再审这一行为而预收受理费,双方或多方申请再审,系各自行使再审权的行为,与二审各方上诉均需交纳上诉费系同一道理,既然双方或多方均行使申请再审权,则每一方都需预交受理费。

(三)合度衡量:退费以有效纠错+鼓励调撤为原则

既然将申请再审收取的费用定义为预收费,自然存在需退费的情形。关于退费问题,有观点认为案件审查后进入实体再审即应退费。笔者对此不敢苟同,认为退费应以原生效法律文书存在错误为基础,兼顾鼓励调撤结案为原则。

1. 生效法律文书确有错误的可以退费。对申请再审案件的审查,一般会出现驳回、提审和指令再审三种结果。如审查后被驳回,意味着案件不符合启动再审的条件,原生效裁判、调解书并无不当,无须纠正,再审申请人申请再审是错误申请行为,按照错误再审成本自我归责原则,不应退费。反观之,是否决定再审(含提审和指令再审)就一律退费呢?其实不然,笔者认为需分情况讨论。案件启动再审后,最终审理结果一般情况下可以分为维持、改判、发回重审,是否退费应视审理结果而定。(1)维持案件不退费。再审案件维持原判的效果和申请再审被驳回的效果是一致的,且决定再审后又维持,相比申请再审被驳回而言,耗费的司法资源更多,如启动再审后又维持的案件也退费,逻辑不通。(2)改判案件应按获得支持的比例退费。决定再审后改判,说明原生效判决和调解书存在错误,法院有依法纠错的义务,应按照申请人获得法院支持的比例退费,符合诉讼费用按败诉比例负担的原则。值得注意的是,因新证据再审和未上诉又申请再审的案件,即使被改判,也不应退费。因新证据再审改判的案件,是当事人提交新证据导致改判,并非原审法院过错导致;而未上诉又申请再审的案件,当事人原本就应交纳受理费,因此该两种情形无须退费。(3)发回重审的案件应全额退费。案件决定审理后发回重审导致的结果是诉讼程序重来一遍,重审的案件又可能会经历一审、二审甚至再审。对于发回重审的案件,当事人二审交纳的上诉费也需退回,因此,申请再审预收的受理费也应全部退回申请人。

2. 调撤方式结案的全额退费。申请再审案件审查期间,再审申请人撤回再审申请,或再审审理期间,再审申请人撤回再审请求,人民法院裁定准许撤回再审申请或再审请求的,应全额退费;再审审理期间,各方当事人可能会达成调解协议,人民法院出具调解书的,亦应全额退费。对调解和准许撤回再审申请/请求方式结案的案件全额退费,可以起到正向激励作用,鼓励当事人实质化解纠纷,真正实现案结事了。对于因新证据再审和未上诉又申请再审的案件,如再审期间调撤结案,笔者认为,从鼓励彻底解决纠纷的角度出发,也可以全额退费。

3. 其他方式结案的全额退费。申请再审案件决定再审后,除维持、改判、发回重审、调解、撤回再审请求这五种结案方式外,还可能存在驳回起诉、终结案件等结案方式,这里将其统一归类为以其他方式结案的案件。一般情况下,以其他方式结案的案件均未对再审案件进行实体处理,因此应全额退费。

(四)合法救助:完善司法救济+引入保险制度

我国诉讼制度设置了减、免、缓交诉讼费的司法救济制度,但仍不够完善。笔者认为可以从以下几个方面予以完善。一是扩大申请减、免、缓交诉讼费的主体范围。现行《交纳办法》规定可以申请减、免、缓交诉讼费的主体只能是自然人,但司法实践中也存在法人主体经济困难需要救济的情形,例如,无资金给员工发工资的法人主体起诉追回欠款给员工发工资,在经济确有困难的情况下,可以申请减、免、缓交诉讼费,追回的欠款用于发放员工工资也是保护弱势群体的体现。二是赋予救济申请被驳回当事人复议的权利。我国现行诉讼费的救济制度只规定了当事人可以申请减、免、缓交,至于是否批准需看法院审查结果,如法院审查不符合减、免、缓交条件,申请人缺少复议机会,只能无可奈何接受。赋予当事人一次复议机会,可以给予当事人更充分的救济。三是引入诉讼费用保险制度。诉讼费用保险制度是指投保人投保特定的诉讼费险,在发生相应法律诉讼时,由保险公司通过理赔的方式向投保人支付诉讼费用,这可以分担诉讼风险,减轻案件当事人的经济负担,实现多渠道保障当事人诉权。

当前,我国再审程序实行"双轨制再审制度"[1],既有申请再审又有法院依职权再审和检察院抗诉再审,申请再审预收费制度的构建,还需关注申请再审与法院依职权再审、检察院抗诉再审三者之间关系的衔接。对依职权再审、抗诉再审的案件,如未经历申请再审审查自然无退费一说,但如果已经申请再审被驳回,因申请再审时已预收费,依职权或抗诉启动再审案件的退费原则可参照申请再审案件的退费原则,实现申请再审、依职权再审和抗诉再审三者的有机衔接。结合前文所述,申请再审预收费制度中收费及退费具体路径如图1所示。

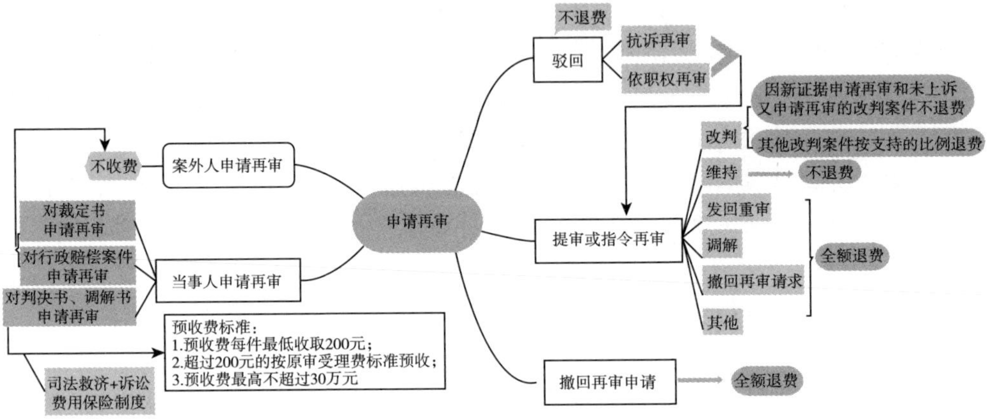

图1　申请再审预收费及退费架构

结　语

申请再审预收费制度的构建是一项系统工程,与《交纳办法》的修改完善息息相关。"年久失修"的《交纳办法》无法满足新时期诉讼制度的发展要求,已成为我国司法改革过程中不可回避的现实问题。本文以四级法院审级职能定位改革为背景,对申请再审预收费制度构建提出具有可操作性的建议,以期对《交纳办法》的修改完善有所裨益。

[1] "双轨制再审制度"是指基于监督权的审判监督程序和基于诉权的再审之诉。参见刘家兴:《关于审判监督程序的回顾与思考》,载《中外法学》2007年第5期。

催收非法债务违法性判断

——以被害人“力素”和“心素”二元组合为视角

韦慧媛*

引　言

自《刑法修正案(十一)》第293条之一对催收非法债务罪作出规定以来,司法界以及社会大众对催收非法债务罪适用的关注持续走高,全国各地也不断涌现催收非法债务罪新判例。司法实践中,对催收非法债务罪的把握和适用普遍存在争议,公诉机关、审判机关对催收非法债务罪的适用和把握有所保留,从中国裁判文书网正式公开的16份判决来看[1],对此罪的适用鲜有从被害人的视角去进行把握和判断的。案件侦查有警方,公诉有检方,辩护有律师,审理判决有法庭,被害人及其对催收非法债务违法犯罪的认知判断理应在诉讼审理中充当重要角色。被害人是否具有应对催收行为的能力智力即“力素”、对应对催收行为是否持有谨慎态度即“心素”这两项重要因素,均直接反映出其对催收非法债务及其违法性是否具有清晰或者基本的认知和判断。被害人对催收人违法行为是否存在过错责任或有诱发、纵容、助推作用等与被害人有关的因素也应当在违法性认定、审理判决中予以综合考量。

---

* 广西壮族自治区扶绥县人民法院综合审判庭三级法官。

〔1〕 截至2022年5月,全国各地各级法院上传涉及催收非法债务罪判决文书总数仅有16份。

一、催收非法债务违法性认定缺少被害人认知判断

（一）源自被害人的证据材料存在局限

仅从前述中国裁判文书网正式公开的 16 份判例来看，公诉机关提供的立案材料、被害人陈述、辨认笔录等源自被害人的证据材料大都仅有或只是被害人对遭受不法侵害的表面上的认知和表述，并没有被害人对催收非法债务违法犯罪与否的认知判断，对债务是否非法、催收非法债务是否违法甚至是否构成犯罪根本就不明就里。

而在警方制作的刑事侦查卷宗中，涉及被害人的内容并不多，仅限于接警记录、被害人陈述等，警方的调查结论并不涉及被害人对债务是否非法、催收非法债务是否违法、是否构成犯罪的认知判断结论，移交起诉意见书一般也不会就被害人对债务是否非法、催收非法债务是否违法、是否涉嫌犯罪的认知进行判断。案件到了法院审判环节，催收非法债务犯罪的被害人并不一定到庭参加法庭调查，甚至不参与诉讼环节。从司法实践中大多采用简易程序、速裁程序的判决案例来看，被害人对债务是否非法，催收非法债务是否违法、是否涉嫌犯罪的认知判断显得更是无关紧要。在各级法院判决的依据中，被害人对债务是否非法，催收非法债务是否违法、是否涉嫌犯罪的认知和判断似乎并不重要，对法院作出罪与非罪的判定以及量刑轻重影响微乎其微。

综上所述，警方的调查结论、检察院的公诉材料、法院的定罪判决均缺乏被害人对催收非法债务违法性的认知判断，被害人是否认识到债务非法，催收债务行为是否违法、是否涉嫌犯罪等在案件审理判决中的作用并不明显，公诉机关、审判机关对被害人陈述的主观理解也仅仅是罪名认定的简单辅助。

（二）违法性的认定与被害人过错切割

在西方，“责任分担说”和“谴责性降低说”可作为刑罚裁量考虑“被害人过错行为”的理论基础。“责任分担说”认为在“一些犯罪中被害人的过错行为使犯罪的发生或者犯罪危害后果的产生不能完全归咎于被告人，此时犯罪行为也要部分归咎于被害人”。“谴责性降低说”则认为在一些犯罪中“被害人在罪行发生之前的行为，无论是否应该谴责，只要该行为推动了被告人的暴力反应，那么被告人的受谴责性都应该适当降低”。[1] 这两种学说都明确肯定了被害人因素的客观存在和现实影响力，在非法催收债务违法犯罪中，最初的起因都是被害人欠债不还，被告人非法催收行为

---

〔1〕 姜伟：《被害人过错行为在量刑中的定量分析》，载《犯罪研究》2009 年第 6 期。

的产生无法与被害人因素完全切割。

在国内，被害人同意和被害人自陷风险共同构筑了被害人教义学的宏观图景：以被害人自我决定为共同基础，以被害人对结果的心理态度为界限，并存着被害人同意和被害人自陷风险两大犯罪排除理论。[1]在满足相应的自我答责条件情况下，如被害人同意行为人实施危险行为就是自陷风险、危险接受，就可以排除行为人成立犯罪。危险行为中包括了结果发生与否的双重可能性，同意危险行为而反对结果发生是完全可能存在的心理状态。在非法债务催收行为中，被害人可能同意或者已经预见并默认了各种催收行为可能发生的危险，但是却对催收行为造成严重的法益损害持反对态度。

一般认为，基于债务催收而实施滋扰等行为，显然属于事出有因，而且债务人往往存在严重过错，例如，长期拖欠或是拒不归还，债权人实施催收行为的目的在于通过私力救济以维护自身权益。[2]被害人因素对被告人催收行为非法性、情节严重程度等是否起到了诱发、放纵、促进或者推动作用确实值得研究。在催收非法债务罪的违法性认定中，不考虑被害人因素，特别是被害人过错、责任以及法益保护目的而仅就被告人的催收行为单独进行违法性认定明显有失偏颇，存在机械套用法条缺乏综合考量的嫌疑。

（三）定罪量刑未充分考虑被害人因素

貌似无关紧要但易被忽视的被害人因素，却影响了罪与非罪的精准认定和量刑轻重的合理把握，也影响了判决结果以及警示、规范、作用效果的充分发挥。

以广东省肇庆市端州区人民法院作出的全国首个催收非法债务罪案例为例。2017年至2018年，被告人黎某、邱某为催收高利放贷所产生的非法债务，多次恐吓、威逼被害人还款；2019年至2020年，被告人黎某为非法敛财又纠集并雇佣被告人农某、黄某从事非法放贷活动，在肇庆多次通过恐吓等非法手段威逼他人还款，给被害人造成精神压力，扰乱社会生活秩序，造成了恶劣的社会影响。[3]法院经审理认为黎某等4名被告人均已构成催收非法债务罪，判决依据包括了“恐吓”“威逼”“给被害人造成精神压力”，这些源自被害人陈述的表述，也是法官的客观判断。既是被害人

---

〔1〕 参见蔡颖：《被害人同意与被害人自陷风险的统合——以刑法中被害人同意的对象为视角》，载《法学评论》2021年第5期。

〔2〕 参见刘宪权、黄楠：《最新刑法修正案司法适用疑难问题研究》，载《法学杂志》2021年第9期。

〔3〕 参见游淼：《暴力催收已入刑“催收非法债务罪”首个判例落地》，载《第一财经日报》2021年3月11日，第3版。

的真实感受,也是一般人的普遍心理。欠“债”不还的被害人对“精神压力”显然有着一定的心理预期,只是被害人到底认不认为此类催收行为违法甚至涉嫌犯罪有待进一步深究。

催收非法债务罪系互动犯罪,缺少被害人的认知判断,该罪的犯罪构成要件就不完整,且与罪刑法定原则不符。实践中,很难证明该罪名在立法时是否已经考虑了被害人责任或过错。如果被害人认为客观存在的债务合法或者合理,理应予以偿还,就可能使其产生对催收行为的默认或者接受心态,影响其对财产法益、人身法益遭受不法侵害时防卫权的行使。如被害人明知债务非法而仍去借债借贷,被害人明知催收非法债务违法甚至涉嫌犯罪而又不愿如约偿还、故意拖欠甚至进而误导、诱发、催生暴力等多种非法催收行为,司法机关亦应该审慎对待、综合考量。

二、被害人认知判断辅助催收非法债务违法性认定的可行性和必要性

(一)从被害人角度进行违法性判断客观可行

法律规范的注意义务系标准人由“力素”和“心素”两部分组成。[1]催收非法债务犯罪的被害人亦应具有同样的注意义务。在面对催收非法债务行为时,“力素”指的是被害人是否具有应对催收行为的能力智力,“心素”指的是被害人对应对催收行为是否持有谨慎态度。有学者在《刑法修正案(十一)》通过之前就已指出:非法催收贷款行为侵犯的法益应为复合法益,包括社会公共秩序和人身、财产权益。[2]全国扫黑除恶专项斗争的司法实践证明,催收非法债务罪侵犯的不仅限于公民个人的人身权利、财产权利,更重要的是严重妨害了正常的社会公共管理秩序。催收非法债务罪不是单纯保护财产权的犯罪,该罪规定在刑法分则第六章第一节扰乱公共秩序罪中,其侧重于保护债务催收领域的基本秩序。[3]无论催收非法债务行为侵害的是个人法益还是社会法益,被害人作为标准人、一般人对催收行为都会有一个基本的认识。

设立催收非法债务罪的立法意图是堵住处罚漏洞,在刑法上对暴力、“软暴力”等非法手段进行追讨债务的行为予以准确定性,严惩违法犯罪行为,强化事前预防,减少被害人可能受到的侵害。[4]不管是通过超前的社会防卫防止潜在的犯罪行为发

---

〔1〕 参见陈璇:《标准人的心素与注意义务的边界》,载《清华法学》2020年第6期。

〔2〕 参见张明楷:《催收非法债务罪的另类解释》,载《政法论坛》2022年第2期。

〔3〕 参见赖早兴、王家伦:《论催收非法债务罪的罪数问题》,载《中国人民公安大学学报(社会科学版)》2022年第3期。

〔4〕 参见张明楷:《妥善对待维权行为 避免助长违法犯罪》,载《中国刑事法杂志》2020年第5期。

生，还是对已经造成实际伤害的犯罪行为进行惩罚，都是对潜在被害人、已然被害人的一种保护。虽然法律已经对被害人产生了保护，而且社会公众认知又是“Do not Blame the Victims”，但被害人对预防、减少、降低侵害仍应负有标准人的注意义务。被害人对债务是否非法、对催收非法债务是否违法，甚至涉嫌犯罪的认知判断同样应从“力素”和“心素”两方面进行二元组合诠释。

（二）从被害人角度进行违法性判断是现实的需要

基于理性人角度考虑，被害人可能具有的正常反应也必然是“力素”和“心素”综合作用的结果。催收非法债务罪直接保护的既不是社会法益，也不是财产法益，而是人身法益。然而，法真正保护的人身法益，反而容易被犯罪嫌疑人和被害人置于末位。非法催收行为的发生，通常是因为被害人无力如约偿还债务或是不愿偿还、借故拖延偿还，过于侧重或者只看重自己的财产法益。无论被害人是否清楚催收非法债务罪保护的是人身法益，被害人一旦遭遇非法催收情形，为了保护财产法益，不管催收行为是否妨害社会公共管理秩序，也不管妨害程度的轻重，通常会试图向社会公众博取同情或寻求帮助，实质上就是转嫁矛盾，借助社会法益造成并扩大社会影响。而普遍的社会公德意识恰恰就是谴责罪犯、同情被害人。

司法实践对被告人适用“无罪推定”原则，对被害人则是“过错推定”。若被害人不认为债务违法，认为自身应当负有如约偿还的义务，对催收行为产生的有限不法侵害通常会持有默认、容忍的态度，甚至有可能形成被害人同意。对严重暴力行为、严重危及生命财产安全的不法侵害则又不然。若被害人认为债务违法，自身不应负有偿还义务或不愿偿还，对催收行为则通常表现为规避、抗拒等，则不可能构成被害人自陷风险。若被害人明知债务非法反而故意去借债借贷、又明知催收非法债务违法却又故意拒绝偿还进而激化矛盾、催生暴力催收行为。这些不同情形引发的催收非法债务犯罪理应引起司法机关的高度关注和深入探究。

（三）从被害人角度进行违法性判断的引入途径

司法判决追求的是不枉不纵、不偏不倚，以达到法律效果和社会效果相统一。对刑罚适用者，必须强调严格解释法律，不能将自己的理解凌驾于法律可能具有的文义及社会公众的生活常识之上；对犯罪嫌疑人，必须设身处地地考虑其采取适法行为的可能性，对其人性的脆弱性应适当包容而不宜过度拔高；对被侵害者，则必须从理性人可能具有的正常反应角度，类型化地区别对待。〔1〕

---

〔1〕 参见陈航：《民刑法中的“一般人”观念及其判断基准》，载《法学家》2020 年第 3 期。

被害人面对催收非法债务行为或不法侵害时，是否具备一般人所应当具备的应对能力智力，是否持有一般人应有的谨慎态度，这些因素均应作为侦查、审查阶段的重要参考和考量，亦应是司法实践特别是审判阶段独特的认知判断视角。在被害人视角中，催收非法债务行为是不是不法侵害、是否违法甚至涉嫌犯罪，理应成为审理阶段对催收非法债务违法性认定的重要参考。毕竟，催收非法债务罪虽是刑事公诉罪名，但实践中大多处于“不告不理”范畴内。除非被害人或他人报案，否则此种犯罪很难被警方发现或者掌握，调查取证、审查起诉也就不会触发，公诉机关、审判机关是否采纳被害人视角下催收非法债务罪的认知判断更是无从谈起。参照《最高人民法院、最高人民检察院关于常见犯罪的量刑指导意见（试行）》明确将“被害人谅解”作为常见量刑情节，应在现行刑事诉讼程序中加入“被害人意见”，突破作为证据形式的被害人陈述，使被害人更多地参与到刑事诉讼中来。[1]催收非法债务的罪作为新增设罪名应当大胆探索创新，通过“被害人意见”将被害人视角下催收非法债务的违法性判断引入诉讼。

三、被害人视角中的催收非法债务罪

（一）精准厘清非法债务

司法实践中，非法债务分为三种，即违反民事法律规定的非法债务、违反行政法律规定的非法债务以及违反刑事法律规定的非法债务。我国对违法行为的规制主要体现为行政处罚与刑事处罚相衔接的二元处罚体制，行政违法行为危害性上升到一定程度，则往往成为刑事法律规制的对象而被作为犯罪处理。[2]由于法律否定性评价的范围不同，非法债务实际上又存在两种表现形式：一是确立债务的基础行为违法，法律对由此产生的一切债权债务关系均予否定。二是债务据以确立的基础行为虽然违法，但法律对债权债务关系本身仍予承认。如基于婚外不正当关系、包养约定形成的“青春损失费”“包养费”等债务，因其具有较强反道义性、可谴责性，实践上可以纳入催收非法债务罪之“非法债务”。对高利贷或非法放贷的认定以民法司法解释规定的“4 倍 LPR”为基准，此类非法债务中，借款本金与法定“4 倍 LPR”以内的利息仍受法律保护。这些例子只是庞大的非法债务类型库里的个别代表，实际上，非法债务的类型多得难以赘述，这也就是《刑法修正案（十一）》第 293 条之一“高利放贷等”

〔1〕 参见唐韵：《集资诈骗犯罪治理中被害人中心主义的提倡》，载《甘肃政法大学学报》2022 年第 1 期。

〔2〕 参见张平寿：《催收非法债务罪的限缩适用与路径选择》，载《中国刑事法杂志》2022 年第 2 期。

中“等”这一表述的内涵所在。从司法实践和司法解释来看，这个“等”不仅限于高利放贷产生的非法债务，还可以包含赌债、毒债、虚假债务等。对“等”的解释可以采取列举加上概括的解释模式，先列举目前可以确定的与高利放贷性质相似的非法债务，同时又提前预留未来司法实践通过同类解释的方法规制犯罪行为的空间。

非法债务是指被法律所禁止的债务，如高利贷、赌债、毒债等，而没有法律依据则应该按照不受民法保护来理解，如超过诉讼时效的债务等。从纯字义上理解，没有法律依据似乎包含了非法，但《刑法修正案（十一）》在两者之间选择了“非法债务”的表述，使催收非法债务罪将其他没有法律依据的债务排除出适用范围，仅指被法律禁止的债务。《民法典》中禁止高利放贷，并规定了借款的利率不得违反国家有关的规定。〔1〕 2020 年最高人民法院出台的《关于审理民间借贷案件适用法律若干问题的规定》中对民间借贷间的利息作出明确的规定，此项规定实质上是对 2002 年中国人民银行下发的《关于取缔地下钱庄及打击高利贷行为的通知》的筛选继承和优化发展，对于高利贷或非法放贷的认定应当以民法司法解释的规定“4 倍 LPR”为基准。〔2〕凡是超出“4 倍 LPR”基准的债务均应认定为非法债务。值得注意的是，亦有学者认为，应当将非经营性高利放贷产生的债务单独排除出“非法债务”的范围。〔3〕

在社会现实和司法实务中，被害人往往对非法债务认识十分模糊，片面地认为只要是比银行贷款市场报价利率高的借贷就是高利贷，而只要是高利贷肯定就是不受法律保护的非法债务，不会也不可能去深入解读法律具体规定，更何况高利贷界定标准还存在刑法和民法的不同。借贷人在未遭受催收非法债务违法犯罪行为侵害时，也极少会站在被害人角度思考高利借贷是合法还是非法。有的是知其然不知其所以然，有的不了解受法律保护的还包括合法民间借贷，还有的则片面站在社会公德层面认为“有借有还、天经地义”。凡此种种，不得不承认被害人对高利贷等非法债务缺乏正确精准的认识。

通常条件下，作为一般人的被害人大多认可既然自己借了钱就有还钱的义务，尽管这一借贷行为违法、非法。心理上，借贷人认为自身确需借贷借债并且有能力进行偿还，或者确实亟须应急而不考虑实际上是否有偿还能力，先借了再说。这种心理实际就是高利借贷生存的土壤。俗话说，借钱容易还钱难。当非法债务面临催收时，借

〔1〕 参见李科：《催收非法债务罪的入刑进路评析及司法适用》，载《太原城市职业技术学院学报》2021 年第 11 期。

〔2〕 参见李霁：《催收非法债务行为的犯罪认定界分》，载《中国政法大学学报》2022 年第 1 期。

〔3〕 参见张平寿：《催收非法债务罪的限缩适用与路径选择》，载《中国刑事法杂志》2022 年第 2 期。

贷人就很可能成为催收非法债务犯罪的被害人。

被害人一般认为高利贷首先破坏的是社会主义市场经济的金融秩序即社会法益,高利贷必然是要受到相关部门打击和惩处的,但是其仍去实施借贷行为,确实存在明知不可为而为之的问题,这显然是被害人的责任和过错,其面临催收时又会试图通过扩大社会影响转嫁矛盾以达到拖延还债甚至直接不还的目的。被害人大多长期拖欠债务,有的无理拒不归还欠款,存在严重过错,被告人的催收行为带有私力救济性质。[1]直接面临催收时,被害人确实无力偿还的情形暂且不提,有能力偿还的想的更多的可能是高利贷违法而其不应也无须偿还那么高的利息,其关注的是自身财产法益,甚至不惜直接违背借贷时的实质约定。直到面对暴力等不法催收行为时,被害人在权衡利弊时倾向的仍然可能是自己的财产法益而非人身法益。

从前述 16 份判例中可知,被害人大都知晓高利贷债务非法,甚至是明知高利贷债务非法,但是迫于无奈或其他原因仍选择去借贷,进而形成了非法债务,有被害人自陷风险嫌疑。被害人认可存在欠债又无力偿还的事实,进而引发催收行为。被害人通常能预见和认可催收行为发生的可能性和合理性,对催收行为甚至轻微的暴力等催收行为持默认、容忍态度,类似于被害人同意。但绝大多数被害人并不认可暴力或软暴力等侵害权利的催收行为。

综上所述,被害人通常知晓高利借贷等债务非法,综合"力素"和"心素"考量,仍然实施借贷行为,对后续可能产生的催收行为存在一定的过错责任。法律对被害人的保护并不反对或者排斥法律和道德认定被害人过错、责任,对被害人过错、责任进行正确认定,更有利于对被害人的保护。被害人在无力偿还债务或不愿偿还债务时,实际上对催收行为的产生也必然有一定的心理预期。但这种过错、责任并不能完全认定为法律过错,在合法追讨债务途径面前,《刑法修正案(十一)》第 293 条之一规定的非法催收行为的发生与高利借贷并无实际的直接因果关系。

(二)非法催收情节轻重

催收行为的产生,往往不会是言语或文字催促的合理追讨又或是纯粹的"软暴力"追讨。暴力、胁迫等非法催收行为也可能随之而来。《刑法修正案(十一)》第 34 条规定,在《刑法》第 293 条后增加一条作为第 293 条之一:"有下列情形之一,催收高利放贷等产生的非法债务,情节严重的,处三年以下有期徒刑、拘役或者管制,并处或者单处罚金:(一)使用暴力、胁迫方法的;(二)限制他人人身自由或者侵入他人住宅

〔1〕 参见周光权:《刑事立法进展与司法展望——〈刑法修正案(十一)〉总置评》,载《法学》2022 年第 1 期。

的;(三)恐吓、跟踪、骚扰他人的。"此处特别强调了"情节严重",催收人非法催收非法债务行为处于违法和犯罪的模糊地带时,则由执法部门根据实际案情选择作为行政违法还是刑事犯罪来处理,行、刑交叉既有重叠性,又带来一定的局限性,进而引出了轻度不法行为催收非法债务和严重不法行为催收非法债务的界定划分。普遍认为,只有严重不法行为催收非法债务方可构成催收非法债务罪,并应同时符合催收行为违法、债务违法的双重标准。

如(2021)黔0281刑初742号案的判决书所述,2015年6月4日23时许,麻某为帮助被告人孙某向被害人冯某索要赌债,带领被告人孙某与金某、喻某等人将被害人冯某从盘州市保罗利亚酒店门口带至附近山上,其间,持械对被害人冯某进行殴打,迫使被害人冯某写下一张218万元的借条,事后被害人冯某未实际支付。该案中,赌债是非法债务,被告人对被害人实施了限制人身自由、殴打等违法催收行为。被害人实际上是以财产法益的损失换取了人身法益的自由和安全。在被害人视野下,其因人身自由被限制并遭受到了殴打,被迫写下欠条。"力素"上,被害人被多人控制、无力反抗,"心素"上,被害人因遭受殴打,在人身法益和财产法益的利益权衡下,选择签下欠条(财产法益)换取自由(人身法益),限制人身自由、殴打、胁迫签下欠条等催收行为都具有明显的严重违法性。此案判决完整地体现了债务违法、催收行为违法的双重标准。

又如(2021)皖1102刑初139号案的判决书所述,2021年1月至2月,被害人王某因赌博缺少赌资从被告人陈某处借高利贷本息共计11万余元后无力偿还。2021年3月14日15时许,被告人陈某在滁州市某酒店附近遇到欠钱未还的被害人王某,王某无力还钱,被告人陈某电话召集被告人熊某开车带两人到滁州市琅琊区某浴场,两人看着被害人王某不让其离开,并让被害人王某打电话借钱。3月16日21时许,因被告人陈某殴打了被害人王某,王某才报警。此案中,被告人陈某、熊某明知被害人王某所欠的因赌博而借的高利贷是非法债务,而采用限制他人人身自由的违法方式催要,同样符合债务违法、催收行为违法的双重标准。特别要注意的是,此案中被害人王某在被限制人身自由时并未报警,而是被殴打后才报警,于是便出现了被害人视角下的轻度不法行为催收非法债务和严重不法行为催收非法债务之分。"心素"上,被害人对不准其离开(限制人身自由)有一定的默认、容忍态度,权衡利弊下并无逃离、对抗或者寻求帮助的打算,直至遭受殴打方才报警求助,实际上是感受到了人身安全威胁甚至生命危险,明显具有利益权衡的审慎态度。"力素"上,从持续两天的限制人身自由和电话借款直至被殴打,被害人明显认为自身能够应对催收行为而未报警求助,甚至通过电话借款时都未发出求救信号。在被害人视角中,轻度不法催收行为是可以忍耐甚至被接受的，严重不法催收行为则不可接受，被害人对催收非法债务行为只有部分违法性认知或者判断。如被告人最终未实施殴打行为，被害人在“欠债还钱”的心理下，可能未意识到限制他人人身自由的违法性，这样的催收行为同样涉嫌触犯刑法、构成犯罪。

《刑法》第 293 条之一将三种具体行为方式情节要件统一规定为“情节严重的”，从立法上认定三种具体行为方式性质上并行、没有先后高低之分。也就是说，当每一种具体行为危害结果和情节要件均未达到催收非法债务罪的入罪门槛时，不宜将嫌疑人以犯罪论处，以避免扩大打击范围。虽然催收非法债务罪的具体行为类型在立法中已经明确，但是在适用法律中却不能仅仅根据构成要件行为形式上的符合性而直接入罪。民事违法行为、行政违法行为和刑事违法行为三者的区分，恰好可以区分轻度不法行为催收非法债务和严重不法行为催收非法债务。轻微不法行为可以归入民事违法行为、行政违法行为予以追究，严重不法行为则对应刑事违法行为。但司法实践中对轻重程度的把握客观上存在不小难度，需要结合实际案情进行考量。例如，触及刑事违法犯罪行为的“限制他人人身自由”的内涵和边界就不好把握。通过武力控制或物理隔离使他人丧失人身自由属于“限制他人人身自由”，除此之外，诸如贴身跟随、强行同吃同住等行为的界定问题也亟待解决。在司法实践中不应仅从形式上进行理解和考量，通过借助被害人视角、“被害人意见”来进行具体的实质判断更为合情合理。

综上所述，催收行为情节轻重在“心素”和“力素”二元组合条件下，被害人的视角中确实会存在不同的违法性认知判断。轻微的不法催收行为通常可能在被害人的可忍受、接受范围内，毕竟“欠债还钱，天经地义”，不管是自身无力偿还或是不愿偿还，都是“理亏”一方，被害人不一定会认为轻微的不法催收行为必然具有违法性，即使是违法也不一定涉嫌犯罪。但是，面对严重不法催收行为，被害人往往面对的是财产法益、人身法益遭遇实质危险和直接侵害，无论是《刑法》第 293 条下三种具体行为之中哪一部分或者是全部，只要切实使其感受到危险、受到了侵害，被害人均会认为此种催收行为必然具有违法性、涉嫌犯罪。总而言之，这种截然不同的认知和判断，来源于“力素”和“心素”二元条件下对危险性判断和对人身法益与财产法益的利益权衡，不同情形下的不同被害人必然有着不同的视野和角度，对催收非法债务的违法性当然也会有不同的认知判断。

（三）防卫权的行使与否

严重不法催收行为必然引发被害人对危险的判断，暴力或“软暴力”等违法催收方式，情节严重的，即使是被害人自陷风险，都有可能激起被害人的反抗、对抗。催收非法债务不法行为持续侵害造成的危险状态，被被害人认定为正在进行的不法侵害，被害人也就可能会考虑行使防卫权。被害人对防卫的相当性与防卫限度的把握也都值得深入探究。被害人视角下，催收非法债务违法性判断存在一个可以确定的情形，那就是如果被害人自认为行使了防卫权，在被害人眼里其必然遭受了不法侵害。无论是暴力、胁迫下的应急反击，还是在被限制人身自由下的强行逃脱，抑或是被侵入住宅时的被动防御，只要被害人行使了防卫权，均应认为是被害人对催收非法债务违法性的判断确认。

然而，现实生活和司法实践中，催收非法债务罪的被害人往往持默认、忍耐和躲避的态度，少见抗拒、反抗心态和表现。在朴素的“欠债还钱，天经地义”社会公德思想影响下，除非遭受严重危及生命财产安全的严重不法催收行为，否则很难见到有被害人行使防卫权的情形。通常情况下，催收非法债务罪的被害人都是好话说尽、设法拖延，这无疑又助长了这一违法犯罪行为。

举例来说，(2021)鲁1702刑初410号案中，2017年10月，陈某、丁某甲通过自己经营的金融贷款公司，向被害人李某提供贷款1万元，扣除利息及手续费，李某实际得款4900元，期限1个月，李某到期未偿还。2017年11月12日，丁某甲向李某索要债务未果。陈某、丁某甲等人于同年11月14日上午至11月16日上午，将李某扣留在公司办公室共2天。被告人吴某某明知陈某、丁某甲等人向被害人李某催收高利放贷产生的非法债务，仍于2017年11月12日晚上、11月14日至16日上午，听从丁某甲等人安排，在锦裕金融贷款公司内伙同吴某、丁某乙等人看管李某不让其离开，限制李某人身自由。吴某某参与看管李某35小时左右。2017年11月16日上午，丁某甲将李某手机扣留后让李某离开。

此案中，被告人吴某某本身就是催收非法债务犯罪的受害者，不仅没有积极应对催收非法债务行为，反而又参与了对他人实施催收非法债务行为。被害人李某长时间被限制人身自由，但是其并未采取任何积极应对或者防卫措施，可见行使防卫权对于催收非法债务罪被害人来说，确实存在不少“力素”和“心素”综合作用下的困难、顾忌和疑虑。

从被害人主观心理来看，被害人对法益侵害结果的出现持排斥态度，允许一定的不法催收行为与排斥法益侵害结果的出现并不矛盾，被害人默认忍耐的目的是避免法益侵害结果的发生，法益侵害结果的出现并不是被害人所希望的结果。[1]“力素”

---

〔1〕 参见高丽丽：《被害人危险接受中危险支配的理论定位与归责应用》，载《江汉论坛》2022年第7期。

上,被害人可能具有一定的能力智力应对催收非法债务行为,并且具有面对不法侵害行使防卫权的能力。但是,其决定因素往往是"心素",被害人对催收非法债务行为定然持有谨慎态度,有着利弊权衡和对财产法益、人身法益的综合考量。思想决定行动,"心素"影响"力素"。被害人对债务的产生大多具有一定的主观过错和责任。被害人自身对非法活动的参与性、明知债务非法反而借贷使其主观上存在应该受到法律否定性评价的客观过错。在"欠债不还"的理亏心态下,被害人通常的反应也是默认、忍耐和逃避,抗拒的心理和行为都不多见,何况是行使防卫权。除非在被严重危及人身财产安全而且无法避险的情况下,催收非法债务被害人才可能考虑行使防卫权或者有限行使防卫权。再者,催收人的主要目的在于获取财产法益而非其他,即使是通过对人身法益的侵害实现财产法益,所侵犯的人身法益通常仅是公民的一般性身体健康、人身自由、居住安宁等法益,此类不法侵害也必然是有限的。虽然不能完全排除,但是,真正危及生命的催收非法债务行为少之又少。

综上所述,催收非法债务被害人通常情况下不会对催收行为行使防卫权或者有限行使防卫权。即使被害人认定催收非法债务行为违法也不会轻易行使防卫权。在面临严重危及人身财产安全的不法催收行为时,被害人才会选择行使防卫权。当然,行使防卫权可视为被害人对催收非法债务违法性的认定,但是不行使防卫权却并不能简单认为是对违法性的否定,还需要结合实际案情综合考量认定。

四、催收非法债务罪"被害人意见"的运用

(一)"被害人意见"反映催收情形

催收非法债务罪的刑法罪状描述具有抽象性,行为要素涵盖从轻微不法到严重不法的各类违法催收手段,构成范围明显具有开放性、包容性,适用中容易与刑法的有限性要求相违背。有学者认为,催收非法债务罪中的"使用暴力、胁迫方法"是最广义的暴力、胁迫,只要使被害人由此产生恐惧感即为已足。[1]无论是"力素"上被害人对遭受一种或者多种催收非法债务行为是否具有应对甚至是行使防卫权的能力智力,还是"心素"上被害人对遭受一种或者多种催收非法债务行为是否持有谨慎态度,都应当有一个客观基本的评估判断。如果被害人对遭受的催收非法债务行为既无能为力又无法接受,必然产生"恐惧感"等心理。

被害人并不需要对遭受催收非法债务行为的种类与《刑法修正案(十一)》第293

〔1〕 参见周光权:《催收非法债务罪的理解与适用》,载《法治日报》2021年10月20日,第9版。

条之一的规定是否准确契合进行判断，而是需要确认其遭受到了能力上无法避免的、心理上无法接受的实质侵害。司法实践不可能苛求作为一般人的被害人对催收非法债务行为种类具有清晰的认识判断，被害人只需客观准确表达出其遭受了什么样的侵害、遭遇侵害的情形即可。催收非法债务行为类型的最终定性则由司法者来判定。

被害人在遭受实质侵害时，对遭受到的侵害行为自然会产生其是否涉嫌违法犯罪的疑问，在面对公安机关、公诉机关、审判机关询问时，被害人陈述和表达的内容必然是“力素”和“心素”二元组合双重因素影响下的结果。无论是危及人身安全的“暴力”“胁迫”，还是侵犯自由权、居住权的“限制人身自由”“侵入住宅”，抑或是侵害安宁权的“恐吓”“跟踪”“骚扰”，均可以从被害人角度得到较为全面的描述、反映以及初步认知判断（见表1）。

表1　“力素”和“心素”二元组合条件下被害人对催收非法债务行为情形的认知判断

类型		力素	心素	被害人的一般认知
危及人身安全	暴力	能够规避、防卫	选择规避、防卫	涉嫌违法犯罪
			接受、容忍	情节轻微，可能违法，不构成犯罪
		无力规避、防卫	不接受、容忍	涉嫌违法犯罪
			接受、容忍	情节轻微，可能违法，不构成犯罪
	胁迫	能够排除	选择排除	情节轻微，可能不违法
			接受、容忍	情节轻微，可能违法，不构成犯罪
		无力排除	不接受、容忍	涉嫌违法犯罪
			接受、容忍	情节轻微，可能违法，不构成犯罪
侵犯自由权、居住权	限制人身自由	能够逃脱、求助	选择逃脱、求助	情节轻微，可能违法，不构成犯罪
			接受、容忍	情节轻微，可能违法，不构成犯罪
		无法逃脱、求助	不接受、容忍	涉嫌违法犯罪
			接受、容忍	情节轻微，可能违法，不构成犯罪
	侵入住宅	能够抵制	选择抵制	涉嫌违法犯罪
			接受、容忍	情节轻微，可能违法，不构成犯罪
		无力抵制	不接受、容忍	涉嫌违法犯罪
			接受、容忍	情节轻微，可能违法，不构成犯罪

续表

类型		力素	心素	被害人的一般认知
侵害安宁权	恐吓	能够排除	选择排除	情节轻微,可能不违法
			接受、容忍	情节轻微,可能违法,不构成犯罪
		无力排除	不接受、容忍	涉嫌违法犯罪
			接受、容忍	情节轻微,可能违法,不构成犯罪
	跟踪	能够摆脱	选择摆脱	情节轻微,可能不违法
			接受、容忍	情节轻微,可能违法,不构成犯罪
		无法摆脱	不接受、容忍	涉嫌违法犯罪
			接受、容忍	情节轻微,可能违法,不构成犯罪
	骚扰	能够规避、抵制	选择规避、抵制	情节轻微,可能不违法
			接受、容忍	情节轻微,可能违法,不构成犯罪
		无法规避、抵制	不接受、容忍	涉嫌违法犯罪
			接受、容忍	情节轻微,可能违法,不构成犯罪

在“力素”和“心素”二元组合视角下,被害人遭受暴力、胁迫、限制人身自由、侵入住宅、恐吓、跟踪、骚扰等侵害的客观反映和认知判断,因为侵害方式而有所不同。即使是最为直观的直接描述,也可能存在因实施程度不同而得出行为性质、危害性、当罚性各异的情形。作为互动犯罪,“被害人意见”理应引入诉讼,作为催收非法债务罪适用的重要依据。

(二)“被害人意见”体现情节轻重

《刑法》对犯罪采取了既定性又定量的界定模式,不法行为的实施通常只是犯罪成立的必要前提而非充要条件,情节恶劣、数额巨大、后果严重等要素常常成为罪名成立的限制性要求。设立催收非法债务罪是为了保护被害人人身法益进而维护社会法益。公诉机关、审判机关在对催收非法债务行为违法性进行认定时,应充分注意危害行为是否达到应受刑罚的严重程度,尤其是在催收非法债务手段具有违法程度轻重不同的多种表现时,更要在罪名成立与否之间进行谨慎判断。

有学者认为,对于催收非法债务罪的认定,必须立足于该罪所侵犯法益的特点、债务非法性的不同、法规范体系的逻辑性等因素,对催收非法债务罪相关法定构成要件要素进行实质解释。[1]催收行为不仅应当具有公然性,还应当具有实质性的严重法益侵害。构成催收非法债务罪应该是催收行为人实施了实质性地严重侵害公民身体健康、自由、安宁等合法权益进而破坏社会秩序的行为。对于如何界定"实质性的严重侵害",最有发言权的当然也就是被害人,也只有被害人能够全面直观地描述实质性的严重侵害的强度、规模以及相应产生的严重后果。

"情节严重"必须是能够体现催收债务所造成法益侵害程度的各类客观事实,要素,反映暴力或"软暴力"等非法催收行为实施强度轻重的事实,人数、次数等反映非法催收行为实施规模大小的事实,造成被害人财物损失、伤势、社会影响等反映非法催收行为危害后果严重性的事实,等等。催收非法债务罪的被害人对这些要素的强度、规模、造成的危害后果都有着直观的感知和了解,其对这些要素的认识和评价必然是对"情节严重"与否的最直接、最真实、最全面的体现和反映。

"力素"上的无能为力反映的是催收非法债务行为的严重违法性,"心素"上的不可接受体现的则是催收非法债务行为侵害被害人的人身法益的严重程度。将被害人对自身人身法益遭受侵害情节轻重的认知判断和直观感受,作为"被害人意见"引入诉讼,以及作为催收非法债务罪罪名成立的重要依据合情合理。

(三)"被害人意见"存在逆用风险

"被害人意见"的客观中立性存疑。被害人既是催收非法债务犯罪的受害者,也是非法债务的受益者。其在案件和诉讼中客观、中立与否就很值得考究。就催债而言,欠债还钱、天经地义,在债务得不到清偿的情况下,催债行为本身是实现债权的手段,是不存在正当性疑问的。但是,如果采用非法的手段催债或者催收的债务是非法的,则不具有正当性,应当受到法律的规制。[2]被害人明知债务非法而仍去借债借贷、明知催收非法债务违法甚至涉嫌犯罪而又故意拖欠不还,甚至进而误导、诱发、催生暴力等非法催收行为的可能性不得不防。对"被害人"最终通过促成催收非法债务罪而实现"赖账"目的的可能性也应提高警惕。

债务违法、催收违法均可能被"被害人"逆用。有学者认为,催收非法债务罪中的非法债务既然是高利放贷等产生的非法债务就不受民法的保护,进而意味着被害人并没有债务,催收行为人以催收非法债务为由而采取暴力、胁迫、限制人身自由、侵入住宅、恐吓、跟踪、骚扰等手段催收的,应当构成抢劫罪或者敲诈勒索罪,而不应当按

[1] 参见张平寿:《催收非法债务罪的限缩适用与路径选择》,载《中国刑事法杂志》2022年第2期。

[2] 参见彭辅顺:《催收非法债务罪的正当性与边界》,载《法治论坛》2021年第4期。

催收非法债务罪论处。设置催收非法债务罪实际意味着刑法保护非法债务，这难以令人接受。[1]也有学者认为，以催收非法债务罪追究刑事责任，并非因为刑法对非法债务采取保护立场，而是因为相关催收行为发生事出有因，并非无事生非，债权人债务人双方通常均不否认非法债务存在的事实，催收行为人主观上只是要回属于自己的财物本金和应得的收益，与抢劫、敲诈勒索罪中行为人对非法占有他人财物具有明确、清晰的认识不同。根据主客观相一致、罪责刑相适应原则，才以刑罚相对较轻的催收非法债务罪论处。但是，在司法实践中，无论是罪轻还是罪重，无论是“非法债务”违法还是“催收非法债务行为”违法，皆有因为其违法性而使“债务”不了了之的先例，这两种或双重违法性反过来也都有可能被所谓的“被害人”利用，实现其欠债不还的最初目的。

不同的非法债务在法律面前有不同的权利，其中有一律不受保护的，也有部分受到保护的，还有存在受保护时效的。将债务认定为不受保护的非法债务可能就是被害人积极追求的结果，受保护的债务可能就是被害人不愿偿还或故意不还的对象，有受保护时限的债务可能就是被害人拖延不还的目标，被害人对财产法益和人身法益的利弊权衡可能也夹杂着对非法债务的占有意图或目的，这些问题都应予以深思细究。鉴于非法债务的复杂多样性，对于是否全部、部分采纳或不采纳被害人对催收非法债务违法性的判断应当也有具体的不同的选择和判断。

总之，在司法实践中，不仅要引入“被害人意见”，充分听取被害人基于“力素”和“心素”二元组合对催收非法债务违法性的认识判断，也要切实提高警惕心和洞察力、分辨力，注意防范窃据“被害人”地位恶意制造非法债务的“老赖”，注意防范误导或有目的引导、催生构成的催收非法债务犯罪，防止被“凭实力借的钱为什么要还”利用，反而对“催收人”财产法益、人身法益造成伤害，进而引发新的混乱，并对社会法益造成新的伤害。

结　语

刑罚适用必须强调严格解释法律，但应参考被害人这一“理性人”可能具有或产生的正常反应，合理引入“被害人意见”对案件进行综合判断，准确适用法律。就催收非法债务罪而言，在实现依法精准打击和有效规制违法行为的同时，应当从“已然被害人”和“潜在被害人”角度深入发掘相关非法债务的不同类型和产生根

〔1〕 参见明楷：《刑法学》（下），法律出版社2021年版，第1406页。

源,为立法者和法律适用提供有益参考。当务之急是尽快补充出台新的司法解释以释明可能对认定债务非法性、催收行为违法性产生影响的问题,以更准确认定催收非法债务罪。

环境犯罪罚金与损害赔偿的衔接

邓智勇* 郑锦墨** 李 馨***

过犹不及。

——《论语·先进》

制度发展总是充满波折。伴随环境公益诉讼和生态环境损害赔偿诉讼的建立完善,环境犯罪被告人面临罚金刑与环境侵权损害赔偿(以下简称私益赔偿)、生态环境损害赔偿(以下简称公益赔偿)、惩罚性赔偿多元赔偿责任。多元财产责任竞合事实上增加了环境犯罪的刑罚威慑力。但考虑到被告人的负担能力以及责任平衡,对环境犯罪适用多元财产责任是否合适值得怀疑。本文从法律经济学出发,结合学理与法律文本分析,探讨环境犯罪罚金与损害赔偿衔接的必要性、可行性,并针对罚金刑与损害赔偿责任的不同组合情形,提出二者衔接模式并构建衔接机制,以充分发挥环境犯罪财产责任体系效能。

一、环境犯罪罚金与损害赔偿并立的现状

(一)制度演进催生环保财产责任体系

"罚金是人民法院判处犯罪者向国家缴纳一定数额金钱的刑罚。"〔1〕

* 广西壮族自治区崇左市中级人民法院审判委员会专联委员。

** 广西壮族自治区凭祥市人民法院保税区人民法庭庭长。

*** 广西壮族自治区崇左市中级人民法院刑二庭法官助理。

〔1〕 高铭暄、马克昌主编:《刑法学》(第7版),北京大学出版社、高等教育出版社2016年版,第96页。

1997 年修订的《刑法》设专节规定了 16 个环境资源罪名，所有罪名均设罚金，其中 13 个罪名规定并处罚金（见表 1），罚金成为环境犯罪适用的主要刑种。

表 1　环境犯罪罚金配置一览

序号	罪名	罪名成立	罪名成立且情节严重	罪名成立情节特别严重	法律依据
1	污染环境罪	并处或单处罚金	并处罚金	并处罚金	《刑法》第 338 条
2	非法处置进口的固体废物罪	并处罚金	并处罚金	并处罚金	《刑法》第 339 条
3	擅自进口固体废物罪	并处罚金	并处罚金	并处罚金	《刑法》第 339 条
4	非法捕捞水产品罪	单处罚金	—	—	《刑法》第 340 条
5	危害珍贵、濒危野生动物罪	并处罚金	并处罚金	并处罚金	《刑法》第 340 条
6	非法狩猎罪	单处罚金	—	—	《刑法》第 340 条
7	非法猎捕、收购、运输、出售陆生野生动物罪	单处罚金	—	—	《刑法》第 340 条
8	非法占用农用地罪	并处或单处罚金	—	—	《刑法》第 342 条
9	破坏自然保护地罪	并处或单处罚金	—	—	《刑法》第 342 条之一
10	非法采矿罪	并处或单处罚金	并处罚金	—	《刑法》第 343 条
11	破坏性采矿罪	并处罚金	—	—	《刑法》第 343 条

续表

序号	罪名	罪名成立	罪名成立且情节严重	罪名成立情节特别严重	法律依据
12	危害国家重点保护植物罪	并处罚金	并处罚金	—	《刑法》第 344 条
13	非法引进、释放、丢弃外来入侵物种罪	并处或单处罚金	—	—	《刑法》第 344 条之一
14	盗伐林木罪	并处或单处罚金	并处罚金	并处罚金	《刑法》第 245 条
15	滥伐林木罪	并处或单处罚金	并处罚金	—	《刑法》第 345 条
16	非法收购、运输盗伐、滥伐的林木罪	并处或单处罚金	并处罚金	—	《刑法》第 345 条

在民事领域,1986 年《民法通则》第 124 条首次规定了环境污染损害赔偿责任,2009 年的《侵权责任法》第 65 ~ 68 条细化了环境污染侵权责任规定。2012 年修订的《民事诉讼法》首次规定了民事公益诉讼制度;2014 年的《环境保护法》规定了环境民事公益诉讼。2015 年《最高人民法院关于审理环境民事公益诉讼案件适用法律若干问题的解释》完善了环境民事公益诉讼框架。2018 年开始施行的《生态环境损害赔偿制度改革方案》提出构建具有类似公益属性的生态环境损害赔偿诉讼制度,该制度目前已在全国推行。2020 年颁布的《民法典》将环境民事损害赔偿分为侵权损害赔偿与生态环境损害赔偿两部分[1],后者统一适用于环境公益诉讼与生态环境损害赔偿诉讼。《民法典》同步规定作为环境侵权加重责任的惩罚性赔偿,并延展适用于环境公益损害。自此,罚金、环境侵权损害赔偿、生态环境损害赔偿和惩罚性赔偿,构成环境损害的刑、民财产责任体系。

(二)罚金与损害赔偿并立广泛存在

同一环境罪行可能同时造成他人人身财产权益、社会公共利益及生态环境损害,被告人因此面临“罚金 + 公益赔偿”、“罚金 + 公益赔偿 + 私益赔偿”或“罚金 + 公益赔偿 + 私益赔偿 + 惩罚性赔偿”等不同类型财产责任组合适用的困境。所有财产责

〔1〕 参见《民法典》第 1229 条、第 1235 条。

任互相独立、分别执行。2021 年,全国法院受理环境资源一审刑事案件 39,023 件,其中环境刑事附带公益诉讼案件 4151 件,占比 10.64%〔1〕,至少 10% 的环境犯罪案件被告人同时承担罚金与生态损害赔偿责任;如果计入其他类型的财产责任组合适用案件,承担多元财产责任的被告人比例将进一步上升(见图 1)。环境犯罪引发多元财产责任已经成为常见现象,并以罚金与公益赔偿并科为主力。

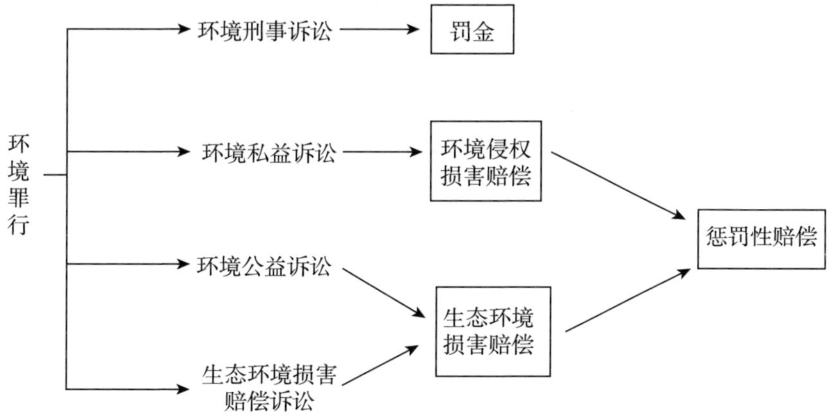

图 1　环境罪行财产责任示意

(三)罚金与损害赔偿并立引发履责风险

一方面是财产责任并立的滥觞,另一方面则是并立导致的财产责任数额高企。我国刑法对环境犯罪适用无限额罚金,加上数额较大的公益赔偿,可能导致最终财产责任数额巨大。南京胜科水务有限公司等污染环境案中,胜科公司需缴纳 5000 万元罚金,赔偿生态环境修复费用 2.37 亿元〔2〕,合计 2.87 亿元。李某春等非法采矿案中,李某春需缴纳罚金 2000 万元,支付生态环境修复费、评估费 384 万元〔3〕。罚金与生态环境损害赔偿叠加适用,对被告人造成较大压力,尤其部分自然人被告人经济状况较差,全额支付公益赔偿已经困难,再交付罚金无疑"雪上加霜"。

〔1〕 参见《最高法发布〈中国环境资源审判(2021)〉》,载最高人民法院网 2022 年 6 月 5 日,https://www.court.gov.cn/zixun-xiangqing-361291.html。

〔2〕 参见《江苏法院涉长江保护十大典型案例》,载江苏法院网 2021 年 3 月 2 日,http://www.jsfy.gov.cn/article/91637.html。目前未收集到罚金与侵权损害赔偿、惩罚性赔偿并科案例。

〔3〕 参见(2019)皖 07 刑终 131 号刑事附带民事裁定书。

表 2　部分重大环境刑事案件财产责任一览

序号	案名	诉讼类型	罚金	生态环境损害赔偿
1	夏某安等非法捕捞水产品案	刑事诉讼 + 环境民事公益诉讼	个人 5 万 ~55 万元不等	3379.6 万元
2	金塔县天亿有限公司、鑫海源化工有限公司等污染环境案	刑事附带环境民事公益诉讼	单位 400 万元，个人 3 万 ~50 万元不等	2280 万元
3	李某春等非法采矿案	刑事附带环境民事公益诉讼	2000 万元	384 万元
4	杭锦旗聚能能源有限公司非法占用农用地案	刑事附带环境民事公益诉讼	138 万元	455 万元
5	南京胜科水务有限公司、郑某甲等污染环境案	刑事诉讼 + 环境民事公益诉讼	单位 2000 万元	2.37 亿元
6	重庆首旭环保科技有限公司、程某等污染环境案	刑事诉讼 + 生态环境损害赔偿诉讼	单位 8 万元	1141.6 万元

即使对资产实力雄厚的企业被告人，过高的财产责任总额也极大影响生产经营，可能引发破产。上述判断得到部分省市司法实务印证。安徽省法院系统在 2017 年 7 月至 2021 年 3 月，共判决支持公益赔偿 2.42 亿元，已执行到位 9428.32 万元，执行率不到 50%〔1〕；2015 年 7 月至 2020 年 12 月，内蒙古、吉林、江苏等 19 个省份法院判决支持公益赔偿 60.51 亿元，执行到位 12.41 亿元，执行率 20.51%。〔2〕环境犯罪罚金执行率也不容乐观，广西 C 市法院 2019 年以来共判处环境犯罪罚金 599 万元，截至 2021 年年底执行 407 万元，罚金执行率 68%。数据表明，多数被告人不具备负担公益赔偿能力，并科执行罚金的统计数据只会更低。环境损害赔偿不是刑事责任，但明显影响罚金履行，有必要衡量环境犯罪罚金与损害赔偿并科实效。

〔1〕 参见郝炎平：《关于安徽省生态环境公益诉讼损害赔偿金相关情况的调研报告》，载赤峰市翁牛特旗人民检察院网，http://www.nmwengniute.jcy.gov.cn/swdy/202106/t20210618_3282925.shtml。

〔2〕 参见张红霞、张晶：《生态环境损害赔偿资金管理的实证研究》，载《中国检察官》2021 年第 19 期。

二、罚金与损害赔偿并科的法律经济学分析

法律经济学于20世纪70年代兴起于美国，注重使用经济学原理和方法分析法律问题。经过罗纳德·科斯（Ronald H. Coase）、理查德·波斯纳（Richard Allen Posner）等学者的努力，法律经济学研究对象扩展到几乎所有法律门类，通过对现行法律制度的解释、研判、修正，促进制度发展。法律经济学的基本分析工具包括"法律市场论"、"交易成本论"、"法律成本—收益理论"和"博弈论"，不同分析工具适用于不同研究对象。以下分别以"法律成本—收益理论""博弈论"为分析工具，探讨财产责任叠加适用对实现罚金一般预防、特殊预防目的之作用。

（一）罚金与损害赔偿并科导致一般预防成本出超

"徒法不足以自行。"法律功能的实现必须依靠一定的组织、个人予以确认、执行和保障[1]，要付出一定的费用、资源，这就是法律实施成本。"法律成本—收益理论"通过比较实现目的的成本和收益，作出措施取舍判断。要实现罚金一般预防的目的，就要实现罚金的刑罚威慑力。

"刑事制裁应设法做到使罪犯由于实施犯罪行为而处境更为恶化。"[2]实现刑罚威慑力，必须使被告人因犯罪付出的成本大于犯罪收益并使公众周知。当环境罪行同时造成公益损害时，犯罪成本为被告人实施犯罪的成本和接受法律制裁的成本，后者进一步分为公益赔偿，罚金，追缴违法所得，有期徒刑或拘役，因定罪产生的对工作、生活的不利影响（犯罪污名化）。不考虑主观利益，犯罪收益主要为犯罪获得的经济收入。以C代表犯罪成本，R代表犯罪收益，C1代表实施犯罪成本，P代表公益赔偿、T代表罚金、F代表有期徒刑或拘役、R1代表追缴犯罪所得，S代表犯罪污名化后果，R2代表犯罪经济收入，则：

$C = R1 + C1 + S + P + F + T \qquad R = R2$

因为$R1 = R2$，所以$C - R = C1 + S + P + F + T > 0$，因此$C > R$，且C超出R的部分为$C1 + S + P + F + T$。

据此，只要法院判处追缴犯罪所得加上被告人实施的犯罪成本和犯罪污名化后果，因$R1 + C1 + S > R$，就使犯罪成本大于收益，对被告人形成威慑。但一般预防以实现报应为前提，行为人没有对造成的公益损失付出代价，不能产生社会威慑效果。

---

〔1〕 参见刘大洪：《法经济学视野中的经济法研究》，中国法制出版社2008年版，第168页。

〔2〕 ［美］理查德·A.波斯纳：《法律的经济分析》（上），中国大百科全书出版社1997年版，第293页。

如果被告人在此基础上再承担公益赔偿(P)和刑罚主刑(F),则 $R1+C1+S+P+F>R$,其付出成本已抵销犯罪收益、填平犯罪损害,加上超出的 S、F、C1 部分,整体成本远超出犯罪收益,足以实现社会威慑。说明在被告人完全执行公益赔偿情况下,仅追缴犯罪所得和执行自由刑就能实现犯罪一般预防,执行罚金并无必要。如在蒋某海非法采矿案中,法院判处蒋某海有期徒刑 3 年,支付公益赔偿金 33.9 万元、追缴违法所得 48 万元和罚金 3 万元。[1] 如果蒋某海能完全支付公益赔偿、上缴违法所得并服完徒刑,就已达一般预防作用。若法院并未判处追缴被告人犯罪所得,则:

$C=C1+S+P+F+T \qquad R=R2$

两项相减,得:

$C-R=C1+S+P+F+T-R2$

因罚金(T)评价要素包括犯罪所得,所以 $T>R2$,则:

$C=C1+S+P+F+T>R=R2$

以 T 与 R2 折抵的部分作为法院追缴犯罪所得的替代,遵循前文思路,则罚金扣除犯罪所得的剩余部分为不必执行的罚金额度。此外,还存在单处罚金的情况,这种情况下虽然被告人没执行自由刑,但考虑此类罪行情节较轻,执行公益赔偿加犯罪污名化后果即能够提供足够威慑,执行罚金刑亦非必要。当被告人罪行同时造成环境私益损害并因此被判处私益赔偿时,假设私益赔偿为 Q,在法院判处追缴犯罪所得的情况下:

$C-R=R1+C1+S+P+Q+F+T-R2=C1+S+P+Q+F+T$

因被告人犯罪成本增加 Q,负担加重,刑罚威慑条件更易达到,处以罚金的必要性进一步降低。

虽然就实现刑罚威慑而言,并无必要处以罚金,但这不代表执行罚金不能增加刑罚威慑力,虽然会发生"边际效用递减"。"边际效用递减"是经济学上的重要法则,指其他情况不变,在一定时间内消费者对某一特定财货,其购买或使用的数量增加时,总效用虽然继续增加,但每增加一单位的消费,总效用的增量(边际效用)则有逐渐递减的倾向[2]。"边际效用递减"法则同样适用于刑罚领域。针对环境犯罪罚金与公益赔偿并科情况,假设存在 S 点,该点环境犯罪刑罚投入和刑罚威慑力产出达到最佳平衡,其应位于被告人执行追缴犯罪所得、环境损害赔偿、自由刑后,执行罚金前(见图 2)。

---

〔1〕 参见(2020)黔 26 刑终 172 号刑事裁定书。

〔2〕 参见厉以宁主编:《西方经济学》,高等教育出版社 2000 年版,第 47 页。

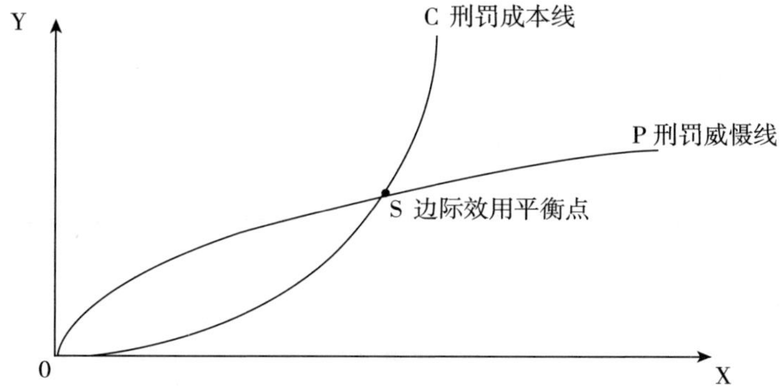

图 2 刑罚边际效用函数

此时被告人承担的财产责任已经平复行为后果且犯罪收益被抵销,再适用自由刑就能产生适当威慑效果。另外,此阶段被告人财产相对充裕,对其执行刑民责任相对容易,且因所执行责任项均为产生威慑所必要,达到边际效用临界点,再执行罚金就会因被告人财产资源紧张导致执行成本增加。又因环境犯罪具有“生态中心主义”性质,现有制裁会被社会认为足够,执行罚金并非必要,刑罚威慑力增长幅度也会变小,发生“边际效用递减”。以甘某非法采矿案为例,法院判处甘某公益赔偿 550 万元,有期徒刑 4 年 8 个月,罚金 15 万元。若甘某已用大部分财产支付公益赔偿并执行有期徒刑[1],再执行 15 万元罚金,执行成本必然过高。鉴于成本和收益失衡,不应通过执行罚金增加刑罚威慑力。

(二)罚金与损害赔偿并科妨害特殊预防

罚金除了具有一般预防功能,也承担矫正被告人、预防再犯任务。但罚金与损害赔偿责任的叠加适用会增加特殊预防的变数,这可以用“博弈论”分析具体的过程影响。博弈论由普林斯顿大学教授冯·诺依曼(John Von Neumann)提出,最早作为经济问题的分析工具,后广泛应用于政治学、法学等多个社会科学领域。博弈论探讨处于同一规则与报酬条件下的“理性人”之间的决策影响及决策均衡问题,重点探求个体应对他人已选策略的最优策略。

对被告人适用罚金实现特殊预防,至少需要满足两个条件:一是被告人承担的犯罪成本大于犯罪收益,使其不愿或不敢再犯;二是现行处遇获得被告人认可,促使其悔改。关于第一条前文已述,问题在于第二条。首先,当罚金与损害赔偿并立,被告

[1] 参见(2022)桂 09 刑终 8 号刑事附带民事裁定书。

人承担双重乃至多重财产责任时,财产责任累积数额较大。假设其财产不能充分执行各项财产责任,就需要选择执行,引发法院与被告人冲突。根据博弈论,作为执行方的法院和被执行方的被告人均要在现有条件下,针对对方可能的决策作出利益最大化选择。对法院而言,《民法典》第187条、《关于审理环境民事公益诉讼案件适用法律若干问题的解释》第31条、《关于审理生态环境侵权纠纷案件适用惩罚性赔偿的解释》第11条已规定在被告人责任财产不足的前提下,环境私益赔偿优先于公益赔偿,公益赔偿优先于惩罚性赔偿,惩罚性赔偿优先于罚金的执行顺序(见表3)。法院没有特殊利益,执行法律政策就是法院的最大利益,再考虑到被告人转移财产、逃避执行的可能,无论其采取何等对策,第一时间启动环境损害赔偿执行是法院的最优选择。

表3　规定财产责任执行顺序的法条

序号	法律依据	财产责任顺序
1	《民法典》第187条	(1)民事责任优先于行政责任 (2)行政责任优先于刑事责任
2	《关于审理生态环境侵权纠纷案件适用惩罚性赔偿的解释》第11条	(1)民事责任优先于惩罚性赔偿 (2)惩罚性赔偿优先于行政责任、刑事责任
3	《关于审理环境民事公益诉讼案件适用法律若干问题的解释》第31条	环境私益诉讼责任优先于环境公益诉讼责任

被告人情况则有所不同。在财产不足以清偿全部财产责任的前提下,被告人更愿优先支付罚金,毕竟背负赔偿责任比背负刑罚更可接受;《最高人民法院关于办理减刑、假释案件具体应用法律的规定》第27条、《关于加强减刑、假释案件实质化审理的意见》第7条将是否支付罚金作为适用减刑或假释的参考。被告人因此面临两难局面:如果遵循《民法典》和相关司法解释规定优先支付公益赔偿,个人会长期背负罚金责任且减少减刑、假释机会;如果优先支付罚金,就会违背相关法律要求,减少环境损害赔偿受偿额度、影响环境修复。但法律对违反财产责任履行顺序的情形并无后果规定,而确保罚金支付可以获得减刑实益,从个人利益最大化出发并考虑法院策略,优先支付罚金将是被告人的最优选择。当法律制度促使被告人用违反法律规定、损害环境利益的方式保全个人利益时,很难相信其内心会产生对法律的信任并认可法律制裁。此时,罚金对被告人的特殊预防作用只依赖威慑,而失去了道德说服力。执行罚金不仅不足以劝善,更可能致恶。被告人会发现个人财产状况决定犯罪后处

遇，财产充足之人可以同时偿付环境损害赔偿和罚金以保留减刑、假释机会，财产较少之人则必须冒违法风险优先支付罚金以获得同样待遇。被告人为应对法院优先执行公益赔偿，很可能采用拖延、隐瞒、欺骗手段保存财产，进一步增加法院执行难度，提高执行成本。

（三）罚金与损害赔偿衔接的必要性

环境法律责任分散化规定的格局，不仅形式分散，更主要的是实质内容上缺乏相互衔接和协调〔1〕。根据法律经济学分析，环境犯罪罚金与损害赔偿并科有利有弊。利在于增加刑罚威慑力，弊在于造成刑罚成本出超以及损害矫正效果，罚金的负面作用也影响被告人赔偿能力和赔偿态度，增加财产责任执行成本。罚金带来的“利”已被刑罚成本抵销和反超，其弊却作用颇大且影响长远，执行罚金明显弊大于利，应予避免。部分受罚的企业和个人可以承受罚金和损害赔偿并科，仅说明其经济实力足以消化并科弊端，并不表示弊端不存在。

上述结果的发生具有多方面、多层次原因。1997 年《刑法》确立环境犯罪时，法律上只存在针对个体的环境侵权损害赔偿。因侵权赔偿数额有限，罚金与损害赔偿并科的冲突并不明显。2010 年后，作为环境公益诉讼后果的生态环境损害赔偿普及，彻底改变了环境犯罪被告人的财产责任处境。生态环境损害赔偿和罚金并科就足以压垮被告人，产生有违刑罚目的的后果。多元财产责任的分别执行不仅没有实现正向累积，反而互相妨碍。为克服环境犯罪罚金与损害赔偿分别执行的弊病，需要探索二者间衔接机制，实现不同类型财产责任的折抵、转化，优化环境犯罪财产责任体系。

三、环境犯罪罚金与损害赔偿衔接的理论基础与法律依据

实现环境犯罪财产责任衔接并非绝无可能，一些理论支持建立不同类型法律责任衔接机制，部分法律规定为构建衔接机制提供依据。

（一）“一行为不再罚”要求刑、民财产责任折抵

“一行为不再罚”渊源于古罗马的“禁止双重危险”原则，是指国家不能就行为人同一行为进行多次审判或处罚。该原则最早确立于民事、刑事诉讼领域，要求对被告人同一行为不得进行重复的刑事或民事追诉并得到多个国家法律确认。20 世纪行政法产生后，“禁止双重危险”原则在行政法领域演化为“一行为不再罚”原则。虽然学界对该原则应否限于同一部门法责任适用存在争议，但立法和实务界持肯定立场。

---

〔1〕 参见刘长兴：《超越惩罚：环境法律责任的体系重整》，载《现代法学》2021 年第 1 期。

《行政处罚法》第35条规定行政拘留、行政罚款分别与人身刑、罚金的折抵,《行政执法机关移送涉嫌犯罪案件的规定》第11条第3款规定行政执法机关在案件立案侦查前对行为人实施的罚款折抵法院判决的罚金;《最高人民法院关于行政拘留日期应否折抵刑期等问题的批复》(已失效)肯定行政拘留折抵刑期,此后最高人民法院又在1981年对劳动教养日期可否折抵刑期问题作出肯定答复。立法和执法、司法部门已经认可"一行为不再罚"适用于性质相同的刑事、行政责任。

笔者赞同实务做法。首先,有学者以不同部门法法律责任的性质、依据和功能不同反对"一行为不再罚"跨部门适用〔1〕,但笔者认为法律责任体系始终在发展,不同部门的法律规范可能产生性质、依据、功能相同的法律责任。其次,限制适用"一行为不再罚"损害刑罚公平。"两种责任并存对于社会秩序和被害人来说没有问题,但对于行为人来说就意味着他对自己的一次错误承担两次后果"〔2〕,在责任性质相同的情况下更是如此。最后,限制适用"一行为不再罚"有违刑法谦抑性。陈兴良教授指出:"刑法的谦抑性,是指立法者应当力求以最小的支出——少用甚至不用刑罚(而用其他替代措施),获取最大的社会效益——有效的预防和控制犯罪。"〔3〕刑罚是社会的最后一道防线,如果其他制裁措施能达到相同目的,就不适用刑罚。

虽然不应为"一行为不再罚"原则设限,但不代表该原则可适用于任何法律责任之间。环境私益赔偿以赔偿权益受损之个人集体为目的,与罚金功能不同,应予排除;惩罚性赔偿兼具报应性与预防性,目的和功能与罚金相似,〔4〕应作为适用对象。公益赔偿是环境损害赔偿大项,也是实务中最常与罚金并列的环境损害赔偿类别。有作者统计,由检察机关、政府部门提起的刑事附带环境公益诉讼占近年环境刑事附带民事诉讼案件的88%以上〔5〕。公益赔偿虽然规定于《民法典》,但明显有别于一般民事赔偿责任,不能简单排除于适用对象范围。

首先,公益赔偿责任来自当事人的生态环境保护义务,并非民事义务。大气、沙

〔1〕 参见简敏:《行政处罚中"一事不再罚"原则的适用与例外》,载《重庆大学学报(社会科学版)》2002年第4期。

〔2〕 张旭:《民事责任、行政责任和刑事责任——三者关系的梳理与探究》,载《吉林大学社会科学学报》2012年第2期。

〔3〕 陈兴良:《刑法的价值构造》,中国政法大学出版社1998年版,第353页。

〔4〕 参见李会彬:《传统刑事责任与民事责任关系的理论反思及其重新界定》,载《政治与法律》2019年第7期。

〔5〕 参见王中义:《我国环境资源刑事附带民事诉讼探悉》,载《法律适用》2019年第15期。

漠戈壁、风能水能等非国家或集体所有物同样是生态环境保护对象，对其的侵犯也能引发环境公益诉讼。同理，政府也能在集体所有自然资源受到侵犯时提起生态环境损害赔偿诉讼〔1〕。因此，公益赔偿是当事人违反环境保护行政义务的后果，政府或公益组织的求偿权来自环境管理权。其次，公益赔偿的赔偿目的与赔偿对象与民事赔偿有别。后者追求人与人之间的和解，前者追求人与自然之和谐，其赔偿范围包括生态服务功能损失等面向将来的损失。〔2〕公益赔偿义务人并不向提起诉讼的机关或组织支付赔偿款，而是依法依规将赔偿款上缴赔偿权利人本级国库，直接对环境行政部门承担责任。因其在若干根本性质上与民事损害赔偿不一致，有观点认为公益赔偿责任是一种惩罚性行政赔偿责任〔3〕，笔者深以为然。有学者甚至认为："环境民事公益诉讼的制度设计，尽管在表面上模仿了民事诉讼程序，其内核却是行政执法程序。"〔4〕罚金与公益赔偿、惩罚性赔偿作为同一环境罪行评价结果，具有相同的惩罚性，应适用"一行为不再罚"原则，建立两类责任折抵机制。

（二）以"恢复性司法"理念统一罚金和损害赔偿适用

与"一行为不再罚"不同，"恢复性司法"理念从正面要求建立罚金与损害赔偿衔接机制。该理念产生于20世纪70年代的北美，之后获得广泛影响。相较惩治犯罪，"恢复性司法"更注重平复犯罪行为对被害人的侵害。〔5〕犯罪侵犯人们之间的相互关系，犯罪的处理应是对当事人关系以及社区关系的恢复。〔6〕

环境犯罪属于"生态中心主义"犯罪，以罪行损害生态环境为本质特征。惩治环境犯罪以保护环境为根本目的，环境恢复正义甚至在某种程度上超越了对环境犯罪被告人的刑罚正义。〔7〕环境犯罪至少破坏了三种社会关系：一是环境保护社会关系；二是被害人与被告人关系；三是被告人与社区关系。"恢复性司法"要求罚金适用以

〔1〕 参见曹明德：《〈民法典〉生态环境损害赔偿条款法理辨析》，载《法律科学（西北政法大学学报）》2022年第1期。

〔2〕 参见王斐：《生态环境损害赔偿金性质定位省思》，载《经济问题》2021年第8期。

〔3〕 参见王斐：《生态环境损害赔偿金性质定位省思》，载《经济问题》2021年第8期。

〔4〕 王明远：《论我国环境公益诉讼的发展方向：基于行政权与司法权关系理论的分析》，载《中国法学》2016年第1期。

〔5〕 参见高丽丽：《环境刑事犯罪的刑法规制与完善——以恢复性司法的引入为视域》，载《大连海事大学学报（社会科学版）》2018年第3期。

〔6〕 参见杜宇：《司法观的"交战"：传统刑事司法 VS. 恢复性司法》，载《中外法学》2009年第2期。

〔7〕 参见杨迪：《污染环境罪司法样态透视——基于刑事判决的实证分析》，载《国家检察官学院学报》2020年第2期。

恢复上述社会关系为目标,并以恢复环境为重点。因此,当罚金执行与公益赔偿发生冲突时,应优先保证公益赔偿支付;给予被害人的损害赔偿是弥补其与被告人关系的必要环节,应予以保障;被告人已经承担高额的公益赔偿,叠加适用罚金使其长期处于高额债务压力下,不利于其复归社会,更遑论罚金执行对被告人矫正的负面作用。因此,无论是解决公益赔偿与罚金执行冲突还是缓解被告人财产责任负担,都要求建立罚金与环境损害赔偿衔接机制。

（三）法律规定为财产责任折抵、转化提供依据

学理为环境犯罪罚金与损害赔偿的衔接奠定价值基础,但应然不等于实然。当下的法律缺少对环境犯罪罚金与损害赔偿衔接的明文规定,建立环境犯罪被告人财产责任衔接制度是否具备法律可行性以及是否突破现有法律框架,均需进行法律分析。

1. 罚金与损害赔偿折抵的法律基础

财产责任依据、性质和功能相同是相互折抵的条件。依据相同是指不同类型的财产责任源自对同一行为的法律评价或评价内容范围相同或至少部分相同。财产责任的计算基数代表责任评价内容,根据法律和司法解释规定（见表 4）,罚金与公益赔偿、惩罚性赔偿具有共同的计算基数,即行为造成的损失。不同类型财产责任评价的损失范围可能不同,但共通的损失部分为三者共同的责任依据。

表 4　环境损害赔偿计算基数一览

<table>
<tr><th>序号</th><th>赔偿类别</th><th colspan="2">计算基准</th><th>法律依据</th></tr>
<tr><td>1</td><td>罚金</td><td colspan="2">（1）违法所得
（2）造成损失
（3）其他危害情节</td><td>《关于适用财产刑若干问题的规定》第 2 条</td></tr>
<tr><td>2</td><td>生态环境损害赔偿</td><td colspan="2">（1）生态环境修复期间功能损失
（2）生态环境功能永久性损害损失
（3）生态环境损害调查、鉴定评估等费用
（4）清除污染、修复生态环境费用
（5）损害预防费用</td><td>《民法典》第 1235 条</td></tr>
<tr><td rowspan="2">3</td><td rowspan="2">惩罚性赔偿</td><td>私益损害</td><td>（1）人身损害赔偿金
（2）财产损失数额</td><td>《关于审理生态环境侵权纠纷案件适用惩罚性赔偿的解释》第 9 条</td></tr>
<tr><td>公益损害</td><td>（1）生态环境修复期间功能损失
（2）生态环境功能永久性损害损失</td><td>《关于审理生态环境侵权纠纷案件适用惩罚性赔偿的解释》第 12 条</td></tr>
</table>

2. 罚金与损害赔偿折抵的法律先例

最高人民法院先后在1957年、1981年就行政拘留、劳动教养折抵刑期作了肯定答复。《行政处罚法》采纳上述观点，在第35条明确规定，法院判处被告人有期徒刑、拘役或罚金，应将已执行行政拘留折抵刑期、罚款折抵罚金。立法超出司法解释范围，直接将折抵扩大到罚款与罚金，说明立法以实质观点看待法律责任折抵，即使不同类型的法律责任，只要满足折抵的条件，都可折抵。

罚金与公益赔偿、惩罚性赔偿关系类似罚金与行政罚款。一方面，两类环境赔偿属于近十年出现的惩罚性民事责任，兼具道义报应与行为预防目的〔1〕；另一方面，罚金上缴国库，“直接在一定程度上弥补了犯罪给国家和社会造成的物质损失”〔2〕，同样具有补偿性。两类赔偿与罚金依据、性质、功能相同，符合折抵条件。参照《行政处罚法》规定，容许互相折抵在逻辑上并无问题。

3. 刑、民责任转化的相关规定

罚金不能折抵私益赔偿，二者衔接可以通过刑、民财产责任转化实现。根据《刑事诉讼法》第290条、2000年《最高人民法院关于审理交通肇事刑事案件具体应用法律若干问题的解释》第2条等规定，被告人履行民事赔偿的情况影响刑事责任承担，影响方式包括从轻、减轻或免除刑事责任。2022年《生态环境损害赔偿管理规定》第11条更明确赔偿义务人积极履行生态环境损害赔偿责任对刑事责任的效果。

表5　部分责任转化规定

序号	法律依据	内容
1	《刑事诉讼法》第290条	对于达成和解协议的案件……人民检察院可以向人民法院提出从宽处理的建议……人民法院可以依法对犯罪人从宽处罚
2	《关于审理交通肇事刑事案件具体应用法律若干问题的解释》第2条	交通肇事具有下列情形之一的，处三年以下有期徒刑或拘役……（三）造成公共财产或者他人直接损失，负事故全部或主要责任，无能力赔偿数额在三十万元以上的
3	《生态环境损害赔偿管理规定》第11条	赔偿义务人积极履行生态环境损害赔偿责任的，相关行政机关和司法机关，依法将其作为从轻、减轻或免予处理的情节

〔1〕参见李会彬：《传统刑事责任与民事责任关系的理论反思及其重新界定》，载《政治与法律》2019年第7期。

〔2〕张瑞幸、刘骁军：《刑罚补偿功能疏议》，载《法律科学》1996年第2期。

毕竟,行为人消除法益侵害实质危险或将重新恢复法益,无论出于功利主义或报应主义刑罚目的立场,行为人的行为刑事责任都应予以极大程度减轻[1]。民事责任履行影响刑事责任,说明部分刑事责任转化为民事责任履行,剩余刑事责任减轻。举重以明轻,如果有期徒刑可以因被告人履行赔偿责任减轻,罚金更无疑义。

四、罚金与损害赔偿的衔接模式

构建环境犯罪罚金与损害赔偿衔接机制,以确定罚金与损害赔偿衔接模式为前提。现就不同责任组合予以分别说明。

(一)罚金与公益赔偿互为折抵

罚金与生态环境损害赔偿具备折抵条件,应允许互相折抵。二者评价范围虽然有重合,但不完全相同。公益赔偿数额由罪行造成的生态环境功能损失决定,罚金由包括犯罪损失在内的所有危害性情节综合决定,因此,罚金对同一行为的要素评价范围大于公益赔偿。而折抵应限于二者中反映相同评价要素结果的数额。应根据具体案情,分别判断罚金与公益赔偿的构成,确保重复评价部分折抵。

根据表4,罚金的犯罪损失要素包括公益赔偿各个损失项目,但罚金要素中的违法所得及其他危害情节不能被公益赔偿包括。此外,公益赔偿的评价要素不超过法律规定的几项;但犯罪损失的评价要素不确定,可能超出前者范围。因此,个案中罚金对应的"行为损失"范围可能大于公益赔偿。基于上述考虑,可以设计以下折抵公式:假设罚金额为A,公益赔偿额为B,犯罪所得额为R,其他危害情节对应的罚金额为O,超出公益赔偿范围的行为损失对应的罚金额为M,二者可折抵额为Y,则$Y = A - R - O - M$;设公益赔偿折抵后余额为Z,则:

$$Z = B - Y = B - (A - R - O - M)$$

以上公式对应法院未判决追缴犯罪所得情况。若法院追缴犯罪所得,因R已被该判项抵销,则:

$$Z = B - Y = B - (A - O - M)$$

一般情况下,环境犯罪的公益赔偿金额大于罚金。如果Z为负值,说明罚金大于生态环境损害赔偿金,折抵后仍有剩余。

南京胜科公司环境污染案中,假设胜科公司污染罪行造成的犯罪损失与公益赔

[1] 参见[英]威廉姆·威尔逊:《刑法理论的核心问题》,谢望原等译,中国人民大学出版社2015年版,第74-80页。

偿范围一致，则 M = O，但因污染水源导致部分市民不能饮水，这一危害情节产生1000 万元罚金额，即 O = 1000 万元，考虑法院判处追缴犯罪所得，则 Y = A - M - O = 4000 万元，折抵余额 Z = 2.37 亿元 - 4000 万元 = 1.97 亿元。完成罚金与公益赔偿折抵关键在于确定 O、M 值，案件主办法官清楚罚金构成，必须征询其意见完成折抵计算。考虑沟通成本，由同一法院甚至同一审判组织一并审理环境犯罪和相关公益案件具有较大便利。

（二）惩罚性赔偿与罚金择一执行

“惩罚性赔偿，旨在针对恶意的、在道德上具有可非难性的行为而实施特殊救济，具有制裁、震慑和预防等功能。”[1]惩罚性赔偿是损害赔偿延伸的追加制裁，属于“民事罚金”。虽然其与罚金的评价要素范围并不完全重合，但由于具有赔偿目的且性质与罚金完全相同，可与后者全额折抵。考虑到同一环境罪行的罚金与惩罚性赔偿很少相等，可以直接适用折抵后果，即仅执行责任数额较大一方。如甲因盗伐林木罪被判处罚金 5 万元，同时在环境公益诉讼中被科以 10 万元惩罚性赔偿，则仅执行惩罚性赔偿，执行额达 5 万元后，罚金不再执行。

（三）环境侵权损害赔偿与罚金：责任转化

尽管环境私益赔偿与罚金共同以被侵权人人身财产损失作为计算基数，但二者目的和功能不同，不能简单折抵。“恢复性司法”理念也不允许二者互相折抵。否定折抵不代表不能对已执行的他方责任进行合理评价、转化。如果行为人在刑事定罪前履行侵权赔偿，可以依法作为酌定量刑情节，从轻或减轻被告人罚金责任。

（四）对质疑之回应

建立罚金与生态损害赔偿整合制度需要面对传统的质疑观点，最典型的就是容许折抵会导致“以钱买刑”“以罚代刑”。

罚金与环境损害赔偿的衔接并非“以钱买刑”。首先，生态环境损害赔偿折抵罚金并非“收买”，因为二者叠加适用会造成财产责任失衡，折抵成为应有之义；其次，因犯罪人积极履行公益赔偿义务而从轻、减轻罚金类似适用酌定量刑情节，符合法律精神；最后，犯罪人所出之“钱”与所买之“刑”均为现金财产责任，不存在轻重之别。

罚金与环境损害赔偿的衔接也并非“以罚代刑”。否定“以钱买刑”之理由同样适用于“以罚代刑”。此外，生态环境损害赔偿能够折抵罚金在于通过执行“罚”实现

[1] 刘竹梅、刘牧晗：《〈关于审理生态环境侵权纠纷案件适用惩罚性赔偿的解释〉的理解与适用》，载《人民司法》2022 年第 7 期。

“刑”的功能和目标，并非以“罚”的责任替代“刑”的责任；所代的“刑”只是犯罪人被判处的附加刑，并非“刑”的全部，甚至不是主要部分。“以罚代刑”指责不能成立。

五、构建罚金与环境损害赔偿的衔接机制

在确定衔接模式基础上，构建两类责任衔接机制，让责任衔接落地。针对罚金与损害赔偿责任生效的先后与来源异同，可以将衔接机制适用的场景分为两类。

（一）罚金与损害赔偿因同一判决生效

1. 罚金 + 公益赔偿

当被告人因同一判决被判处罚金和公益赔偿时，办案法官应明确罚金中不同评价要素对应的罚金额，套用折抵公式计算出折抵额。本案执行总额 = 罚金 + 生态环境损害赔偿 - 折抵额。如在张某涛滥伐林木案中，法院判决张某涛滥伐林木罪成立，分别判处罚金 1000 元和公益赔偿 7980 元。假设可折抵额为 800 元，本案执行总额 = 1000 元 + 7980 元 - 800 元 = 8180 元。案件判决多人交付罚金并进行连带公益赔偿的，根据被告人公益赔偿执行情况，分别计算折抵额和执行总额。如在李某春等非法采矿案中，法院判处李某春、陶某俊构成非法采矿罪，分别支付罚金 2000 万元、50 万元，同时判处二人连带支付公益赔偿 384 万元。假设公益赔偿执行完毕时，李某春支付 300 万元，陶某俊支付 84 万元，根据各自情况分别可折抵罚金 300 万元、40 万元，则李某执行总额 = 300 万元 + 2000 万元 - 300 万元 = 2000 万元，陶某执行总额 = 84 万元 + 50 万元 - 40 万元 = 94 万元。案件判决犯罪单位和单位负责人同时支付罚金且单位承担公益赔偿的，应允许个人承担的罚金折抵公益赔偿。

为执行刑事附带环境民事公益诉讼判决，法院对罚金与生态环境损害赔偿分别立执行案。但同时执行生态环境损害赔偿和罚金并不经济。虽然法律规定在被告人财产责任有限的前提下优先执行环境民事赔偿，但被告人财力是否充足法院难以事先判断，只能同步执行两项财产责任直到无法执行为止，此时因被告人财产分别用于充抵罚金和公益赔偿，导致后者未得到最大限度受偿，有违法律精神。同时，针对同一被告人责任财产立两件执行案，设立两个执行账号〔1〕，从两个方向适用执行措施，造成司法资源浪费。因此，在认可罚金与公益赔偿可相互折抵且折抵后均有余额的前提下，确定同一执行团队负责两件执行案件，并对两项财产责任设立统一执行账

〔1〕 执行账号是指执行局与银行合作，依托信息管理系统设置的虚拟账号，通过该账号管理具体执行案件案款，实现“一案一账号”。

号。执行过程中首先执行折抵额,已执行折抵额同步抵扣罚金和公益赔偿额度。执行额超过折抵额后,再按先公益赔偿余额、后罚金余额次序执行,以符合法律要求。以甘某案为例,法院应合并执行甘某的罚金和公益赔偿责任并设立统一的执行账号。若罚金和公益赔偿折抵额为 10 万元,两项扣除折抵额的余额分别为 5 万元和 541 万元,则通过执行账号先执行 10 万元的折抵额度,执行完后再依次执行剩余的 541 万元公益赔偿和 5 万元罚金。

如果经折抵,罚金余额为 0,说明罚金全部被公益赔偿折抵,仅执行公益赔偿,执行的折抵额度抵偿罚金;如果经折抵,罚金和公益赔偿余额为 0,说明两项完全折抵,选择执行公益赔偿即可;当罚金高于公益赔偿时,如果经折抵公益赔偿余额为 0,说明公益赔偿被全部折抵,此时先执行公益赔偿,公益赔偿执行完毕后再执行罚金经折抵后余额。

2. 其他财产责任组合

不排除出现以下情况:法院同时判处罚金、公益赔偿和惩罚性赔偿。此时,首先应比较罚金与惩罚性赔偿的数额高低,如果罚金高于惩罚性赔偿,仅执行罚金,在执行罚金达到惩罚性赔偿额度时,视为惩罚性赔偿已执行;罚金与公益赔偿的执行依前文办理。如果罚金低于惩罚性赔偿,仅执行惩罚性赔偿,但需要计算罚金与公益赔偿折抵额,此时执行总额 = 公益赔偿 + 惩罚性赔偿 - 折抵额。应在同一账户执行上述判项,并在惩罚性赔偿执行额度达到罚金额度时,视为罚金已执行。

另外,可能存在法院同时判处罚金、公益赔偿加惩罚性赔偿、私益赔偿加惩罚性赔偿的情形。首先,根据法律和司法解释规定,首先执行私益赔偿;其次,因“一行为不再罚”,应比较罚金、公益惩罚性赔偿、私益惩罚性赔偿大小,择一重执行。在执行完私益赔偿后,再执行三者中数额较大一项与公益赔偿,具体执行方式参照上文。

(二)罚金与损害赔偿因不同判决生效

环境犯罪被告人承担的罚金和损害赔偿可能来自不同判决,既包括同一法院的不同判决,也包括不同法院的不同判决。

1. 同一法院作出不同判决

在同一法院对同一被告人同一行为先后作出环境犯罪判决、环境公益判决且两份判决均生效的情况下,刑事法官与民事法官应及时沟通,确定罚金和公益赔偿折抵额,再通知执行局执行或者由被告人提出罚金折抵申请,执行局征询法官意见确定折抵额后执行。执行总额和执行方式参照本文第五部分。同一法院先后作出环境犯罪判决、公益判决、私益判决且均生效的,同样由被告人或法官提出折抵,确定折抵额后由执行局执行。至于不同类型财产责任执行次序,可参考本文第五部分。

同一法院对被告人先作出环境公益判决而刑事案件仍在审理中的,被告人主动履行的公益赔偿额应作为罚金裁量的酌定情节。主审法官应将公益赔偿额与拟判罚金额比较,确定折抵数额。根据被告人履行公益赔偿的数额,参考折抵额,决定拟判罚金数额。罚金判决作出后,再根据生效判项计算折抵额并予以执行。以南京胜科公司案为例,如果胜科公司在刑事判决作出前已支付5000万元公益赔偿而法院拟判罚金5000万元且二者折抵额为4000万元,法院可作出1000万元罚金判决,并以判决罚金为依据再次与公益赔偿折抵。如果某案单处罚金且折抵额等于罚金额,被告人在判决前支付公益赔偿已达到折抵额的,应判决免处罚金,让被告人以更大动力执行公益赔偿。法院先作出环境侵权判决,被告人主动履行的私益赔偿数额应作为一般酌定情节对待,降低拟判罚金数额。

2. 不同法院作出不同判决

根据《刑事诉讼法》及《民事诉讼法》对案件管辖的规定,被告人同一罪行引发的环境刑事案件和民事案件可能由不同法院管辖。当不同法院分别作出罚金、公益赔偿、私益赔偿判决后,应尽量集中执行,以方便协调并减少司法资源消耗。如中级人民法院和辖区基层人民法院分别作出公益赔偿判决和刑事判决,中级人民法院可将基层人民法院罚金执行案上调本院与公益赔偿判决统一执行,并确定罚金与公益赔偿折抵额。为促成执行案件集中,可由被告人申请执行案件移送。若其他法院罚金或公益赔偿判决执行完毕,被告人可向正在执行可折抵财产责任的法院主张数额折抵。

当一法院已作出公益判或私益判决而另一法院仍在审理刑事案件时,后一法院应将当事人主动履行公益赔偿或私益赔偿数额作为量刑情节,采用上文同一法院对类似情形的处理方法。因法院不一定准确得知被告人在其他法院的涉诉情况,应容许被告人主张其主动履行了其他法院判处的财产责任并举证证明,由法院审查决定是否采纳。

(三)罚金与损害赔偿衔接机制的价值

构建环境犯罪罚金与损害赔偿衔接机制,可最大限度缓解罚金执行造成的成本收益失衡、有效减轻被告人财产责任负担、避免财产责任叠加适用的负面效应,并通过消解罚金与公益赔偿履行冲突,优化财产责任整体执行效果。在衔接机制下,法院能够在不损害罚金权威的条件下,以尽可能小的成本高效收集公益赔偿金,最大限度保障环境修复。被告人可以执行公益赔偿抵扣罚金,确保刑罚权益。事实上,衔接机制鼓励被告人在罚金确定前后主动履行公私益赔偿,履行时间越早,罚金减免或抵扣的效果越好。衔接机制使被告人将有限财产资源集中于公益赔偿,让罚金成为督促被告人履行环境赔偿的保障措施。罚金与损害赔偿得以在恢复环境目的下统一起来,协调发挥彼此效能。

此外,为更好实现衔接机制功能,应做到两点:第一,尽可能使同一罪行引发的环境刑事案件和相关民事案件由同一法院、同一审判庭审理。环境犯罪多元财产责任衔接需要法院协调处理不同类型财产责任,责任确定后要求尽可能统一执行,由同一法院、同一审判组织审理有利于从整体把握划分不同类型财产责任、精准确定财产责任折抵额,提高财产责任衔接效能、降低衔接成本。目前,最高人民法院在全国法院系统推广建立专门环境资源审判庭,集中审理环境民事、行政、刑事案件,解决环境案件审判组织同一问题。下一步,应许可环境犯罪被告人提出案件移送申请或由法院依职权移送,使涉及同一罪行的环境刑事、民事案件均由同一法院审理。案件集中应遵循"就多不就少"原则。因公益赔偿数额一般大于私益赔偿及罚金,审理私益赔偿案件、相关刑事案件的法院应将案件移送公益赔偿案件法院审理。第二,法院应严格适用追缴犯罪所得。追缴犯罪所得是增加被告人犯罪成本、促成罚金折抵的重要手段。剥夺犯罪所得应通过专门的追缴措施完成,罚金不反映犯罪所得额。因此,法院有必要严格适用刑法规定,对有经济收入的环境犯罪均追缴犯罪所得。

结　语

量变引起质变,环境犯罪引发的高额损害赔偿彻底改变了罚金适用条件,使罚金从惩治改造被告人的必要措施变成难以承受的重担,损害罚金实效并影响财产责任整体效能。应以"恢复性司法"理念为指导,统一刑、民财产责任的适用,建立罚金与损害赔偿衔接机制,优化环境犯罪财产责任体系。为此,建议在《刑法》"破坏环境资源保护罪"章节下增加一条,规定犯罪人已执行的生态环境损害赔偿额、惩罚性赔偿额可以折抵罚金。

环境问题并非刑法造成,也不能仅靠刑罚解决。毕竟,"有必要在充分考虑国家、犯罪人、受害人以及社会的立场之上,提倡公平主义的刑罚观,通过赔偿、劳务刑等其他现有刑罚种类之外的补充性刑罚措施修复犯罪对个人和社会造成的创伤,从而最大限度地实现公平正义"〔1〕。事实上,高额的公益赔偿在一定程度上削弱了罚金地

〔1〕 孙华璞:《公平主义刑罚观之提倡》,载《法学》2016 年第 10 期。

位,如果被告人已经支付 5000 万元公益赔偿金,再履行 50 万元罚金是否必要值得怀疑。从历史上看,最早刑、民责任合一,为实现对被告人公平处遇,才出现刑、民责任分立,不排除在同一要求推动下,在特定情形下再次出现刑、民责任合一的需要。环境犯罪的多元财产责任衔接为思考上述问题提供了契机,有助于完善刑、民责任体系理论和实践。

“假毒品”案件在司法实践中的有效应对

——以新精神活性物质为视角

黄彦铭*　麦晶晶**

引　言

近年来，大多数“假毒品”属于新精神活性物质，具有成瘾性，但由于没有列管为毒品，难以给予应有的刑罚处罚。因此，本文结合审判实践、法医学理论和化学结构分析的特性、新精神活性物质滥用的情况探讨“假毒品”刑罚惩处的必要性，从审判角度对鉴定、定罪、量刑进行分析并剖析原因，再从鉴定、法律体系、审判运行方面探索完善建议，以期为有效应对“假毒品”犯罪提供有益借鉴。

一、实证检视：“假毒品”犯罪之实践现状

以往探讨的“假毒品”，是指不可能使人成瘾、不含有任何毒品成分的物质。但是，本文所探讨的“假毒品”，是指从吸毒人员处查获的疑似毒品经鉴定未检出毒品成分的物质，不排除可能具有使人成瘾的作用，包含不能被认定为毒品的新精神活性物质。为充分了解实践现状，本文从审判实践、法医学理论、滥用情况论证探讨刑罚的必要性，挖掘审判实践中罚当其罪的困境，并进行原因剖析。

* 广西壮族自治区桂林市中级人民法院研究室副主任。

** 广西壮族自治区高级人民法院四级调研员。

（一）刑罚的必要性

1. 审判实践中“假毒品”具有毒品吸食效果

笔者通过中国裁判文书网随机找出5份有证明内容的“假毒品”裁判文书（见表1），发现审判实践中“假毒品”往往通过冒充吗啡、海洛因、冰毒（甲基苯丙胺）、K粉（氯胺酮）进行贩卖，它们具有吸食毒品的效果，但却鉴定不出相关成分。

表1 “假毒品”犯罪案件证据情况分析

案名	蔡某周贩卖毒品、故意伤害案[1]		黄某艳等3人贩卖、运输毒品案[2]	张某强贩卖毒品案[3]	陶某材等5人贩卖毒品案[4]	陈某发贩卖毒品案[5]
言词证据反映出的毒品种类	甲基苯丙胺		甲基苯丙胺	氯胺酮	吗啡	海洛因
鉴定结论	N－异丙基苄胺		未检出甲基苯丙胺、氯胺酮、海洛因	未检出氯胺酮、海洛因、甲基苯丙胺	未检出海洛因、甲基苯丙胺、氯胺酮、MDMA	未检出氯胺酮、甲基苯丙胺、海洛因
描述吸食情况人员	购毒人员王某	同案人林某宝	被告人王某跃	购毒人员姚某	被告人李某贵、唐某勤	被告人蒋某源
吸食具体情况	试货后确认是冰毒	试不出是假的，但鉴定无冰毒成分	验货后觉得这批冰毒质量不错	吸食后还想吸食	吸了上头，是真毒品	与其他地方吸食的海洛因感觉一样

2. 新精神活性物质种类多、更迭快、危害大

新精神活性物质是通过对已管制的麻醉药品和精神药物的结构进行细微的化学修饰获得，部分则是经全新设计和筛选而成，具有受管制毒品的效果而又规避了法律

〔1〕 广东省惠来县人民法院(2020)粤5224刑初325号刑事附带民事判决书。

〔2〕 湖南省郴州市中级人民法院(2018)湘10刑初42号刑事判决书。

〔3〕 江西省南昌市青山湖区人民法院(2020)赣0111刑初75号刑事判决书。

〔4〕 广西壮族自治区全州县(2021)桂0324刑初97号刑事判决书。

〔5〕 广西壮族自治区全州县(2022)桂0324刑初29号刑事判决书。

的管控。[1]根据法理学理论及化学结构分析,其具有以下特点:(1)种类繁多——化学修饰的必然性。在保留致瘾性的基团组合的基础上,通过对已管制药物的化学骨架结构进行修饰,产生成千上万种变化。如以 JWH-18 为模板的基团组合可获得多种合成大麻素。(2)更迭迅速——犯罪心理的趋利性。在某种新精神活性物质列入毒品管制后,犯罪分子会趋利避害马上停止制造、使用,转向没有列管的新精神活性物质,列管的速度永远跟不上更迭的速度。例如,合成大麻素的结构演化有多种多样。(3)危害性大——化学合成的选择性。化学合成的新精神活性物质在基团保留上已做了一次选择,其毒理性正常情况应有增无减。多数新精神活性物质的毒理性作用、依赖折算尚不明确,但部分已知新精神活性物质的毒理作用比海洛因、甲基苯丙胺等传统毒品更加强烈,如合成大麻素类管控物质 CB-13 的依赖性折算相当于 23.6 倍的海洛因。[2]

3. 新精神活性物质全球泛滥

自 2009 年以来,全球新精神活性物质种类快速增长。截至 2019 年 12 月,各国政府实验室以及合作组织已经向联合国毒品与犯罪问题办公室(UNODC)及其早期预警机构(EWA)报告了超过 950 种新精神活性物质。[3]2016 年 12 月,EWA 报告称,已有 700 多种新精神活性物质出现于 100 多个国家,是国际毒品公约管制物质数量的三倍多。[4]新精神活性物质在全球范围内蔓延。

过去几年,全球各国缉获了大量合成新精神活性物质。2014 年,全球总缉获量达到 34 吨,其中包括合成大麻素 32 吨,大多数合成大麻素(26.5 吨)在美国被缉获。此外,塞浦路斯缉获 4.4 吨,土耳其缉获 733 公斤。自 2010 年首次报告以来,全球合成卡西酮的缉获量持续增加,其中 2014 年比 2013 年增加了两倍,达到 1.3 吨。根据《2016 年世界毒品报告》显示,大多数合成卡西酮在俄罗斯联邦(692 千克)、中国香港特别行政区(233 千克)和美国(66 千克)被缉获。[5]

---

[1] 参见沈敏:《新精神活性物质的应对与挑战》,载《法医学杂志》2021 年第 4 期。

[2] 参见李彬、张旻南、马立鹏、王劲:《新精神活性物质特征与管控》,载《中国安全防范技术与应用》2020 年第 3 期。

[3] 参见杨丽君:《我国新精神活性物质的立法管制》,载《中国禁毒报》2020 年 5 月 15 日。

[4] 转引自顾辰欣、张黎:《全球扩张背景下的新精神活性物质管控研究——兼评〈新精神活性物质:政策、经济与毒品管控〉》,载《广西警察学院学报》2021 年第 1 期。

[5] 转引自顾辰欣、张黎:《全球扩张背景下的新精神活性物质管控研究——兼评〈新精神活性物质:政策、经济与毒品管控〉》,载《广西警察学院学报》2021 年第 1 期。

（二）罚当其罪的困境

毒品犯罪中认定毒品最关键的证据是鉴定意见，故本文通过对鉴定意见、定罪和量刑进行探讨，分析“假毒品”犯罪案件罚当其罪的困境。

1. 鉴定结论存疑

新精神活性物质鉴定属于完全未知目标物鉴定，即结构未知、名称未知、性质未知、体内代谢和分布未知，且可能没有任何文献数据信息。[1]对疑似毒品进行鉴定基本根据气相色谱—串联质谱和液相色谱—串联质谱筛选技术，两种技术本质上均属于设定范围内的目标物筛选，基本只能根据侦查人员凭借涉案人员所述写上“标签”及常见毒品类型进行鉴定，导致表2中鉴定所考虑的目标物较少，仅有5个种类。[2]进入《麻醉药品品种目录》《精神药品品种目录》的毒品最少的时期都有上百种，凭借数个常见的目标物判断是否具有毒品成分不具有严谨性，不排除还有其他的可能。

表2　G市2017—2021年“假毒品”犯罪案件鉴定情况统计

鉴定结果情况	2017年	2018年	2019年	2020年	2021年
鉴定结果为假毒品的裁判文书份数	1	1	2	5	21
未检出甲基苯丙胺		1			
未检出氯胺酮	1		1	1	
未检出二亚甲基双氧安非他明（MDMA）			1		
未检出甲基苯丙胺、氯胺酮					2
未检出海洛因、甲基苯丙胺、氯胺酮				3	14
未检出海洛因、甲基苯丙胺、氯胺酮、MDMA				1	3
未检出海洛因、甲基苯丙胺、氯胺酮、氟胺酮					1
未检出海洛因、甲基苯丙胺、氯胺酮、MDMA、氟胺酮					1

2. 定罪差异大

罚当其罪最主要的问题是考虑定罪。现在，本文通过毒品较为完整的“产业链”的几个主要行为（制造、贩卖、运输、持有），结合是否“明知”鉴定的结果对“假毒品”

[1] 参见沈敏：《新精神活性物质的应对与挑战》，载《法医学杂志》2021年第4期。

[2] 参见张蕾萍等：《体内毒品检验及鉴定技术的新进展》，载《中国法医学杂志》2020年第6期。

进行分析(见表3、图1)。

表3　鉴定不出毒品成分的定罪情况统计

<table>
<tr><td>行为</td><td colspan="2">明知</td><td colspan="2">不明知</td></tr>
<tr><td>制造行为</td><td colspan="2">无罪</td><td colspan="2">制造毒品罪(未遂)</td></tr>
<tr><td rowspan="2">贩卖行为</td><td>双方明知</td><td>仅卖方明知</td><td colspan="2" rowspan="2">贩卖毒品罪(未遂)</td></tr>
<tr><td>无罪</td><td>诈骗罪(既遂)</td></tr>
<tr><td rowspan="2">运输行为</td><td colspan="2" rowspan="2">无罪</td><td>国内</td><td>跨境</td></tr>
<tr><td>运输毒品罪(未遂)</td><td>走私毒品罪(未遂)</td></tr>
<tr><td>持有行为</td><td colspan="2">无罪</td><td colspan="2">非法持有毒品罪(未遂)</td></tr>
</table>

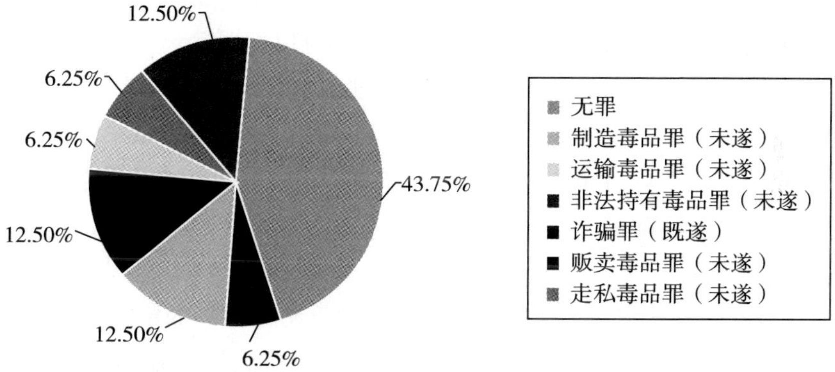

图1　构成罪名及犯罪形态的概率〔1〕

(1)诉至法院的概率极低。无罪的概率占到了43.75%;诈骗罪的追诉标准是3000元,小额零包贩卖“假毒品”时金额难以达到此标准,所以认定诈骗罪的情况下又可能无法追诉;非法持有毒品罪,根据《刑法》第348条与《关于公安机关管辖的刑事案件立案追诉标准的规定(三)》第2条的规定,海洛因或甲基苯丙胺要求10克以上才能立案追诉,正常情况下其他类型的毒品数量要求更高,所以认定非法持有毒品罪的情况下有一定概率无法追诉。〔2〕因此,止步于侦查阶段的案件概率为43.75%至56.25%。

(2)诉至法院审判的案件认定未遂的概率高。未遂(包括走私、制造、贩卖、运

〔1〕　根据表3的情况制作,假设表3每种情况的概率一致。

〔2〕　参见何荣功:《运输毒品罪与非法持有毒品罪的区分》,载《中国刑事法杂志》2021年第4期。

输、非法持有毒品的情形)所占比重为 50%,而诈骗罪由于追诉标准的存在不一定起诉,故诉至法院审判的案件认定未遂的概率最低为 50%/56.25% =88.89%。而在被告人不明知鉴定检不出毒品成分的情况下,未遂的概率为 100%。

(3)“明知”鉴定不出毒品成分的情况绝对比“不明知”的情况要轻。明知的情况下仅有贩卖行为可能认定诈骗罪,且诈骗罪可能因为犯罪数额未达到入罪标准不予追诉,但是不明知的情况下所有行为均构成犯罪。[1]对于具有成瘾性的新精神活性物质,确实存在罪责刑不相适应的情况。

3. 量刑难以把握

(1)新精神活性物质在列管前作为“假毒品”处理的情况。根据量刑指导意见,审判实践中一般将此种情形认定为假毒品未造成损害后果,量刑时会减少基准刑 30%左右的幅度,对于具有成瘾性的新精神活性物质的犯罪分子确属量刑偏轻。[2]所以,对于具有成瘾性的新精神活性物质如何量刑难以把握。

(2)新精神活性物质在列管后作为毒品处理的情况。毒品犯罪的量刑主要是根据数量判断量刑档次,但近几年新列管的毒品均未有数量折算的相关规定,法官量刑时难以把握。例如,2021 年新列管的氟胺酮数量到了数公斤能否认定为“数量大”或“数量较大”没有明确规定。

(三)原因剖析

1. 毒品的法律规定滞后。新精神活性物质的管制与毒品的定义密不可分,我国对于毒品定义的规定历经了多个时期,在各个时期滞后情况各不一样(见表 4)。(1)1979年《刑法》只有概括式的规定,除了鸦片、海洛因、吗啡外何种物质为毒品无法确定,这一问题在 1990 年买卖盐酸吗啡注射液的“陈大国、李庆云贩卖毒品案”后引起重视,后以类推的方式将盐酸吗啡注射液认定为毒品。[3](2)1990 年《全国人民代表大会常务委员会关于禁毒的决定》(已失效)对毒品进行了定义,但没有对麻醉药品和精神药品作出配套规定,只能沿用之前的医学方面规定。(3)1996 年《关于发布〈麻醉药品品种目录〉〈精神药品品种目录〉的通知》和 2014 年《关于公布麻醉药品

[1] 参见陈京春:《控制下交付案件中犯罪既遂与未遂的认定——以贩卖毒品罪为研究对象》,载《法学论坛》2012 年第 3 期。

[2] 参见陕西省人民检察院课题组、杨春雷:《认罪认罚案件量刑建议精准化》,载《法律科学(西北政法大学学报)》2021 年第 3 期。

[3] 参见杨广博:《我国毒品定义的审视与重构——以非药用类麻醉药品和精神药品及其列管为视角》,载《中国人民公安大学学报(社会科学版)》2021 年第 6 期。

和精神药品品种目录的通知》对麻醉药品和精神药品作配套规定,可以根据目录办理案件,满足了品种确定和罪刑法定的基本要求。(4)2015年《非药用类麻醉药品和精神药品列管办法》不断通过增补目录的形式增加毒品种类,但是远远跟不上宏观数据分析时提到的联合国报告的数据,越来越多的新精神活性物质没有被纳入管制,立法在应对新精神活性物质种类泛滥的过程中显得捉襟见肘。

表4 毒品定义及列管的主要法律规定

法律法规名称	具体规定	存在问题
1979年《刑法》	第171条列举式概括规定"鸦片、海洛因、吗啡或其他毒品"	未对毒品进行定义
1990年《全国人民代表大会常务委员会关于禁毒的决定》	毒品是指鸦片、海洛因、吗啡、大麻、可卡因以及国务院规定管制的其他能够使人形成瘾癖的麻醉药品和精神药品	无麻醉药品和精神药品品种的配套规定
1996年《关于发布〈麻醉药品品种目录〉〈精神药品品种目录〉的通知》	公布118种麻醉药品和119种精神药品	无列管办法
《关于公布麻醉药品和精神药品品种目录(2007年版)的通知》	公布123种麻醉药品和132种精神药品	采用更新目录的办法解决。但无列管办法
2014年《关于公布麻醉药品和精神药品品种目录的通知》	公布121种麻醉药品和149种精神药品	再次更新目录,但无列管办法
2015年《非药用类麻醉药品和精神药品列管办法》	增加列管办法	

2. 罪刑法定和禁止溯及既往的限制。《刑法》第12条明确规定了"从旧兼从轻"的时间效力原则,原则上禁止法律溯及既往,例外的不禁止有利于被告人的溯及既往。[1]按照此原则,行为人在某种新精神活性物质被列管前实施制造、贩卖、运输、持有等行为时不构成犯罪,即使之后此新精神活性物质被列管也不能追究其刑事责任。所以,即便侦查中发现了未被列管的新精神活性物质立即启动列管程序,也不能将行为人绳之以法,行为人只要不断根据毒品的目录变换化学合成新的精神活性物质将

〔1〕 参见刘宪权:《刑法个罪修正条文具体适用的溯及力问题研究》,载《法商研究》2022年第2期。

永远不会被惩处。[1]

3. 无重新或复核鉴定的法律依据。目前，对毒品疑似物进行成分鉴定的法律规定有限，基本停留在普适性规定层面，没有过多的特别的规定。毒品犯罪的侦查方面程序性规定仅有 2016 年“两高一部”《办理毒品犯罪案件毒品提取、扣押、称量、取样和送检程序若干问题的规定》，但此规定没有对鉴定作出具体要求。[2] 在鉴定为“假毒品”后，侦查机构不会再对疑似物进行重新鉴定或者复核鉴定。历次版本的《司法鉴定程序通则》对重新鉴定的情形及要求、复核鉴定的规定中，均找不到针对毒品疑似物未检出毒品成分后再次鉴定的依据（见表 5）。人民法院作为审判机关虽然可以要求重新鉴定，但在无明确的规定时难以要求公诉机关和侦查机关重新鉴定，导致之前作出的鉴定结论成为定案依据。

表 5　重新鉴定或复核鉴定的法律规定

法律法规名称	条款	主要内容
2001 年《司法鉴定程序通则（试行）》（已失效）	第 33 条 重新鉴定的情形及要求	超范围鉴定的，检材虚假的，鉴定过程不当致结论不准确的，结论与其他证据矛盾的，违反回避规定的，鉴定人因过错出具鉴定结论的，可重新鉴定
	第 34 条 复核鉴定的规定	对鉴定结论有异议需进行复核鉴定的，其他资质较高的司法鉴定机构可以接受委托，进行复核鉴定
2007 年《司法鉴定程序通则》（已失效）	第 29 条 重新鉴定的情形及要求	原鉴定人不具备资格的，超范围鉴定的，违反回避规定的，有异议且提出合法依据和理由的，以及其他情形下，可重新鉴定。 重新鉴定的司法鉴定机构资质一般应高于原委托机构

〔1〕参见周光权：《法典化时代的刑法典修订》，载《中国法学》2021 年第 5 期。

〔2〕参见李学军：《诉讼中专门性问题的解决之道——兼论我国鉴定制度和法定证据形式的完善》，载《政法论坛》2020 年第 6 期。

续表

法律法规名称	条款	主要内容
2016 年发布的《司法鉴定程序通则》	第 31 条 重新鉴定的情形	原鉴定人不具备执业资格的,超范围鉴定的,违反回避规定的,办案机关认为需要重新鉴定的,及其他情形下,可重新鉴定
	第 32 条 重新鉴定的要求	原则上委托其他鉴定机构,特殊原因委托原机构但要更换鉴定人。重新鉴定的司法鉴定机构资质条件应不低于原机构
	第 35 条 复核程序	司法鉴定人完成鉴定后,司法鉴定机构应当指定具有相应资质的人员对鉴定程序和鉴定意见进行复核

4. 大部分毒品数量折算规定长期缺位。毒品犯罪的量刑需要将所涉及的毒品类型折算成《刑法》第 347 条中规定的毒品(鸦片、海洛因、甲基苯丙胺)数量。由于现代鸦片的吸食率较低且其数量折算略为麻烦,实践中一般将其他毒品的数量按照比例折算成海洛因量刑。[1] 但是,至今尚无完整性的折算规定(目前的折算规定见表 6)。近五年来,虽然毒品种类增加了数十种,但依旧未出台相关的折算数量规定。[2] 审判实践中,法官难以判断氟胺酮等新增加的毒品种类的量刑,更不必说未纳入毒品目录却有成瘾性的新精神活性物质。即便是《非法药物折算表》和《毒品犯罪数量标准一览表》能包含的毒品种类也十分有限。[3]

表 6　毒品数量折算的相关法律规定

法律法规名称	具体法条	具体内容	涉及毒品数量
2006 年《关于审理若干新型毒品案件定罪量刑的指导意见》	一、新类型毒品的定罪量刑数量标准暂按以下比例与海洛因进行折算	通过 1 克海洛因 = 多少克其他毒品的方式进行罗列	10 种
2007 年《办理毒品犯罪案件适用法律若干问题的意见》	三、关于办理氯胺酮等毒品案件定罪量刑标准问题	通过列举规定具体毒品"数量大""数量较大""少量"的标准	8 种毒品(均与上一规定中的 10 种毒品重叠),增加除甲基苯丙胺外的苯丙胺类毒品

〔1〕 参见彭景理、李亚博:《毒品数量的认定应当考虑纯度》,载《人民司法》2018 年第 25 期。

〔2〕 参见梅传强、盛浩:《新精神活性物质数量计算的困境、症结与完善》,载《中国人民公安大学学报(社会科学版)》2020 年第 2 期。

〔3〕 参见张汝铮、郝银钟:《论毒品数量计算在司法实践中的重构》,载《法律适用》2019 年第 13 期。

续表

法律法规名称	具体法条	具体内容	涉及毒品数量
2012 年《关于公安机关管辖的刑事案件立案追诉标准的规定(三)》	第 2 条,明知是毒品而非法持有,涉嫌下列情形的,应予立案追诉	列举具体毒品立案追诉的数量要求	21 种毒品及增加除甲基苯丙胺外的苯丙胺类毒品(涵盖之前的毒品种类)
2016 年《关于审理毒品犯罪案件适用法律若干问题的解释》	第 1 条和第 2 条	通过列举规定具体毒品"数量大""数量较大""少量"的标准	30 种毒品及增加除甲基苯丙胺外的苯丙胺类毒品(基本涵盖之前的毒品种类)

二、规范梳理:"新精神活性物质"刑罚之正当性

为了确保刑罚的正当性,本文从证据、制度以及审判运行机制三大核心需求出发,斟酌需要考虑的因素。

(一)鉴定结论准确性的证据需求

毒品犯罪中的鉴定结论直接影响定罪量刑,至关重要。[1]在问题分析部分,笔者已分析出鉴定方面存在的诸多问题,充分说明鉴定结论准确性的重要程度。现从以下方面考量鉴定结论准确性的证据需求。

1. 鉴定方式:摆脱现有的设定范围内的目标物筛选技术

目前,毒品成分鉴定的方式基本停留在设定范围内的目标物筛选技术——气相色谱—串联质谱和液相色谱—串联质谱筛选技术,会遗漏大量的其他非常见毒品,更难以确保鉴定结论的准确性。因此,直接研究出物质的化学结构后再分析该物质所具有的作用是一种行之有效的办法,而直接研究物质的化学结构必须建立未知物成分分析平台。

审判实践中的毒品成分鉴定几乎完全由公安局物证鉴定室中心负责,未知物成分分析平台作为构想的新精神活性物质成分鉴定方式中的一个环节,理应设置在公安局的物证鉴定中心,物证鉴定中心严格按照毒品犯罪案件的程序性规定将检材编号、及时密封、妥善保存,否则将面临泄露办案秘密的风险。目前,地市范围内的"假毒品"案件数量增长虽然较快,但每年的数量仍停留在两位数,市级公安局的物证鉴定中心欠缺较广的信息源和素质较高的人才储备,且耗费大量精力和资金在这些案

〔1〕 参见褚建新、包朝胜:《涉毒案件毒品定量鉴定是量刑的重要节点》,载《中国司法鉴定》2008 年第 5 期。

件上有所不值。因此,未知物成分分析平台应由省级公安厅建立。

2. 鉴定程序:完善鉴定不出毒品成分后程序

市级公安局的物证鉴定中心通过设定范围内的目标物筛选技术检测不出毒品成分后,再按照以往的做法直接将其作为定案的依据将会不断放纵犯罪,所以需要制定鉴定不出毒品成分后重新鉴定的程序。

重新鉴定面临鉴定机构的资质条件、规定是否具有可操作性等问题,根据现有的重新鉴定的规定,"接受重新鉴定委托的司法鉴定机构的资质条件应当不低于原司法鉴定机构"[1]。根据这一规定,接受重新鉴定委托的司法鉴定机构的资质条件可以和原司法鉴定机构一致,但此种情况下鉴定所具备的条件、手段均相差无几,重新鉴定将失去意义。所以,重新鉴定机构应当为资质条件高于原委托机构的司法鉴定机构,若条件允许,应明确重新鉴定机构原则上应为省级公安厅的物证鉴定中心,此规定配合未知物成分分析平台能够很大程度上解决不常见毒品和大部分新精神活性物质的鉴定。同时,为了避免办案机关怠于重新鉴定,应设立强制性规定,明确未经两次鉴定未检出毒品成分的结论不能采信的证据要求。另外,考虑到借助未知物成分分析平台的重新鉴定可能耗时较长,在办案期限方面应作出配套性规定。

3. 配套条件:解决信息掌握较少之困境

未知物成分分析平台和重新鉴定的程序完善后,对新精神活性物质的信息掌握较少依然会影响鉴定的效率和准确性,所以,构建鉴定的配套体系应建立信息共享平台。此平台不但可以扩大鉴定所需要设定的范围内目标物,还可以在未知物成分分析平台分析出化学结构后为信息对比提供便利条件,提高鉴定的效率和准确性。

信息共享平台的建立需要考虑层级和共享方式。经过前面的分析,未知物分析平台和重新鉴定由省级公安厅建立较为妥当,新精神活性物质的信息共享平台理应在省级公安厅建立。而对于共享方式,可考虑在省级公安厅之间建立公安内部的数据库进行实时共享,在建立公安内部的数据库实时共享的条件难以达到时可以每个季度或半年共享一次数据。

(二)完善法律体系的制度需求

与新精神活性物质有关的行为要受到法律制裁必须建立完善的制度,需要借鉴域外的经验,对法律原则、认定标准等方面加以考量。

---

[1] 郭华:《司法鉴定程序通则疑难问题的解读与思考》,载《中国司法鉴定》2016年第4期。

1. 域外法律体系的借鉴与思考

域外同样存在新精神活性物质的立法问题,通过改良与完善管制策略,修订毒品管制的法律制度,遏制新精神活性物质的泛滥。主要以两种模式为主:(1)单行立法模式。单行立法是在毒品管制的立法之外,通过专门的法律规范来解决具有毒品属性但是不易分类或列举管制的物质,如英国。(2)临时列管模式。通过立法程序的简化或者设立特别的程序,缩减列管毒品所需的时间,以此应对新精神活性物质的不断更新,如美国。〔1〕

单行立法模式下,不用依据具体的管制附表进行管制,扩充了打击的范围,为避免陷入类推的质疑,法案只能通过限定犯罪行为和降低法定刑的方式予以适当平衡。〔2〕此模式在一定程度上能够遏制不断更新的新精神活性物质的蔓延,但是一定程度上违背了罪刑法定原则,英国等地在遏制犯罪和略微突破罪刑法定原则的选择上有所取舍。

临时列管模式下,列管毒品所需的时间被缩减,以此应对新精神活性物质的不断更新。该种域外模式可以在一定程度上遏制新精神活性物质犯罪,但是化学合成的方式千变万化,缩减列管所需时间实际上也不一定能够跟得上新精神活性物质更新的速度。该种模式严格遵循了罪刑法定原则,避免了不确定性,但打击力度略显薄弱。〔3〕

因此,域外两种模式在遏制犯罪和罪刑法定上有所权衡,各有利弊,对我国构建相应的法律体系有借鉴意义。

2. 法律体系与法律原则的考量

要打击新精神活性物质的有关行为,主要解决的是静止的法律规定如何规范不断更新的新精神活性物质的问题,制定相关的法律规范时应重点考虑如何在遵循法律体系、原则的基础上有效实现打击的目的。除域外临时列管的模式外,现有的刑法体系制定新精神活性物质相关法律规范的方式有三种:(1)将毒品的概念扩大,涵盖未列入目录的新精神活性物质;(2)以“新精神活性物质”为名为相关行为另设罪名;(3)保持原有的规定,审判实践中遇到具有成瘾性的新精神活性物质即启动列管程序,并认可溯及既往。三种方式各有利弊(见表 7)。

---

〔1〕 参见包涵:《新精神活性物质管制的国际经验和中国路径》,载《公安学研究》2018 年第 3 期。

〔2〕 参见蔡衡衡、刘鑫:《新精神活性物质发展与管制综述》,载《中国法医学杂志》2021 年第 1 期。

〔3〕 参见包涵:《类似物管制的立法诉求和司法功能:美国〈管制类似物执法法案〉的评价与反思》,载《公安学研究》2021 年第 1 期。

表7　制定新精神活性物质相关法律规范的利弊分析

<table>
<tr><th rowspan="2">制定新精神活性物质相关法律规范的方式</th><th colspan="2">弊</th><th rowspan="2">利</th></tr>
<tr><th>要点</th><th>要点分析</th></tr>
<tr><td rowspan="2">将毒品的概念扩大，涵盖未列入目录却具有成瘾性的新精神活性物质</td><td>具有不确定性，违背罪刑法定原则</td><td>新精神活性物质的不确定性会导致毒品犯罪的不确定性</td><td rowspan="2">无</td></tr>
<tr><td>毒品管理体系停滞，列管无意义</td><td>列管目的在于惩治毒品犯罪。新精神活性物质不用列管就能以毒品犯罪定罪处罚，列管就没有意义，毒品管理体系就会停滞</td></tr>
<tr><td>以“具有成瘾性的新精神活性物质”为名为相关行为另设罪名</td><td>具有不确定性，违背罪刑法定原则</td><td>新精神活性物质不管以何种方式入罪，其化学结构改变的不确定性必然让该罪名违背罪刑法定原则</td><td>与毒品管理体系保持差异</td></tr>
<tr><td rowspan="3">保持原有的规定，审判实践中遇到具有成瘾性的新精神活性物质即启动列管程序，并认可溯及既往</td><td>违背法不溯及既往原则</td><td>行为发生时所涉及的新精神活性物质未被列管，不能认定为犯罪。通过启动列管后，认可溯及既往，显然违背法不溯及既往原则</td><td rowspan="3">基本保持了现有的法律体系</td></tr>
<tr><td>具有不确定性，违背罪刑法定原则</td><td>违背法不溯及既往原则，说明具有不确定性，违背罪刑法定原则</td></tr>
<tr><td>列管的程序烦琐，耗时长</td><td>列管的要求较为严苛，不局限于成瘾性的要求，还有滥用性等因素的考量</td></tr>
</table>

通过表7可以看到，在制定新精神活性物质相关法律规范时无论如何都会在一定程度上违背罪刑法定原则，而前文提到的“陈某国、李某云贩卖毒品案”以类推的方式将盐酸吗啡注射液认定为毒品，其实也在一定程度上违背了罪刑法定原则。[1]所以，以“具有成瘾性的新精神活性物质”为名为相关行为另设罪名是三种方式中对法律原则的影响最小的，而且能够同时与毒品本身的体系分开，保持列管与不列管的差异。

此种方法的构想实际上与域外单行立法模式不谋而合，针对该模式的弊端可以通过设定严格的标准避免打击面过大，力争在打击犯罪和罪刑法定原则二者之间找

〔1〕 参见徐光华：《罪刑法定视野下刑法扩张解释的“度”——以扩张解释与类推解释的区分为视角》，载《河北法学》2008年第5期。

到平衡。

3. 降低概括性规定的风险之思考

毒品之所以受到管制就是因为其具有成瘾性与危害性，吸食后产生的成瘾性会对社会有一定危害，衍生出社会危害性，新精神活性物质亦然。从本质上分析，刑罚处罚是建立在社会危害性基础上，而社会危害性是由于成瘾性衍生，之前不用考虑成瘾性的认定标准是由于毒品的相关目录明确，只要鉴定出该类物质属于目录中的一种即可，审判时不需要对成瘾性作出认定。因此，提高成瘾性的认定标准是降低概括性规定带来的风险的唯一途径。

面对更新迭代速度极快、种类繁多的新精神活性物质，成瘾性认定标准需要考虑以下问题：(1)在鉴定过程中对成瘾性问题进行说明。成瘾性要求通过科学技术方法检测到该物质具有能够引起成瘾、滥用的化学结构，这依赖于毒物检验专家在化学实验室的鉴定工作。〔1〕因此，在鉴定不出毒品成分后将该物质送省公安厅的物证鉴定中心鉴定时需要说明该物质中何种结构能够引起成瘾、滥用。(2)医学专家出具成瘾性诊断的要求。成瘾性不仅要通过科学技术方法检测到该物质具有能够引起成瘾、滥用的化学结构，还要有临床医学证据证明使用该物质的人出现了成瘾、依赖、滥用的临床症状、体征，这依赖于临床医学专家的循证研究。为了减少医学专家的误判可能性，对医学专家的人数和资格要有所限制，医院应至少符合三级甲等的要求。〔2〕(3)需要考虑以证据为依托。医学专家出具成瘾性诊断必须建立在吸食人员对所吸食效果的描述的基础上，甚至掌握为何会选择此类物质而不是其他物质吸食的原因后才启动，否则会浪费大量医疗资源。

4. 配套措施完善的必要性思考

新精神活性物质和毒品一样具有成瘾性，所以强制戒毒的措施应该同样适用于新精神活性物质。目前，强制戒毒的规定比较规范，且各地市均有戒毒场所。在确认新精神活性物质具有成瘾性后可以将其纳入强制戒毒的范围，该配套措施不仅能够在一定程度上帮助吸食新精神活性物质的行为人戒“瘾”，还能在认定行为人非法持有但数量达不到立案追诉标准的情况下限制其一定的人身自由，减少新精神活性物质在社会上的流通，降低因吸食新精神活性物质衍生犯罪的可能。

---

〔1〕 参见刘鑫：《新精神活性物质检验鉴定面临的挑战和对策》，载《中国法医学杂志》2021年第1期。

〔2〕 参见樊秋霞：《高血压在“罪犯暂予监外执行组织诊断”中的规范适用》，载《法医学杂志》2020年第1期。

（三）审判运行顺畅的机制需求

有效应对“假毒品”犯罪案件离不开顺畅的审判运行机制。对此，本文从诉前、诉中、诉后三个环节进行分析。

1. 诉前会商之考量

地市范围内诉前会商的案件数量不多，以G市2019—2021年诉前会商的数据为例，其中涉黑案件有6件，受贿案件有2件，非法吸收公众存款案件有2件。诉前会商的案件中基本没有毒品犯罪案件，即便G省在2021年针对毒品犯罪案件开展涉案财物处置试点工作后，公安机关也仅仅是在审判阶段按照法院的要求补充了涉案财物的有关证据。但从审判实践来看，诉前会商有以下益处：首先，能够纠正部分办案人员滞后的刑事司法理念和办案人员的不当行为等。刑事错案产生于多重因素的共同作用，部分是由于办案人员自身造成的。[1] 其次，能够凭借现有证据提出侦查方向，及时固定相关证据。比如，鉴定出的物质不是列管的毒品不起诉的概率会非常大，会商可以确定侦查的方向，及时讯问被告人相关问题（如“是否具有毒品的吸食效果”等），固定相关证据，避免放纵犯罪。最后，能够纠正部分证据存在的瑕疵。证据问题是刑事错案产生的重要因素，特别是近年来的徐辉案、念斌案、卢荣新案、廖海军案等暴露出的与鉴定意见相关的问题，如检材来源不明，检验过程不规范，鉴定意见之间相互矛盾，办案人员忽视，错用鉴定意见等，这在新精神活性物质犯罪中也难以避免。[2]

2. 诉中审理之困扰

新类型犯罪案件在法院审判过程中总会存在些许问题，审理期限、绩效考评机制、法官思维固化等都可能是将新精神活性物质犯罪案件审理好的阻碍。首先，法官思维固化，部分法院的刑事法官基本照搬公诉机关指控事实并予以认定，不会对证据进行仔细审查。比如，司法鉴定均是由具有相应资质的鉴定机构作出，法院对此基本仅作形式审查，几乎不存在要求重新鉴定的情况。[3] 其次，法官即使发现证据瑕疵或鉴定存在问题，也可能在考虑审理期限及审判绩效后存在侥幸心理，认可部分瑕疵。再次，法官付诸行动要求补充证据后，检察机关经常出现不按照要求出具延期审

---

〔1〕 参见左卫民、官胜男：《刑事错案与鉴定意见：复杂关系的实证考察》，载《华东政法大学学报》2022年第3期。

〔2〕 参见左卫民、官胜男：《刑事错案与鉴定意见：复杂关系的实证考察》，载《华东政法大学学报》2022年第3期。

〔3〕 参见陈永生：《论刑事司法对鉴定的迷信与制度防范》，载《中国法学》2021年第6期。

理建议书的情况，侦查机关经常有畏难情绪。最后，部分法官缺乏仔细审查证据的能力，比如审判人员对于鉴定意见的审查、认证能力相对有限，或是过于简单地将鉴定意见作为支撑其内心确信的依据，或是过于依赖鉴定意见的证明力。[1]

3. 诉后完善之思考

目前，全国法院系统年度优秀案例中毒品犯罪案例所占比例较少，每一年的案件数量均不超过10件，新型毒品或新精神活性物质案例数每年最多2件（见表8）。

表8 全国法院系统2019—2021年度优秀案例中毒品犯罪案例情况统计

年份	获奖案例总数（件）	毒品案例总数（件）	新型毒品或新精神活性物质案例数	具体案例名称
2019	479	7	1	被告人吴海钢、孙丽娣等走私、贩卖、运输毒品、非法持有毒品案——走私、贩卖、运输新精神活性物质案应分层递进证明犯罪故意
2020	477	2	1	黄家辉、陈庆城等走私、贩卖毒品案——非医疗目的走私、贩卖“聪明药”等新型精神药品的定性
2021	547	9	2	廖某某贩卖毒品案——国家禁毒委公布但未被正式列管的新型毒品犯罪的认定
				范某某贩卖毒品案——对新类型液态毒品犯罪数量的认定及认罪认罚被告人的刑罚适用

在2008年和2015年最高人民法院发布毒品犯罪审判工作座谈会会议纪要后，毒品犯罪法律适用等方面的问题已经基本解决，但是新精神活性物质的滥用程度越来越高，现行的法律体系和管理体系不足以起到较好的打击作用，案例的作用会逐渐凸显，其可以给缉毒人员提供侦办思路，尽可能避免错误，少走弯路；可以给审判法官提供证据审查和定罪量刑的思路，包括新精神活性物质的鉴定如何从实质要件方面进行审查，如何进行数量折算等；还可以帮广大的人民群众了解新精神活性物质的外

[1] 参见耿丽萍等：《对法医鉴定意见的实质审查》，载《人民司法》2021年第29期。

观及伪装的形状，避免被引诱吸食。[1]

三、路径选择：从鉴定、法律、审判运行三个维度完善体系建设

刑事案件的审理裁判需要构建一定的审判思路。为了应对包括“假毒品”在内的所有毒品案件，应当从鉴定结论准确性、法律体系完善性和审判运行顺畅性三个核心需求出发，构建相应的体系。

（一）建立“未知物成分分析＋重新鉴定＋信息共享”鉴定体系

“假毒品”犯罪中，鉴定结论直接影响定罪量刑，建立行之有效的鉴定体系能够确保鉴定结论准确性。

1. 建立未知物成分分析平台

省级公安厅物证鉴定中心建设未知物成分分析平台，鉴定疑似毒品或新精神活性物质的具体成分，针对以下事项进行分析研究：(1)明确检材的化学结构，为鉴定结论提供充分的依据。(2)挖掘出新精神活性物质中致瘾性的基团组合，分析出该类物质变化的类型和方向，以便以后有效应对类似物质，在列管为毒品时提供类型的方向。(3)对比新精神活性物质与海洛因的依赖性，为量刑时数量的折算提供依据。如合成大麻素类管控物质 CB－13 的依赖性在折算时相当于 23.6 倍的海洛因。(4)按种类分析新精神活性物质的物理形态及获取渠道、隐蔽的方式，为之后打击新精神活性物质提供方向。

2. 制定鉴定不出毒品成分后重新鉴定的程序

制定专门的毒品、新精神活性物质的鉴定程序，明确鉴定不出毒品成分后重新鉴定的程序，为确保程序运行顺畅应注意以下方面：(1)明确对未鉴定出毒品成分后的重新鉴定由省级公安厅的物证鉴定中心进行，配合未知物成分分析平台能够在很大程度上解决不常见毒品和大部分新精神活性物质的鉴定。(2)强制性要求鉴定不出毒品成分后重新鉴定。明确此种情况不重新鉴定所承担的责任，杜绝办案人员为节省时间、精力不愿意重新鉴定的情况。(3)制定重新鉴定不计入办案期限的类似规定。由于重新鉴定可能需要借助未知物成分分析平台，所耗费的时间应比正常的鉴定时间久，没有特别的规定会影响审查起诉的时间。

---

〔1〕 参见刘艳红、刘浩：《社会主义核心价值观对指导性案例形成的作用——侧重以刑事指导性案例为视角》，载《法学家》2020 年第 1 期。

3. 建立新精神活性物质的信息共享平台

全国范围内由省级公安厅的物证鉴定中心共同搭建新精神活性物质的信息共享平台，不但可以为鉴定体系提供充分的信息，配合禁毒工作，还能有效分析犯罪分子活动的区域、犯罪方式等，有效防止新精神活性物质的流通。

（二）建立“二元化罪名＋规范成瘾性认定标准＋强戒”法律体系

对新精神活性物质的犯罪行为的打击离不开法律体系建设，前文在规范梳理时已经充分分析了制定相关法律规范的几种方式的利弊，可为构建较为完善的法律体系提供参考。

1. 建立“毒品＋新精神活性物质”二元化罪名的刑法体系

在保持毒品犯罪现有罪名的基础上，将“新精神活性物质”相关行为另设罪名，可以起到以下作用：（1）毒品犯罪依旧正常地受到法律处罚，本身的毒品犯罪体系不发生任何改变；（2）新精神活性物质被鉴定出来后，没有列入毒品所要求的非药用类麻醉药品和精神药品管制品种增补目录，但完全符合成瘾性的认定标准，可以通过“新精神活性物质”的相关罪名予以定罪处罚；（3）新精神活性物质按照2015年《非药用类麻醉药品和精神药品列管办法》进行列管后，根据法不溯及既往的原则，对列管前的犯罪行为通过“新精神活性物质”的相关罪名予以定罪处罚，对列管后的犯罪行为通过毒品犯罪涉及的罪名定罪处罚。

建立二元化罪名的刑法体系，既没有破坏原有的毒品犯罪体系，又能够在遵循法不溯及既往原则后依然打击新精神活性物质的犯罪行为，是遵循法律原则和体系的最优选择。

2. “新精神活性物质”犯罪应严格规范成瘾性认定标准

为确保“新精神活性物质”犯罪的审判经得起历史的考验，必须严格规范成瘾性认定标准：（1）省级公安厅鉴定结论中明确鉴定的物质是否具有成瘾性，未列管的新精神活性物质需明确致瘾性的基团组合，注明与海洛因的依赖性对比，为量刑时数量的折算提供依据。（2）锁定涉案人员吸食具有成瘾性的证据，甚至为何会选择此类物质而不是其他物质吸食的原因。注意调取吸食人员的相关证言或供述，做到证据之间互相印证。（3）三级甲等以上资质的医院出具成瘾性的诊断。使用临床医学证据证明使用该物质的人出现了成瘾、依赖、滥用的临床症状、体征，对医学专家的人数和资格要有所要求。

3. 制定强制戒“成瘾性新精神活性物质”的规定

仅针对“毒品”进行强制戒除已经不能满足时代需求，不能应对更新速度如此之快的新精神活性物质。在强制戒毒体系中增加“成瘾性新精神活性物质”的规定，能在认定非法持有但数量达不到立案追诉标准的情况下限制行为人一定的人身自由，避免吸食人员在社会上不断扩散新精神活性物质，还能一定程度上帮助吸食新精神活性物质的行为人戒“瘾”。

（三）建立“诉前会商 + 诉中完善 + 诉后案例引导”审判运行体系

审判运行的顺畅程度决定了案件的质量。新精神活性物质犯罪作为新类型的犯罪，审判实践中存在较多的问题，每个地市的侦查机关、检察机关、审判机关遇到的类似案件还不是很多，所以必须引起重视，在诉前、诉中、诉后建立完善的审判运行体系势在必行。

1. 完善诉前会商机制

在毒品犯罪鉴定不出毒品成分或鉴定出新精神活性物质后，侦查机关现有的侦办能力和视角可能不足以应对更新如此之快的新精神活性物质犯罪，公、检、法三机关针对相关案件进行会商，可以集思广益解决证据收集、事实认定、侦查方向等问题。而完善诉前会商机制需要注意：（1）明确鉴定不出“毒品”成分的案件达到一定情节或数量时必须启动会商机制的要求。（2）充分考虑鉴定不出毒品成分后主观心态是否影响事实认定、定罪量刑，明确侦查方向。[1]（3）提醒办案机关及时固定重要证据。比如，及时固定吸食的物质是否具有成瘾性的证据，明确选择此类物质而不是其他物质吸食的原因。（4）明确检察机关在审查起诉阶段审查证据的责任，避免检材来源不明、检验过程不规范、鉴定意见之间相互矛盾、办案人员忽视、错用鉴定意见等问题的发生。

2. 建立诉中完善机制

在审理过程中，法院要求补充完善证据受到自身审理期限、检察机关不予出具延期审理建议书、双方绩效考评的限制，按照原有的审判运行机制审判新型的犯罪类型不符合现时需求。所以，审判过程中必须建立一定的完善机制：（1）明确法官没有仔细对部分重要证据仔细审查的责任，比如增加法官审查市公安局物证鉴定中心鉴定不出毒品后是否重新鉴定的职责，确保前文阐述的鉴定不出毒品成分后重新鉴定的程序运行顺畅。（2）明确法官充分听取、合理对待控辩双方关于证据主张与理由的要求，明晰双方争点，善于发现、表达证据之间存在的问题，适当提升法官对证据的认证

---

〔1〕参见梁坤：《毒品犯罪主观明知推定规则之实证检讨——以2000—2015年间的14份办案规范为考察对象》，载《证据科学》2018年第5期。

能力。(3)明确检察机关在确有证据补充且所需时间较长的情况应按照法律规定出具延期审理建议书。(4)在法院提出补充证据的意见后,明确检察机关和公安机关确有异议的,应书面提出,异议理由不充分的应配合补充证据。

3. 建立诉后案例引导机制

新精神活性物质的犯罪比较少见,且新精神活性物质的更新较快,近几年的审判实践需要借助典型案例进行指导。所以,应专门针对新精神活性物质犯罪进行案例汇总工作,为新精神活性物质犯罪的审判运行体系提供参考。在诉后案例汇总工作中,应注意以下几个方面:(1)需要与十佳、百优或年度优秀案例评选一样,增加案例注释。案例注释可以反映出该类案件侦办的很多细节,深入挖掘办案过程具有创新性且值得借鉴的方式,为其他案件的审判提供指引,不能仅仅停留在每年最高人民法院公布典型案例的典型意义层面。(2)注重新精神活性物质数量折算的量刑问题,通过汇总后的数据建立更好的数量折算体系。(3)在将案例汇总后可以研判分析犯罪聚集地、犯罪方式、新精神活性物质的来源等,为遏制犯罪提供侦查、审判依据。[1]

结　语

本文探讨了“假毒品”刑罚惩处的必要性、罚当其罪的困境并进行了原因剖析,从鉴定结论准确性、完善法律体系、审判运行顺畅的需求方面进行规范梳理,创设性提出建立“未知物成分分析 + 重新鉴定 + 信息共享”的鉴定体系、“二元化罪名 + 规范成瘾性认定标准 + 强戒”的法律体系、“诉前会商 + 诉中完善 + 诉后案例引导”的审判运行体系,希望能够对打击新精神活性物质的相关非法行为有所裨益。

〔1〕 参见张建军:《案例指导制度对实现刑法明确性的作用》,载《法学杂志》2013 年第 9 期。

超越"碎片化":整体性法院数据治理之道

杜慧俭*

引言

数字智能时代,数据作为新型生产要素,如同"21 世纪的石油",是人民法院信息化建设的重要资产,对融入数字化转型有着极其重要的价值和意义。"十三五"时期,人民法院信息化 3.0 建设以数据为中心,司法大数据在许多方面实现大量应用,在一定程度上不仅辅助审判执行,而且为党委决策提供依据,为政府行政提供参考,但这些只是数据价值实现的"冰山一角"。当前,法院数据治理碎片化现象尤为突出,面临着"数据烟囱""数据丛林""数据鸿沟"等三重效应带来的现实困境,导致治理效率低下和效能不足,难以为数据价值挖掘提供核心驱动力,阻滞了智慧法院从"以数据为中心"向"以知识为中心"的升级进程。数据治理作为人民法院紧跟国家数字化转型发展战略、释放审判生产力的基础性工程,是促进审判体系和审判能力现代化的重要引擎。加快推进数据治理从碎片化向整体性转型,探索构建一体化数据治理框架,弥补数据治理短板、激活数据价值潜能,是当前人民法院推动实现更高水平"数字正义"的时代课题。

一、"技术—组织—治理"视角下:法院数据治理的碎片化表征

"碎片化"意即原本统一的整体被肢解为零星的碎片,它的集中表现就是完整统一的认识对象被人为地进行肢解,整体原有的系统性被打

---

* 广西壮族自治区南宁市横州市人民法院。

破，导致的结果就是各种碎片以杂乱无章的形式呈现。[1]

法院数据治理碎片化是指在数字化转型过程中，由于信息技术标准和各地人民法院信息化建设统筹规划不到位，数据散乱分布、系统条块分割、内外部信息壁垒等原因，导致司法数据在归集、共享、融合等系统性、整体性、协同性治理方面的缺乏，进而形成一种分散、隔离、断裂、冲突、失衡的状态，[2]在"技术—组织—治理"三维层面产生碎片化表征，具体体现为"数据归集分散无序""数据赋能作用受限""数据共享融合不畅"等特点，呈现迟滞性、封闭性的治理样态。可以说，人民法院数据治理的实境状态与社会学"碎片化"的特质内涵高度契合，碎片化的客观存在进一步衍生出"信息茧房""信息孤岛"等数字治理短板问题。

（一）技术治理碎片化：数据归集分散无序

从技术这单一层面来看，"数据"作为一种治理对象，其本质是聚焦数据本身进行治理，强调的是数据本身或数据全生命周期的治理过程。从微观的治理角度来看，数据治理碎片化的主要表征即数据归集分散无序。大数据具有海量（Volume）、高速（Velocity）、多样（Variety）、真实（Veracity）等特征[3]，海量意味着数据的体量大，高速意味着数据更新的及时性和连续性，多样意味着数据来源及内容的多维度、多角度，真实性意味着数据本身的可靠性（质量），只有同时满足这些条件才能为信息技术提供"全样本"，进而发掘出真正的、充分的、广泛的信息。但现实中，数据的采集、汇聚、加工存在"碎片化"现象，具体包括数据客观层面的归集不完整，出现数据失真、质量缺陷、维度单一等问题。

（二）组织治理碎片化：数据赋能作用受限

从技术、组织结合的双重层面来看，"数据"作为一种治理工具或手段，其本质是通过数据挖掘、分析和利用，为人工智能、大数据分析、云计算等信息技术在分析、决策和监督反馈方面提供支撑。从中观的治理角度来看，数据治理碎片化的主要表征是数据赋能作用受限。数据需按一定的技术标准经系统化和结构化改造后，才能作为司法人工智能的高质量"原料"。但在实践中，因数据并未完全实现整体结构化，法律语言与数据语言转换"连接"不畅，聚类和关联挖掘不充分，导致数据在发挥治理工

[1] 参见王丹：《论信息碎片化对大学生整体就读经历的冲击》，载《长春师范大学学报》2017 年 7 月 20 日，第 A7 版。

[2] 参见李利文：《公共服务供给碎片化研究进展：类型、成因与破解模型》，载《国外理论动态》2019 年第 1 期。

[3] 参见蒋惠玲：《司法大数据能为我们带来什么》，载《人民论坛》2017 年第 36 期。

具时作用受限，削弱了数据的正向赋能效果，难以为智能机器提供精准、有效的“数据经验”，甚至难以避免地陷入“技术俘获”“技术失控”的窘境。

（三）生态治理碎片化：数据共享融合不畅

从技术、组织、制度、环境、文化等多层面来看，“数据”着眼于治理的要素和生态环境，其本质是法院数据治理与外部生态、数据环境的互动关系，强调的是法院与社会多元治理主体数据利益的平衡与协调。从宏观的治理角度来看，数据治理碎片化的主要表征是数据共享融合不畅，具体指的是由于科层制的信息化建设，数据治理呈现条块化、部门化特点，条块式的管理体制机制造就了“数据割据”，加之各应用系统间的兼容性、协同性不足，形成了多重壁垒与碎片化的藩篱，使数据交换共享不足、信息互联互通不畅。

基于以上对“碎片化”数据治理的表征分析可以看出，当前人民法院“碎片化”的数据治理所呈现的仅仅是存在于某一领域的数据治理碎片，而不是完整的、整体性的数据治理问题。因此，有必要借助研究范式理论对碎片化带来的负面效应进行反思。

二、数据治理的“阿喀琉斯之踵”：碎片化治理带来的三重效应

近年来，全国法院系统已累积了海量的案卷信息、公开案例、法律文件等数据资源，它们共同构成了法院的司法大数据“富矿”。司法大数据的发展不仅辅助审判执行和加强法院管理，为智慧法院建设赋能提效，而且间接推动了包括人大立法、依法行政、社会治理等多个方面的数字化进步，为数字中国建设提供了法院样本。在肯定司法大数据建设带来“数字红利”的同时，也应看到，数字化转型时期人民法院数据治理碎片化带来的“烟囱效应”、“丛林效应”和“鸿沟效应”，已成为当前人民法院信息化建设亟待关注警惕的“阿喀琉斯之踵”。

（一）法院数据治理的“烟囱效应”

习近平总书记强调要“以推行电子政务、建设新型智慧城市等为抓手”“以数据集中和共享为途径，建设全国一体化的国家大数据中心，推进技术融合、业务融合、数据融合，实现跨层级、跨地域、跨系统、跨部门、跨业务的协同管理和服务”。这为人民法院数字化转型指明了方向，即建设数字法院的目标是通过跨界协同推进数据治理，实现数据的整合、开放、共享，充分释放司法数据资源的价值。但到目前为止，人类掌握的大数据更多的是以领域、行业为单位，即便是政府部门的权威数据，也往往是彼此割裂、互不相通的，这些数据被定义为“条数据”，这些数据之间表现出来的现象被

称为“数据烟囱”或者“数据围墙”。[1]法院数据治理的“烟囱效应”主要体现在以下两个方面：

1. 数据孤岛现象加剧数据垄断。就当前司法实践而言，人民法院信息化建设呈现碎片化特点，在一定程度上割裂了各级法院数据治理的系统性、整体性、协同性。法院和相关部门之间、法院系统之间镶嵌的条块管理机制体制，导致信息系统长期存在条块分割、“块状孤岛”等突出问题。一方面，法院内部之间数据关联共享不足，无论是纵向的省、市、县三级法院层级之间，还是横向的同级法院之间，法院内部各应用系统的兼容性、协同性不足，业务数据资源相对独立，数据隔离依然存在；另一方面，法院与外部重要部门信息联动不足，如市场监管、税务、银行、保险等部门中存在大量系统，由于数据产权保护、数据整合缺乏统一平台等原因，数据交换与共享成为最大限制，“数据孤岛”的客观存在，使海量数据难以发挥关联价值。信息系统林立、衔接不畅，使数据资源汇集、互联互通存在多重壁垒，成为阻滞数据开放、数据融合、数据共享的界域藩篱。

2. 数据失真现象削弱数据价值。数据价值在于高可信的质量，司法大数据的高质量发展要求所应用的数据必须是客观、准确、及时和完整的，这样才能确保预测结果不偏离“公平公正”。否则，将会存在“垃圾进，垃圾出”的悖论。[2]近年来，随着人民法院信息化建设的不断完善，数据质量在整体上有明显提升，但是仍存在数据缺失、数据不准确、数据失真等糟糕的数据质量问题。《智慧法院建设评价报告(2020年)》显示，全国高级人民法院向最高人民法院大数据集中管理和服务平台汇聚的辖区所有法院的案件质量有所下降，在数据置信度方面，2020 年全国法院平均置信度为 99.1%，其中达到 100% 的高院仅有 1 家。实体内容上，少数裁判文书说理“简单粗暴”、表达含混不清，这在本体意义上造成“数据失真”。例如，司法公开方面有四大领域不同层级的多个平台同时运行，法官履行公开职责需要在多个平台重复录入信息，不能“一键发布”，数据不同源极有可能出现数据偏差甚至错误，影响公开效果和司法权威，进而影响司法大数据应用的精准度。可见，现实中法院数据的采集、汇聚、加工与理想状态仍存在一定距离，数据内在质量不优削弱了其本身蕴藏的司法价值。

(二) 法院数据治理的“丛林效应”

人民法院数据治理本身就是在一个汇集了大量司法数据的“信息丛林”中展开

---

[1] 参见唐玉青：《从碎片化到整体性：基层政务服务数据的治理》，载《行政论坛》2022 年第 1 期。

[2] 参见大数据在司法审判中的融合应用研究课题组：《限度与深化：大数据在司法审判中的融合应用研究》，载《中国应用法学》2021 年第 2 期。

的,治理过程中面对大规模的、独立的、同源异构的海量司法大数据。由于数据治理主体的多元化、采集标准的多样化,这些海量的案件审判数据、管理数据有些是结构化数据,有些是半结构化数据,还有一些是非结构化数据,这些数据可能是"黑暗数据",抑或是低质数据,这些复杂形态的数据群体共同呈现"丛林化"态势。实践中,数据治理的"丛林效应"带来的主要困境是导致算法偏见和数据赋能作用不彰。

1. 数据"巴别塔"导致算法偏见。算法能否实现看得见的正义,依托的是数据原材料的"纯度",这个"纯度"也直接影响人工智能在司法裁判中的应用。当前,各级法院的数据资源库不同程度存在数据"巴别塔",即数据标准化程度不高的问题。人工智能的审判结果实质上是通过一定的算法作出的,以定义不清、缺乏规范的数据作为基础要素的算法极可能导致预测结果偏离,从而引发裁判偏差甚至错误判决,个案的不公将严重影响司法权威。尤其是刑事司法领域的预测活动极度依赖输入的数据,一旦算法无法调整长久以来深埋在数据源里的瑕疵,不良结果会在将来更多次的重复应用中不断固化,〔1〕对法律价值观和法律正当性造成破坏性的危险,冲击法律的公平正义。值得关注的是,法律的修改和司法政策的调整,在数据层面表现为数据刷新、数据模式和数据规律的高速变化,这也给结构化数据的形成和整理带来重大挑战,各种"标签化"的法律语言需整理为相应的"知识图谱",并建立起知识与知识、概念与概念之间的联系,目前这种算法模型的建立存在相当困难。

2. 数据缺漏导致辅助作用不彰。当数据体量足够大时,越容易对不确定的事做出判断,越能画出结构化的规律,越有利于法院做出公正裁决。〔2〕智慧法院建设评价报告显示,2019 年全国法院共有 367 家法院电子卷宗汇聚率低于 20%;司法审判信息资源覆盖不全,司法研究数据仅占 87.5%;一些重要和关键信息"隐藏"在庭审笔录、合议笔录中,并未系统化、结构化呈现出来,数据要素提取上存在法律语言转化为技术语言的困难。可见,虽然智慧法院建设产生的各类司法信息依托人民法院大数据管理与服务平台形成了海量汇聚,但数据涵盖范围还不够全面、数据资源不够丰富。数据"全样本"缺失,削弱了依赖海量数据搜索和计算的类案检索等的技术正确性,难以为智能机器提供"数据经验"。检索的困难主要来自后台数据匮乏,缺乏可供提取的数据用于计算,故数据的辅助性作用发挥受限。又如,从 2019 年全国各级法

〔1〕 参见涂钒:《美国司法数据应用的过去、现实及争议——兼论对我国司法大数据应用的启示》,载《科技与法律》2020 年第 1 期。

〔2〕 参见涂钒:《美国司法数据应用的过去、现实及争议——兼论对我国司法大数据应用的启示》,载《科技与法律》2020 年第 1 期。

院法条及类案推送功能实现情况(见图 1)来看,全要素匹配类案推送辅助审判功能效率并未完全达到理想状态。再如,从 2020 年全国各级法院刑事案件量刑规范化辅助功能实现情况(见图 2)来看,司法大数据分析辅助量刑规范化还远不能满足辅助审判的要求,数据驱动和知识服务能力有待提升。

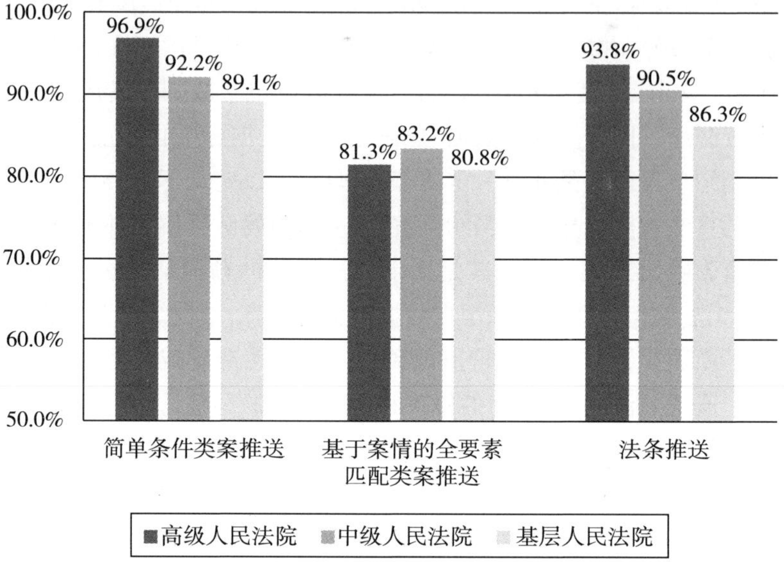

图 1 2019 年全国各级法院法条及类案推送功能实现情况

(来源于《智慧法院建设评价报告(2019 年)》)

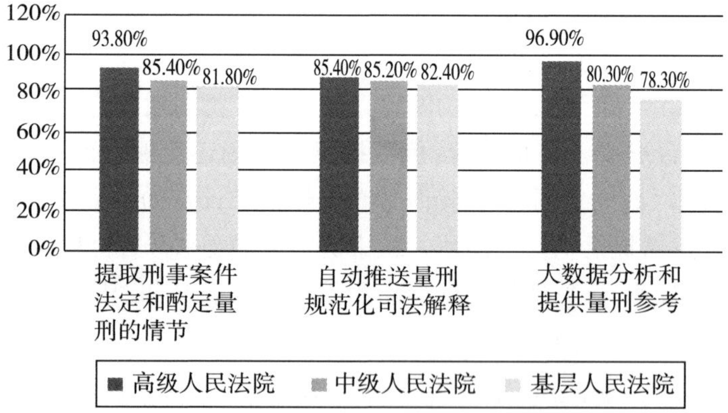

图 2 2020 年全国各级法院刑事案件量刑规范化辅助功能实现情况

(来源于《智慧法院建设评价报告(2020 年)》)

(三)法院数据治理的"鸿沟效应"

随着信息技术的不断革新,信息技术在法院诉讼服务场域得以广泛应用,对于诉讼参与人而言,信息化系统、泛在线化新诉讼模式,伴随社会老龄化程度日益加深,"数字鸿沟效应"也迅速显化并加剧。"数字鸿沟"(Digital Divide)是数字信息技术深入发展中不同,群体之间在拥有和使用现代信息技术方面存在的差距。这种存在于人群与代际之间的差距,随着大数据、云计算、人工智能等现代信息技术深化发展,进一步被社会聚焦。[1]在法院数据治理中,"鸿沟效应"不仅集中体现在数字化转型过程中,数据的开发利用与流通共享之间同样面临着亟待跨越的数据安全鸿沟。

1."数字挤出"现象引发数字不平等。数据治理本身存在"赋能效应"和"挤出效应"的背反式效应,法院数据治理为创造和捕获数据价值,提高数据资源利用能力,应对数据危机提供了路径。但值得关注的是,人工智能、大数据以及其他信息化手段的深度运用也在一定程度上使老年群体、弱势群体形成了数字经济时代的"数字贫困","数字挤出"效应加剧了社会不平等。数字不平等主要包含强权属性和话语权属性。在强权方面,对大数据、人工智能等现代信息技术不了解的老年群体、患有精神疾病或身体缺陷的弱势群体当事人,很有可能在数字化转型浪潮中被忽视,引发"诉讼投机"。如当对方当事人采用相关技术手段固定证据、制定诉讼策略、选择胜诉率较高的律师为自己代理时,处于"数字贫困"状态的当事人往往不具备这种信息获取能力,也不具备相应的信息分析能力。[2]诉讼地位不平等导致原本保障双方当事人地位平等的程序设计失效,司法程序的作用被大大限制,司法判决沦为优势者确认合法性的工具。在话语权方面,法院收集的数据是基于当事人的学历、年龄、性别、犯罪记录等特征信息,笼统地将数据信息描绘出来的模糊"个人画像"纳入类别化群体进行考虑会使"个人画像"带着偏见,法官参考这些偏见数据会违背程序公正,极易让裁判偏离公平正义。

2.数据泄露频发,安全鸿沟客观存在。司法大数据发展带来的技术失控问题应引起高度重视,因为"大数据挖掘分析得越精准、应用范围越广阔,个人隐私和数据安全保护就会变得越紧迫"[3]。《中国法院信息化发展报告(2021)》显示,只有最高人

---

[1] 参见曾盛聪、董沁昕:《"赋能"与"挤出"双效应下数字治理的"补丁"策略——基于代际发展权的分析框架》,载《人文杂志》2022年第6期。

[2] 参见刘雁鹏:《算法对司法的冲击与应对》,载《重庆理工大学学报·社会科学》2022年第7期。

[3] 大数据在司法审判中的融合应用研究课题组:《限度与深化:大数据在司法审判中的融合应用研究》,载《中国应用法学研究》2021年第3期。

民法院和35%左右的高级人民法院在数据分级分类、数据加密、数据审计等方面初步开展了数据安全基础建设，[1]统一身份认证体系、机制尚未全面应用，如对于裁判文书的获取并没有任何必要的溯源性的程序控制。智慧法院建设对当事人个人信息收集、存储、应用的事先声明、告知、征求同意等的隐私保护政策缺失，存在法律合规风险。例如，2019 年美国第一金融保险公司的银行账户信息、社会安全号码、抵押贷款记录、税务文件等 8.85 亿份文件在其官方网站上被泄露，数据泄露的主因是应用程序设计缺陷。根据上文所述，系统漏洞是引发数据安全风险的罪魁祸首之一。反观当前，人民法院数据安全还处于起步阶段，明显滞后于应用，包含了海量数据的司法资源数据库一旦泄露，极有可能引发多米诺骨牌效应等更深层次的风险，数据安全鸿沟成为妨碍数据整体性开发利用的最大变量。

三、司法场景中的“四重不适”：法院数据治理碎片化产生的要因

数据治理作为智慧法院建设的基础性工程，是人民法院实现数字化转型的必由之路，对提升审判工作质效和创新司法服务模式具有现实意义。法院数据治理碎片化的产生绝非缘于单一因素，而是客观存在“四重不适”因素的耦合催化。

（一）认识层面与实践样态的“名不副实”

当前，司法大数据以及与之相关的时髦术语大量充斥于智慧法院建设的构想与方案中，处于人民法院信息化 4.0 建设的“C 位”。在司法大数据如此热闹的语境下，数据治理却未被提上议事日程。虽然各级法院普遍都认识到了数据的重要性，但对数据治理的价值认识不足，“什么是数据治理”“如何进行数据治理”“数据治理有什么作用”等均是当前各级人民法院质疑的主要问题。从《智慧法院评价报告（2020）》的内容来看，数据治理并未列入评价内容，仅在网络化应用成效指数中考察了“数据管理”这一指标。从系统性视角来看，法院数据治理聚焦于数据整合、分析和运动等技术视角，缺乏国家治理和社会治理层面的全局性和系统性认知，对数据治理缺乏统筹协调。如此，边缘化的数据治理实践产生的效用相较于站在全局高度设计的数据治理释放的巨大价值，以及数据治理理应在人民法院信息化 4.0 建设场域中的关键设定相距甚远，在作用赋能、功能发挥上亦未有根本性的变革。由此可见，当前各级人民法院的数据治理，在实践层面尚与数字化转型驱动发展当局的“话语热”存在一定落差。

---

[1] 参见余聪：《深化与探索：法院审判态势分析数据运营部门发展路径研究》，载《上海法学研究》2022 年第 5 期。

(二)发展层次与建设进程的“快慢不均”

各地法院信息化发展进程并不同步,不同地域之间呈现明显的“快慢不均”特征,不同层级法院在信息化发展水平方面呈现明显的“梯级”状态,东中西部法院在司法数据库标准化建设方面差距较大,标准化建设不足的问题较为突出,信息化能力的差异让法院系统在横向和纵向层面形成相互区别的“数据治理单元”,形成了“司法区块化”,而这也将在一定程度上损害司法的整体性、统一性。此外,随着大数据的发展,法院数据呈现多样化、多元化的发展趋势,如当事人网上立案在不同地方往往要使用不同的应用软件,在使用方面的学习和操作、立案材料也不尽统一。尚未建立统一数据平台的客观事实,导致各级法院数据在物理上孤立,不同的数据类型和业务无法被深度关联,数据集成、融合困难重重,形成的“数据鸿沟”进一步带来沉没成本。诚如有学者所指出的:“假如存在复数的法律知识数据库,如何使它们互相联系兼容并对它们进行排除矛盾和冲突的整合以及有效的一贯化控制,也是颇为棘手的重要课题,需要消耗大量的时间和精力才有望获得进展。”[1]

(三)工具理性与价值理性的“顾此失彼”

在数据治理中,数字正义的基本内涵既包括对因机器人、人工智能和算法在审判场域应用产生的数据“算法黑箱”、算法歧视、人权受损等问题的规范指引,也包括对数字技术是否符合司法公平正义要求的价值评判。当前,人民法院对司法大数据的应用更倾向于从信息技术角度寻求突破,注重底层数据的标准化和操作过程规范化,以推进数字化的方式实现“接近”正义。虽然运用信息技术对数据进行治理可在一定程度上弥补数据在结构、质量方面的缺陷,但对信息技术缺乏“边界感”的狂热,以及不加限制的运用很容易忽视可能带来的异化风险,消解司法的实质理性。在司法场域中,数据治理确实能通过技术层面从数据中挖掘出被忽略或尚未触及的潜在资源信息和价值,从而表现出预见性。但要真正实现“数字正义”,仅靠技术的工具理性是不够的,需通过数据治理提高信息技术工具价值发挥的基线、迈向极限,进而回归贯彻公平公正价值的实质理性定位,它的最终目标仍是根本性的社会正义。实践中,数据治理目的从来不是推崇“机器人裁判”,而是在对程序正义、司法本体和国家安全等价值底线的坚守基础上,更好地发挥信息技术作为辅助性工具和司法裁判活动新分析工具的正向作用,实现“看得见的正义”价值。

---

〔1〕 季卫东:《人工智能时代的司法权之变》,载《东方法学》2018 年第 1 期。

（四）顶层统筹与地方创新的"弥合矛盾"

从地方创新起步是人民法院信息化发展的显著特征，地方法院开发试点在前、上级法院统建在后，这对于鼓励地方从适应基层司法工作需求出发进行创新具有积极正面意义，但也同时带来了不可回避的"顶层统筹"和"地方创新"之间的罅隙弥合问题。面对日趋纷繁的信息系统及其产生的几何级数增长的数据资源，各地各级法院按照各自特定的司法工作需求打造了各类应用系统，但系统类型和部署方式存在很大差异，不利于数据汇聚，信息系统结构庞杂、体系杂乱臃肿，这也是造成数据资源分散化、共享流通受阻的根源所在。虽然，最高人民法院结合实际业务需求修订了《人民法院数据管理和服务技术规范》和《人民法院数据管理和服务工作规范》，但各地各级人民法院在信息化建设实践方面的标准差异大，造成数据治理的顶层设计、体系构架、标准规范、系统集成等一系列规划指导作用发挥受限，如何在协调兼顾各地各级人民法院差异化、个性化建设的基础上，加快实施针对大规模、复杂、混合信息系统的数据治理体系工程成为关键。唯有充分弥合顶层统筹与地方创新的矛盾，才能让智慧法院建设适应数字化转型需求，解决信息化加速发展和渗透引发的"数据危机"时代难题。

四、整体性治理的转型工具：基于SSM构建一体化数据治理框架

全系统一体化、全业务协同化是人民法院信息化建设的显著特征和必由之路，在信息化建设跃迁升级的过程中，应积极贯彻政务信息系统整合共享要求，大力推动基础设施集成建设、应用系统集成统筹、数据治理集成推进、知识集成和门户集成，切实解决信息系统长期存在的条块分割、"数据孤岛"等突出问题，为数据共享和业务协同提供坚实支撑。而在整体性治理主张的从分散走向集合、从部分走向整体、从碎片走向整合，[1]实现跨部门、跨领域的数据深度融合、数据协同治理的要求下，亟须建立一体化数据治理框架，为推动法院数据归集、流通、共享，推进各治理主体之间的有效协调，提供一种无缝隙的系统性和整体型数据治理范式。

（一）可行性论证：软系统方法论与整体性法院数据治理的契合

软系统方法论（Soft Systems Methodology，SSM）是一项运用系统思考解决非系统问题的定性研究技术，它主要用以解决那些包含有大量社会的、政治的以及人为因

〔1〕 参见胡海波：《理解整体性政府数据治理：政府与社会的互动》，载《情报杂志》2021年第3期。

素的问题,[1]被认为是一种有组织应对问题的方法。整体性法院数据治理的核心就是"整合"与"协同",即突破组织边界,实现法院内和跨部门、区域内和跨区域之间的数据归集、系统整合与数据资源共享整合,形成系统性、高效化的整体性法院数据运行生态网络。从治理主体视角上看,整体性数据治理强调横向和纵向机构上多个治理主体的统一与协调,推进数据治理过程中各主体间的协同通力合作;从技术视角上看,整体性数据治理强调多种信息技术的支持,借助信息技术应用贯穿数据全生命周期治理,挖掘数据价值,强化数据连接融合,以期提高数据治理效果。而软系统方法论的系统逻辑与整体性法院数据治理的多维度特点相当契合,可以有效解决治理主体多元化、治理技术复杂化、治理方式协同化等多维交织的治理问题。可以说,基于SSM构建的一体化数据治理框架高度符合整体性法院数据治理的目标期待。

(二)理论落地:基于SSM的数据治理概念模型初构

当前,各级人民法院数据种类和来源多样化,数据量大,数据价值高,数据增长速度快,跨部门、跨层级、跨地区的需求日益凸显,任务艰巨,数据质量、数据安全成为突出问题。法院数据治理需要在确定数据治理的目标、主体的基础上,借助不同的技术平台的工具,在推动策略、数据规则和治理流程的引导下,通过对数据资源库内的海量数据进行全方位分析、挖掘、应用、共享和保护等有效的治理实现数据价值的提升。基于软系统方法论的指导,在对法院数据治理现实情境存在的问题进行全面的厘清后,建立相关根定义,从根定义中的CATWOE六个基本要素方面逐一明确内容,研究法院数据治理去碎片化的基本思路,即准确回答"如何实现整体性法院数据治理"的问题,从而建立契合人民法院实际的数据治理概念模型(见图3)。

六个基本要素中,W(世界观)代表数据治理的愿景和根本目标,即通过各种手段促进数据利用、释放数据的价值;A(行动者)代表数据治理的主体,即全国四级人民法院;C(顾客)代表数据治理的服务对象,即法院、政府部门、企业、社会组织、公众;T(变换)代表数据治理的内容,即通过系统设计管理体制机制、最大限度推动数据开放共享以及确保数据安全和隐私保护等手段,提升法院数据治理能力和水平;O(拥有者)代表数据治理的拥有者,即全国四级人民法院;E(约束环境)代表数据治理的技术和要求,即制度法规、标准规范、应用实践和支撑技术等。通过CATWOE六要素分析,法院数据治理根定义是全国四级人民法院(A和O),围绕系统设计管理体制机制、最大限度推动数据开放共享以及确保数据安全和隐私保护等治理内容(T),通过

[1] 参见梁玉晶:《信息技术与课程整合的"软"优化》,载《中国信息技术教育》2011年第8期。

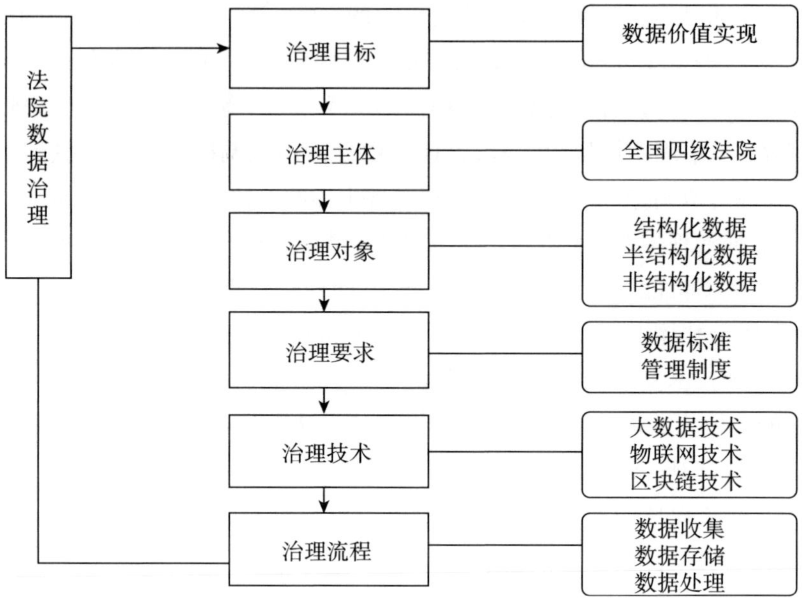

图 3 法院数据治理概念模型

遵循制度法规、标准规范的指导,采用多项支撑技术(E),促进数据利用、释放数据的价值(W),最终为法院、政府部门、企业、社会组织、公众(C)服务,更好地推动审判体系和审判能力现代化。基于 SSM 逻辑构建的法院数据治理概念模型,围绕数据治理主体、数据治理内容和数据治理工具三个维度,明确主体、对象、技术等多个要素之间的逻辑关系,形成一整套系统性的规则秩序,为构建一体化的数据治理联盟链框架提供重要理论依据。

(三)优化启示:现行数据治理框架的整体性优势借鉴

2018 年 6 月,国家标准化管理委员会发布了《信息技术服务 治理第 5 部分:数据治理规范》(GB/T 34960.5 -2018,以下简称《数据治理规范》),该标准明确了数据治理的目标——运营合规、风险可控以及价值实现,提出了数据治理的框架(见图 4),明确讨论了数据的资产属性,考虑了数据管理和数据的共享开放问题,以及数据安全和隐私保护问题。现笔者基于比较法视角,分析借鉴 GB/T 34960.5 -2018 数据治理框架凸显的整体性优势,为基于 SSM 构建的法院数据治理概念模型的系统优化提供借鉴参考。

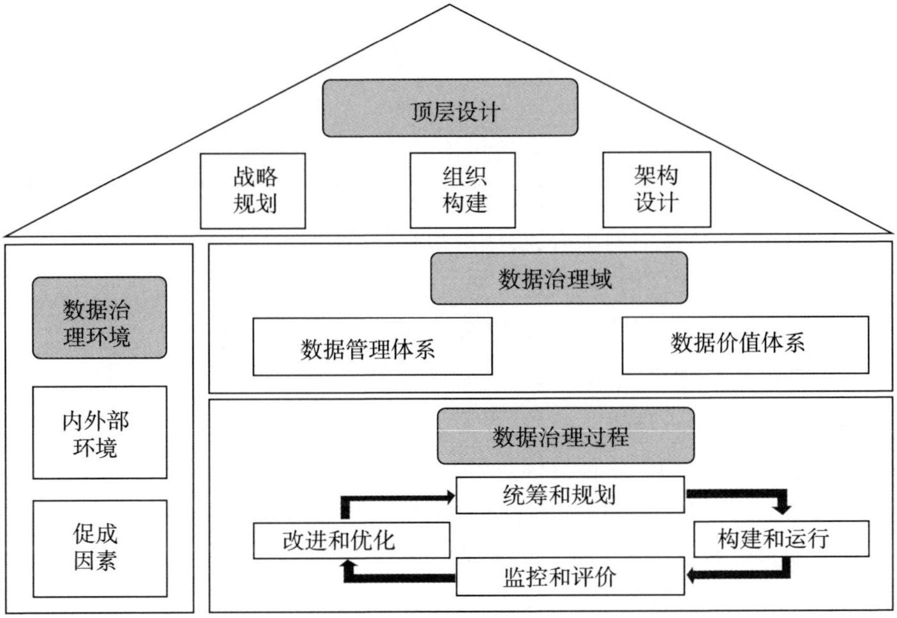

图 4 《数据治理规范》提出的数据治理框架

《数据治理规范》提出的数据治理框架把数据治理定义为数据资源及应用过程中相关管控活动、绩效和风险管理的集合,包括了顶层设计、数据治理域、数据治理环境以及数据治理过程四大部分,其中顶层设计是数据治理实施的基础,数据治理环境是数据治理实施的保障,数据治理域是数据治理实施的对象,数据治理过程是数据治理实施的方法。该框架突出的优势是搭建了系统性、整体性的数据治理体系,明确数据治理域和过程,建立数据治理能力和绩效的内外部评价,实现了数据治理过程中内部与外部各部分的关联整合,充分关注各因素之间相互协调与促进的协同关系,在数据治理过程嵌入了 PDCA 系统评价体系,实现内部闭环管理。以该治理框架的逻辑布局为指导,对优化基于 SSM 建立数据治理框架并推动落地实施具有重要参考意义。将《数据治理规范》提出的数据治理框架照映到法院数据治理中,则具体体现为:各级法院按照数据标准化管理,通过建设统一的司法大数据汇聚管理平台,梳理整合司法审判、司法人事、司法政务、司法研究、司法服务、司法公开等方面的数据,建立涵盖全国法院司法信息数据库、标准数据库和数据集市,对数据的采集(生成、提取、传输)、储存(建模、入库、质量)、分析(运算)、服务(展现)、归档(销毁)等相关阶段开展评价、指导和监控管理活动,提升数据治理供给和治理需求的匹配度,提高整体性数据治理的有效性。

（四）融合设计：引入联盟链的一体化数据治理框架构建

结合前文所述，构建一体化法院数据治理联盟链框架，应在基于 SSM 的概念模型基础上参考《数据治理规范》提出的数据治理框架，充分借鉴该框架独具创新特征的数据治理方法和范式，尤其注重从数据治理的顶层设计、组织构建、促成因素、构建和运行、监控和评价等方面进行整体性考量，将其优势糅合到法院一体化数据治理框架中，推动数据治理体系能力提升，最终取得突破性进阶升级提供路径指引。

鉴于全国各级人民法院分布域广、层级清晰，构建一体化的法院数据治理联盟链框架是切合实际的可行之策，基于 SSM 提出的数据治理概念模型可以解决法院数据治理中存在的多源数据聚集和跨部门、跨领域的数据深度融合挖掘等问题。因此，应基于 SSM 提出的数据治理概念模型，参考《数据治理规范》数据治理框架的体系，将两者进行融合互补，重构以治理目标、治理主体、治理对象、治理要求、治理技术、治理流程六大要素为主框架的治理体系，引入以联盟链为核心的区块链技术，如图 5 所示。确保法院内部数据与政府部门等外部数据之间的共享、确权、溯源，突破数据流动边界，链接不同平台的被“条块分割”的数据，将分散在不同渠道的数据交互利用，

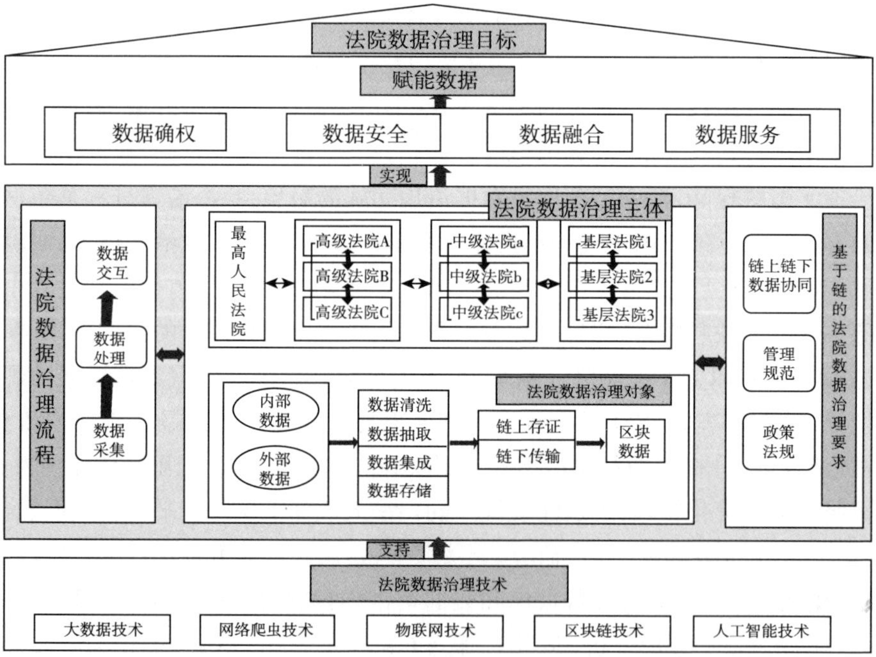

图 5　一体化的法院数据治理联盟链框架

实现点对点的共享,促进数据开放、共享和协同。值得注意的是,一体化的法院数据治理联盟链框架并不是一个附加流程或体系,而是需要嵌入人民法院信息化4.0建设目标总体框架之中的智慧法院大脑。唯有与智慧法院大脑中的司法数据中台、知识服务平台、司法人工智能引擎、司法链中枢等多个应用平台交织互促,才能为合力形成“以知识为中心”的智慧法院建设提供不竭驱动力。

五、整体性治理的实践路径:构建多维平衡的数据治理生态系统

对于人民法院的数据治理而言,数据不仅是治理模式,更是思维、技术和方法,人民法院的数据治理的众多构成要素以数据为引线,将政府部门、社会组织和人民群众等多元主体糅合进数据治理的参与方中,将战略规划、技术路线和制度体系等融入数据治理框架体系中进行统合,重塑优化法院数据治理的技术、组织、制度、环境与文化的生态系统,促进生态系统内多重成分因素的相互促进,理顺内在的关系冲突,促使治理系统保持动态平衡,实现法院整体性数据治理的范式转变,加快推进法院数字化转型。

(一)系统化治理“数据烟囱”:统筹顶层设计与地方探索的衔接融合

1. 顶层设计充分考虑,科学统筹。数字化转型是人民司法事业重大战略转型的创举,数据治理是打通法院信息化建设“最后一公里”的关键步骤。身处人民法院信息化建设的建设升级关口,应以更开阔的视野、更具科学性和可操作性的举措、更体系化的布局对数据治理进行顶层设计,充分考虑系统性和配套性,加强司法信息系统集成和总体设计,搭建规范统一的司法信息平台。将整体化的数据治理纳入智慧法院4.0版主体框架,为不同程序、业务和流程节点开放必要的数据端口,消除系统内外部关系壁垒,实现全国四级法院之间的联通;同步推动各级法院的数字化转型与风险防范,推动实现全国法院数据治理一盘棋、一张网、一个平台的目标。

2. 充分统合,包容基层创新探索。受各地区经济建设水平和司法治理水平差异的影响,各地司法工作基础不同,司法惯例有所区别,信息化建设的发展层次和建设进程呈现快慢不一样态,整体上面临“多期并存”的司法现实。对于各地人民法院基于地方实际的探索创新,既不能一概否决,也不能求全责备,而是要立足实际状况,遵循我国法院信息化建设客观规律,通过各种统合建设途径,将上述不同时期、不同样态与不同阶段的实践成果加以统筹,实现“多态”同步转换与融合,最终推动全国法院系统共同发展。发挥数据治理“地方性经验”的示范参考样本作用,自下而上总结地方创新探索的实践经验,提炼总结整合形成具有可操作性的模式,自上而下向全国推

广实施,进而完善上下贯通、一体衔接、更具有包容性的法院数据治理总体方案。

(二)信息化治理"数据鸿沟":推进知识工程与技术支撑的双效革新

1. 塑造司法知识图谱。相对于数据,知识的目标是更准确地指导人的决策和行动,知识并不是简单地存在于数据信息集合中,而是要从大量的信息中挖掘,将信息与经验、已有的知识、理解力相融合。建设司法知识工程要深度应用知识图谱技术,让机器从处理数据到理解数据、解释数据,使法律知识从信息优势转变为决策优势。一是依托司法数据中台对底层技术对知识作加工处理,通过对法院数据资源库的多元数据进行融合处理,共同为上层应用提供知识辅助,为从立案到结案再到司法管理等司法场景应用提供支撑服务。二是增强数据利用,推动每个案件基于"知识中心"的数据服务形成个案知识流,个案知识流汇集到知识中心形成知识储备,实现"知识积累"与"知识循环"。三是重点研究司法语义学习方法,围绕解决法律文件中自然语言一词多义、多词同义的问题,以及法律文件以文本、音视频、电子卷宗等多种形式形成的数据结构化、半结构化、非结构化等多种样态的问题。

2. 加强技术法律融合。司法大数据要真正发挥作用,只有推进技术与法律的深度有机融合,才能实现从简单统计的"量变"到复杂应用的"质变"飞跃。一方面,树立司法技术思维。促使法官充分认识到自身也是司法大数据的"生产者",撰写裁判文书并非仅针对个案作出裁判,也是在生产和制造数据,为后续的司法共同体汇聚大数据和人工智能分析制造"原材料",故裁判文书需注重说理充分有效性、优化写作表述的结构和增加语言的可识别性,从而为人工智能提供优质的"数据原料"。另一方面,通用的大数据等信息技术必须结合法学的特性及司法审判的需要进行兼容性升级,来满足司法审判对前沿科学技术专业性和精准性的要求,需要搭建法学领域与信息技术领域的对话平台,完善法律与技术的融合机制,推进技术与法律的良性互动和有机融合。例如,在自然语言识别与知识图谱等核心技术的适用中,不仅要嵌入法学专业的规则和专业词库,还要进一步嵌入专业的法学理论知识和审判经验总结。

(三)集成化治理"数据丛林":创新弹性制度与开放共享的交互糅合

1. 构建整体规则体系。法院数据治理是一项系统和长期工程,若没有制度体系支撑和指引必然无法有序有力推进。一方面,数据治理的工具属性,应具备三方面特征:一是系统性,因数据治理本身是一项系统工程,所以需要运用具有系统性的制度工具来整体推进与规范细节;二是司法性,法院数据治理相关制度工具在内容上与功能上不能仅仅局限于治理本身,而是要与现行的司法体系、司法流程及司法规律相互匹配和高度契合;三是融合性,针对数据治理制定的相关制度群必须和现有的前沿信息技术有机融合,数据治理需要信息技术的支持,只有建立共同规则,才能构建起新型的数据治理秩序。另一方面,数据本身不具备完整且规范的应用规则,这有可能会打击司法公信、折损司法权威。数据治理内容涵盖了以数据应用为核心的信息技术的规制和规则引导,所有基于数据应用的技术创新、模式创新都应基于法律法规制度。故应加强数据治理规范体系的顶层设计,明确数据在法院的角色定位、权力边界、程序规范,通过完善数据规则体系,将数据治理工作纳入法治轨道。

2. 推动数据互联互通。当前,智慧法院建设已累积不同类型的海量数据,但是不同数据类型被各自存储和维护,数据在物理上的孤立,使数据无法被深度关联,导致价值挖掘、价值释放受限。要促使法院系统数据流动,主要是推动数据的开放共享,实现数据“聚”“通”“用”。要最大范围地促成司法大数据的真正形成,还需在法院和相关部门之间、法院系统之间打破条块管理体制机制上的障碍,真正实现数据的互联互通的最大价值。其一,构建统一高效、互联互通、安全可靠的司法数据资源体系,合建跨部门大数据办案平台,整合开放现有系统的对接端口,推动数据跨部门、跨层级、跨地区的融合交互,实现平台“无孤岛化”运行。在数据开放共享过程中必须确保数据安全,加强政策、法律、管理制度、标准规范和技术体系的统筹协调,防止数据丢失、被篡改、假冒、泄露和窃取,保障数据的完整性、保密性和可用性。其二,通过数据确权和去中心化,主导建设司法联盟链基础生态,统一数据平台接入标准,完善司法链平台跨网系异构数据核验、高并发数据存证等基础功能,拓展外部节点,发布跨链规范,推动跨链互信互认,促进法院内部之间、法院与外部之间的数据共享、流动与协同业务内外联动,有效打破“数据孤岛”、破除“数据垄断”,实现数据确权共享和数据要素安全流动。

结　语

在数字经济时代,数据的挖掘应用能力决定着国家未来的信息化程度和治理水平。人民法院掌握着海量的司法数据,理应为数据治国、数据强国贡献力量。加快推动实现人民法院信息化4.0建设目标,并非只是“建机房、上设备、堆数据”,而是对数据价值的深度挖掘和动能基因的重塑。基于此,智慧法院建设除了关注司法大数据算法结果的准确性、客观性之外,推动数据治理碎片化向整体性的转型,并予以领域性优化至关重要。人民法院信息化建设仍走在一条紧跟时代步伐的变革路上,充满生机和无限可能性,数据治理为人民法院适应时代变革、实现“自我超越”提供了有效路径,是促进审判体系和审判能力现代化的“核心武器”,应予以深度审视和持续关注。

人民法院在诉源治理中的功能偏移和矫正

——基于纠纷发生周期性思考

韦茜茜*

引　言

近年来，各地法院传承发展新时代"枫桥经验"，深入推进两个"一站式"建设，开展诉源治理，主动把司法工作融入党委领导、政府负责、社会协同、公众参与、法治保障的社会治理体制中[1]，对促进社会和谐稳定发挥了积极作用。但部分地方法院在开展诉源治理的具体实践中对顶层设计治理理念理解不透彻，导致出现了法院角色错位、多元纠纷化解组织利用率不足等现象，不仅不利于法治的建立，无法有效促成共建共治共享的社会治理格局，还可能导致司法公信力丧失，与诉源治理的制度设计预期相偏离。基于此，本文以法院参与诉源治理工作为研究对象，在实证考察的基础上剖析原因，以诉源治理的实践及成效数据样本为基础，提出纠纷发生周期的观点，围绕上述问题展开论述。

一、法院在诉源治理中偏离的现象

为考察法院在诉源治理中的实际开展工作的状况，笔者通过随机抽

---

* 广西壮族自治区柳州市柳南区人民法院立案庭四级法官助理。

〔1〕 参见《决胜全面建成小康社会　夺取新时代中国特色社会主义伟大胜利——在中国共产党第十九次全国代表大会上的报告》，载中国政府网，http://www.gov.cn/zhuanti/2017-10/27/content_5234876.htm。

取7家法院[1]诉源治理工作为文本研究对象,以其实践模式及司法数据为样本,结合人民法院宣传报道、样本法院立案大厅随机发放调查问卷等方式搜集资料,发现当前法院在诉源治理工作中虽取得一定的成效,但也出现了一些偏移,无法有效促成共建共治共享的社会治理格局,与诉源治理的制度设计预期相偏离。

(一)治理角色:脱离法官"中立"角色

诉源治理的目的之一是提升社会组织纠纷化解能力,实质上就是提升多元纠纷化解组织人员化解纠纷的能力。从这个角度来说,在纠纷进入立案程序前,法院本应是"调解辅助人员",指导或辅助多元纠纷化解组织进行调解。然而实践中,大多案件以法院为主角,而应该作为主角的多元调解组织却演变成"调解助手",参与过程存在感较低。例如,表1的报道3中无论纠纷大小、复杂简单,都是由法官调解或者由法官主导调解。

表1 法院部分宣传报道展示[2]

报道1	A市建立"林长+法院院长"协作机制,A市法院院长担任"林长",意在打造森林资源保护执法司法协作机制,"院长林长"组织召开协调会,部署指示行政部门开展工作
报道2	H法院已主动深入企业40余家,通过调研走访、座谈交流等多种形式,为企业预防风险、纾解纠纷、排除隐患,帮助企业防范化解经营风险、优化内部管理提出了建议
报道3	基层组织"吹哨",法官入驻法官工作室,提供决策咨询等法律服务;法官上门对可能会遇到类似诱导老年人"消费""投资"的诈骗的老人们开展法律知识培训和普法宣传的;住户楼上漏水,法官入户做工作……
报道4	近日,公证司法辅助中心、物业协会调解委员会工作站、商会调解委员会工作站入驻k院。在今后的工作中,三个站点将分别聚焦商事速裁调解、物业纠纷前置调解、公证司法辅助等职能定位,推进实现各方调解力量联调联动、形成多元解纷合力

同时,诉源治理中还存在法官变成了"管理者""治理者""决策顾问"角色的现象。例如,表1的报道1中"院长林长"的工作模式将法官从"中立的裁判者"拉向了社会治理的"管理者""治理者";报道2中"法官"变成了企业"决策顾问"。法院是维护社会公平正义的最后一道防线而非第一道防线,如法院在前端介入过多,一旦法院

[1] 7家法院均为基层法院,其中2家东部沿海法院,3家中部地区法院,2家西南地区法院。

[2] 此表中整理的相关报道来源于新浪微博中各地市法院发布的新闻动态。

指导的企业、公众和其他主体发生纠纷，其他主体很可能会质疑法院的中立性，从而影响法院司法公正的形象。

（二）治理方式：多元调解组织参与率低

诉源治理的目的之一是形成完善的纠纷化解制度体系，“把非诉讼纠纷解决机制挺在前面，从源头上减少诉讼增量”。因此，在纠纷进入诉讼程序前，矛盾纠纷化解的主要力量应为多元纠纷化解组织。在各法院发布的公众号消息中，经常可见类似表 1 中报道 4 的新闻，某某调解组织加入某法院的多元调解组织名单，某某法院多元纠纷化解组织包含基层组织调解、社会组织调解、特邀调解员等，但实践中，调解组织只是形式上入驻，并不实质性运转。[1] 如表 2 中所示，样本法院的名单调解组织除行业商会用商会会议室兼做调解之用外，均无固定的办公场所、固定的工作时间，更有甚者，有些调解组织在法院挂个牌、发个新闻宣传之后就不见踪迹。特邀调解员更是以法官为主，大多数乡镇的基层组织调解也以派出法庭调解为主，以社会组织调解为主的多元化解纠纷体系，实质上还是“法院调解”。这些在诉源治理机制中原应由多元纠纷化解组织处理的纠纷变成了由法院调解化解，如此与进入诉讼之后以调解结案的案件并无本质区别，矛盾纠纷处理变成了隐性诉讼案件。于公众而言，会更加强化其对于法院就是调解机构的观念，不利于纠纷化解制度体系的建立。

表 2　样本法院多元纠纷化解组织情况统计

统计项目	名单中多元纠纷化解组织数	具有固定的调解场所组织数	入驻法院组织数	有专人值守组织数
A 法院	31	6	8	0
B 法院	29	5	6	0
C 法院	21	3	5	0
D 法院	36	5	7	0
E 法院	27	4	9	0
F 法院	19	3	6	0
H 法院	16	2	5	0

〔1〕 参见杜前、赵龙：《诉源治理视域下人民法院参与社会治理现代化的功能要素和路径构建》，载《中国应用法学》2021 年第 5 期。

（三）治理流程：立案登记制被架空之嫌

2015 年 4 月 15 日，最高人民法院发布《关于人民法院推行立案登记制改革的意见》，规定当事人向法院提起诉讼，在提交了符合要求的起诉状后，法院无须进行审查，应立案登记。对符合法律规定条件的案件，法院必须依法受理，有案必立、有诉必理，保障当事人的诉讼权利。但在诉源治理中，各地法院为了推进多元调解积极开展了“三二一”村、乡、县矛盾纠纷化解层级调解工作法、矛盾纠纷多元化解“三二三一”工作法等，诉前调解逐渐成为诉讼前置程序，使立案登记制度面临被架空的风险。笔者在每个样本法院立案大厅随机发放 100 份调查问卷对立案工作进行情况调查，其中问题涵盖“是否设置纠纷解决告知制度”“诉前调解程序选择”“立案登记难易程度”等。回收 573 份，去掉无效问卷，得到有效问卷 516 份，有效问卷填写人员构成为男性 374 人、女性 142 人；年龄段 35 岁以下 329 人、35 岁至 50 岁 156 人、50 岁以上 31 人；学历专科 67 人、本科 320 人、本科以上 103 人、其他 26 人。根据问卷结果得出的诉前调解和立案的数据如表 3 所示：各法院基本上都设置了纠纷解决告知制度，让当事人自愿选择是否同意诉前调解程序，但有 201 人认为并非能自愿选择该程序；只有 154 人认为立案容易。在其他选项中，笔者还意外发现为了跳过诉前调解程序立案，30% 的律师采用了诉讼保全等方法。

上述法院的各种操作，虽然促进了诉前调解工作，某些纠纷在调解中也得到了实质性的化解，保障了当事人的权利，但有些纠纷需经过数次调解之后才能进入法院，让一些本应该进入立案阶段的案件不能够及时得到司法的救济，这就与诉源治理的另一个目的即快速化解矛盾背道而驰。

表 3　诉源治理情况调查问卷统计表部分项目展示

法院是否设置纠纷解决告知制度	是	87%
	否	13%
是否能自主选择诉前调解	自由选择	27%
	诱导	44%
	变相强制	12%
	必经程序	17%
立案登记难易程度	难	16%
	一般	53%
	容易	31%

（四）治理效果：重量轻质衍生新案件

诉源治理强调的是纠纷实质性化解，减少纠纷进入诉讼程序，减少法院案件数。但首先，在实践中，调解成功往往只意味着“纠纷的确认”，例如民间借贷纠纷，当双方当事人经调解达成协议时，便可以调解结案，然而此时，调解实质上只是再次确认了双方当事人的权利和义务，只有将调解协议约定的义务履行完毕时，才是真正意义上的纠纷消除、案结事了。其次，在委托调解成功的案件中，只有部分案件申请了司法确认与出具调解书，大多数案件都以当事人自行达成新的协议终结该次调解，对于此类案件，如当事人未按新协议履行义务，又会衍生出新的纠纷，再次寻求纠纷化解或进入诉讼程序。最后，调解时申请司法确认及出具调解书的案件，确实减少了进入诉讼程序的案件数，但依然进入了执行程序。样本法院的 2020 年委托调解数据如表 4 所示，委托调解成功的案件中，申请司法确认及出具调解书的案件数都较少，而在司法确认与出具调解书的案件中，最终需要法院强制执行的比例却高达 40% 以上，甚至达到了 80%。

表 4　样本法院 2020 年委托调解案件相关数据

单位：件

项目 单位	委托调解案件数	委托调解成功案件数	申请司法确认案件数	申请出具调解书案件数	进入执行程序案件数
A 法院	3150	945	299	135	367
B 法院	4687	1894	147	76	113
C 法院	718	503	126	187	156
D 法院	14,653	3856	1012	1632	1932
E 法院	4074	2694	955	827	871
F 法院	1510	1392	496	359	353
H 法院	1873	1709	673	297	399

（五）治理规范：预防及诉前阶段缺失

诉源治理涉及基层自治组织、多元纠纷化解组织、行政部门等多个主体，治理内容更是包罗万象，但现有的规范并未明确各组织、部门的职责，更没有规范性文件界定法院的职权范围、各个环节的具体工作、各治理阶段的核心治理内容以及具体矛盾纠纷的治理方式。样本法院在组织机构上，也未建立专门的团队，大多以立案庭或诉讼服务中心为主开展诉源治理活动,缺乏对诉源治理整体性、各阶段、全流程的规制等诉源治理的统筹安排,增加了重复性工作,浪费了有限的司法资源。从表5中可看出,样本法院均有案件进入诉讼程序后的繁简分流机制,BCDF法院对于引入的多元化解组织作出了规范,但对于如何配合、协助多元纠纷化解组织开展调解工作均无具体规定。

表5　诉源治理机制相关情况统计

项目 单位	负责部门	诉源治理团队	机制
A法院	立案庭	速裁团队	政府部门发布诉源治理规范、繁简分流规则
B法院	立案庭	速裁团队	制定多元调解的规范、繁简分流规则
C法院	诉讼服务中心	速裁团队	多元调解组织引入的标准、繁简分流规则
D法院	立案庭	速裁团队	制定多元调解的规范、繁简分流规则
E法院	诉讼服务中心	速裁团队	与政府部门联合发布诉源治理规范、繁简分流规则
F法院	立案庭	速裁团队	制定诉源治理的实施意见和运行规范、繁简分流规则
H法院	立案庭	速裁团队	制定多元调解的规范、繁简分流规则

二、样本法院诉源治理现状成因分析

笔者通过深入研究后发现,法院在诉源治理中之所以出现上述偏移的现象,归结起来主要有以下几个原因。

(一)对诉源治理的价值属性存在认知偏差

诉源治理本质上是社会治理,习近平总书记指出:"加强社会治理制度建设,完善党委领导、政府负责、社会协同、公众参与、法治保障的社会治理体制,提高社会治理社会化、法治化、智能化、专业化水平。……加强社区治理体系建设,推动社会治理重心向基层下移，发挥社会组织作用，实现政府治理和社会调节、居民自治良性互动。”[1]社会治理的出发点和落脚点是为人民谋幸福，故应通过党委领导、政府负责、社会协同、公众参与、法治保障，从而实现政府治理和社会调节、居民自治良性互动。[2] 这其中的重点在于社会的自我调节和居民的自治，具体到诉源治理，则是指社会个体及各种机构对纠纷的预防和化解所采取的各种措施，使潜在纠纷和已出现纠纷的当事人的相关利益和冲突得以调和，并且采取联合行动所持续的过程。[3]

故而，司法机关参与诉源治理除了提供法治保障之外，最主要的目的是推进社会治理制度法治化建设，协助公共法律服务体系建设，通过传输法律思维、法律知识，培养法律自觉、风险防范的意识，提升社会公众及各种社会机构的法治能力，以实现纠纷的自我化解与防控。重点在于通过协助“授之以渔”，而不是主动下场“授之以鱼”。

（二）对能动司法的错误理解

目前，我国的各类媒体报道中常见“能动司法”一词，但概念皆含混不清，一直以来也没有具体的解释。有主张“司法能动”的，有主张“司法能动主义”的，还有主张“发挥司法的能动性”的。最高人民法院前院长王胜俊曾指出：“我们所讲的能动司法简而言之就是发挥司法的主观能动性积极主动地为大局服务为经济社会发展服务。”[4]有人就将这句话简单地理解为只要为大局服务为经济社会发展服务，司法就都可以参与，其实不然。对于人民法院及法官而言，其最重要也是最主要的职责是审判，“为大局服务为经济社会发展服务”最主要的方式也是通过“司法裁判”提供法治保障。能动司法，是法院积极履行审判职能意义上的能动，它以“被动”司法为基础，是以司法的基本规律做基点的“能动”，即司法为本体，能动意味着法院应积极加强与其他部门的合作，但不能以破坏司法的基本价值取向为代价。司法的权限，要以中立做基石，不能过长地将触手伸入公权的领域，不能介入政府所在职能的范围。[5]不然

[1] 《决胜全面建成小康社会　夺取新时代中国特色社会主义伟大胜利——在中国共产党第十九次全国代表大会上的报告》，载中国政府网，http://www.gov.cn/zhuanti/2017-10/27/content_5234876.htm。

[2] 参见周振超、陈治宇：《提升社区治理效能的机理探析——基于结构—资源—效能的视角》，载《学习论坛》2022 年第 1 期。

[3] 参见俞岚：《建立“判决导向型”诉源治理模式的路径探析》，载《法制与社会》2020 年第 21 期。

[4] 《什么是能动司法？为什么要能动司法？》，载光明日报网，https://www.gmw.cn/01gmrb/2010-05/13/content_1119469.htm。

[5] 参见张志铭：《司法沉思录》，北京大学出版社 2019 年版，第 82 页。

有损法律的权威，动摇法治的根基。这种脱离司法裁判的法外活动，一味地强调司法的延伸功能，无限地扩大能动司法，会影响我国司法的核心功能，从而降低司法的公信力。

（三）对司法为民内涵的误读

司法为民，是社会主义中“人民司法”的人民性的本质体现，是我国法院工作的宗旨，是法院开展诉源治理的逻辑前提。司法为民在传统观点中，包含司法公正、司法服务、司法便民、司法亲民、司法文明等价值观，[1]当前部分法院正是以此为由在诉源治理中积极主动化解矛盾纠纷。这是对司法为民表面文字概念作出的浅层次、武断、片面的解释。司法为民中的“司法”既是指由物力、人力等司法资源构成的司法机构，又是指“司法裁判”。“为民”代表以人为本，在一定的条件下可视为为民服务。基于此，司法为民的意义，可理解为司法裁判为民、司法系统为民。它强调的是司法裁判权的应用以人为本，故法官在司法裁判中，应注意裁判结果的法律效果和社会效果；司法资源为民服务，强调的是在诉讼程序上尽量减少诉累。这意味着“司法资源”主要围绕着“司法审判为民”展开，“司法资源为民”首要是司法审判中司法便民、司法亲民，要保障“诉权”，为民定分止争。

（四）对现代法治理念的理解过于片面

把非诉讼纠纷解决机制挺在前面，是习近平总书记对社会治理现实、人民群众需要，以及矛盾纠纷化解规律的准确论断。[2]“诉讼案件下降”应是诉源治理目标达成而呈现的一种状态，却被误认为是诉源治理的终极目标。以诉前分流调解来说，引导当事人优先选择诉前调解的最终目的是向社会公众传导“调解优先、诉讼断后”的社会治理理念，而非单一地限制诉讼。[3]在诉源治理机制下，强调的治理理念应是“非诉机制挺前，法院诉讼断后”，并且诉源治理的终极目的在于妥善化解纠纷，而不是限制用诉讼手段去解决矛盾纠纷，法院作为参与社会治理的主体，应按照协同治理的理念与其他治理主体协同配合，在为诉前调解提供司法保障的同时，保障公众“诉权”。

（五）多元纠纷解决机制不健全

诉源治理强调把非诉讼纠纷解决机制挺在前面，加强矛盾纠纷源头预防、前端化

---

〔1〕 参见周苏湘：《法院诉源治理的异化风险与预防——基于功能主义的研究视域》，载《华中科技大学学报（社会科学版）》2020年第1期。

〔2〕 参见吴明军、王梦瑶：《诉源治理机制下法院的功能定位》，载《行政与法》2020年第7期。

〔3〕 参见费孝通：《乡土中国生育制度》，北京大学出版社1998年版，第56－57页。

解、关口把控，但当前大量当事人在纠纷出现后的惯性仍是寻求诉讼或寻求法官的帮助，造成了诉讼案件多、纠纷调解法官参与度高的现象。其原因在于当前多元纠纷化解组织解决机制尚未完善，群众不了解多元纠纷化解体系的相关信息、流程，不信任人民调解、行业调解等调解组织法律专业水平，甚至并不知晓除了诉讼还可以通过多元纠纷调解组织化解纠纷，由此造成了司法调解依然成为民众需要化解纠纷时的第一选择以及其他调解组织在大多数纠纷调解时需要法院协助的现象。因而，需要法院推动一站式多元纠纷化解平台建设，在诉调对接中扮演“分流者”“过滤器”角色，引导纠纷多元化解。

三、法院化解矛盾纠纷的基本理念

诉讼源头治理是社会治理的重要组成部分，是预防、调解、化解矛盾纠纷的重要实践，对建设更高水平的平安中国具有重要意义。在诉源治理工作中，如果法院存在越位、错位，不仅无法促进社会治理主体治理能力和治理水平的提升，达到健全社会治理的长效机制的目的，还可能带来司法公信力降低的风险。重新审视界定法院在诉源治理中的角色和功能定位，明确法院在诉源治理中介入矛盾纠纷的基本原则、基本理念，实现其应然立场的回归，才能让诉源治理在社会治理维度下实现真正意义上的长效治理。

（一）诉源治理中法院角色的合理定位

在功能设计方面，作为国家司法机关，法院的基本职责是将基本事实纳入法律规范，并根据法定权力和程序以及三段论推理方法生成权威性法律判决。这种权威不仅体现在国家法律判决的强制力上，更体现为“司法在解决个案纠纷过程中，通过形成具有确定性、统一性和普适性（或参照性）的规则，通过解决具体纠纷来维护一般规范秩序”。从这个意义上讲，司法在整个纠纷解决体系和社会治理结构中的作用不仅限于解决纠纷，更重要的是，它为其他纠纷解决渠道处理纠纷提供了参考标准和尺度，即法院在诉源治理中最根本的角色为规则的供给者。[1]

诉源治理的本质是社会治理，最主要的是各种社会力量自治。人民法院作为有国家强制力保障的审判机关，拥有法律知识丰富、法律方法娴熟的司法资源及海量的司法大数据资源，基于自身的功能特点和专业优势，应在党委的统一领导下，协助、配合各类社会组织共同做好预防及化解纠纷工作。从这个角度来说，法院为公共法律

---

〔1〕 参见施新州：《人民法院在国家治理中的功能定位分析》，载《治理现代化研究》2019 年第 1 期。

体系建设的协助者。

在现代化诉讼服务中心建设中,法院竭尽所能地调动社会各部门、各行业、各方面广泛参与,按照民事纠纷多元化解流程,开展诉前辅导分流,对于同意接受诉前调解的,委派多元纠纷化解组织如商会调解委员会、特派调解员等进行调解。多元调解组织调解完成的司法确认制度,是人民法院运用司法权对人民调解工作给予的有力支持和保障,也是对当事人的司法救济和司法保障。在这个层面上,法院为多元解纷机制的链接者及保障者。

法院的民商事案件可视为公众主动告知的矛盾纠纷,法院的司法数据即为一个非常重要的矛盾纠纷数据库,从这个角度来说,法院在源头治理中一个重要的角色为党委及政府的"智囊团",通过对司法数据的分析研判,积极建言献策,服务党委及政府决策,做好风险社会的预警工作。

(二)诉源治理中法院功能的合理定位

诉源治理是协同共建的系统工程,离不开党委、人大、政府、政协、监察机关、司法机关、社会组织等多元共治,各种社会力量自治、互律、协同作用,形成合理的治理格局和强大的治理合力。[1]司法部门在解决争端、惩恶扬善和维护正义方面发挥着重要作用。因此,法院最重要的职能是通过司法裁决为其他解决争端方式提供可供参照的标准和尺度。特别是通过公布典型案例,释明法律的适用、酌情参考因素等,为其他的纠纷解决提供方法和方向,它将为"理性人"在纠纷解决途径上提供参考,从而起到防患于未然、从源头解决纠纷的作用。[2]其次是提供公共法律服务,深入普及人民的法律知识、法律规范和法律意识,提高人民在法律框架下的法治能力、法律意识和自我解决能力,助力公共法律服务体系建设。

(三)法院在各阶段介入的基本原则

诉源治理的内涵有狭义和广义之分。狭义的诉源治理是指对诉讼之外的纠纷进行实质化解。广义的诉源治理包含诉讼之外与诉讼之内,所有纠纷的实质化解。[3]在广义解释中,可将诉源治理分为三个阶段:(1)纠纷萌芽前,此阶段为源预防;(2)纠纷萌芽至进入诉讼前,此阶段为非诉纠纷解决机制发挥作用的主要阶段;(3)纠纷

---

〔1〕 参见张文显:《新时代中国社会治理的理论、制度和实践创新》,载《法商研究》2020年第2期。

〔2〕 参见周苏湘:《法院诉源治理的异化风险与预防——基于功能主义的研究视域》,载《华中科技大学学报(社会科学版)》2020年第1期。

〔3〕 参见马磊、王红建:《行政争议诉源治理机制研究》,载《河南财经政法大学学报》2021年第2期。

进入法院，此阶段解决方式为诉前调解或法院裁决。前两个阶段以预防为主，最后一个阶段是化解矛盾。法院的介入原则应根据上述法院的角色和功能定位在各阶段有所不同。

《最高人民法院印发〈关于深化人民法院一站式多元解纷机制建设推动矛盾纠纷源头化解的实施意见〉的通知》中明确，人民法院从源头化解矛盾纠纷要建立健全基层解纷服务体系，在党委领导下，按照“基层预防调处优先、法院提供政策指引、法律指导、资源经验支持、诉讼服务和司法保障”工作思路，构建以基层人民法院及人民法庭为主体，纵向延伸至乡镇（街道）、村（社区），横向对接基层治理单位、基层党组织、公共法律服务中心（站）等，群众广泛参与的多元解纷和诉讼服务体系，形成村（社区）—乡镇（街道）—基层人民法院及人民法庭三级路径，及时就地预防化解纠纷，就近或者上门提供诉讼服务。创新基层人民法院及人民法庭对村（社区）人民调解的业务指导，强化乡村司法保障。由此可知，诉源治理强调的是引导社会力量参与矛盾纠纷化解，“把非诉讼纠纷解决机制挺在前面”。因此，在纠纷进入诉讼程序前，矛盾纠纷化解的主要力量应为多元纠纷化解组织。故在矛盾纠纷未进入诉讼程序阶段时，法院应以指导、协助为主，以有限露面为原则。作为有国家强制力保障的审判机关，法院应基于自身具有法律知识丰富、法律方法娴熟的专业法官的优势，在党委的统一领导下，指导、协助各类社会组织共同做好纠纷化解及预防工作，大力培育多元纠纷化解组织，让公众多知晓、了解、接触多元纠纷化解组织，逐渐使公众有纠纷找法院的观念转变为有纠纷就近解决，如此才能真正地实现“让非诉机制挺在前面”。[1]

四、纠纷周期性观点的提出

诉源治理的目标不仅是快速化解矛盾纠纷，本质上是为了更好地修复破裂的人际关系、社会关系，以期达成建设和谐社会的目标。高效地化解纠纷需要明确纠纷产生的原因及发展变化的过程，对此本文提出纠纷发生周期的观点，即将纠纷从产生直到纠纷被消除作为一个完整的运动过程，研究纠纷发展过程中的变化，以期增加对纠纷发展规律的了解。

（一）纠纷发生周期的关键节点分析

纠纷发生周期所描述的对象及其涉及的时间过程，是指纠纷从萌芽开始，到纠纷被化解消除为止。在经济学领域中，生产周期是指产品从原材料（或半成品）投入生

〔1〕 参见廖永安：《中国调解的理念创新与机制重塑》，中国人民大学出版社 2019 年版，第 95 页。

产到产成品检验入库所经历的时间。千差万别的产品背后有着截然不同的生产流程,其生产周期自然也各有差异。[1] 但这纷繁芜杂的背后,生产周期都是由原材料、成品、检验、入库环节构成。当我们把纠纷化解比喻为产品成品时,纠纷从发生到化解的过程就类似产品的生产过程。纠纷化解(成品)需要由调解人员和当事人这两部"机器"来共同生产,整个流程大致需要经过纠纷萌芽期、纠纷生成期、纠纷发酵期和纠纷消除期这四个阶段,调解工序大致需要经过纠纷受理、纠纷评估、进行调解、确认调解协议等几个主要的"调解人员工序",还要经过调解申请、回应、准备调解材料、参加调解等几个主要的"当事人工序"。故而,纠纷发生周期可分为纠纷萌芽期、纠纷生成期、纠纷发酵期和纠纷消除期这四个阶段。

(二)冲突类型的分析

纠纷的发生实质上就是一种冲突的变化,单一的纠纷在无第三方干预的情况,随着时间的变化,当事人之间的冲突从纠纷的发生、发展到消除,大致可分为以下几种类型:(1)稳定型,冲突在纠纷的发展过程中比较稳定,不会随着时间的推移而有所变化。(2)波动型,冲突在纠纷的发展过程中,随着时间的推移会上下波动。(3)增长型,冲突在纠纷的发展过程中,随着时间的推移逐渐升级变大。(4)减弱型,冲突在纠纷的发展过程,随着时间的推移逐渐消解(如图 1 所示)。

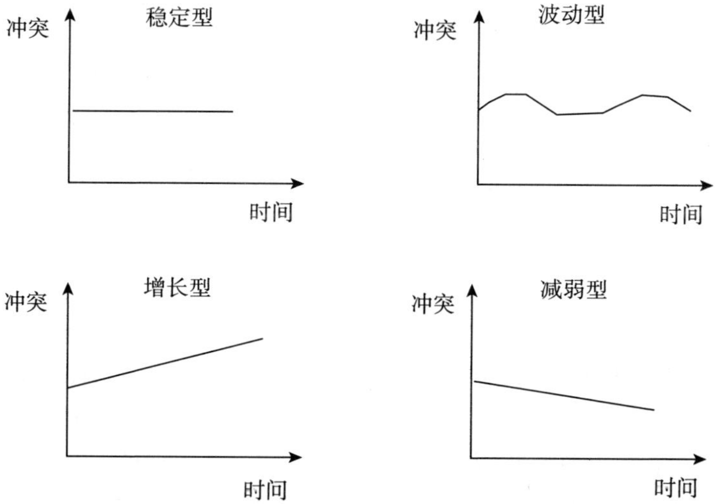

图 1　冲突类型

〔1〕 参见刘树成主编:《现代经济词典》,凤凰出版社、江苏人民出版社 2005 年版,第 913 页。

（三）常见纠纷的冲突类型

从上述分析可知，在纠纷发酵过程中，冲突会随着时间的推移有所变化，下文将对常见纠纷的冲突类型进行分析，以明确各类型纠纷的冲突类型。

合同类纠纷。合同类纠纷大多数情况都是基于违约发生，违约方未按约定及时履行义务，基本上都是金钱的给付。对此，当违约情况发生时，矛盾冲突产生，随着时间的推移，当事人双方之间的矛盾冲突依然是是否给付的问题，属于稳定型冲突。典型的如民间借贷纠纷。李四于2020年1月向张三借款2万元，借款期限为2年，利息每月1%。2022年1月，借款期限届满，李四未按约定偿还借款，张三于2022年3月提交调解申请。从这个案例中可知，2022年1月，当李四未按约定履行支付义务时，纠纷发生，张三与李四之间的冲突为李四未向张三偿还所欠款项。2022年3月，张三提交申请时，张三与李四之间的冲突依然为李四未向张三偿还所欠款项，符合稳定型冲突的设定。

婚姻家庭、邻里类纠纷。这类纠纷在日常生活中比较常见，情况也较多变，表现为波动型、增长型、减弱型三类。例如两夫妻吵架，冲突产生，根据日常生活经验，冲突随着时间的推移可能会自然消解，也可能呈现波动的趋势，一会儿吵一会儿好，还有一部分矛盾冲突会越积越多。

五、法院参与诉源治理路径完善

为实现诉源治理的预期价值目标，本文从界定法院的职能边界出发，从纠纷发生周期的角度设计纠纷处理流程，以期通过管理纠纷化解的过程达到把非诉讼纠纷解决机制挺在前面，为实践中的偏移正本清源，确保符合顶层设计的初衷，提升社会组织纠纷化解能力，形成完善的纠纷化解制度体系。

（一）体系化确立诉源治理司法边界

1. 强化边界意识。法院在纠纷未进入法院的阶段，特别是预防阶段，参与诉源治理最主要的方式是以司法的智力资源辅助社会治理，体现在用法律专业知识提供法律服务，在此阶段要注重边界思维，强化边界意识，坚守司法底线，谨记司法的中立性和法官的裁判角色，避免使司法和行政趋同，影响司法公正形象。

2. 界定职能边界。法院诉源治理边界的合理划定与司法公信力的维系密切相关。构建法院诉源治理的边界，要从职能、职权、司法基本属性等维度考虑，推动法院在诉源治理中的权责制度化、法治化，推进清单管理模式，提升运行透明度。

以法律服务、纠纷解决为起点界定法院在诉源治理中的职能。按照顶层设计的初衷，以法院的智力资源协助多元纠纷化解体系的建设，协助推进社会治理法治化，故法院在诉源治理中最主要的任务是解决纠纷、提供法律服务。

以司法公信力受损行为为警戒线划定法院职能边界。法院在诉源治理中定分止争的基础是法院的司法公信力。如果司法公信力丧失，法院参与诉源治理的基础就不复存在。司法公信力在于司法公正、司法的中立性。避免司法公信力丧失首先要严格界定法院在诉源治理中的边界。

以司法裁判导向为核心确定法院在诉源治理中的职能。法院定分止争的职能为法院参与诉源治理提供了必要前提。但这并不意味着所有的纠纷法院都必须参与。法律服务、纠纷化解的需求性确定了法院参与的起点，司法公信力丧失划定了法院参与的最高警戒线。在法律服务提供和纠纷解决之间，法院最重要的职能是围绕其核心功能司法裁判，以样本案例释法。

据图2所示，法院在纠纷化解中处于辅助、协助地位，以通过典型案例发布等方式以审判树规则，以规则促治理，而不能代入治理者的角色，或代为履行。在提供法律服务时要注意就具体纠纷释明法律，协助社会组织、基层治理组织提高法治水平、协助决策，而不能直接给出决策意见。支持基层自治组织、行业协会商会、群众团体在法律框架内开展活动，通过自治实践提升自我管理能力，逐渐减轻诉源治理对法院的依赖程度。[1]

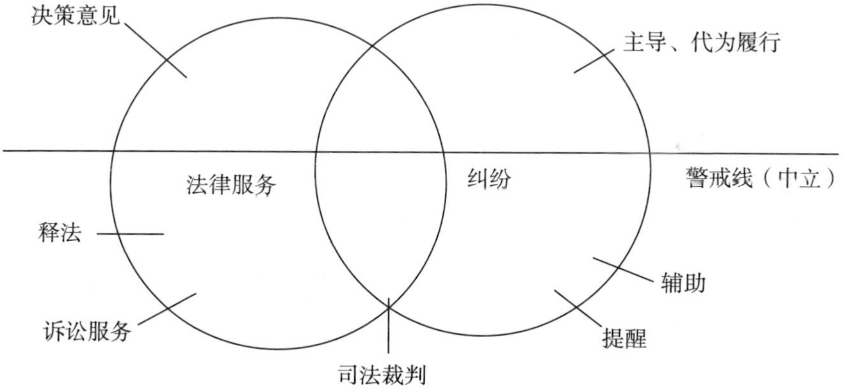

图2　法院诉源治理边界划定示意

---

〔1〕 参见陈向芳、江胜超：《地方政府边界：制度价值、逻辑维度与建构思路》，载《中共福建省委党校学报》2018年第4期。

(二)构建诉源治理正面及负面清单

正面清单是法院诉源治理的范围。现根据未发、萌芽、诉前和诉内四个阶段详细列明治理范围。(1)未发和萌芽阶段:给出司法建议,预警隐患和预防建议;重大决策事项、规范性文件制定等的法制审查和法律意见;培训、指导调解组织;法治宣传,类型化纠纷案例宣传。(2)萌芽阶段:给出司法建议,提出治理建议;协助行政机关、人民调解组织、行业调解组织调解简单纠纷;调解性质复杂的纠纷;培训、指导调解组织;类型化纠纷案例发布、宣传。(3)诉前阶段:提供诉讼服务;诉前分流;委派调解;联合化解;司法确认;出具调解书。(4)诉讼阶段:调解;判后答疑释法;判后疏导。

负面清单:不属于法院诉源治理的矛盾纠纷。法院在化解矛盾纠纷方面应发挥最后防线和协调、辅助作用,对于进入诉前阶段的非涉及法律的问题以及简单矛盾纠纷,法院参与时应注意尺度。

(三)规范纠纷化解管理及流程设置

纠纷化解是诉源治理工作中最重要的环节,这一环节中有基层自治组织、社会组织等多元纠纷化解主体。对于法院而言,在诉源治理中更重要的是起辅助、指导的作用,而不仅是化解纠纷的职能,故对于具体纠纷的化解责任主体的确定及法院在该纠纷化解中的参与程度为诉源治理工作的关键所在。

1. 制定纠纷难易等级标准,根据纠纷化解难易等级确定法院参与必要性和参与程度,以期充分发挥社会调解等非诉解决方式在化解纠纷中的作用。一个案件的难易程度一般由当事人关系的亲疏、事实是否清楚、法律关系是否单一、证据证明程度及事件社会影响力五要素决定,亦可将该五要素作为评价纠纷难易程度的要素(见表6)。具体操作为:在诉前调解阶段,根据当事人提交的诉讼材料,判断出纠纷当事人关系的亲疏、事实是否清楚、法律关系是否单一、证据证明程度及事件社会影响力,并根据纠纷要素评价表按一、二、三级打分,得出纠纷要素评价分数。

表 6　纠纷要素评价

等级 要素	一级	二级	三级
当事人关系(由亲到疏)	1	2	3
事实(由清楚到模糊)	1	2	3
法律关系(由简单到复杂)	1	2	3
证据证明程度(由强到弱)	1	2	3
社会影响力(由小到大)	1	2	3

纠纷要素评价表所得数值反映纠纷的繁简程度及纠纷等级，可将一、二、三等级分别用绿、黄、橙表示，如数值处于 11 ~ 15 之间，表示纠纷化解较难，为三等级，用橙色表示，该类纠纷主要由法院负责调解，安排调解组织在旁学习；如数值处于 8 ~ 10 之间，表示纠纷化解难度中等，为二等级，用黄色表示，该类纠纷主要由其他调解组织负责调解，法院辅导调解或关注指导；如数值处于 5 ~ 7 之间，则该类纠纷较为简单，为一等级，用绿色表示，该类纠纷由其他调解组织负责，法院关注指导（见表 7）。

表 7　纠纷等级

分值	化解难度	繁简等级	颜色	主要负责机构
11 ~ 15	较难	三等级	橙	法院
8 ~ 10	中等	二等级	黄	调解组织
5 ~ 7	较容易	一等级	绿	调解组织

纠纷从萌芽期到进入法院前阶段，此阶段相较诉前调解阶段，应全部由调解组织承担主要化解责任，由调解组织了解纠纷情况，评估纠纷繁简程度，法院根据上述一、二、三等级对应指导调解、辅助调解。

2. 按纠纷冲突类型确定风险等级，确定关注度，视发展程度选择介入的时机。通过冲突类型分析可知，冲突在产生之后，随着时间的推移其变化的速度不同。由此，我们可根据冲突类型评定纠纷的风险等级，即冲突类型为增长型且变化速度快的纠纷风险等级为高，冲突类型为波动型、稳定型的纠纷风险等级为中，冲突类型为减弱型的纠纷风险为低。确定纠纷风险等级计划能给予调解组织调解时间及法院对该纠纷化解的关注程度，以此在给予多元化解组织成长空间的同时，选择法院介入的时机，防控矛盾升级。风险等级高的给予调解的时间少，关注度高，以防冲突突然升级；风险等级低的，给予调解时间多，关注度可相对变小。

此外，还需要注意的是，在传统价值观念里，普通公众对"诉"有不好的印象，认为被"诉"是件及其不光彩的事情，畏惧诉讼和与法院打交道，故要充分保障当事人对于法院调解的自愿性，不能违背当事人意愿，未经当事人许可，直接上门调解，或强行调解。对此，法院还需要看纠纷类型以确定介入的时机，这里所说的介入是指法院工作人员与当事人面对面的时机，如在婚姻家庭、邻里纠纷中，社区"和事佬"式的讲情理方式更适合当事人，法院工作人员的出现有可能会让当事人出现抵触心理，不利于修复破损的人际关系、社会关系。此时，对于需要帮助的调解组织，法院可以采取指导调解的方式。

3. 介入方式的选择。需要法院介入时,介入方式的选择要考虑调解方式和派出人员。本文将调解划分为主导劝服型、辅助促进型和纠纷评价型三种模式[1]。主导劝服型模式的特点在于,调解员往往在调解中扮演着一个"全能型"主导者的角色,善于动用组织背后的权力资源,并依据内部规则、乡规民约、传统道德等非正式性规范,"说服"当事人接受调解结果。它更偏向于实体和结果,适合婚姻家庭、邻里、生产经营等传统民间纠纷。辅助促进型模式的"辅助"作用主要通过提出问题、归纳争点、挖掘寻找共同利益、协助当事人提出并分析解决方案等方式来实现。该模式下的调解员既不就调解结果向当事人建言献策,也不对如进入诉讼程序的判决结果进行预测,而是根据当事人的潜在需求在利益层面而不是法律层面与当事人沟通,适合合同、消费、劳动领域的纠纷调解。纠纷评价型模式的特点是通过查明基本事实、划分主次责任,对当事人权利义务关系、利益赔损等内容进行法律上的评判以促成当事人和解,适合用于交通事故、医疗事故以及劳动争议等涉及赔偿的纠纷。法院在调解时,可根据纠纷类型选择上述三种调解类型作为主要的调解方式,或指导纠纷化解组织主要用该调解类型进行调解。此外,对于调解人员的选择,可按纠纷种类与纠纷等级选择开展调解的人员,如从对应纠纷类型的审判组中按纠纷繁简程度安排法官、法官助理参与调解指导和调解,以此合理配置有限的司法资源。

纠纷不是一成不变的,在纠纷化解过程中,还需要注意纠纷的发展状态,在调解过程中根据对纠纷的监管,互通信息,根据变化重新评估纠纷繁简,特别是根据当事人情绪、态度的变化,及时作出安排调整。

结　语

在当前全面深化改革的背景下,法院应如何正确地开展诉源治理,才能在维护司法公信力的基础上,更好地助推非诉讼纠纷解决体系的建设,已成为值得我们认真关注的问题。本文中的路径建议仅代表个人观点,希望以此引起大家对法院的诉源治理更多的研究和关注,为法院开展诉源治理工作提供更加有益的参考,以期更好地推进社会治理法治化。

---

[1] 黄艳好:《人民调解的模式适用与程序规范化》,载《湘潭大学学报(哲学社会科学版)》2022 年第 3 期。

犯罪所得整体化追缴机制的构建

——以案件“执行不能”为切入点

黄　剑*

追缴是《刑法》第64条[1]规定的对犯罪分子违法所得(以下简称犯罪所得)进行司法处置的刑事强制措施之一,然而,囿于刑事判决中对追缴与其他刑事强制措施混乱适用等原因,对犯罪所得依法不能执行的问题凸显。“执行不能”的现实问题是刑事追缴机制运行不畅的直接体现,在处理相关执行异议案件时,不同法院采取了迥异的处置思路,本文选取了具有一定代表性的案例,对相关问题展开探讨。在此基础上,对追缴应有的价值功能加以厘定,指出“追缴不能”时应执行等值财产的立法缺失,并从整体化构架出发,完善追缴与其他刑事强制措施之间的交叉整合规则,提出系列性解决对策。

一、缘起:追缴机制运行不畅引发“执行不能”的差异化现象

审判环节中未解决的问题,必然会延续到执行环节,如此一来不仅会错过解决问题的良好时机,还将加剧执行难问题。[2] 刑事审判环节对追缴问题的表述不清,会导致案件至执行阶段后出现被提起执行异议

---

* 广西壮族自治区玉林市福绵区人民法院党组成员,执行局局长。

〔1〕《刑法》第64条规定:犯罪分子违法所得的一切财物,应当予以追缴或者责令退赔;对被害人的合法财产,应当及时返还;违禁品和供犯罪所用的本人财物,应当予以没收。没收的财物和罚金,一律上缴国库,不得挪用和自行处理。

〔2〕参见王启江:《执行工作长效机制建构下的立审执衔接问题研究》,载《法律适用》2019年第11期。

或“执行不能”等问题。

(一)提倡效率为先:在执行程序中由追缴转为处置等值财产

案例 1:邬某彬因犯非法倒卖土地使用权罪被判处追缴违法所得,法院立案执行后对被执行人邬某彬名下的房产采取拍卖措施,房产共有人提出异议要求停止拍卖行为,理由之一为涉案财产不属于违法所得,不应被强制执行。法院认为:“在违法犯罪所得的财产查无下落等情形时,能否追缴罪犯其他的等值财产,法律和司法解释没有作出明确的规定。但最高人民法院、最高人民检察院、公安部、司法部联合发布的《关于办理黑恶势力刑事案件中财产处置若干问题的意见》(以下简称《黑恶刑案财产处置意见》)第 19 条规定,依法应当追缴、没收的涉案财产无法找到、被他人善意取得、价值灭失或者与其他合法财产混合且不可分割的,可以追缴、没收其他等值财产。因此可以强制执行被执行人的等值等额财产”[1]。

从该案可以看出,部分法院以“任何人不能从违法犯罪中获得利益”[2]作为处理方式的逻辑起点,在执行程序中引用相关指导意见,以执行等值财产的方式解决追缴问题的执行障碍,旨在提高案件的执行效率。

但应当看到的是,《黑恶刑案财产处置意见》追缴等值财产的相关规定并不具有普遍适用性,其作为特殊时期和范围的文件,能不能适用于非黑恶势力犯罪案件的其他情形,且在执行程序中径行认定被追缴财产去向不明等又是否与现行司法的整体状况相一致,仍然有待商榷。无独有偶,该法院在另一起非黑恶势力犯罪案件中采取了较为保守的思路,该院认为:“因犯罪行为人未履行上缴违法所得的法定义务而执行其名下等值财产的做法于法无据。”[3]

(二)坚持程序正义:无法追缴时需回归审判程序

案例 2:卢某海因受贿罪被判处追缴违法所得,法院立案执行后发现其名下主要财产为与其妻共有的房产,在法院对该房产采取拍卖措施后,共有人提出异议要求停止拍卖行为,理由之一为涉案财产系夫妻共有合法财产,不应被强制执行用于追缴违法所得。法院认为:“判决书判项是继续追缴受贿所得赃款,没收上缴国库,并没有责令退赔或要用合法财产弥补,执行法院对该判项作出的认定存在以执代审问题,应予

---

〔1〕 详见广东省高级人民法院(2019)粤执监 170 号执行裁定书。

〔2〕 “任何人不得从其错误行为中获益”(verberchen dürfen sich nicht lohnen)源自古罗马法。

〔3〕 详见广东省高级人民法院(2020)粤执复 59 号执行裁定书。

纠正。”[1]

从该案可以看出，部分法院坚持“程序法定”的原则，执行部门的职责是严格依据刑事判项的内容进行执行，不能逾越刑事判项的内容加以判断和认定，也不能在无法追缴时执行等值财产。

针对特殊类型刑事案件，由《黑恶刑案财产处置意见》第19条及第20条可知，对于犯罪所得属无法追缴情形的相关证据，应由公安机关或者人民检察院调取，且被告人有权提出异议。可见在程序上，司法机关已然采用了犯罪所得的去向应由审前程序调查的规则。而对于普通类型刑事案件，《最高人民法院关于适用〈中华人民共和国刑事诉讼法〉的解释》第297条规定了涉案财物权属的法庭调查规则，但对于犯罪所得的去向证明及范围的法庭辩论规则，现行法未作出规定。事实上，对追缴的本位功能，不应作扩张性理解，在案件不存在被害人的情形下，犯罪所得侵害的法益指向于社会秩序或国家宏观利益。在具有追缴可能时应适用追缴措施，但无法追缴时应如何处理，现行法未作出规定，能否对《刑法》第64条作扩张性理解，即对犯罪所得无法追缴且不存在被害人时，可执行犯罪行为人的等值财产，成为亟待解决的问题。否则将如案例2所示，陷入执行阶段于法无据的怪圈。

（三）径行终结处置：未实现追缴与责令退赔之间的应有转换

案例3：庄某、陶某因诈骗罪被判处刑罚并被继续追缴违法所得，法院立案执行后执行部门无法查明违法所得去向，执行部门向审判部门发函，审判部门复函称根据现有证据无法查明，尔后，执行部门作出执行裁定终结对该判项的执行。[2]

从该案可以看出，当审判部门作出“继续追缴”的刑事判项，而犯罪所得的去向又无法查明时，追缴内容不具有可执行性，因相关程序缺乏转换规则，导致对犯罪所得的处置结果成为“空判”，衔接规则的缺失致使被害人的利益受损。对于无法实现追缴犯罪所得的案件，追缴程序的终止有使犯罪行为人获益之嫌。

追缴与责令退赔作为不同的刑事强制措施，在适用方式上有所差异。在案件存在被害人的情形下，若犯罪所得的去向得以查明，且不存在第三人善意取得等特殊情形时，应适用追缴程序。无法追缴到位的则适用责令退赔，以犯罪行为人的合法财产弥补被害人的损失。但正如案例3所示，无法追缴时执行部门便终结执行，使理应责令退赔的强制措施未得到有效应用。

---

〔1〕 详见广西壮族自治区高级人民法院（2018）桂执监53号监督函。

〔2〕 详见海南省第二中级人民法院（2017）琼97执162号之一执行裁定书。

表 1　对犯罪所得去向不明时的执行处理典型方式

方式 1:无法追缴时可追缴等值财产	方式 2:无法追缴时不能执行等值财产	方式 3:径行终结执行
如:浙江省海宁市人民法院(2020)浙 0481 执异 47 号执行裁定书、吉林省吉林市中级人民法院(2021)吉 02 执异 68 号执行裁定书等	如:浙江省舟山市中级人民法院(2020)浙 09 执复 1 号执行裁定书、长春市南关区人民法院(2021)吉 0102 执异 270 号执行裁定书等	如:贵州省黔西市人民法院(2021)黔 0522 执 37 号之三执行裁定书、四川省达州市通川区人民法院(2019)川 1702 执 1403 号之二执行裁定书等
依据:《黑恶刑案财产处置意见》第 19 条[部分非涉黑恶案件同样引用该意见的精神,如河南省许昌市魏都区人民法院(2021)豫 1002 执异 404 号执行裁定书]	理由:追缴等值财产的做法依法无据	理由:犯罪所得去向不明的,待查实后方能继续追缴

从表 1 中的典型案例可以看出,当犯罪所得去向不明时,追缴等值财产的做法仅能适用于特殊类型案件,径行终结执行的做法无疑使审判目的落空,而坚持无法追缴时需回归审判程序的做法却不可避免地过度耗费司法资源。司法实践的差异化处置方式似乎是不得已的选择,但不可避免地存在一定的局限性。

二、探究:追缴措施内涵的缺失及转换规则偏离的局限

追缴机制的运行不畅凸显于执行工作仅是表象,就深层次而言,因部分内涵的缺失,使司法实践因应用需求不得不对追缴的本义进行扩张性解释,或者另行适用其他规则应对涉案赃款赃物的处置,从而引发刑事强制措施适用不当的问题。

(一)追缴的价值功能缺失导致《刑法》的“文义射程”被扩张

对法律文本中的专业用语的语义,必须按照法律文本的明确规定和概念体系逻辑进行专门解释,应当解释它的特定含义、立法者的真实意思。[1]“追缴”一词在《刑法》中有特定的语义,与我国追缴制度有所不同,部分国家和地区创设了追征制度,如《日本刑法典》对追征作出规定:“对于涉案财物的全部或者一部不能没收时,可以追

〔1〕 参见王利明:《法律解释学导论——以民法为视角》,法律出版社 2017 年版,第 274 页。

征其价款。”追征作为不能执行没收判决场合的一种换刑处分，是赃款赃物原物不存在或无法处理时的一种替代处理方式，具有准刑罚的性质。[1] 然而，追缴并不等同于追征，《刑法》第64条所述的追缴仅为程序上的强制措施。追缴着重于将赃款赃物追回的过程，追回后应按不同情况处理，或上缴国库，或发还被害人。[2] 追缴这一行为本身并未涵摄返还或者没收的内容，不是对犯罪所得的最终处置，其强调的是对赃款赃物的控制。若无法追缴时不能采取补充性措施，则违背了禁止从犯罪行为中获益的法理，也使追缴的价值维度出现缺失。

当在特殊犯罪领域发现类似的漏洞普遍存在后，司法机关不得不通过“打补丁”的办法加以规制，正如《黑恶刑案财产处置意见》第19条规定的“可以追缴、没收其他等值财产”。然而，如此一来，又有僭越立法本意之嫌，突破了《刑法》本身的“文义射程”。刑法的目的、原则和原意框定了刑事司法解释不可逾越的边界。刑事司法解释须以刑法文义射程作为边界，偏离法律条文本身固有的范围或者边界随意进行解释，对立法未决事项或法外空间随意予以增添、删减，属带有造法色彩。[3] 故要解决“追缴等值财产”这一问题，只能对《刑法》第64条加以完善。

（二）追缴与责令退赔界限不清而产生“概括性判决”

追缴与责令退赔两种措施存在显著差别，如果不明确两者的界限，在追缴措施无法推进后转换至退赔措施，以犯罪行为人的合法财产弥补被害人的损失，则易使刑事判决成为“空判”。为保证裁判文书具有可执行性，判项内容应当具体明确，刑事诉讼中，因犯罪所得的转化形式复杂多样，当难以作出准确的认定时，裁判文书往往会出现模糊性的表述，从而产生“概括性判决”。

1. 因犯罪所得的去向缺乏证据认定而“概括性判决”

司法机关往往注重对犯罪分子刑事责任的追究，主要精力用于收集定罪量刑证据，判断证据是否确实充分，分析罪与非罪、此罪与彼罪，在这个过程中追缴赃款赃物作为附带、派生职责受到的关注程度并不高。[4] 在现行法的规则下，办案部门在达到指控犯罪事实的证明需求后，便不再过多关注犯罪所得的去向问题。待到审判阶段，因证据的缺乏，犯罪所得去向不明，法院对犯罪所得问题只能作出“继续追缴”的

---

〔1〕 参见[日]大谷实：《刑法讲义总论》，黎宏译，中国人民大学出版社2008年版，第466页。

〔2〕 参见李长坤：《刑事涉案财物处理制度研究》，上海交通大学出版社2012年版，第57页。

〔3〕 参见吴亚可：《论刑事司法解释与刑法文义射程之间的紧张关系》，载《法学家》2022年第3期。

〔4〕 参见陈剑峰：《非法集资案件中涉案财物追缴、处置的现实困境与应对》，载《中国检察官》2019年第20期。

笼统性表述。

2. 因犯罪所得的权属不清而“概括性判决”

当犯罪所得与犯罪行为人的合法财产混同后，未有充分手段分离出犯罪所得或其孳息、收益及其他可追缴的财产部分，应适用继续追缴还是责令退赔，若适用追缴措施又如何确定追缴的范围或比例，裁判者往往无所适从。

3. 因犯罪所得难以区分善意取得等情形而“概括性判决”

对被善意取得的涉案财物在执行过程中不予追缴已有《最高人民法院关于刑事裁判涉财产部分执行的若干规定》（以下简称《刑事裁判涉执规定》）第11条予以明确，但在审判阶段，即便已查明犯罪所得转移于第三人，裁判者也往往怠于作出深入判断，如赃款被出借于他人、赃物被他人购置但无法判断第三人是否支付合理对价、犯罪所得被设定了抵押或质押等情形。出于对判决主文表述错误的“容错”心理，法院不得已而作出模糊判决，把问题留到执行阶段再解决。

（三）追缴与责令退赔混乱适用引发执行利益问题

1. 被害人丧失优先受偿权

追缴行为具有明确的指向性，对被害人而言，追缴行为的目的是恢复将犯罪行为人已处分的合法财物归被害人持有的状态，强调的是所有权的归还，返还基础是基于物权。而责令退赔系因未能将犯罪所得查控而责令犯罪行为人赔偿被害人财产损失，赔偿基础是侵权，体现的是侵权之债的债权属性，执行标的是犯罪行为人的合法财产。需要指出的是，因国家意志的介入，责令退赔该种“刑事债权”较普通民事债权在法律上具有优先顺位。[1] 且无论“退赔被害人的损失”优先于“其他民事债务”这一执行程序设计的合理性，至少可以确定，如果刑事判项适用的是责令退赔措施，那么刑事案件的被害人在执行过程中较普通民事案件债权人而言，其具有优先分配被执行人自身责任财产的权利。故应适用责令退赔却选择追缴措施的刑事案件，将有损被害人的法定优先分配权利。

2. 民事案件债权人被分配责任财产

如前文所述，在现有的执行程序下，责令退赔类型涉执案件的被害人较普通民事案件债权人（不包含享有担保物权的债权人及人身损害赔偿案件的债权人）享有优先

---

〔1〕《刑事裁判涉执规定》第13条第1款规定：“被执行人在执行中同时承担刑事责任、民事责任，其财产不足以支付的，按照下列顺序执行：（一）人身损害赔偿中的医疗费用；（二）退赔被害人的损失；（三）其他民事债务；（四）罚金；（五）没收财产。”

顺位,该种分配制度的逻辑在于"由于刑事案件的被害人对于遭受犯罪侵害的事实无法预测和避免,被害人对被非法占有、处置的财产主张权利只能通过追缴或者退赔予以解决,在赃款赃物追缴不能的情况下,被执行人在赃款赃物等值范围内予以赔偿,该赔偿优先于其他民事债务具有合理性"〔1〕,即民事案件债权人在民商事活动中应预见其存在一定的债务人不能清偿风险,但刑事案件的被害人处于更为弱势的地位,需要加以倾向性保护。

但实际上,这种立法逻辑无法囊括所有的犯罪类型,因为在非法吸收公众存款罪、集资诈骗罪等类型案件中,被害人也理应预测到相关风险。那么,在已优先保护被害人的模式下,如果保护的限度再不加以合理规制,特别是当因人为之忽视导致该种权利被过度放大时,民事案件债权人的利益空间将被进一步压缩。故应适用追缴措施的刑事案件,本可通过追缴挽回被害人的经济损失,若人为选择适用责令退赔措施,将损害民事案件普通债权人的利益。

3. 共同犯罪行为人承担不均衡退赔责任

共同犯罪案件中,如犯罪行为人需承担退赔责任,如何划分责任比例,确定是按份责任还是连带责任,是司法实践的难点。如采用按份责任,需结合行为人在共同犯罪中的参与程度、地位作用、获益大小等综合考量,分配比例系数难以保证合理科学,故连带责任成为裁判者更为普遍的选择。但让共同犯罪行为人承担连带退赔责任有违"罪责均衡"原则,这尤其体现在涉案金额较大的集团型犯罪中。

在连带退赔情形下,案件一旦进入执行阶段,从执行效率的角度出发,若从犯名下的责任财产更易处置,执行部门则更多地考虑先执行从犯的责任财产。这就导致司法实践出现怪象,即犯罪所得被主犯处置,由于缺乏犯罪所得的去向证据,裁判者选择适用责令退赔措施,主、从犯承担连带退赔责任的结果却是从犯的财产被用于执行。当然,从犯有选择向主犯追偿的救济途径,但这已造成司法资源的浪费。所以,因某些原因应适用追缴措施但选择责令退赔时,将引发"蝴蝶效应",最终导致的结果是罪责较小的犯罪行为人较多地承担了退赔责任。

三、解读:现有模式下追缴机制运行不畅的成因

刑罚的最终目的是打击违法犯罪和保护合法权益,但在现行法及程序规则下,刑

---

〔1〕 刘贵祥、闫燕:《〈关于刑事裁判涉财产部分执行的若干规定〉的理解与适用》,载《人民司法》2015 年第 1 期。

事诉讼中的各类关系人就涉案赃款赃物的处置问题存在隐性的利益冲突，探寻刑事追缴问题的合理化解决途径，需先明晰上述混沌现象之成因。

（一）立法不明："追缴不能"缺乏应有的功能定位

《刑法》第64条的内涵丰富但表述过于简单，对于"追缴不能"的问题似言非言，导致学界对追缴、责令退赔、没收三种处理措施各自的含义、性质和适用对象观点各异，司法适用逻辑不一。

1. 关于追缴本身的内涵。广义论观点认为："追缴是指将犯罪分子的违法所得强制收归国有"〔1〕，属实体性措施，是将犯罪所得收归国有的终局性处分。狭义论观点认为："追缴不是实体处罚措施，而更接近程序上的强制措施，侧重追回违法所得的过程。"〔2〕

笔者认为，对《刑法》第64条应作穿透性理解。追缴首先是刑事诉讼中司法机关对犯罪所得进行追查、收缴。如果按广义论的理解，追缴系上缴之意，便与没收的含义相当，但该第64条两次出现"没收"一词，并针对没收的范围和终局处置方式作出说明，若追缴的立法本意是强制收归国有，可直接表述为"犯罪分子违法所得的一切财物，应当予以没收或者责令退赔"。但如此一来，又无法与"责令退赔"的关系相呼应，为何要责令退赔，自然是因为犯罪所得无法扣押在案。追缴的目的在于将赃款赃物追回至司法机关，追回后再按不同情况处理，即发还给被害人或者上缴国库。《刑法》第64条的追缴其实包含了追查、收缴，上缴国库或返还被害人的整体含义。如此一来，"追缴不能"的后位措施应是包含了责令退赔，但追缴本身未涵盖"追缴不能"时用犯罪行为人的合法财产予以追缴的含义。

2. 关于责令退赔与追缴的内涵。广义论观点认为："责令退赔应当是追缴的替代性措施，当违法所得的原物无法追缴或者追缴不能时，责令犯罪分子交出与应当追缴的财物价值相当的财产，以便用来返还被害人或者没收。"〔3〕狭义论观点认为："责令退赔是在犯罪分子已将赃款赃物用掉、毁坏或挥霍的情况下，责令其按照赃款赃物的等额价款或者相同种类物赔偿被害人。"〔4〕两种观点的区别在于，责令退赔的对象是否包括国家。狭义论认为责令退赔的对象仅包括被害人，广义论认为当犯罪所得应

〔1〕 胡康生、李福成主编：《中华人民共和国刑法释义》（第2版），法律出版社2004年版，第62页。

〔2〕 刘延和：《追缴、责令退赔和刑事没收探讨》，载《人民司法》2004年第12期。

〔3〕 胡成胜：《我国刑法第64条"没收"规定的理解与适用》，载《河北法学》2012年第3期。

〔4〕 最高人民法院执行局编著：《〈最高人民法院关于刑事裁判涉财产部分执行的若干规定〉理解与适用》，中国法制出版社2017年版，第15－16页。

收归国有但“追缴不能”时可责令犯罪行为人退赔于国家。

按字面理解，“赔”系赔偿之意，赔偿的法律前提是赔偿义务人已对权利人造成经济损失。但就国家层面而言，应收归于国家的犯罪所得，不是一种国家损失，而是国家对不法利益的一种强制剥夺，当这种不法利益因客观原因已无法剥夺时，只能采取替代性的惩戒措施，而不是赔偿性措施，退赔属词不达意。责令退赔作为刑事裁判涉财产部分执行的类型之一，最高人民法院执行局对责令退赔的适用范围采取了狭义性理解。最高人民法院、最高人民检察院、公安部、司法部联合发布的《黑恶刑案财产处置意见》第 19 条亦是如此，对“追缴不能”的替代措施未表述为责令退赔，而是退而求其次表述为“可以追缴、没收其他等值财产”。

3. 关于没收与追缴的内涵。有观点认为：“追缴或者责令退赔违法所得的财物只能作两种处理：其一，属于被害人的合法财产的应当及时返还被害人；其二，没有被害人或者不需要返还被害人的违法所得财物只能收归国有、上缴国库。后一种情形显然属于没收。《刑法》第 64 条最后一句的所称的‘没收的财物’明显包含了除及时返还之外的追缴和责令退赔的财物。换言之，追缴和责令退赔中实际上包含了部分没收。”[1]该种观点具有合理性，即不需要返还被害人的违法所得，本质上属于没收。但需要指出的是，该种没收的性质与《刑法》第 64 条中“违禁品和供犯罪所用的本人财物，应当予以没收”中的没收一样，仅针对的是“不法之物”本身，即不需要返还被害人的赃款赃物。但该种没收与财产刑处分中没收犯罪行为人个人合法财产不属于同一性质，不带有惩罚性，无法涵盖“追缴不能”时“换刑惩罚”的替代性功能，即当不需要返还被害人的赃款赃物无法到案时，应没收犯罪行为人的个人财产。

综上，《刑法》第 64 条规范的是对犯罪财物的处理，但对“等值没收”问题缺乏应有的表述，即“当犯罪所得被挥霍、转让、贬值或者灭失时，按照该犯罪所得的价值，以充抵的方式对犯罪人的个人财产实行没收”[2]，因法条的语义不清导致必要的刑事措施被遗漏。

（二）程序失范：各主体间对刑事追缴进程参与不足

1. 部门规范间缺乏整体性和协调性

刑事追赃贯穿了侦查（监察）至执行的全过程，涉及公安、监察委、检察院、法院多部门，由于各部门的刑事诉讼任务分工不同，对追赃的要求与程序也不同。《刑事诉

〔1〕 张明楷：《论刑法中的没收》，载《法学家》2012 年第 3 期。

〔2〕 黄风：《等值没收及可追缴资产评估规则探析》，载《比较法研究》2015 年第 5 期。

讼法》《关于适用〈中华人民共和国刑事诉讼法〉的解释》对侦查机关在侦查过程中发现可证明犯罪嫌疑人有罪或无罪的证据应当查封、扣押,根据侦查需要可查询、冻结犯罪嫌疑人的财产作出了原则性的规定。各部门的规范文件如《公安机关涉案财物管理若干规定》《人民检察院刑事诉讼涉案财物管理规定》关于追赃问题也均基于收集罪证或基于《刑法》第64条的追缴基本要求作出规定,但追赃的细节缺乏具体的可操作性,导致各部门在追赃的协作配合上产生隔阂。司法实践面临至少以下问题:(1)犯罪所得被转移后的查控标准;(2)犯罪收益如何界定;(3)犯罪所得与其他财产混同后如何区分;(4)在案的犯罪所得价值贬损风险由谁承担;(5)执行程序前的犯罪所得被善意取得如何认定;(6)审判程序前案外人对被控财产提出异议如何解决等。一系列问题反映了各部门职责定位与操作标准不相匹配。

2. 被害人及利害关系人的权益保障受限

关于涉案财物的认定,现有的庭审调查程序未赋予被害人及利害关系人就犯罪所得问题参与庭审的权利。被害人及利害关系人面临因无专门的涉案财物处置程序而无法表达意见,财产性主张得不到充分审理的问题。[1] 被害人人数较少、案情相对简单的刑事案件,在法庭调查时,可结合侦查阶段对于被害人的陈述就涉案财物问题加以认定。但囿于侦查工作的封闭性,因缺乏庭审参与,被害人的异议权没有得到充分保障,如侦查阶段的价格认定与被害人被侵害利益的实际价值是否相符,被害人无法通过庭审发表意见;又如,在涉众型经济纠纷刑事案件中,因未参与侦查阶段的调查,利害关系人不能作为刑事案件的被害人,其提起民事诉讼后又因"先刑后民"的程序限制而被迫中止审理,在追缴或责令退赔的判项中亦不能作为犯罪所得发还或退赔的对象。虽然说从节省司法资源的角度出发,刑事案件一并判决犯罪行为人对被害人损失承担相应责任,且由刑事审判庭直接移送立案执行即可解决大部分问题,但排除被害人和利害关系人的庭审参与,实际是对其民事权益的无形侵害。刑事诉讼强调社会普遍利益的维护,强调公诉机关可以代表被害人,却或多或少忽视了社会利益的多元化和矛盾性,忽视了被害人的独特要求。[2]

3. 犯罪行为人退赃意愿遇阻

《刑法》第64条列于《刑法》第四章的量刑一节,原因之一在于犯罪所得能否追

---

〔1〕 参见闵春雷、张伟:《论相对独立的刑事涉案财物处置程序之建构》,载《厦门大学学报(哲学社会科学版)》2022年第4期。

〔2〕 参见龙宗智:《相对合理主义》,中国政法大学出版社1999年版,第56页。

缴到位、犯罪行为人的退赃结果如何,与量刑相关。在认罪认罚从宽制度的适用背景下,大部分犯罪行为人选择积极供述犯罪所得的下落。但如果侦查机关反映无法查证财产去向的,犯罪行为人将面临另行退赔或从重处罚的结果。犯罪行为人即便有不同意见,也难以出示相关证据。现有程序中,犯罪行为人也缺乏审前申诉及在法庭调查阶段可因此抗辩的权利保障。另外,如果犯罪行为人供述涉案财产的下落后,相关部门未及时进行查控,导致财物控制人再次处置财产,造成"追缴不能"的结果,责任由谁承担的问题界定不明,赃款赃物失控的风险在一定情形下转嫁于犯罪行为人。

四、再造:犯罪所得整体化追缴机制的变革之道

构建整体化的追缴机制需从立法、程序两个层面着手,且离不开除法院以外的其他职能部门的协调配合,形成工作合力[1]。《刑法》第 64 条对处分涉案财物的各类刑事强制措施作出了规定,但术语间的逻辑未理顺,内涵较模糊,使各措施与处理对象间存在重合,导致追缴与其他措施在司法实务中被混淆使用。根据刑事诉讼的时间节点及阶段变化,结合各措施的目的,笔者认为,《刑法》第 64 条可修改为:

"犯罪分子违法所得的一切财物,属被害人合法财产的应及时返还,其余上缴国库;违法所得尚未到案的,追缴后返还被害人或上缴国库;违法所得无法追缴到案的,责令犯罪分子退赔于被害人或没收犯罪分子的等值财产。

"违禁品、供犯罪所用的本人财物以及他人明知犯罪分子实施犯罪而提供的本人财物,应当予以追缴、没收。

"没收的财物和罚金,一律上缴国库,不得挪用和自行处理。"

与此同时,可对应修改配套的司法解释,将《刑事裁判涉执规定》加以完善,在该司法解释原有的基础上增加以下内容:

"对涉案赃款赃物,一般应当追缴原物,原物已转化为其他财物的,追缴已转化财物。原物因已被处分或灭失等原因不能追缴的,可对被执行人的等值财产予以没收。因特殊原因不宜追缴原物的,可折价没收被执行人的其他等值财产。"

除立法完善外,在程序设置上,对涉案财物的处置从时间顺序上应形成协调配

〔1〕 2022 年 7 月 26 日召开的全国法院执行工作会强调要进一步加强刑事涉财执行工作,对已出台的司法解释、规范性文件进行系统梳理和修订,统一使用标准,要加强与纪检监察、公安、检察部门的沟通协调,形成工作合力。

合一庭前审查—法庭调查—裁判说理的整体化模式，该整体化模式中，亦应遵循以审判为中心的诉讼标准。

（一）将犯罪所得认定规则融入庭审实质化

1. 对犯罪所得进行实质庭审的规则

关于涉案财产的法庭调查，在现行程序法中仅限于在案财物的权属调查，即法庭应调查已查封、扣押、冻结在案的财物是否属于赃款赃物及对追缴去向、范围的界定，而缺乏来自控辩双方的举证及质证程序，也欠缺被害人及利害关系人参与法庭调查。

德国《刑事诉讼法》规定了较为严格的诉辩程序，即由检察机关对涉案财物处理提出指控并举证，控辩双方、利害关系人对此进行质证、认证、辩论，法庭充分听取各方陈述。[1] 在我国刑事诉讼参与人有限参与庭审的现有模式下，为保证刑事诉讼审判效率与案件结果公平间的平衡，法庭可以根据案件的复杂程度决定是否就犯罪所得范围、继续追缴范围、责令退赔范围等追缴关联事项启动诉辩程序。在程序设计上，可以采取以下思路加以完善。

（1）在审前的侦查（监察）及审查起诉阶段，赋予犯罪行为人、被害人、利害关系人就追缴的依据和程序不服时的申诉权利。

（2）开庭前向犯罪行为人、被害人、利害关系人送达《涉案财产处置风险告知书》，就已到案财产及未到案财产的基本情况。拟处置措施作出说明，犯罪行为人、被害人、利害关系人对拟处置措施有无意见的，均需记录在案，如被害人及利害关系人需出庭发表意见的，提交书面申请。

（3）开庭时根据审前情况反馈及案件事实是否明晰，法庭就是否需要继续追缴、向谁追缴、追缴到哪个层级、追缴的具体数额等涉追缴问题决定是否进行法庭辩论。展开法庭辩论的，由公诉机关就犯罪行为人的犯罪所得应予追缴、应予退赔或应予等值没收的数额承担证明责任，犯罪行为人、被害人及利害关系人不认可公诉机关指控的，应举证证明抗辩的理由（见图1）。

〔1〕 参见《德国刑事诉讼法典》，李昌珂译，中国政法大学出版社1995年版，第72页。

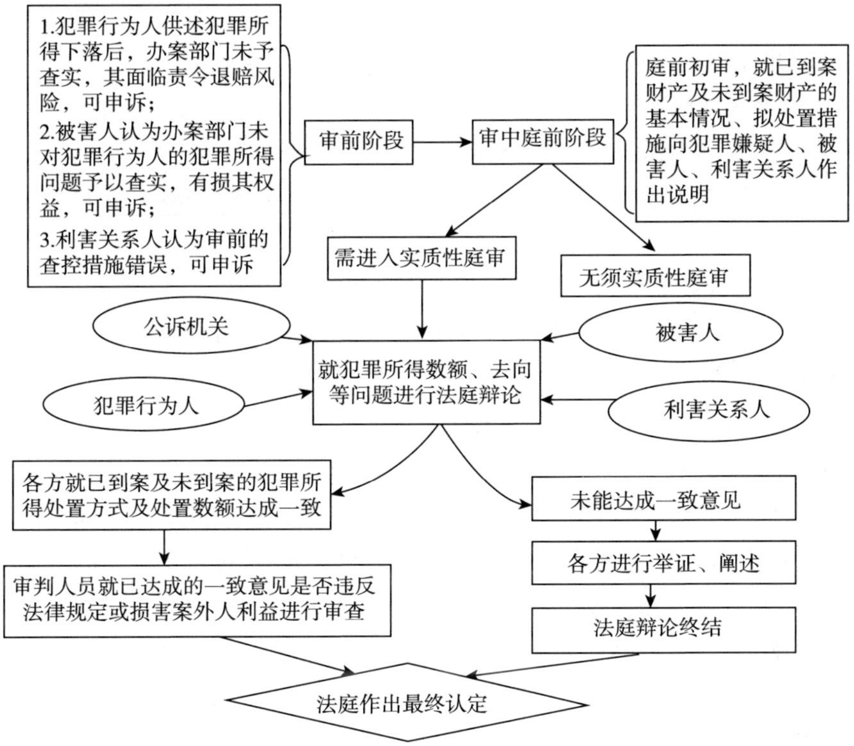

图1　追缴犯罪所得实质庭审的认定规则流程

2. 厘清犯罪所得投资收益的界限

《刑事裁判涉执规定》第10条规定了对犯罪所得及收益应予追缴,然而犯罪所得投资收益问题在司法实践的具体应用中却呈现一定的复杂状况,对犯罪所得及孳息、转化物的追缴,一旦涉及投资或混合经营,犯罪所得收益就成了非法与合法的耦合产物。如何科学地分离出属犯罪所得的相应份额,是当前刑事追缴实务操作层面亟待解决的问题,也是对犯罪所得追缴范围进行实质庭审的必要内容。

(1)"投机"型收益——绝对追缴

通常而言,犯罪所得要么被犯罪行为人使用,要么被用于投资置业以获取更多收益。在投资置业方面,犯罪所得收益可分为以下两种情形:一是非风险型收益,如利息、租金等;二是风险型收益,如股票、基金、彩票等。对于非风险型收益,因其属于犯罪所得的直接孳息,应予以追缴不存在争议。存在争议的是,风险型收益包含一定的"智力投入"成分,属于犯罪所得与脑力劳动的混合收益,是否应予全部追缴。从性质上而言,该种风险型投资属于一种资本投机的射幸行为,结果带有不确定性,也并未产生经营、管理、劳力等生产要素，若最终产生收益，更多的是依靠资本要素本身。故犯罪所得被用于风险型投资时，如产生收益的，对相关收益应予一并追缴。

(2)“资本 + 其他要素”型收益——有限追缴

当犯罪行为人以犯罪所得作为启动资金，转而从事正当的生产经营活动，在生产经营活动中产生的利润应否视为犯罪所得的收益予以追缴，是界定犯罪所得收益范围不可避免的问题。

有观点认为：“在犯罪人利用犯罪所得从事的投资经营活动本身完全合法的前提下，只应当没收犯罪人利用特定犯罪所得进行投资经营所直接产生的收益，而不包括犯罪人再次利用上述收益投资经营而获得的收益及如此循环而获得的收益，并扣除经营活动中所支出的合理费用。”[1]该种观点将原始资本与后续经营进行剥离，具有一定的合理性。与投机型犯罪所得收益不同，虽然该种生产经营活动的原始资本带有“罪恶成分”，但收益的最终产生是“资本 + 其他要素”的共同结果。除了资本要素之外，生产经营活动更多的是依靠劳力、管理、营销等环节，包含了管理的生产要素和劳动价值，该种投资收益的发生进程是“资本 + 劳力 + 管理 + 技术 + 其他”。故对于该种类型的收益，仅应追缴作为生产经营活动原始资本的犯罪所得，当然，如果该种类型的经营活动在经营过程中已向犯罪行为人支付了相应的劳力、管理、营销等人力成本对价，那么原始资本及收益则应全部追缴。

(二)确保刑事裁判的可执行性

1. 对复杂案件推行分段审理机制

在民事诉讼领域，《民事诉讼法》第 156 条规定了“其中一部分事实已经清楚，可以就该部分先行判决”的“先行判决”制度。作为借鉴，刑事追缴程序根据不同情况，也可以采用分段审理模式。就追缴和退赔的责任划分、具体数额等事项，如在刑事审判阶段无法及时作出判决的，可就定罪、量刑部分先行作出刑事判决，再以刑事裁定的方式作为补充，就犯罪所得问题作出后续处置。需要指出的是，从刑事判决的稳定性而言，先行判决只能作为特例。具体而言，若犯罪所得情况简单明了，不需要补充侦查的，应依现有模式对被告人的定罪量刑、犯罪所得处理方式一并判决；若存在犯罪所得去向不明仍需查实、犯罪所得实际数额不能确定仍需明晰等问题，一并判决易导致“追缴不能”问题出现的，可就定罪量刑部分作出判决后，再补充调查或取证，继而作出补充裁定。

---

〔1〕 崔汉刚等：《对犯罪所得增值部分要不要一律没收》，载《检察日报》2016 年第 2 期。

为保障各方诉讼参与人的利益，法庭决定先行判决的，应征询诉讼参与人的意见。在刑事判决作出后，发现犯罪行为人在原判决阶段中仍有犯罪所得未予处置的，亦可通过刑事裁定的方式作出补充处置说明（见图2）。以刑事裁定作为刑事判决的补充，一定程度上保证了刑事诉讼的效率，降低刑事判决不可执行的概率，实现诉讼效率和判决可执行性之间的平衡。

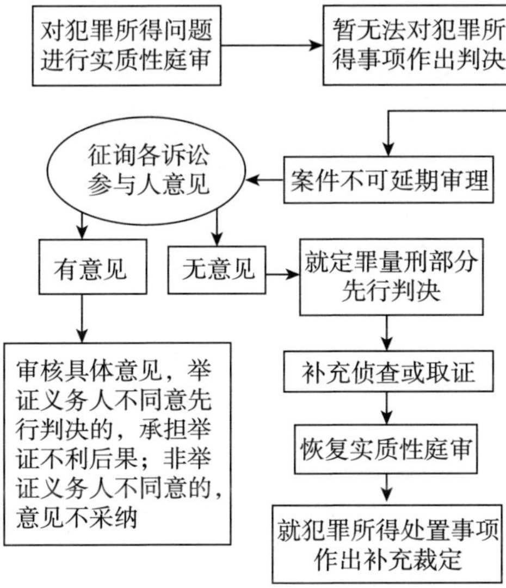

图2　处置犯罪所得事项的分段审理流程

2. 规范法律文书的制作

涉及犯罪所得的常见刑事判项表述类型有：(1)在案财物上缴国库或没收；(2)在案财物返还被害人；(3)继续追缴；(4)追缴＋上缴国库；(5)追缴＋返还被害人；(6)责令退赔；(7)追缴＋责令退赔等。裁判文书的制作应当具备执行思维，确保后续的可执行性，以避免执行部门对判项的理解出现偏差。判决继续追缴的，应明确继续追缴的对象、范围及数额及追缴后的处理方式。笼统的表述方式如“对被告人的违法所得予以继续追缴”只会导致执行部门要求刑事审判部门作出补充说明—刑事审判部门不能说明—案件终结执行—犯罪所得事项被“空判”的结果。追缴的对象是具体明确的，也应考虑“追缴不能”后的操作余地，如受贿犯罪中被告人已明确表示赃款已于案发前退回行贿人，在判决向行贿人追缴赃款时，应明确“行贿人拒不退出案涉赃款的，可执行其名下等值财产”。在共同犯罪中，多被告人在追缴不能后需共同退赔的，需明确退赔的比例及是否应连带退赔。案件涉及多名被害人，但追缴的犯罪所得可能不足以返还所有被害人的，应确定相应的返还比例。总之，追缴仅是对未到案犯罪所得进行处置的初始阶段，后续情况复杂多样，裁判时应对“追缴不能”的可能性进行预估，以确定“追缴不能”时的补充措施（见图 3）。

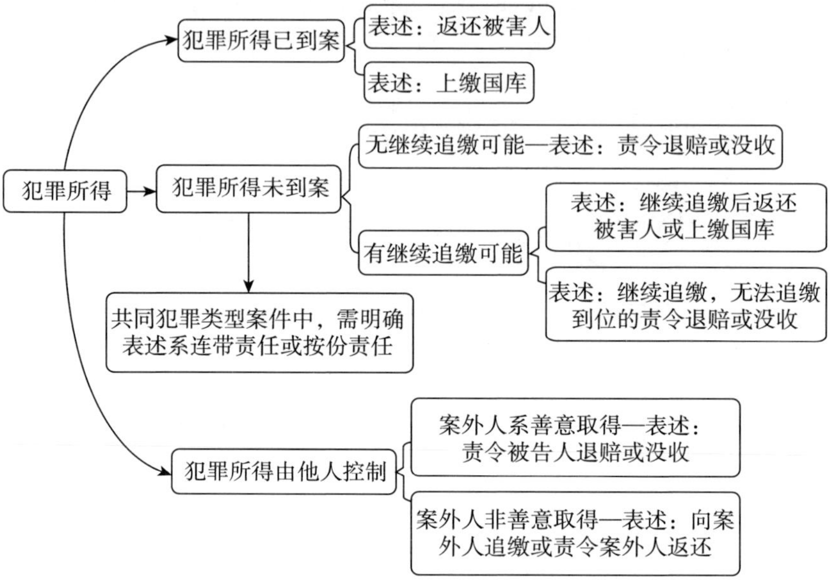

图 3　犯罪所得刑事判项表述类型

（三）追缴机制向多元化模式转变

1. 明晰审前职能主体的追缴职责

在刑事诉讼的不同阶段，各办案部门均有查控涉案财物、追缴赃款赃物、查明犯罪所得去向的职责，在职权划分上不应各自分离而应相互配合。

侦查（监察）阶段具有查控犯罪所得的天然优势，侦查（监察）机关采取的查询、查封、扣押、冻结等措施不应仅是为了收集犯罪行为人的入罪证据，还应考虑判后对犯罪所得强制执行的问题，发挥侦查（监察）阶段“以快制快”的财产保全优势，防止未到案的犯罪所得被层层转移后“追缴不能”。

审查起诉阶段，检察机关应对侦查（监察）机关对犯罪所得的调查情况予以核实，情况不明的应补充调查。检察机关发现新的犯罪收益线索，可要求侦查（监察）机关补充调查。对犯罪收益的具体认定，由检察机关向法庭承担举证责任。检察机关应向审判机关随案移送犯罪所得在案登记情况及未到案情况，提出追缴、责令退赔或没收的建议。

2. 联合出台处置涉案犯罪所得的指导意见

刑事诉讼涉案财物的处置是一项系统性工程，从立案开始到执行结束，具有持续性，故各环节步骤应制度化、规范化。

如公安机关在侦查涉众型刑事犯罪时，为避免审判阶段被害人数量发生变化、犯罪行为人违法所得数额不明、追缴范围不能确定的问题，应向社会发布公告，由被害人主动参与侦查，保障不特定群体的权益；又如，在审前查封、扣押、冻结过程中，案外人提出异议，异议被驳回后案外人应如何救济，都是司法实践亟待解决的问题。为此，进一步厘清其中的法律关系，尽快出台处置涉案犯罪所得的指导意见，不失为解决追缴不能问题的途径。

3. 对在案的犯罪所得进行相应管控

已查控在案的犯罪所得价值贬损是不容忽视的问题，办案机关在法院对犯罪行为人作出最终判决前应妥善保管涉案财物，但司法实践中，涉案财物缺乏有效保管，甚至被随意处置的现象仍然存在。涉案财物的保管主体各自为政，对涉案财物处置的公开、当事人及利害关系人的参与和外部监督主体缺失。[1]

参考域外经验，可设立相应的涉案财物管理中心。如泰国设立的资产管理局，其主要职责有：记录被没收和扣押的财产，储存、维护被没收或扣押的财产，并将其上缴财政部或及时返回财产所有人。[2] 以设立涉案财物管理中心的方式对在案财物进行专门管理，杜绝犯罪所得保管无序、价值减损的现象。

4. 明确相关异议的处理程序

被害人、利害关系人可能在执行前的刑事诉讼阶段有提起异议的需求，但现行法对此未加以明确。因缺乏关于办案部门接到异议请求后处理方式的规定，本应在刑事诉讼中解决的问题延续至执行阶段。刑事诉讼过程中，相关人员提出异议的类型主要包括两种：一是利害关系人认为办案部门查封、扣押、冻结的涉案财物属其实际所有，即权属型异议；二是被害人认为办案部门应对涉案财物采取查封、扣押、冻结措施而未采取，即行为型异议。对权属型异议，案外人除可向办案部门进行申诉及向司法监督部门请求予以监督外，还可向人民法院提起确权纠纷民事诉讼或行政行为违法的行政诉讼[3]。对行为型异议，办案机关采取的是类行政化办案模式，是否采取

〔1〕 参见杨胜荣、周雪操：《刑事被追诉人涉案财物保障机制探究》，载《社会科学家》2022 年第 5 期。

〔2〕 参见刘文峰：《犯罪收益独立没收程序研究》，中国政法大学出版社 2016 年版，第 207－208 页。

〔3〕 侦查机关不合规查封、扣押、冻结涉案财物可面临行政赔偿，参见振华公司与黄石公安局行政诉讼案，载《人民法院报》2019 年 10 月 1 日，第 41 版。

相应查控措施，均由办案机关自己决定和执行，未给予被害人、利害关系人对相关行为不服而参与到程序中来的救济渠道，被害人及利害关系人只能进行申诉、请求司法监督，又或者对犯罪行为人提起民事诉讼并申请财产保全。但如果由被害人对犯罪行为人提起民事诉讼，因刑民案件交叉审理的"先刑后民"规则，该方式并不可取。所以在刑事诉讼过程中，制定允许被害人申请刑事案件财产保全的特定规则，作为办案部门未进行涉案财物查控的补充，成为拓展解决刑事追缴难题的新路径之一（见图 4）。

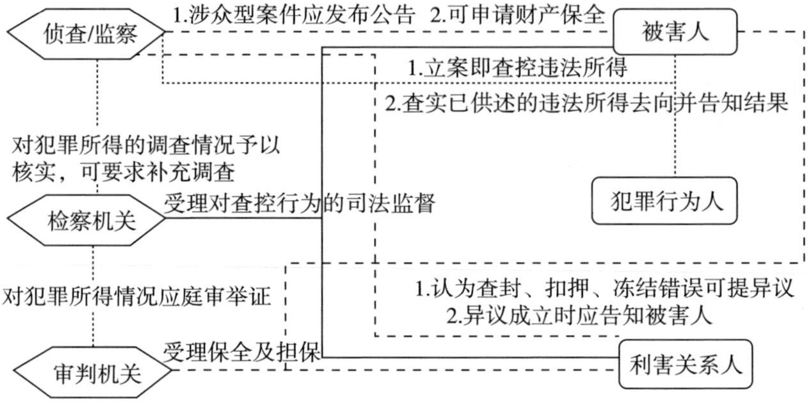

图 4　追缴机制多元模式主体关系

结　语

刑事审判程序"重定罪量刑，轻财产处理"的理念导致刑事裁判涉财产部分的执行力度及效果远不如民商事案件，在较大程度上影响了人民群众对司法的信任。在"基本解决执行难"的目标已如期实现而"切实解决执行难"仍在路上的背景下，强力推进刑事裁判涉财产部分的执行已然成为当前执行工作的重要一环，是实现全面依法治国的应有之义。然而，解决刑事追缴"执行不能"的现实问题，不能仅依赖于执行程序，更应从源头出发，回溯刑事法律应有的价值定位。本文旨在探寻对犯罪所得相关处置程序的整体构建规则，以期刑事追缴及后续衔接程序发挥应有的法律功能。